**LERNMITTEL
UHLANDGYMNASIUM
TÜBINGEN** Ek4/50

Entleiher	Signatur:	Klasse	Schulj.

D1726150

SEYDLITZ

Geographie KURSSTUFE
Baden-Württemberg

Jürgen Bauer
Wolfgang Englert
Christine Götz
Eberhard Hummel
Marianne Schmidt

Schroedel

Seydlitz Geographie
Kursstufe, Baden-Württemberg

bearbeitet von:
Jürgen Bauer, Wolfgang Englert, Christine Götz,
Eberhard Hummel, Marianne Schmidt
in Zusammenarbeit mit der Verlagsredaktion

ISBN 3-507-52338-8
© 2002 Schroedel Verlag
im Bildungshaus Schroedel Diesterweg
Bildungsmedien GmbH & Co. KG, Hannover

Alle Rechte vorbehalten.
Dieses Werk sowie einzelne Teile desselben sind urheberrechtlich geschützt. Jede Verwertung in anderen als den gesetzlich zugelassenen Fällen ist ohne vorherige schriftliche Zustimmung des Verlages nicht zulässig.

Druck A ^{5} ^{4} ^{3} / Jahr 2008 07 06 05 04 03

Alle Drucke der Serie A sind im Unterricht parallel verwendbar, da bis auf die Behebung von Druckfehlern untereinander unverändert. Die letzte Zahl bezeichnet das Jahr dieses Druckes.

Umschlaggestaltung: Kochinke, Derneburg
Basisinnenlayout: Creativ-Design, Hildesheim

Satz: klr mediapartner GmbH & Co. KG, Lengerich
Druck und Bindung: Westermann, Braunschweig

Inhalt

Arbeitsweisen und Arbeitstechniken im Erdkundeunterricht ... 6
Vielfalt der Arbeitsweisen und Arbeitstechniken ... 6
Vom linearen zum vernetzten Denken ... 7
Präsentieren von Ergebnissen ... 8

Nutzung, Gestaltung und Veränderung der Landschaft in der Region

1 Nachhaltige Landschaftsgestaltung ... 10
Biosphäre 2 – ein Versuch ... 10

Wahlmodul
2 Gewinnung von Rohstoffen ... 12
„(K)Ein neues Loch in den Reben" ... 12
Die Position der Gemeinde Bötzingen ... 14
Die angefochtene Entscheidung der Bergbehörde ... 16
Rollen- und Planspiel ... 17
Mit vor Gericht dabei: Ein Winzer ... 18
Widerstand auf anderer Ebene ... 19

3 Basiswissen Raumplanung und Landschaftsgestaltung ... 20

Wahlmodul
4 Umgestaltung von Flusslandschaften ... 22
Am Oberrhein – Korrekturen ohne Ende ... 22
Karteninterpretation ... 24
Hochwasserschutz und Renaturierung ... 26

Wahlmodul
5 Agrarische Nutzung ... 28
Merkmale von Agrarökosystemen ... 28
Das Dilemma der konventionellen Agrarwirtschaft ... 30
Ökologische Landwirtschaft ... 35

Wahlmodul
6 Bebauung ... 38
Flächenverluste und Flächengewinne ... 40
Untersuchungen und Experimente ... 41
Urbane Ökosysteme ... 42
GIS ... 44
UBIKLIM – eine GIS Anwendung ... 44
Flächennutzungskonflikt im Ballungsraum:
Streit um den Standort der neuen Landesmesse ... 46

Wirtschaftliches Handeln und dessen Raumwirksamkeit ausgehend von der lokalen Ebene

1 Gesellschaft im Wandel ... 52
Von der Agrargesellschaft zur Informationsgesellschaft ... 52
Arbeiten mit Diagrammen ... 55

2 Produktion in Landwirtschaft und Industrie ... 56
Der ökologische Fußabdruck ... 56

3 Produktionsweisen und Lebenswege von Wirtschaftsgütern ... 58
Jogurt – eine Produktlinienanalyse ... 58
– Die Produktlinienanalyse ... 60
– Die Produkt-Ökobilanz ... 61
Internetrecherche ... 62
Weißblechdose – Lebenszyklus und Ökobilanz ... 64
– Weißblech – ein vielseitiger Packstoff ... 65
– Die Weißblechdose –
ein umweltverträgliches Produkt? ... 66
Textanalyse mit der PQ-4R-Methode ... 68
Kreislaufwirtschaft – der Weg zur Nachhaltigkeit ... 70
– Nachhaltigkeit und unternehmerisches Handeln ... 72

4 Unternehmerische Standortwahl und ihre Auswirkungen im Raum ... 74
Standortfaktoren und Standorttheorien ... 74
– Standortsysteme und Standortnetze ... 75
– Wertwandel der Standortfaktoren ... 76
Fallbeispiel: Textilindustrie ... 79
– Die Situation der deutschen Textilindustrie ... 79
– Kleider auf Reisen ... 81
– Der ökologische Lebenslauf von Textilien ... 83
Gruppenpuzzle und Marktplatzmethode ... 88
Fallbeispiel: Automobilindustrie ... 90
– A-Klasse-Werk Rastatt –
innovatives Fabrikkonzept ... 90
– Faszination der Technik ... 92
Betriebserkundung ... 93
– DaimlerChrysler – ein Global Player ... 94
– Die Automobilindustrie –
eine Schlüsselindustrie ... 96
– Wettbewerbsfähigkeit
der deutschen Automobilindustrie ... 98
– Individuelle Mobilität –
eine soziale Errungenschaft ... 99

Neue Unternehmensstrukturen im Rahmen
der Globalisierung 100
Portfolio-Technik 101

5 Tertiärisierung der Wirtschaft 102
Dienstleistungsmetropole Eschborn 102
Luftbildanalyse 103
Virtuelle Fabrik 104
Tourismus – Weltwirtschaftsfaktor Nr. 1 106
Exkursion im Klassenzimmer 107
Virtuelle Exkursion 107

6 Wirtschaftsstandort Deutschland 112
Podiumsdiskusion 116

Wirtschaftsstrukturen und Wirtschaftsprozesse auf regionaler und globaler Ebene

Wahlmodul
1 Wirtschaftsregionen in Europa 118
Europa steckt den Rahmen ab 118
Raumanalyse 122
Fallbeispiel: Der IHK Bezirk
Schwarzwald-Baar-Heuberg 122
– Die Wirtschaftsstruktur der Region 122
– Die Entwicklung der Industrie –
  Fortführung alter Gewerbetradition 124
– Standortpotenziale 126
Fallbeispiel: Ruhrgebiet 128
– Klischee und Wirklichkeit 128
– Entwicklung zur Werkstatt Deutschlands ... 129
– Die Kohlekrise 130
– Die Stahlkrise 132
– Wege aus der Krise 134
Reportage 139
Fallbeispiel: Großbritannien 140
– Midlands 1 – Wiege und traditionelles
  Kernland der Industrie 140
– Midlands 2 – Strukturwandel 142
– London und der Südosten –
  wirtschaftlicher Kernraum heute 144
– London Docklands –
  vom Hafen zum Dienstleistungszentrum ... 146
– Hightech-Region Südengland 148
Fallbeispiel: Portugal 150
– Viel ist erreicht – Vieles bleibt zu tun 150
Fallbeispiel: Elsass und TriRhena 154
– Grenzregion im Wandel 154
– Die Regio-Wirtschaft
  beim Jahrtausendwechsel 160

Fallbeispiel: Tschechien 162
– Umbruch und Wandel 162
– Zwischenbilanz: Gute zehn Jahre
  nach der Wende 164
– Prag – Spiegel des Transformationsprozesses . 166
– Erfolgsstory – das Jointventure VW-Škoda ... 168

Wahlmodul
2 Wirtschaftsregionen außerhalb von Europa 172
Fallbeispiel: Singapur – ein kleiner Tiger 172

3 Globalisierung – Wirtschaft ohne Grenzen . 176

4 Weltweite Disparitäten 180
Indikatoren des Entwicklungsstandes 180
Stand der Länder im Weltwirtschaftssystem ... 185
Strategien für eine ausgleichsorientierte
Entwicklung 186

Globale Problemfelder und Strategien zu einer nachhaltigen Entwicklung

1 Merkmale des globalen Wandels 192
Das Syndromkonzept 192
Fallbeispiel: Das Bitterfeldsyndrom 196
Erstellen von Wirkungsgefügen 197

Wahlmodul
2 Verstädterung – ein weltweiter Prozess ... 198
Fallbeispiel: Mexiko City 202
Fallbeispiel: Freiburg im Breisgau 206
Zukunftswerkstatt 209

Wahlmodul
3 Süßwasser – eine elementare Ressource .. 210
Wasser – unser Lebenselixier 210
Fallbeispiel: Aralsee – vom Aralsee zur Aralkum 214
Szenariotechnik 217
Fallbeispiel: Naher Osten – Bruderkrieg um Wasser 218
Mehr produzieren mit weniger Wasser 222

Wahlmodul
4 Bodendegradation – ein weltweites Problem 224
Formen der Bodendegradation 222
Fallbeispiel: Sahel 226
– Hintergründe der Desertifikation 227
– Lösungsansätze 229
Fallbeispiel: Dustbowl 232

Register 238

Arbeitsweisen und Arbeitstechniken im Erdkundeunterricht

Vielfalt der Arbeitsweisen und Arbeitstechniken

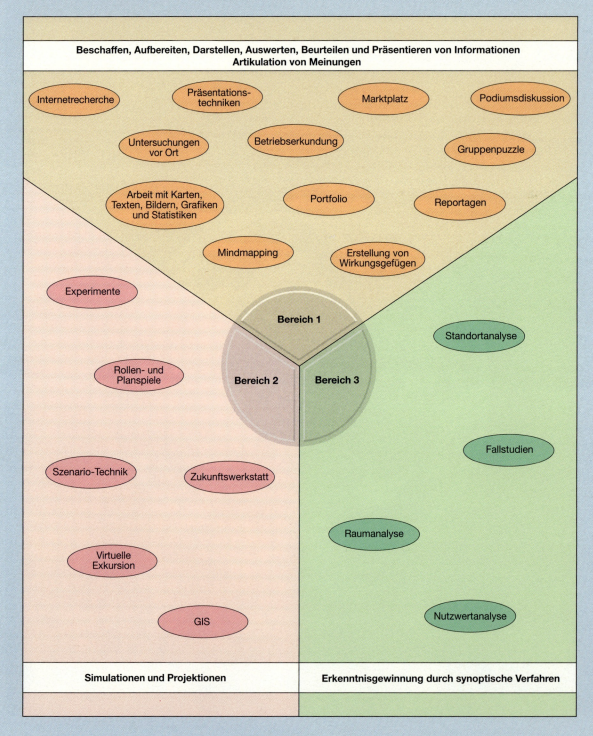

Vom linearen zum vernetzten Denken

Auf Fragen wie „Wie viel ist eins plus eins?" oder „Was passiert, wenn ich die Herdplatte anschalte?" gibt es einfache und präzise Antworten. Auf die Frage „Wovon hängt das Wohlbefinden von Stadtbewohnern ab?" gibt es keine einfache Antwort, denn die Problemstellung ist komplex. Einfaches lineares Ursache-Wirkungs-Denken hilft hier nicht weiter. Es müssen viele Faktoren berücksichtigt werden, die sich zudem noch gegenseitig in unterschiedlicher Stärke beeinflussen. Erst das Erfassen dieser Zusammenhänge ermöglicht die Beantwortung der Frage und hilft bei der Lösung des Problems. Anstelle eines linearen ist daher vernetztes Denken notwendig. Dieses ist in folgenden Arbeitsschritten einfach lernbar.

In einem Brainstorming werden kommentarlos zunächst alle spontanen Gedanken zur Frage oder zum Problembereich gesammelt. Die so ermittelten Elemente, Faktoren, Gruppen, Prozesse usw. werden dann in einer Mind-map strukturiert und damit einprägsam visualisiert (Abb. 7.1). Die Hauptäste der Mind-map werden weiter bearbeitet.

Zur Ermittlung der Wechselwirkungen, d. h. der gegenseitigen Beeinflussung der Elemente, hat der als Vater des vernetzten Denkens geltende Kybernetiker F. Vester eine einfache Bewertungsmatrix, den **„Papiercomputer"**, entwickelt (Abb. 7.2). Die Reihenfolge der Elemente in der Auflistung der Matrix ist beliebig. Die Wechselwirkungen zwischen den Elementen werden wie folgt geschätzt und eingetragen: 0 = keine Einwirkung
 1 = schwache Einwirkung
 2 = mittlere Einwirkung
 3 = starke Einwirkung

Danach „rechnet" der Papiercomputer: Die Addition aller senkrechten Zahlen ergibt die Passivsumme, aller waagrechten die Aktivsumme. Durch Multiplikation bzw. Division ergeben sich daraus Produkt- bzw. Quotientenzahl. Deren Wertigkeit (größte bzw. kleinste Zahl) ergeben zuletzt die vier entscheidenden Elemente (Abb. 7.2).

Ein **Wirkungsgefüge** ist eine grafische Darstellung, welche die entscheidenden Elemente eines Problems oder eines Systems sowie die Wechselwirkungen zwischen ihnen darstellt (Abb. 7.3). Farben und unterschiedliche Strichstärken verdeutlichen die mithilfe der Bewertungsmatrix ermittelte Bedeutung einzelner Elemente des Systems.
Die Diskussion des Wirkungsgefüges ermöglicht die Entwicklung von Lösungsmöglichkeiten für das Problem.
Als Werkzeug für vernetztes Denken wird der Papiercomputer heute vielfach eingesetzt, z. B. in der Landschaftsökologie, bei Umweltverträglichkeitsprüfungen, Dorf- und Stadtentwicklung oder im strategischen Management.

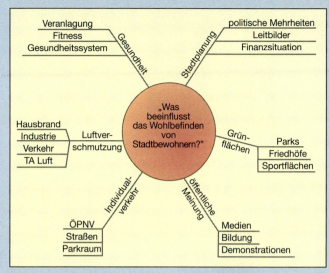

7.1 Mind-map

7.2 Bewertungsmatrix

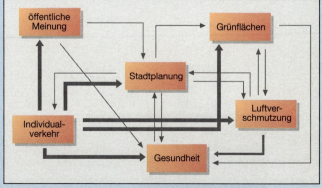

7.3 Wirkungsgefüge

Präsentieren von Ergebnissen

Noch so gut recherchierte und ausgewertete Informationen kommen bei den Zuhörern einer Präsentation nur an, wenn sich der mündliche Vortrag durch klare Zielsetzung und Struktur, durch optimale Visualisierung und effektiven Medieneinsatz sowie ein sicheres Auftreten des Redners auszeichnet. Die folgende Übersicht fasst praxisnahe Hinweise zusammen, die für eine erfolgreiche Präsentation – nicht nur im Geographieunterricht – zu beachten sind.

Zielsetzung und Aufbau
- ✓ Legen Sie genau fest, was Sie mit der Präsentation erreichen wollen: z. B. informieren, problematisieren, überzeugen, aktivieren usw.
- ✓ Gliedern Sie Ihre Ausführungen in die Schritte Darstellung – Erklärung – Schlussfolgerung, sodass für den Zuhörer ein „roter Faden" deutlich wird.
- ✓ Achten Sie auf eine zeitliche Beschränkung Ihres Vortrags. Erfahrungsgemäß lässt die Konzentrationsfähigkeit des Publikums nach max. 20 Minuten nach.
- ✓ Lesen Sie nicht von einem Manuskript ab, sondern nutzen Sie als Gedächtnisstütze kleine Karteikarten mit Stichworten zum Inhalt oder zum geplanten Medieneinsatz.

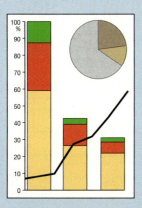

Visualisierung und Medieneinsatz
- ✓ Übertragen Sie wichtige Inhalte zur Unterstützung des gesprochenen Worts in bildhafte Darstellungen wie Tabellen, Bilder, Diagramme, Grafiken usw.
- ✓ Gestalten Sie die entsprechenden Medien (Folien, Flip-Chart-Skizzen, Plakate oder PC-Grafiken mit PowerPoint) übersichtlich und auf wesentliche Aussagen reduziert.
- ✓ Beachten Sie folgende Regeln für Beschriftungen: lesbare Schriftgröße, Druckschrift, Groß- und Kleinbuchstaben, senkrechte Schrifttypen (nicht nach links oder rechts gekippt), neue Rechtschreibung.
- ✓ Setzen Sie unterschiedliche Medien ein, vermeiden Sie aber eine verwirrende Medienfülle. Lassen Sie dem Publikum genügend Zeit, die dargestellten Informationen aufzunehmen.
- ✓ Sorgen Sie für eine freie Sicht aller Zuhörer auf das Medium und zeigen Sie mit einem Stift oder Stab auf die Aussage, über die Sie gerade reden.

Persönliches Auftreten
- ✓ Versuchen Sie möglichst frei, mit freundlichem Gesichtsausdruck und mit Blickkontakt zum Publikum zu sprechen. Unterstützen Sie Ihre Aussagen durch passende Mimik und Gestik.
- ✓ Sprechen Sie deutlich und nicht zu schnell, legen Sie Sprechpausen ein, vereinfachen Sie komplizierte Sachverhalte.
- ✓ Zeigen Sie sich dem Publikum in aufrechter Haltung, die Beine leicht geöffnet und in Parallelstellung. Verstecken Sie die Hände nicht in den Taschen oder auf dem Rücken.
- ✓ Vergessen Sie nicht:
Trotz Visualisierung und Medieneinsatz bleiben Sie mit Ihrer Fachkompetenz, Ihren sprachlichen Fähigkeiten und Ihrer persönlichen Ausstrahlung der Mittelpunkt der Präsentation – und entscheiden damit über Erfolg oder Misserfolg.
Denken Sie an die Möglichkeit, eine Präsentation auch im Team zu gestalten.

Nutzung, Gestaltung und Veränderung

der Landschaft in der Region

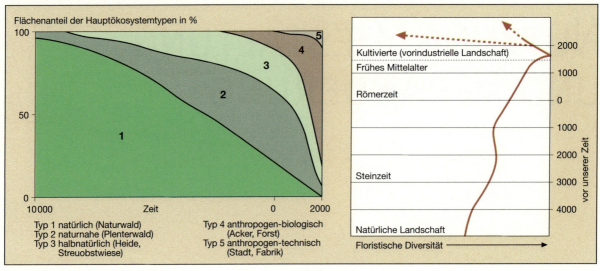

10.1 Landschaftsentwicklung und Entwicklung der Biodiversität in Mitteleuropa

1 Nachhaltige Landschaftsgestaltung

Biosphäre 2 – ein Versuch

Kein Lebewesen hat die Erde in so kurzer Zeit so sehr verändert wie der Mensch. Spätestens seit Beginn der neolithischen Revolution, dem Sesshaftwerden, der Entwicklung von Ackerbau und anderen Kulturtechniken haben seine Eingriffe in die vorgefundenen Naturlandschaften und Ökosysteme immer größere Ausmaße angenommen. Angetrieben von Not, von Machtstreben und Machbarkeitswillen, geleitet durch religiöse, ideologische oder politische Vorstellungen und Zielsetzungen hat homo sapiens (lat.: der weise, wissende Mensch) seine Umwelt seinen Bedürfnissen und Wünschen entsprechend genutzt und dabei verändert. Manchmal wurden umfassendere Eingriffe nur dadurch verhindert oder verzögert, weil Kapital oder Know-how fehlten, Interessenkonflikte auftraten oder sich die politisch-ökonomischen Schwerpunkte und der Bevölkerungsdruck veränderten.

In jedem Fall ist die jeweils entstandene **Kulturlandschaft** mit ihrem typischen Gepräge durch land- und forstwirtschaftliche Nutzflächen, den Eigenarten der dörflichen und städtischen Siedlungen, ihren dominanten ökonomischen und infrastrukturellen Strukturen aber stets nur ein künstlich geschaffenes Gebilde auf Zeit: Ohne ständige Hege und Pflege und Energiezufuhr lässt sich ihr jeweiliger Zustand mittel- und langfristig nicht aufrechterhalten. Erst gegen Ende des 20. Jahrhunderts erkannte und akzeptierte der Mensch, dass die dafür notwendigen Mittel letztlich begrenzt sind. Die Erde verfügt nicht über unendliche Ressourcen. In vielen Bereichen ist die Produktivität und Belastbarkeit der natürlichen Ökosysteme und der geschaffenen Nutzökosysteme bereits ausgereizt. Eine noch weiter anwachsende Bevölkerung kann daher auf Dauer ihre bisherigen Verhaltens- und Wirtschaftsweisen nicht mehr beibehalten. Sie muss sorgsamer und haushälterischer mit ihrer Umwelt umgehen, im eigenen und im Interesse künftiger Generationen, denn „funktionierende Ersatzerden" sind kaum in Sicht (Abb. 11.1).

Die UN-Konferenz für „Umwelt und Entwicklung" (Rio de Janeiro, 1992) markiert deshalb einen entscheidenden Wendepunkt in der Bewusstseinsbildung und Willensbekundung: Erstmals verpflichtete sich die große Mehrheit der Staaten auf eine langfristig angelegte Politik nach dem **Prinzip der Nachhaltigkeit**. Das aus der Forstwirtschaft entlehnte Prinzip bedeutet dort, dass aus einem Wald nicht mehr Holz entnommen werden soll als nachwächst. Seine Umsetzung erfordert globale und lokale Strategien im Sinne von „global denken, lokal handeln" (Abb. 10.2).

10.2 Nachhaltige Entwicklung (sustainable development)

Nutzung, Gestaltung und Veränderung der Landschaft in der Region

www.bio2.edu/columbia/biosphere2.html

26. Oktober 1991, dreißig Meilen nördlich von Tucson in der Wüste Arizonas: Vier Frauen und vier Männer lassen sich in einen futuristischen Gebäudekomplex einschließen, für ein auf unbestimmte Zeit angelegtes Simulationsexperiment mit ungewissem Ausgang. Rund 100 Mio. US-$ hatte der texanische Ölmilliardär Ed Brass hier in sechsjährige detaillierte Planung und Konstruktion für die Realisierung seines Traums investiert. Er wollte einen Mikrokosmos schaffen, in dem die Bedingungen für dauerhaftes Überleben von Menschen, Pflanzen, Tieren und ganzen Ökosystemen auf dem Planeten Erde, der Biosphäre 1, nachgestellt und getestet werden sollten.

Die Stahl-Glas-Konstruktion des Biosphäre 2 genannten Projekts ist luftdicht, lässt aber Sonnenlicht einfallen. Zwei variable Luftkammern helfen, die durch Temperaturschwankungen bedingten Volumenänderungen der „Atmosphäre 2" auszugleichen. Verbindungen zur Außenwelt bestehen nur als Kommunikationsleitungen bzw. zur Energieversorgung. Biosphäre 2 verbraucht für etwa 1,5 Mio. Dollar pro Jahr Strom von außerhalb. Für Notfälle gibt es ein Dieselaggregat, denn bei Stromausfall ist die zweite, künstlich geschaffene Erde innerhalb einer Viertelstunde tot, „verkocht" von der Sonne in einer der heißesten Regionen der Welt.

Abgesehen von der externen Energiezufuhr ist Biosphäre 2 als autarkes System mit geschlossenen internen Stoffkreisläufen konzipiert. Es enthält eine Auswahl der auf der Erde häufigsten Ökosysteme: Auf 14 000 m² Fläche und einem Volumen von 184 000 m³ bevölkern mehr als 3000 Tier- und Pflanzenarten separierte Räume mit tropischem Regenwald, Savanne, Wüste, Marschland, intensiv genutzten Feld- und Agroforstkulturen. Selbst ein mit 5 Mio. l Salzwasser gefüllter Kunstozean gehört dazu, gekühlt und durch Wellengenerator und Gezeitensimulator in Bewegung gehalten.

Für die Testpersonen gab es Einzelzimmer und Gemeinschaftsräume, Bibliothek, Küche, Krankenzimmer, Labor, Kommandozentrale und Lagerräume. Asiatische Minischweine, Geflügel, Fische, Reis und andere Getreide, Obst- und Gemüsekulturen bildeten die Nahrungsgrundlage.

Doch bereits nach wenigen Monaten traten erste Probleme in der mit Pumpen und Röhren, mit modernster Mess-, Überwachungs- und Regeltechnik, mit Filter- und Kühleinrichtungen, Wassertanks, Entsalzungsanlage und Sprinklereinrichtungen voll gepfropften, künstlich geschaffenen „Ersatzerde" auf:

- Einige Tier- und Pflanzenpopulationen entwickelten sich anders als geplant; besonders die Ameisen vermehrten sich schnell und bedrohten – trotz Schleuseneinrichtungen – immer wieder die Nahrungskulturen.
- Biosphäre 2 war mit acht Menschen „überbevölkert"; die Nahrungsmittelproduktion war zu gering. Hunger wurde zum biologischen und sozialen Problem, Wildnisflächen mussten in Ackerland umgewandelt werden.
- Anders als im natürlichen Regenwald besaß der Ersatzregenwald einen humus- und nährstoffreichen Boden. Die dadurch angeregten Mikroorganismen verbrauchten für seinen Abbau zu viel Sauerstoff. Der O_2-Gehalt der Luft sank daher in 16 Monaten von 21 % auf 14 % und musste deshalb – zunächst ohne Wissen der Eingeschlossenen – über Notrettungssysteme von außen auf dieses wenigstens lebenserhaltende Niveau geregelt werden.

Frustriert und krank, körperlich und geistig ermattet und süchtig nach der echten Erde brachen die Testpersonen das Experiment nach zwei Jahren ab. Ein zweiter Versuch wurde bereits nach wenigen Wochen beendet, weil der O_2/CO_2-Gehalt ohne externe Regelung erneut außer Kontrolle geriet.

11.1 Biosphäre 2 – ein Versuch

Nutzung, Gestaltung und Veränderung der Landschaft in der Region

2 Gewinnung von Rohstoffen

„(K)Ein neues Loch in den Reben"

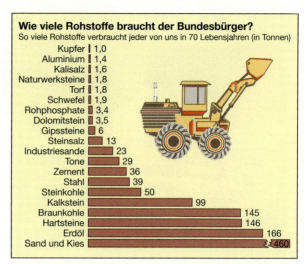

12.1 Rohstoff-Verbrauchsmengen pro Kopf (1998)

Im statistischen Durchschnitt verbraucht jeder Bundesbürger im Laufe seines Lebens für Beton- und Mauerwerke, Straßen- und Wegedecken, Pflasterwerke und Unterbauten, Glas und Keramik, Kunst- und Gebrauchsgegenstände eine gewaltige Menge von Rohstoffen (Abb. 12.1). Der größte Teil davon kann aus einheimischen Steinbrüchen, Kies-, Sand- oder Tongruben gedeckt werden. Baden-Württemberg erweist sich dabei als ein vergleichsweise „steinreiches" Bundesland: Es besitzt rund 600 Standorte zur Rohstoffgewinnung und verfügt über eine große Vielfalt an mineralischen Vorkommen mit bedeutenden Lagerstätten von Fluss- und Schwerspat, Kies, Sand und Kalk.

Irgendwann müssen aber alle Bergwerke stillgelegt werden, weil das abbaubare Vorkommen erschöpft ist, seine Gewinnung unrentabel geworden ist oder weil die von der zuständigen Behörde erteilte Abbaugenehmigung ausläuft. Bei anhaltender Nachfrage des Rohstoffs können jedoch meist Ersatzabbaustätten gefunden werden. Ihre infrastrukturelle und bergmännische Erschließung und Ausbeutung verursachen zwangsläufig neue Eingriffe in unsere mittlerweile intensiv und vielfältig genutzte Kulturlandschaft und erzeugen dadurch Flächennutzungskonflikte.
Welche Streitparteien diese Konflikte jeweils austragen, ist im Grunde in jedem demokratischen Rechtsstaat ohne Belang, denn für die Lösung der Streitpunkte gibt es Gesetze und Verordnungen zu deren Umsetzung. Sie legen Rechte und Pflichten aller Beteiligten fest und regeln die Verfahren, innerhalb derer die politischen, administrativen und juristischen Prozesse der Entscheidungsfindung zu erfolgen haben. Häufig sind diese Verfahren sehr komplex und dauern daher lange. Wegen der auftretenden Interessenkonflikte werden sie meist auch von einer kontrovers und emotional geführten öffentlichen Diskussion begleitet. Im Vergleich z. B. zu den Tagebauen in Braunkohlerevieren, bei denen gewachsene Kulturlandschaften auf großer Fläche vollständig „abgebaggert" werden, sind die in Baden-Württemberg für die Rohstoffgewinnung notwendigen Eingriffe jedoch relativ gering. Trotz ihres an sich kleinen Flächenbedarfs werden Abbaustätten aber auch hier wegen ihrer Auffälligkeit im Landschaftsbild häufig als störend empfunden und als Auslöser für negative ökologische und ökonomische Folgen betrachtet. Langfristig gesehen bieten aufgelassene Steinbrüche-, Kies- und Sandgruben aber gute Chancen für Sekundärnutzungen. Sie können sich v. a. zu wichtigen Standorten innerhalb eines Biotopverbundnetzes und Refugien für zahlreiche, ansonsten aus der Kulturlandschaft verdrängte Tier- und Pflanzenarten entwickeln.

Im Übergangsbereich vom vulkanisch geprägten West- und Zentralkaiserstuhl zu dem aus mesozoischen Sedimentschollen aufgebauten Ostkaiserstuhl reicht ein mit erstarrtem Gestein gefüllter, etwa 16 Mio. Jahre alter Vulkanschlot bis zur Erdoberfläche. Er ist von einer aus den Kaltzeiten stammenden Lössschicht bedeckt, umfasst eine Fläche von etwa 400 x 600 Meter und erstreckt sich bis in ca. 10 km Tiefe. Seit Beginn des 20. Jahrhunderts wird der beim Behauen hell klingende und daher Phonolith („Klingstein") genannte Stein abgebaut, zunächst als Baumaterial im Zusammenhang mit der Rheinregulierung, später dann als Kies für den Straßen- und Gleisbau. 1964 übernahm das aus dem etwa 30 km entfernt gelegenen Freiamt stammende und dort in der Kiesgewinnung tätige Familienunternehmen Hauri den Steinbruch am „Fohberg" und führte ihn zunächst auch traditionell weiter.
Sehr bald erkannte jedoch der heutige Seniorchef, dass der Stein weitaus vielfältiger nutzbar ist. Der im Tagebau am Westrand des Dorfes Bötzingen abgebaute Phonolith ist weitgehend homogen und besitzt einen hohen Anteil einer als Zeolithe bezeichneten Gruppe von Mineralen. Zeolithe sind wasserhaltige Silikatverbindungen. Sie können aufgrund der lockeren, käfigartigen Struktur ihrer Kristallgitter und ihrer Eigenschaft als Ionenaustauscher organische und anorganische Stoffe rasch und in relativ großen Mengen an sich binden und je nach Umständen wieder abgeben. Sogar Wärme lässt sich, in Form von warmem Wasser, in Zeolithen längere Zeit speichern. Zur Aktivierung dieser Eigenschaften wird das Gestein fein zermahlen und danach in einem Drehrohrofen, dem patentierten „Herz" des zum High-Tech-Betrieb gereiften Familienunternehmens, erhitzt. Dabei wird das Wasser aus dem Kristallge-

12.2 Der Anlass des Streits: die Firma, ihre Produkte und ihre Zukunftsplän

Nutzung, Gestaltung und Veränderung der Landschaft in der Region

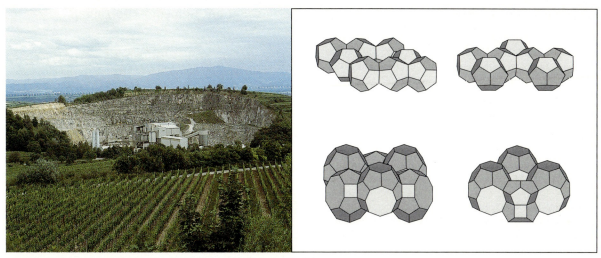

13.1 Der Steinbruch am „Fohberg" und die Mineralstruktur von Zeolith

füge der Zeolithe ausgetrieben. Der so veredelte Phonolith fand als „Wundermehl vom Kaiserstuhl" rasch und von der Firma geschickt genutzte Marktnischen

- im Gesundheitsbereich: als „Freiburger Vulkanitfango" ist der zusammen mit dem Freiburger Thermalbad entwickelte Naturfango zugelassenes Arzneimittel;
- in der Pharmazie: als Füllstoff von Arzneimitteln;
- in der Landwirtschaft: als wertvoller anorganischer Dünger, als Nährstoffadsorber, zur Lockerung der Bodenstruktur und zur Gülleaufbereitung;
- in der Forstwirtschaft: als zwar teurer, aber den Waldboden schonenderer Ersatzstoff von Kalk zur Bekämpfung der Folgen des sauren Regens;
- bei der Trinkwasseraufbereitung: als Bestandteil in Ionenaustauschern;
- bei der Betonproduktion: als Ersatzstoff von Zement, sodass sich die bei dessen Produktion anfallenden Emissionen des Treibhausgases CO_2 vermindern. Aufgrund dieser, die Umwelt schonenden Entwicklung erhielt die Firma auch Fördermittel des Landes.

Zur Qualitätssicherung ihrer Produkte, aber auch zur Erforschung und Entwicklung weiterer Verwendungsmöglichkeiten betreibt die Firma inzwischen auf dem Gelände des Steinbruchs auch ein eigenes Labor. Insgesamt beschäftigte Hauri 2002 etwa 50 Mitarbeiter.

Doch die Ausbeutung des Phonolithschlots ist räumlich und zeitlich begrenzt: Ortsrandlage und ein angrenzendes Natura-2000-Schutzgebiet verhindern eine Ausweitung des Tagebaus, die aus statischen Gründen für die Erschließung tieferer Schichten notwendig wäre; die Abbaukonzession endet 2012. Spätestens dann droht dem Familienunternehmen das Aus, wenn es keine Ersatzabbaustätte findet. In ganz Südbaden gibt es aber nur drei Vorkommen des wertvollen Rohstoffs – im derzeitigen Steinbruch, in einem Naturschutzgebiet in Niederrotweil und in einem weiteren, ebenfalls auf Bötzinger Gemarkung gelegenen Vulkanschlot. Die Firma sieht in der Nutzung dieses, nur etwa 1 km Luftlinie vom jetzigen Betrieb gelegenen Vorkommens ihre einzige Zukunftschance am Standort Bötzingen.

Aus Platz- und Kostengründen scheidet eine komplette Verlegung des bisherigen Betriebs (Aufbereitungsanlage, Labor, Verwaltungsgebäude usw.) jedoch aus. Das abgebaute Material müsste daher per Lkw über das bestehende (und evtl. auszubauende) Wegenetz oder über eine Bandstraße bzw. Seilbahn, im Extremfall durch einen Tunnel vom Abbau- zum Verarbeitungsort gebracht werden.

Vor der endgültigen Entscheidung über den Abbau bedarf es jedoch neben ökonomischen Machbarkeitsstudien in erster Linie einer bergmännischen Erkundung des Vorkommens. Dafür ist neben Probebohrungen nach Ansicht der Firma auch ein Probeabbau nötig: eine Grube, 25 m lang, 25 m breit, 16 m tief. Drei Jahre etwa würde der Probebetrieb dauern, einige Millionen Euro kosten und mehrere Hundert Lkw-Fuhren auf dem vorhandenen Wegenetz zwischen Testabbau und Werk erfordern.

Einige Grundstücke innerhalb des inmitten von Reben und Streuobstwiesen gelegenen, etwa 3,2 ha großen Areals, das für den geplanten Vollbetrieb benötigt würde, hat die Firma bereits erworben. Normalerweise kostet der Quadratmeter Rebland hier 5 bis 8 €. Verkaufswillige Grundstücksbesitzer treiben die Preise jedoch gewaltig in die Höhe.

Die Position der Gemeinde Bötzingen

Die Gemeinde möchte den Probeabbau verhindern, um damit der von ihr befürchteten Genehmigung eines vollständigen Abbaus des Phonolithvorkommens zuvorzukommen. Sie fordert daher, dass bereits bei der Prüfung des Antrags zum Probeabbau auch die möglichen Auswirkungen eines späteren, weitaus umfassenderen Abbaus mit berücksichtigt werden müssen. Der Endabbau wird ca. 3,2 ha beanspruchen, zuzüglich 1 ha Lagerfläche, und soll etwa 1 Mio. m³ Gestein fördern. Ihre Ablehnung des Probeabbaus gründet sich auf juristisch ganz unterschiedlich bedeutsame Argumentationen:

Nach Ansicht der Gemeinde ist sie gemäß § 54 Bundesberggesetz an der Genehmigung des Antrags zu beteiligen. Ohne Beteiligung am Verfahren sieht sie sich in ihrem kommunalen Recht der Planungshoheit verletzt. Weder im Flächennutzungsplan der Gemeinde noch im Regionalplan ist das geplante Abbaugebiet als Abbaufläche für Rohstoffe ausgewiesen. Die Gemeinde und der Verwaltungsverband Kaiserstuhl-Tuniberg hatten schon 1997 eine entsprechende Änderung des Flächennutzungsplans abgelehnt. Beide halten bis heute nach Abwägung ihrer kommunalen Interessen für den Abbau des Phonoliths im Gewann Endhahlen ein Raumordnungsverfahren für erforderlich.

Ein zweites gewichtiges Argument der Gemeinde betrifft ein weiteres kommunales Hoheitsrecht, die Selbstverwaltung. Sie weiß, dass bereits der Probeabbau nur genehmigt werden kann, wenn die verkehrsmäßige Erschließung des Vorhabens zumindest im Prinzip möglich ist. Als Träger der Straßenbaulast lehnt die Gemeinde aber einen Lkw-Verkehr auf ihren gemeindeeigenen Wirtschaftswegen ab, weil dies nicht deren Zweckbestimmung entspricht. Die für den Transport benötigten Wege sind nur für landwirtschaftlichen Verkehr mit Fahrzeugen bis zu einer Achslast von 5 t zugelassen. Wegen ihrer bau- und verkehrstechnischen Beschaffenheit ist auf den teilweise nur 2 m breiten Wegen kein Schwerlastverkehr möglich. Die Gemeinde befürchtet durch mögliche Lkw-Transporte daher Wegeschäden, Schwierigkeiten hinsichtlich ihrer Verkehrssicherungspflicht und Haftungsprobleme bei Unglücksfällen. Als Träger der Straßenbaulast für die gemeindeeigenen Straßen und Wege befürchtet sie zudem finanzielle Belastungen, denn sie müsste gegebenenfalls den Ausbau der Transportstrecke finanzieren.

Bei allen anderen von der Gemeinde angeführten Ablehnungsgründen kann sie sich nicht auf die Verletzung ihrer Hoheitsrechte berufen. Sie kann aber nach § 48 Bundesberggesetz Argumente dafür anführen, dass durch das Abbauvorhaben auch „öffentliche Interessen" tangiert werden. Sie kritisiert daher die aus ihrer Sicht überzogene

---

April 1998: Die Firma Hauri beantragt beim Landesamt für Geologie, Rohstoffe und Bergbau Baden-Württemberg (LGRB, auch Bergbehörde) in Freiburg die Genehmigung für einen Probeabbau auf Bötzinger Gemarkung im Gewann „Endhahlen".

Juli 1998: Beim Erörterungtermin, auf dem das Abbauvorhaben vorgestellt wird, erhält das LGRB heftigen Widerspruch.

Juli 1998: Der Gemeinderat von Bötzingen stimmt mit zwei Enthaltungen gegen das Vorhaben. Die übrigen Bürgermeister der Raumschaft Kaiserstuhl-Tuniberg sowie der Weinbauverband schließen sich dieser Haltung an.

1998/99: Aus den im Rahmen des Genehmigungsverfahrens notwendigen Stellungnahmen (z.B. Straßenbau-, Landwirtschaftsamt, untere Naturschutzbehörde) ergeben sich keine Einwände gegen das Vorhaben. Landratsamt Breisgau-Hochschwarzwald und Regierungspräsidium Freiburg bezweifeln aber, ob die bearbeitende Behörde tatsächlich zuständig ist, und kritisieren, dass diese eine Genehmigung erteilen kann, ohne mögliche Folgen eines späteren Abbaus zu berücksichtigen.

Juni 1999: Noch ist umstritten, welches Amt für die Genehmigung des Abbaus zuständig ist, Bergbehörde oder Landratsamt/Regierungspräsidium.

September 2000: Das Wirtschaftsministerium erklärt im Gespräch mit dem Regierungspräsidium die Bergbehörde für zuständig und bezeichnet zugleich die Trennung zwischen Probeabbau- und Endabbaugenehmigung als rechtsgültig. Für Regierungspräsidium und Landratsamt ist aber noch nichts endgültig entschieden: Nach der Vereinbarung mit dem Ministerium kann die Genehmigung nur mit dem Vorbehalt erteilt werden, dass die Gemeinde der Firma eine Sondernutzungserlaubnis für die bestehenden Wege zur Abbaustelle erteilt. Entlang dieser Wege befinden sich jedoch einige geschützte Biotope. Eingriffen dort müssen aber Regierungspräsidium und Landratsamt als untere Naturschutzbehörde zustimmen.

September 2000: Die Bergbehörde genehmigt mit bestimmten Auflagen den Probeabbau. Die Genehmigung hat aber keine vorgreifende Wirkung auf einen evtl. später beantragten großflächigeren Abbau.

Oktober 2000: Die Gemeinde Bötzingen erhebt zusammen mit dem Verwaltungsverband Widerspruch gegen die Genehmigung.

April 2001: Das LGRB weist den Widerspruch zurück.

Juni 2001: Der Gemeinderat Bötzingen beschließt mit 14:1 Stimmen, gegen die Zurückweisung vor dem Verwaltungsgericht Freiburg zu klagen. Der Gemeinderat von Eichstetten beschließt, sich an der Klage zu beteiligen.

Juli 2001: Im Namen des Verwaltungsverbands erhebt der Vorsitzende Klage.

14.1 Eine unvollendete Chronologie

Abbaumenge von 9000 t zur Erprobung des Gesteins und bemängelt die ihrer Meinung nach unzureichende Beteiligung der von der Abbauplanung betroffenen Personen am Verfahren. Besonders wichtig ist für sie der Hinweis auf den bestehenden Steinbruch am Fohberg, der v.a. die Anwohner der Bergstraße seit Jahrzehnten durch Sprengschäden, Lärm, Staub, schwefelhaltige Abgase und besonders den Schwerlastverkehr in den Morgenstunden schwer belaste. Durch das Auslaufen der in den letzten Jahren immer wieder verlängerten Abbaugenehmigung am Fohberg hatte die Gemeinde auf ein Ende dieser Belastungen gehofft, befürchtet nun aber durch einen zweiten Steinbruch deren Fortsetzung.

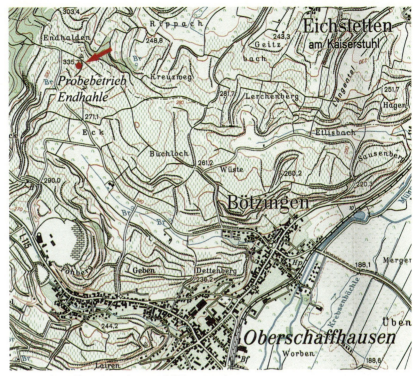

15.1 Der betroffene Gemarkungsteil (TK 1:25 000)

Durch Staubaufwirbelungen könnten besonders die Reb- und Tafelobstanlagen im neuen Abbaugebiet und entlang der Transportwege beeinträchtigt werden. Dies und der Verlust wertvoller Rebflächen bedeuteten für die Winzer des ältesten Weinbauerndorfs am Kaiserstuhl eine Bedrohung ihrer Existenz und den Verlust weiterer Arbeitsplätze. Ersatzflächen für die durch den Abbau verloren gehenden Flächen gibt es auf Bötzinger Gemarkung nicht. Winzer, die an der Pacht oder am Kauf der im Abbaugebiet angebotenen Grundstücke interessiert wären, seien im Wettbewerb gegenüber der überhöhte Preise bietenden Firma Hauri im Nachteil.

Das geplante Abbaugebiet liegt am Ende eines Tales auf einer Kuppe. Durch den Abbau befürchtet die Gemeinde Veränderungen des Kleinklimas, v.a. eine Erhöhung der Frostgefahr durch häufigere kalte Fallwinde aus Norden, und fordert daher die Einholung eines meteorologischen Gutachtens. Auch die Trinkwasserversorgung könnte beeinträchtigt werden, denn im Bereich des Abbaugebiets liegt ein Quellwasservorkommen, an das ein Winzerhof, der Biolandhof Schambach, angeschlossen ist.

Die Gemeinde betont außerdem, dass das Gebiet ein wichtiges Naherholungsgebiet ist. Wohn- und Lebensqualität der Bevölkerung wären durch Abbau und Transport in erheblichem Maße gemindert. Aber auch der Fremdenverkehr, seit Jahren durch die Gemeinden, die Fremdenverkehrsgemeinschaft „Kaiserstuhl-Tuniberg" und den Winzergenossenschaften als zweites Standbein neben dem Weinbau auch mit Landesmitteln besonders gefördert, könnte einen schweren Rückschlag erleiden. Das Image einer intakten Weinbaulandschaft am Kaiserstuhl sei für den Fremdenverkehr, aber auch für die Winzer bei der Vermarktung ihrer Produkte von größter Bedeutung. Ein aus Sicht der Gemeinde, der sie unterstützenden Bürgermeister der Bereiche Kaiserstuhl-Tuniberg und der gleichnamigen Fremdenverkehrsgemeinschaft besonders wichtiges Argument betrifft den Natur- und Landschaftsschutz. Das Gelände im Bereich des geplanten Abbaus ist von den in den 1970er Jahren durchgeführten, großräumigen Flurbereinigungen im Kaiserstuhl verschont geblieben. Es zeigt daher bis heute eine klein parzellierte und vielfältige Mischung aus Reb-, Gehölz- und Feldfluren mit einer artenreichen Flora und Fauna und besitzt damit noch ein für die traditionelle Kaiserstühler Natur- und Kulturlandschaft typisches Gepräge. Ein Abbau in diesem Gebiet würde einen unverzeihbaren, auch vor zukünftigen Generationen nicht zu rechtfertigenden Eingriff in eine nach § 2 Naturschutzgesetz schützenswerte historische Kulturlandschaft bedeuten. Die Biotopkartierung nach § 24a Naturschutzgesetz weist in diesem Bereich zudem seltene Tier- und Pflanzenarten aus. Ausgleichs- oder Rekultivierungsmaßnahmen könnten den Verlust dieser Biotope in keiner Weise ersetzen. Die Gemeinde fordert daher, im Zuge des Genehmigungsverfahrens eine Umweltverträglichkeitsprüfung (UVP) durchzuführen.

Die angefochtene Entscheidung der Bergbehörde

Die Bergbehörde hat den staatlichen Auftrag, alle bergbaulichen Aktivitäten im Land zu genehmigen und ihre ordnungsgemäße Durchführung zu überwachen. Das Bundes- und Landesberggesetz sowie die entsprechenden Ausführungsbestimmungen bilden die gesetzlichen Grundlagen ihrer Entscheidungen. Die Genehmigung des Antrags auf einen Probeabbau wurde von der Bergbehörde mit bestimmten Auflagen verknüpft und gründet sich auf die folgenden Argumente.

Phonolith ist ein dem Trass entsprechendes Gestein, also nach § 3 BBergG ein grundeigener Bodenschatz. Da sich die Grundstücke des vorgesehenen Probeabbaus im Besitz der Firma befinden und diese einen nach § 51 BBergG ordnungsgemäßen Betriebsplan inklusive der vorgeschriebenen Rekultivierungsmaßnahmen vorgelegt hat, hatte die Firma einen Rechtsanspruch auf Zulassung. Das Gewann „Endhahlen" liegt zwar innerhalb eines im Regionalplan ausgewiesenen Regionalgrünzugs, wenn Grundwasserschonbereiche oder wertvolle Biotope nicht betroffen sind, können aber in Ausnahmefällen auch in solchen Gebieten Rohstoffe oberflächennah abgebaut werden. Solche vorrangigen Bereiche sind am geplanten Abbaustandort nicht ausgewiesen. Damit entspricht der Probeabbau zwar nicht dem Ziel der Raumordnung, widerspricht ihm aber auch nicht. Nach Ansicht des Regierungspräsidiums Freiburg ist daher kein Raumordnungsverfahren notwendig. Die Planungshoheit der Gemeinde wird nicht verletzt.

Die zwischen Probeabbau und Aufbereitung von der Firma vorgeschlagene Transportstrecke ist durch Gutachter geprüft worden. Sie ist straßenbautechnisch für Zwei-Achs-Lkw bis 10 t Achslast geeignet. Mögliche Probleme hinsichtlich Verkehrssicherheit und Haftungsregelungen lassen sich durch einen Vertrag zwischen Firma und Gemeinde einvernehmlich regeln. Für die Bergbehörde ist damit der notwendige Nachweis erbracht, dass der Probeabbau sowohl aus technischer als auch aus rechtlicher Sicht verkehrsmäßig prinzipiell erschließbar ist – ein weiterer Grund, weshalb sie den Antrag genehmigen musste. Gültig wird die Genehmigung jedoch erst dann, wenn die Firma eine von der Gemeinde auszustellende Sondernutzungserlaubnis zum Befahren der gemeindeeigenen Wege vorlegt. Ein von der Bergbehörde in Auftrag gegebenes Rechtsgutachten kam zu dem Ergebnis, dass die Gemeinde eine Sondernutzungserlaubnis der Firma kaum verwehren könne, wenn diese alle Auflagen zur Minimierung der verkehrlichen, straßenbaulichen und ökologischen Risiken und Eingriffe erfüllt.

Umweltverträglichkeitsprüfungen werden erst bei Vorhaben von 10 ha und mehr erforderlich. Da der Probeabbau

---

§ 1 Zweck des Gesetzes
Zweck dieses Gesetzes ist es
1. zur Sicherung der Rohstoffversorgung das Aufsuchen, Gewinnen und Aufbereiten von Bodenschätzen unter Berücksichtigung ihrer Standortgebundenheit und des Lagerstättenschutzes bei sparsamem und schonendem Umgang mit Grund und Boden zu ordnen und zu fördern (…)

§ 2 Sachlicher und räumlicher Geltungsbereich
(1) Dieses Gesetz gilt für …
2. Das Wiedernutzbarmachen der Oberfläche während und nach der Aufsuchung, Gewinnung und Aufbereitung von bergfreien und grundeigenen Bodenschätzen, (…)

§ 3 Bergfreie und grundeigene Bodenschätze (…)
(2) Grundeigene Bodenschätze stehen im Eigentum des Grundeigentümers. Auf bergfreie Bodenschätze erstreckt sich das Eigentum an einem Grundstück nicht.
(3) Bergfreie Bodenschätze sind, (…): Actinium, …, Eisen, … Gold, … Stein- und Braunkohle …, Steinsalze …
(4) Grundeigene Bodenschätze (…) sind nur Basaltlava mit Ausnahme des Säulenbasalts, (…), Trass

§ 48 (…) kann, unbeschadet anderer öffentlich-rechtlicher Vorschriften, die für die Zulassung von Betriebsplänen zuständige Behörde eine Aufsuchung oder eine Gewinnung beschränken oder untersagen, soweit ihr überwiegende öffentliche Interessen entgegenstehen, (…)

§ 51 Betriebsplanpflicht
(1) Aufsuchungsbetriebe, Gewinnungsbetriebe und Betriebe zur Aufbereitung dürfen nur auf Grund von Plänen (Betriebsplänen) errichtet, geführt und eingestellt werden, die vom Unternehmer aufgestellt und von der zuständigen Behörde zugelassen worden sind.

§ 52 Betriebspläne
(4) Die Betriebspläne müssen eine Darstellung des Umfangs, der technischen Durchführung und der Dauer des beabsichtigten Vorhabens (…) enthalten (…).

§ 54 Zulassungsverfahren
(2) Wird durch die in einem Betriebsplan vorgesehenen Maßnahmen der Aufgabenbereich anderer Behörden oder Gemeinden als Planungsträger berührt, so sind diese vor der Zulassung des Betriebsplanes durch die zuständige Behörde zu beteiligen.

§ 55 Zulassung des Betriebsplanes
(1) Die Zulassung eines Betriebsplanes im Sinne des § 52 ist zu erteilen, wenn
1. für die im Betriebsplan vorgesehene Aufsuchung oder Gewinnung von Bodenschätzen die erforderliche Berechtigung nachgewiesen ist (…)
7. die erforderliche Vorsorge zur Wiedernutzbarmachung der Oberfläche in den gebotenen Umständen erforderlichen Maß getroffen ist (…)
9. gemeinschädliche Einwirkungen der Aufsuchung oder Gewinnung nicht zu erwarten sind (…)

16.1 Auszüge aus dem Bundesberggesetz

maximal 1 ha, die reine Abbaufläche nur 0,2 ha beanspruchen, war eine UVP nicht notwendig. Dennoch hat die Bergbehörde eine ökologische Bewertung des Probeabbaus und der Transportstrecke vornehmen lassen. Nach dem Gutachten des Regierungspräsidiums und der ihm zuarbeitenden unteren Naturschutzbehörde hat das Gesamtgebiet um Endhahlen hinsichtlich seiner Landschaftsstruktur und Vegetation nur eine relativ geringe Wertigkeit. Im Bereich des Probeabbaus selbst sind keine der nach § 24a Naturschutzgesetz besonders schützenswerten Biotope direkt betroffen. Um mögliche Beeinträchtigungen benachbarter § 24a Biotope zu minimieren, muss die Firma am Rande der Abbaufläche aber Schutzstreifen ausweisen und darf im Winter keine Auftaumittel einsetzen. Während der auf vier Jahre befristeten Abbaugenehmigung – das 5. Jahr wird zur vollständigen Rekultivierung der Grube benötigt – ist der Abbau und Transport nur vom 1. November bis zum 28. Februar erlaubt, liegt also deutlich außerhalb der Brutzeit der Vogelwelt und der Hauptvegetationsperiode der Reben und Obstanlagen. Mögliche Staubentwicklungen im Abbaubereich und entlang der Transportstrecke muss die Firma durch Befeuchtung des Transportmaterials vermeiden. Eine durch Abbau und Transport verursachte Lärmbelästigung der Dorfbevölkerung über den zumutbaren Grenzwert hinaus ist wegen der großen Entfernung zum Dorfrand nach Ansicht der Bergbehörde auszuschließen. Ein entsprechendes Gutachten liegt ihr vor. Das Sprengkonzept der Firma muss zudem von der Bergbehörde genehmigt werden. Oberflächen- und Grundwasser sind nach der ebenfalls vorliegenden Stellungnahme des Landratsamts durch den Probeabbau nicht negativ berührt. Die Bergbehörde befürchtet auch keine Beeinträchtigung des Klimas, da die direkt unter der Kuppe gelegene kleine Grube die Luftströmungen kaum verändern kann.

Mögliche Auswirkungen auf das Landschaftsbild, den Tourismus sowie das Ansehen der Weinwirtschaft waren nicht zu prüfen und zu beurteilen. Die Bergbaubehörde schätzt solche Auswirkungen aber als sehr gering ein – falls sie überhaupt eintreten. Einerseits sei der Eingriff nur auf fünf Jahre befristet, danach wird komplett renaturiert. Während des Abbaus sei die Grube durch geplante Gebüschpflanzungen kaum einsehbar – und während der winterlichen Abbauzeiträume würde das Gebiet kaum von Wanderern aufgesucht. Andererseits könne bei einer Gesamtrebfläche von 350 ha durch den Verlust eines einzigen Hektars wohl kaum von einer existenziellen Bedrohung der Bötzinger Weinwirtschaft gesprochen werden. Überwiegende öffentliche Interessen nach § 48 Abs. 2 BBergG standen nach Ansicht der Bergbehörde der Genehmigung des Antrags daher nicht entgegen.

Aufgabe

Stellen Sie den Streit um den Probeabbau „Endhahlen" in einem Planspiel dar. Konkrete Spielsituation ist die Gerichtsverhandlung, in der über die Klage gegen die Genehmigung des Antrags entschieden werden soll.
Material für die Rollen finden Sie auf den Seiten 12 bis 21.
Mögliche Rollen sind Spielleiter, Anwälte, Firmenchef, Bürgermeister, Gutachter, Experten, Richter, Einzelkläger, Gerichtsreporter, Beobachter, Schlichter.

Rollen- und Planspiele

Rollenspiele dienen dazu, Konflikte zwischen Individuen oder Gruppen aufzuzeigen und gegebenenfalls Lösungen zu finden. Da das Ergebnis offen ist, steht bei Rollenspielen die Reflexion und das Einüben von Verhaltensweisen im Vordergrund.

Planspiele sind dagegen Rekonstruktionen von Realsituationen oder Vorwegnahmen möglicher Realsituationen, bei denen verschiedene Gruppen ihre Interessen in einem klar umgrenzten Konflikt durchsetzen wollen (z.B. Gerichtsverhandlung, Standortentscheidung, Neubau von Verkehrswegen). Auch hier ist der Spielausgang offen, aber es muss zum Schluss eine Entscheidung getroffen werden. Anders als bei Rollenspielen müssen sich die einzelnen Teilnehmer bei Planspielen zunächst auch mit den für ihre Position wichtigen Gesichtspunkten vertraut machen, um Verhaltens- und Argumentationsstrategien zu entwickeln. Planspiele sind daher gelenkte, komplex gemachte Rollenspiele mit klaren Interessengegensätzen und hohem Entscheidungsdruck.

Ablaufschema eines Planspiels:

1. **Vorbereitung:**
   - Vorstellung der Ausgangslage
   - Rollenverteilung
   - Festlegen der Spielregeln und des Zeitrahmens (wichtig: Spielleiter hat höchste Autorität)
   - Einarbeitung in die übernommenen Rollen; evtl. weitere Recherchen

2. **Durchführung:**
   - Organisation der Spielsituation (z.B. Planungsbüro, Gerichtssaal)
   - Spiel-Ablauf
   - Konfliktlösung bzw. Entscheidung

3. **Auswertung:**
   - Rekapitulation, Analyse und Interpretation des Spielverlaufs
   - Interpretation des Spielergebnisses
   - Diskussion der Vorzüge und Schwächen des Planspiels
   - Diskussion der Rollenausführungen

Nutzung, Gestaltung und Veränderung der Landschaft in der Region

18.1 Schambachhof (Phonolith-Kuppe im Hintergrund)

Mit vor Gericht dabei: Ein Winzer

Herr Höfflin, Sie bewirtschaften mit Ihrer Familie den Biolandbetrieb Schambachhof und klagen wie die Gemeinde Bötzingen gegen die Genehmigung des Probeabbaus. Wie schätzen Sie Ihre Chancen ein?
Was für eine Frage! Politisch ist die Sache doch längst entschieden. Offiziell hat sich außer den Kommunalpolitikern keine einzige politische Kraft nachdrücklich gegen das Projekt ausgesprochen – die Regierung in Stuttgart schon gar nicht, die steht hinter dem Abbau.
... ist aber für die Genehmigung nicht verantwortlich ...
Klar, aber die ist eigentlich dem Wohl des Landes und dem Wohl zukünftiger Generationen verpflichtet.
Die Bergbehörde hat den Antrag genehmigt ...
Eine Fachbehörde. Die hat den Auftrag, Rohstoffvorkommen zu sichern und ihre Förderung zu ermöglichen.
Wird der Probeabbau vor Gericht gestoppt?
Hoffentlich. Es kann doch nicht sein, dass das letzte naturnahe Tal des Ostkaiserstuhls durch noch einen Steinbruch und durch irrwitzige Transportstrecken verunstaltet wird. Wer sich verantwortlich fühlt für eine intakte Natur und eine geliebte Landschaft, die herausragende Produkte hervorbringt, der muss handeln. Man kann doch nicht warten, bis Juristen nur noch um Entschädigungen, Reparaturleistungen oder Geldstrafen streiten. Da oben sind zahlreiche seltene Vogelarten nachgewiesen, ein halbes Dutzend davon steht auf der Roten Liste.
Herausragende Produkte hat Hauri aber auch ...
Zugegeben. Aber um welchen Preis? Ein Loch reicht, wir wollen keine Kraterlandschaft. Die Wandervereine sowieso nicht, die Jagdpächter befürchten Unruhe in ihren Revieren. Ich will nicht, dass diese wertvolle Landschaft einem kurzfristigen Profit geopfert wird. Wozu haben wir denn Natur-, Umwelt- und Landschaftsschutzgesetze? Meine Eltern haben 1974 den Hof als einen der ersten am Kaiserstuhl auf eine nachhaltige, ökologische Produktionsweise umgestellt. Die Hauris haben am Anfang oft bei uns eingekauft. Wir haben mit Hauri über unsere Befürchtungen im Zusammenhang mit dem neuen Vorhaben gesprochen. Aber wir sind uns fremd geworden. Die Firma verfolgt eben ihre Interessen – und das mit allen Mitteln. Jeder kämpft um seine Existenz.
Nochmals zurück zu Ihren Chancen vor Gericht.
Meine Joker sind natürlich betriebliche Gründe. Ich habe Kunden bis Berlin und Hamburg, Feriengäste. Kommen die wieder, wenn sie beim Spaziergang oberhalb des Hofs mit Staub eingenebelt werden? Im Weingeschäft sind gute Produkte und intakte Landschaft für die Kundenbindung unerlässlich. Aber der Staub beeinträchtigt ja schon die Grundlagen unserer Produktion. Der verschmutzt nicht nur die Blätter und Blüten der Reben und Obstbäume. Er wird auch am Boden abgelagert, verändert den ph-Wert und die Lebewelt des Bodens. Ein gesunder Boden ist aber der Kern eines nachhaltig wirtschaftenden Betriebs. Ökolandwirtschaft denkt in Kreisläufen, fördert die Vielfalt der Natur und nutzt ihre Wechselwirkungen. Wegsäume mit Gräsern, Kräutern und Gebüsch und einer reichen Insekten- und Vogelwelt sind für uns daher besonders wichtig – aber wenn das alles verstaubt und zum Dreck noch Lärm und Unruhe hinzukommen? Außerdem: Stellenweise reichen unsere Rebzeilen bis fast einen Meter an den Weg heran – da sind Grundstücksverletzungen doch vorprogrammiert.
Das wäre durch wechselnden Einbahnverkehr zu regeln.
Wie bitte? Verkehrsampeln in den Weinbergen?
Die Firma soll schon Grundstücke im Bereich enger Kurven aufgekauft haben ...
Vielleicht planen die da Ausweichplätze für Gegenverkehr. Aber die werden bestimmt nicht ausreichen. Übrigens: Als in den 60er Jahren die Traktoren aufkamen, wurden einige ursprünglich sehr schmale Wege verbreitert und befestigt. Alle Wegeanlieger mussten damals von ihren Grundstücken was dazugeben. Im Grunde haben wir also die jetzigen Wege mitfinanziert – für landwirtschaftlichen Verkehr, nicht als Gewerbestraße.
Sind klimatische Veränderungen ein Thema für Sie?
Und ob. Die Kuppe schließt das Tal ab. Wenn die weg ist, gibt es ganz andere Winde. Und noch etwas. Anders als viele Teile des Kaiserstuhls besitzt die Kuppe keine Lössschicht von 10 oder 15 Metern, nur etwa 20–30 cm. Dann kommt schon der mineralreiche vulkanische Untergrund. Jeder Winzer weiß, dass ein solcher Grund besonders gute Weine hervorbringt. Es wäre doch ein Wahnsinn, dieses Potenzial zu vernichten. Wegen der geringen Bedeckung heizt sich das Vulkangestein zudem schnell auf. Die Kuppe ist daher ein idealer Wärmespeicher, der nachts noch lange Wärme ins Tal abstrahlt. Wegen der Gefahr von Spätfrösten im Frühjahr ist dies besonders wichtig, denn gerade im Obstbau entscheiden oft ein oder zwei Grad mehr oder weniger über die gesamte Ernte.

Widerstand auf anderer Ebene

Herr Mayer, Sie sind Vorsitzender der NABU-Ortsgruppe Kaiserstuhl und kämpfen ebenfalls gegen den neuen Steinbruch. Vor Gericht sind Sie aber nicht vertreten.
Nein. Um dieses Vorhaben zu verhindern, müssen viele Register gezogen werden. Dass der Gemeindeverband und einzelne Winzer als direkt Betroffene mit ihren spezifischen Argumenten vor Gericht klagen, ist sinnvoll und notwendig. Wer dort Recht bekommt, ist noch unklar. Es geht ja wesentlich um die Abwägung von Rechtsgütern und um die Frage, welches ist das höherwertige Recht. Wir kennen doch die Faustregel: Bundesrecht schlägt Landesrecht, Landesrecht schlägt kommunales Recht – und das Bergrecht schlägt alles.
Welche Geschütze können Sie dann noch auffahren?
Das EU-Recht, die Gesetze der EU. Denen muss sich auch das deutsche Bergrecht beugen.
Das müssen Sie näher erklären.
Überall in Europa sind natürliche Lebensräume, Tier- und Pflanzenarten in ihrem Bestand bedroht. Pflanzen und Tiere kennen aber keine Grenzen – Vögel schon gar nicht. Internationale Vernetzung im Naturschutz wird daher immer wichtiger. Mit dem Naturschutzkonzept NATURA 2000 will die EU die biologische Vielfalt, unser Naturerbe, erhalten. 1992 beschlossen die Mitgliedstaaten, also auch Deutschland, die so genannte FFH-Richtlinie, Fauna-Flora-Habitat-Richtlinie. Habitat bedeutet Lebensraum oder Biotop. Danach sollen besonders ausgewählte Lebensräume mit Vorkommen gefährdeter Tier- und Pflanzenarten gesichert werden. Diese Lebensräume bilden zusammen mit den Gebieten der schon 1979 erlassenen Vogelschutzrichtlinie das europäische Schutzgebietsnetz NATURA 2000. Und jetzt kommts: Die EU-Vorgaben der FFH- und Vogelschutzrichtlinie müssen zwingend in nationale Gesetze umgesetzt werden.
Da der Kaiserstuhl eine einmalige Artendichte und besonders viele seltene und bedrohte Arten besitzt, müsste man ja gleich das ganze Gebiet unter Schutz stellen.
Stimmt. Hier gibt es z. B. vier Spezies, die nach der FFH-Richtlinie höchste Schutzpriorität genießen: die Sand-Silberscharte, eine Pflanze, die Spanische Flagge, das ist ein Schmetterling, und zwei Käferarten, der Alpenbock und der Juchtenkäfer.
Wer weist denn die Schutzgebiete aus?
Das Ministerium für den Ländlichen Raum, denn Naturschutz ist bei uns Ländersache. Aber die haben lange Zeit nichts gemacht – bis der Rüffel aus Brüssel kam, verbunden mit Strafandrohungen. Vor zwei Jahren musste dann alles ganz schnell gehen. Da wurde natürlich geschludert und möglicherweise rasch auch sachfremden Interessen nachgegeben.
Inwiefern?
Auf Eichstetter Gemarkung war zum Beispiel überhaupt kein Schutzgebiet ausgewiesen, in Bötzingen verrückterweise nur der flurbereinigte, südlich der Bergstraße gelegene Gemarkungsteil. Auf unseren Protest hin wurde zwar das Schambachtal noch einbezogen, die Kuppe im Endhahlen blieb aber ausgespart – und ist es immer noch. Weiß der Teufel warum. Wir haben dort den Juchtenkäfer nachgewiesen, dazu als Brutvögel Neuntöter, Wespenbussard, Baumfalke, Bienenfresser, Schwarzkehlchen, Wendehals und Wiedehopf, alle stehen auf der Roten Liste. Nach EU-Recht darf die Ausweisung und Abgrenzung von Vogelschutzgebieten aber nur nach rein fachlichen, also ornithologischen Kriterien, nicht nach wirtschaftlichen oder anderen Erwägungen erfolgen.
Ich ahne Ihre Strategie …
Bei den FFH-Gebieten kommt noch etwas dazu. Wenn ein Naturschutzverband auch einen Schutzgebietsvorschlag einreicht, wird dieses Gebiet durch bloßen Antrag zu einem so genannten potenziellen FFH-Gebiet. Dieses hat den gleichen Schutzstatus wie ein bereits in die Liste aufgenommenes und rechtlich abgesichertes Gebiet, bis eine endgültige Entscheidung getroffen ist. Der NABU hat daher bei der EU Beschwerde darüber eingereicht, dass das entsprechend der EU-Vogelschutz- und FFH-Richtlinien schutzwürdige Gebiet um Endhahlen nicht als Schutzgebiet ausgewiesen wurde. Endhahlen ist jetzt also zumindest potenzielles FFH-Gebiet.

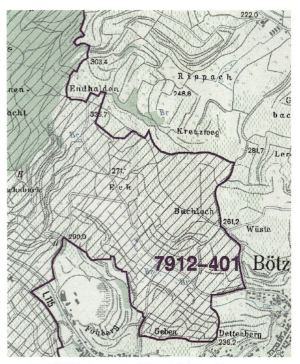

19.1 Vom Ministerium vorgeschlagene Schutzgebiete

3 Basiswissen Raumplanung und Landschaftsgestaltung

Raumordnungsgesetz (ROG) vom 18. August 1997
§ 1 Aufgabe und Leitvorstellung. *(1) Der Gesamtraum der Bundesrepublik Deutschland und seine Teilräume sind durch zusammenfassende, übergeordnete Raumordnungspläne und durch Abstimmung raumbedeutsamer Pläne und Maßnahmen zu entwickeln, zu ordnen und zu sichern. Dabei sind unterschiedliche Anforderungen an den Raum aufeinander abzustimmen und die auf der jeweiligen Planungsebene auftretenden Konflikte auszugleichen sowie Vorsorge für einzelne Raumfunktionen und Raumnutzungen zu treffen.*
(2) Leitvorstellung bei der Erfüllung der Aufgabe nach Absatz 1 ist eine nachhaltige Raumentwicklung.
(3) ... die Entwicklung, Ordnung und Sicherung des Gesamtraums soll die Gegebenheiten und Erfordernisse seiner Teilräume berücksichtigen (Gegenstromprinzip).
§ 3 Grundsätze der Raumordnung. *(2) ... Im Gesamtraum der Bundesrepublik Deutschland ist eine ausgewogene Siedlungs- und Freiraumstruktur zu entwickeln. Die Funktionsfähigkeit des Naturhaushalts im besiedelten und unbesiedelten Bereich ist zu sichern. In den jeweiligen Teilräumen sind ausgeglichene wirtschaftliche, infrastrukturelle, soziale, ökologische und kulturelle Verhältnisse anzustreben. Die dezentrale Siedlungsstruktur des Gesamtraums mit ihrer Vielzahl leistungsfähiger Zentren und Stadtregionen ist zu erhalten. Die Siedlungstätigkeit ist räumlich zu konzentrieren und auf ein System leistungsfähiger Zentraler Orte auszurichten. Natur und Landschaft einschließlich Gewässer und Wald sind zu schützen, zu pflegen und zu entwickeln. Dabei ist den Erfordernissen des Biotopverbunds Rechnung zu tragen ...*

„Fläche" und „Umwelt" sind nicht vermehrbare Natur- und Wirtschaftsgüter. Um ihre Nutzung konkurrieren unterschiedliche Interessen, öffentliche mit öffentlichen, öffentliche mit privaten oder private mit öffentlichen. Der Ausgleich dieser **Flächennutzungskonflikte** sowie die vorausschauende Sicherung der natürlichen Ressourcen gehören daher zu den Hauptpflichten staatlicher Vorsorge. Die dazu nötige **Raumplanung** ist eine sich an Leitbildern orientierende Querschnittsaufgabe, bei der alle bedeutsamen Fachplanungen (z.B. Verkehr, Siedlungsentwicklung, Naturschutz, Rohstoffsicherung) aufeinander abgestimmt werden müssen. Hierzu werden im Rahmen der **Planungshierarchie** Pläne entwickelt, die sich in Raumgröße, Abstraktheit, Rechtsverbindlichkeit und Geltungsdauer erheblich unterscheiden. Der ranghöhere Plan gibt dabei jeweils einen verbindlichen Rahmen für den rangniederen Plan vor, darf aber dessen Planungsträger in seinen Rechten, v.a. in seiner Planungshoheit, nicht verletzen. Seit 1991 ist nach dem ROG auch eine ökologisch orientierte **Landschaftsplanung** in die Gesamtplanung mit zu integrieren. Ihre wichtigste gesetzliche Grundlage bildet das Bundesnaturschutzgesetz. Nach **§ 1 (1) BnatSchG.** gilt:
„Natur und Landschaft sind ... so zu schützen, zu pflegen und zu entwickeln, dass 1. die Leistungsfähigkeit des Naturhaushaltes, 2. die Nutzungsfähigkeit der Naturgüter, 3. die Pflanzen- und Tierwelt sowie 4. die Vielfalt, Eigenart und Schönheit von Natur und Landschaft als Lebensgrundlagen des Menschen und als Voraussetzung für seine Erholung in Natur und Landschaft nachhaltig gesichert sind."

In der Vorgehensweise gleichen sich Raumordnung und Landschaftsplanung: Analyse, Bewertung und Festlegung der zukünftigen Funktion des jeweiligen Gebietes erfolgen unabhängig von einem bestimmten Vorhaben. Bei konkreten Projekten (z.B. neue Straßen)

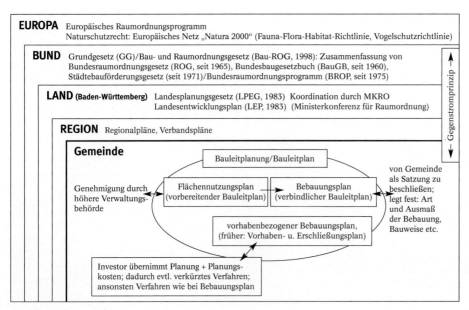

20.1 Raumplanungsebenen

Nutzung, Gestaltung und Veränderung der Landschaft in der Region

müssen dagegen im Rahmen der seit 1990 vorgeschriebenen **Umweltverträglichkeitsprüfung (UVP)** mögliche Auswirkungen auf die Umwelt ermittelt werden. Dabei sind auch Varianten oder Alternativen zu prüfen, um diejenige mit den geringsten Umweltbeeinträchtigungen zu ermitteln. Die daraufhin erstellte Umweltverträglichkeitsstudie ist eine wichtige Grundlage bei der politisch-administrativen Bewertung und Entscheidungsfindung. Grundsätzlich müssen alle Flächennutzungsänderungen und Bauvorhaben ein **Genehmigungsverfahren** durchlaufen. Für Projekte von mehr als 10 ha Fläche ist dazu neben einer UVP auch die Änderung bestehender Raumnutzungspläne erforderlich. Wie die Erstellung von Raumordnungs- und Landschaftsplänen hat dies stets unter Beteiligung aller Betroffenen und mit Information der Öffentlichkeit zu erfolgen. Letzteres erfolgt durch Auslage der Pläne z. B. in Rathäusern. Zusätzlich kann auch in öffentlichen Veranstaltungen, z. B. einer Bürgerversammlung, informiert werden (Anhörung).

Im ersten Schritt, dem **Raumordnungsverfahren**, werden zunächst nur die Träger öffentlicher Belange (Ämter, Verbände, Träger der Infrastruktur, Bundeswehr) zu Stellungnahmen aufgefordert. Ihre Bedenken und Anregungen werden in den vorgestellten Plan eingearbeitet. Der so erstellte z. B. neue Flächennutzungsplan erhält durch den abschließenden **Raumordnungsbeschluss** für die Dauer seiner Gültigkeit Rechtsverbindlichkeit. Das nachfolgende **Planfeststellungsverfahren** ist das wichtigste rechtlich verbindliche Instrument aller raum- und umweltrelevanter Planungen und Projekte. Dabei werden z. B. für eine neue Straße unter Berücksichtigung der Bauvorschriften, Verordnungen und Eigentumsverhältnisse detaillierte Pläne ausgearbeitet. Hierzu müssen dann neben den Trägern öffentlicher Belange auch betroffene Privatpersonen und juristische Personen gehört werden. Im abschließenden **Planfeststellungsbeschluss** entscheidet die Planfeststellungsbehörde unter Abwägung etwaiger widerstreitender Interessen über die Zulässigkeit des Vorhabens. Gegen den Planfeststellungsbeschluss kann von den Betroffenen aber bei den Verwaltungsgerichten Widerspruch eingelegt werden. Nach Prüfung der Zulässigkeit einer Klage wird dort jedoch in erster Linie nach formalen Kriterien entschieden, z. B. ob Verfahrensfehler vorliegen oder Rechte verletzt werden. Im Extremfall droht einem Grundeigentümer nach GG Artikel 14 eine Enteignung gegen Entgelt nach dem handelsüblichen Wert. Notwendig hierfür ist aber ein in einem gesonderten Gerichtsverfahren festgestelltes „öffentliches Interesse".

Jeder Verursacher eines neuen Eingriffs in die Landschaft muss „zeitnah" einen adäquaten **ökologischen Ausgleich** schaffen. Dies kann geschehen z. B. durch Investitionen in den Schutz des Grundwassers, die Anlage, Sicherung und Pflege von Biotopen entsprechend der Fauna-Flora-Habitat-Richtlinien, durch Renaturierung bestehender Flächen und Gewässer, durch Aufforstungen usw. Sind solche Ausgleichsmaßnahmen wegen bestehender Planungs- oder Eigentumsrechte nicht möglich, muss der Verursacher „monetär" ausgleichen. Das dabei in einen allgemeinen Fonds zum ökologischen Ausgleich eingezahlte Geld geht aber zumindest teilweise der vom Eingriff direkt betroffenen Region verloren.

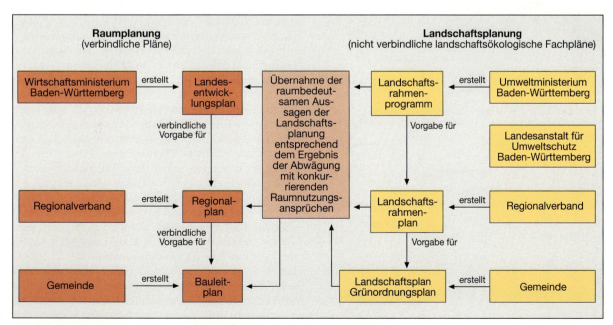

21.1 Organisationsstruktur der Raum- und Landschaftsplanung in Baden-Württemberg

Nutzung, Gestaltung und Veränderung der Landschaft in der Region

4 Umgestaltung von Flusslandschaften

Am Oberrhein: Korrekturen ohne Ende?

22.1 Oberrhein

Bis zum Beginn des 19. Jahrhunderts war der Oberrhein noch ein weitgehend unberührter Wildstrom. Aufgefächert in zahllose flache, sich ständig verändernde Arme durchfloss er in der Verwilderungszone zwischen Basel und Lauterburg eine 2–3 km breite Aue. In der sich bis Worms anschließenden Mäanderzone besaß er dagegen ein nahezu geschlossenes Flussbett.

Erste entscheidende Laufveränderungen des Rheins erbrachte die nach Plänen von J. G. Tulla zwischen 1817–1880 durchgeführte **Rheinkorrektion**. Tullas Idee bestand darin, einen Hauptabfluss festzulegen und die durch die Verkürzung der Lauflänge ansteigende Fließgeschwindigkeit gezielt zur verstärkten Sohlenerosion auszunutzen: Der Rhein selbst sollte sich ein stabiles Bett graben. Dazu wurden in der Verwilderungszone zahlreiche Seitenarme des Stroms in einem Hauptbett von 200–240 m Breite zusammengefasst und in der Mäanderzone die weiten Flussschlingen durchgestoßen. Der Rhein erhielt dadurch i. W. sein heutiges, begradigtes Flussbett. Seine Fließstrecke verkürzte sich zwischen Basel und Worms von 354 km auf 273 km. Da sich die Hochwasser nur noch in einer 1–2 km breiten und von Dämmen begrenzten Zone ausbreiten konnten, war die bis dahin ständig drohende Gefahr der Überflutung, des Austritts von Druckwasser in den Kellern und der Unterspülung und Erosion weitgehend gebannt. Zugleich konnten in der ehemals vernässten und mückenverseuchten Flussaue neue Flächen für Siedlungen, Land-, Forstwirtschaft und Infrastruktureinrichtungen gewonnen sowie der Grenzverlauf zwischen Frankreich und Deutschland präziser in der Flussmitte festgelegt werden. Die Arbeiten Tullas wurden ab 1906 unter M. Honsell fortgeführt. Er schnürte den Fließquerschnitt des Flusses durch in den Strom ragende Buhnen noch weiter ein. Durch diese **Rheinregulierung** entstand eine durchgängige, 75–100 m breite Abflussrinne, die ganzjährig eine gefahrlosere Schifffahrt bis Basel ermöglichte.

Durch die Einengung seines Betts verlor der Rhein zwischen Basel und Karlsruhe 660 km² Überflutungsfläche. Die durch Tullas Laufverkürzung verstärkte und durch Honsell noch weiter verschärfte Tiefenerosion (7 cm/a gegenüber 0,4 cm/a) führte südlich von Breisach zum Verlust von weiteren 80 km² und zur verstärkten Absenkung des flussnahen Grundwasserspiegels.

Gegen Ende des Ersten Weltkriegs wurden von deutscher Seite bereits Pläne entworfen, um die für die Schifffahrt bedrohlich werdende Isteiner Schwelle zu umgehen. In Artikel 358 des Versailler Vertrags von 1919 erhielt jedoch Frankreich das alleinige Recht, Was-

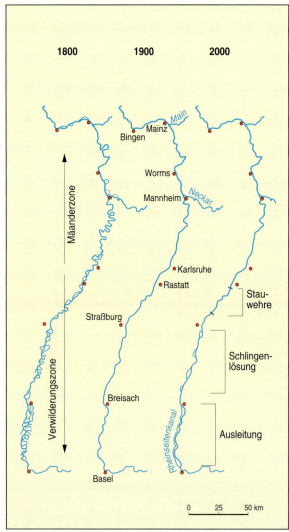

22.2 Laufveränderungen am Oberrhein

Nutzung, Gestaltung und Veränderung der Landschaft in der Region

23.1 Rheinschlinge Marckolsheim nördlich von Breisach (Blick nach Norden)

ser aus dem Rhein auszuleiten und zur Energiegewinnung zu nutzen. Innerhalb weniger Jahrzehnte entstand im Zuge des so genannten **Oberrheinausbaus** die mit zehn Staustufen, Laufkraftwerken und Schleusenanlagen ausgestattete größte künstliche Schifffahrtsstraße der Welt, der Grand Canal d'Alsace.

Dazu werden in Märkt bei Basel 98 % der Wassermenge (bis zu 1400 m^3/s) in den Rheinseitenkanal geleitet, dessen 52 km langes Betonbett keinerlei Kontakt mehr zum Grundwasser hat. Der Tullarhein erhält nur noch 15 m^3/s sowie die nicht vom Kanal aufnehmbaren Hochwasserspitzen. Zwischen Märkt und Breisach wurde zwar die Tiefenerosion gestoppt, doch der Grundwasserspiegel sank um weitere 2,5 m auf 7 m unterhalb des Ausgangsniveaus. Immer mehr flussnahe Wälder und Obstbaumbestände starben ab, Äcker und Wiesen vertrockneten. (Der für diese Veränderungen häufig verwendete Begriff der „Versteppung des Oberrheins" ist jedoch irreführend, denn Steppen sind klimatisch bedingte Graslandschaften.) Die abgestorbenen Wälder wurden durch Anpflanzungen von Kiefern oder im Zuge einer natürlichen Sukzession durch eine an die Trockenheit und die humusarmen, kiesigen Böden angepasste Sekundärvegetation ersetzt. Diese Trockenaue besitzt heute aufgrund ihrer Ausdehnung, ihrer extensiven Nutzung und der warmen, trockenen Bedingungen eine in Deutschland einmalige Biotop- und Artenvielfalt.

Für den Flussabschnitt nördlich von Breisach brachte das „Luxemburger Abkommen" von 1956 entscheidende Verbesserungen: Deutschland verpflichtete sich zum auch für Frankreich wichtigen Ausbau der Mosel. Im Gegenzug verzichtete Frankreich auf die Weiterführung des

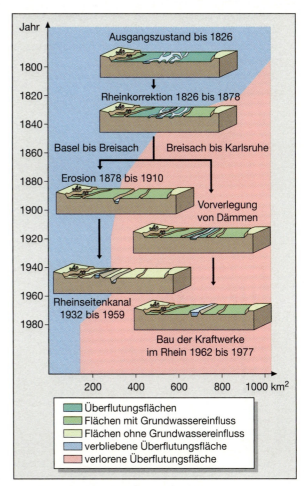

23.2 Wasserbauliche Eingriffe am Oberrhein

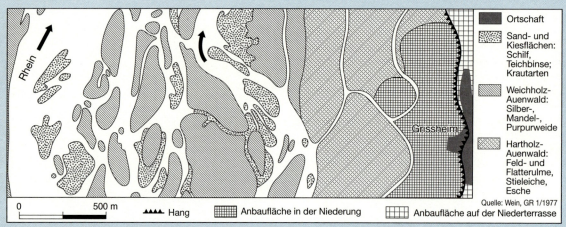

24.1 Rheinniederung bei Grissheim 1838

Karteninterpretation

Karten sind maßstäblich verkleinerte und generalisierte Abbilder der Wirklichkeit, häufig thematisch begrenzt oder inhaltlich erweitert. Die Aussagen von Karten lassen sich erschließen durch Karten lesen, beschreiben und interpretieren. Dabei kann nach folgenden Arbeitsschritten vorgegangen werden.

1. Formale Angaben zur Karte
   - Thema der Karte
   - Art der Karte (physische, thematische K.)
   - Raumausschnitt der Karte
   - Maßstab

2. Verortung und Lagebeziehungen
   - Ortslagen
   - Reliefverhältnisse
   - Entfernungen
   - Lage im Gradnetz

3. Erfassung und Charakterisierung der für die Fragestellung wichtigen Karteninhalte
   - dargestellte Sachverhalte zunächst insgesamt erfassen
   - wichtige Karteninhalte hervorheben
   - räumliche und zeitliche Veränderungen erfassen

4. Erklärung ursächlicher Zusammenhänge
   - Informationen verknüpfen (dabei Basis- und Hintergrundwissen mit verwenden; eindeutig erkennbare deutlich von nur vermuteten Erklärungen trennen)
   - Ursache-Folgewirkungen erfassen

5. Eventuell Anfertigung einer Kartenskizze
   - Gesamtstruktur vereinfacht darstellen
   - Beziehungen und Veränderungen verdeutlichen

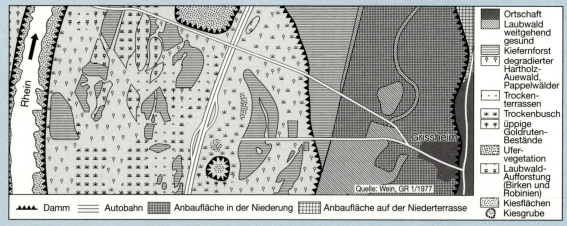

24.2 Rheinniederung bei Grissheim, heutiger Zustand

Rheinseitenkanals. Stattdessen wurden bis Straßburg nur noch vier Schlingen gebaut. Sie gewährleisten weiterhin Schifffahrt und Energiegewinnung. Durch Schwellen und regelbare Kulturwehre im Tullarhein konnte der Grundwasserspiegel im Schlingenbereich zwar gehalten werden, doch die Sohlenerosion verlagerte sich flussabwärts. Zu ihrer Bekämpfung wurden die das gesamte Rheinbett querenden Staustufen von Gambsheim und Iffezheim gebaut. Der bei diesen deutsch-französischen Projekten produzierte Strom wird je zur Hälfte in die Netze der Projektpartner eingespeist. Die Staustufen halten zwar ebenfalls den Grundwasserspiegel, aber im Staubereich ertranken wegen des beständig hohen und überwiegend stagnierenden Wassers die Wälder und nördlich Iffezheim tritt immer noch Sohlenerosion auf. Eine letzte Staustufe bei Neuburgweier, die dieses Problem hätte lösen können, wurde jedoch nicht mehr gebaut. Stattdessen wird der „Hunger" des Flusses durch eine kontinuierliche Zufuhr von 170 000 m³ Kies pro Jahr gestillt.

Durch den Oberrheinausbau gingen weitere 130 km² zuvor noch überfluteter Aueflächen verloren. Von dem einst durchgehenden Aueband mit seiner üppigen und vielfältigen Flora und Fauna sind heute nur noch kleine isolierte Reste (3 %) erhalten. Als direkte Folge des Staustufenbaus hat sich zudem die Hochwassergefahr unterhalb der ausgebauten Strecke ab Iffezheim dramatisch verschärft. Der Verlust an überschwemmbaren Aueflächen und die Laufverkürzung führen dazu, dass die Hochwasserwellen heute deutlich schneller, steiler und mit höherem Volumen abfließen (die Fließzeit der Hochwasserwelle zwischen Basel und Maxau verringerte sich von 64 auf 23 Stunden). Häufig kommt es dabei zum Zusammentreffen der Hochwasserwellen des Rheins mit denen der Nebenflüsse Kinzig, Murg, Neckar und Main. Diese Gefahr droht immer dann, wenn die v. a. von den Schmelzwässern der Aare verursachte jährliche Hochwasserspitze des Rheins im Frühsommer zusätzlich durch Starkniederschläge in der Nordschweiz, in den Vogesen, im Schwarzwald sowie im Neckarraum erhöht wird. Auch wenn die Böden im Einzugsgebiet des Oberrheins nach einer langen Regenperiode oder wegen Bodengefrornis kein Wasser mehr aufnehmen können, kommt es rasch zu gefährlichen Hochwasserlagen nördlich von Iffezheim.

Der südlich von Iffezheim gelegene Rheinabschnitt besitzt heute einen nahezu hundertprozentigen Hochwasserschutz. Auch am Pegel Maxau bei Karlsruhe konnte das Rheinbett bis 1955 ein so genanntes 200-jährliches Hochwasser mit 5000 m³/s noch gefahrlos abführen. Am Pegel Worms waren es 6000 m³/s. Seit Ende des Oberrheinausbaus 1977 können jedoch bei einem 200-jährlichen Ereignis die Pegel bei Maxau rasch auf 5700 bzw. auf 6800 m³/s bei Worms ansteigen. Es drohen Dammbrüche mit Schäden an Agrarflächen, Siedlungen, Industriegebieten und Infrastruktureinrichtungen in einer Höhe bis zu 6 Mrd. €.

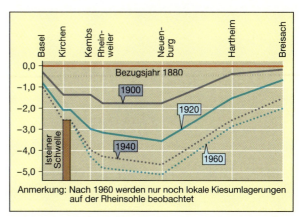

25.1 Längsprofil der Tiefenerosion

Aufgaben

1. Identifizieren Sie auf dem Luftbild (Abb. 23.1) Altrhein, Tullarhein, „Betonrhein", Kulturwehr, Staustufe mit Kraftwerk und Schleuse.
2. Bearbeiten Sie mithilfe der angegebenen Arbeitsschritte die Karten auf Seite 24.
3. Erläutern Sie, mit welchen Zielsetzungen und wasserbaulichen Maßnahmen die Eingriffe am Oberrhein bisher erfolgten und welche Folgen sie hatten.
4. Erläutern Sie die wasserbautechnischen und ökologischen Zielsetzungen des Integrierten Rheinprogramms (S. 26, 27). Begründen Sie dabei auch, weshalb die „ökologischen Flutungen" umstritten sind.
5. 2002 wurde für den „90-m-Streifen" südlich Breisach das Genehmigungsverfahren eröffnet. Welche Mitsprachemöglichkeiten haben dabei z. B. betroffene Gemeinden, Privatpersonen, Kieswerkbetreiber, Bürgerinitiativen, Naturschutzbehörde (S. 20, 21)?

www.4gwd.de/lahr; www.lfu.baden-wuerttemberg.de; www.uvm.baden-wuerttemberg.de/uvm/index

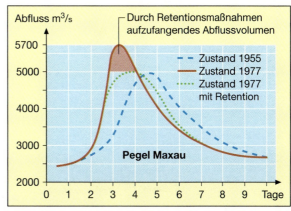

25.2 Hochwasserabfluss

Hochwasserschutz und Renaturierung

Alle nördlich von Iffezheim gelegenen Rheinanlieger haben einen Rechtsanspruch auf einen Hochwasserschutz, wie er vor dem Ausbau des Oberrheins bestand. Auf Drängen der gefährdeten Gemeinden, Städte und Bundesländer vereinbarten daher bereits 1982 Deutschland und Frankreich, diesen Schutz wiederherzustellen. Die dazu notwendige Absenkung der Hochwasserspitze um 700 bzw. 800 m³/s soll über verschiedene Retentionsmaßnahmen (= Wasserrückhalte) erreicht werden:
1. Durch einen „Sonderbetrieb" der französischen Rheinkraftwerke wird der Turbinendurchfluss gedrosselt und das Überschusswasser in den Tullarhein geleitet. Die Einnahmeverluste der Kraftwerke trägt Frankreich.
2. Durch die kontrollierte Veränderung der Stauhöhe an den Kulturwehren Breisach und Kehl.
3. Durch den Einsatz von Poldern, d.h. von Rückhalteräumen seitlich des Rheins, die kontrolliert geflutet werden können und deren Stauvolumen ebenfalls regelbar ist.
4. Durch landeinwärtige Rückverlegungen bestehender Hochwasserdämme. Dies ist jedoch nur möglich auf der freien Rheinstrecke unterhalb Iffezheims sowie südlich des Kulturwehrs Breisach, wo wegen der Tiefenerosion des Flusses allerdings eine umfangreiche Ausbaggerung („Auskiesung") entlang des Tullarheins erforderlich ist. Zwischen Breisach und Iffezheim ist keine Dammrückverlegung möglich, da hier der Rhein wegen der Staustufen bis zu 8 m über Gelände aufgestaut wird.

Insgesamt sollen nach derzeitigem Konzept 255,7 Mio. m³ Retentionsvolumen geschaffen werden. Davon wurden bis zur Jahrtausendwende 129,2 Mio. m³ realisiert, der Rest befindet sich in unterschiedlichen Stadien der Planung. Gegenwärtig ist damit bis zur Mainmündung ein etwa 90–100-jährlicher Hochwasserschutz gewährleistet.

Die Hauptlast des Hochwasserschutzes trägt Baden-Württemberg. Das 1996 von der Landesregierung verabschiedete Rahmenkonzept des etwa 0,5 Mrd. € teuren **„Integrierten Rheinprogramms"** sieht die Wiederüberflutung aller bis zum Bau der Staustufen überfluteten rechtsrheinischen Auenflächen – soweit verfügbar – vor. Es soll damit zwei Fliegen mit einer Klappe schlagen: Hochwasserschutz und Wiederherstellung (Renaturierung) einer naturnahen Auenlandschaft. Allerdings lassen sich nicht an allen Standorten beide Ziele optimal erreichen.
Auewälder bestehen aus einem ständig wechselnden Mosaik hoch spezialisierter Lebensgemeinschaften, die durch Überflutungen, wechselnde Grundwasserstände und überflutungsbedingte Bodenumlagerungen ausgelesen wurden. Dammrückverlegungen bieten daher optimale Bedingungen für die Entwicklung einer naturnahen Auenlandschaft.

26.1 Rückhaltemaßnahmen am Oberrhein

Nutzung, Gestaltung und Veränderung der Landschaft in der Region

Bisher überschwemmungsfreie Bereiche, die als Polder in das IRP einbezogen werden, müssen dagegen langsam und schonend an die veränderten Bedingungen angepasst werden. Eine natürliche Sukzession in Richtung hochwassertoleranter Lebensgemeinschaften erfordert dort nicht nur die Überflutung bei Extremhochwasser, sondern bedarf zusätzlicher **„ökologischer Flutungen"** mit max. 2,5 m mittlerer Stauhöhe, wie sie bereits am Polder Altenheim erfolgreich praktiziert werden. Auch naturschutzrechtlich sind solche Flutungen zwingend notwendig, denn die Retention auf Flächen, die schon lange nicht mehr vom Rhein überflutet werden, stellt einen erheblichen und nachhaltigen Eingriff dar, der zu vermeiden oder zu mindern ist. Eine Nutzung der Polder zum Hochwasserschutz ist daher ohne ökologische Flutungen gar nicht zulässig.

Das aufgestaute Wasser lässt jedoch den Grundwasserspiegel auch außerhalb des Rückhalteraums steigen. Vielerorts sehen sich daher private Grundbesitzer und Gemeinden bedroht. Sie misstrauen den behördlichen Versprechungen von Pumpwerken, die die Keller trocken halten sollen, bangen um Spargelkulturen, Nutzwälder und Infrastruktureinrichtungen, befürchten neue Mückenplagen und fragen, woher Ersatzflächen für Wiesen, Äcker, Sportplätze, Reiterhöfe usw. kommen sollen. Komplizierte Planungsabläufe, kommunale Widerstände und knapper werdende finanzielle Mittel bremsen das IRP. Die Auskiesung und Dammrückverlegung („90-m-Streifen") zwischen Weil und Breisach sollte z. B. bereits 1990 fertig sein, angestrebt ist nun 2015, Realisten rechnen aber mit 2020. Kiesunternehmen befürchten sinkende Preise durch eine Kiesschwemme (28 Mio. m³) und Umweltschützer kämpfen um den Erhalt der durch die Eingriffe am Rhein erst entstandenen Trockenaue.

27.2 Widerstand durch Bürgerinitiative

Im Februar 1999 rauschte ein 100-, im Mai darauf sogar ein 200-jährliches Hochwasser den Fluss hinab. Die vorhandenen Retentionsmaßnahmen reichten gerade noch aus. Kein Rheindamm brach, doch das Wasser stand knapp unter der Deichkrone. Die rasche Umsetzung des IRP und vergleichbarer Maßnahmen in Rheinland-Pfalz und Hessen ist daher dringend notwendig. Frankreich hat sein Soll bereits erfüllt. Allerdings: Die Vorstellung, mit den Maßnahmen am Oberrhein auch die Überflutungsgefahr am Mittel- und Niederrhein beseitigen zu können, ist trügerisch. Selbst bei Einsatz aller geplanter Retentionsmaßnahmen kann der Hochwasserscheitel in Koblenz oder Köln nur um wenige Zentimeter abgesenkt werden, denn die Überflutungsgefahr dort resultiert in erster Linie aus der Überlagerung von Flutwellen der Rheinzuflüsse unterhalb von Worms.

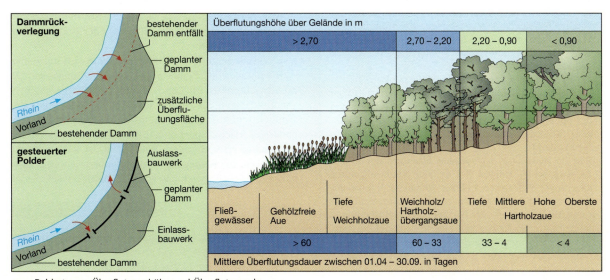

27.1 Poldertypen, Überflutungshöhe und Überflutungsdauer

5 Agrarische Nutzung

Merkmale von (Agrar-) Ökosystemen

Nahezu alle **natürlichen Ökosysteme** unseres Planeten sind durch den Menschen beeinflusst und verändert, z.T. sogar völlig zerstört worden. An ihre Stelle sind neben Teichen, Forsten und Plantagen meist die nach Relief, Boden und Klima jeweils möglichen **Agrarökosysteme** wie Äcker, Wiesen und Weiden getreten oder noch naturfernere **Techno-Ökosysteme** wie Gewächshäuser, Ställe, Dörfer und Städte. Allen drei Ökosystemtypen ist eine Vielzahl von Merkmalen gemeinsam (Abb. 29.1), die beiden letzteren unterscheiden sich aber von einem natürlichen Ökosystem in einigen Punkten grundlegend:

- Agrar- und Techno-Ökosysteme sind vom Menschen geschaffene Nutzökosysteme, die durch den fortwährenden Input von Energie vor einem „Rückfall" in Unordnung und geringere Produktivität bewahrt werden müssen.
- Es sind für spezifische Zwecke geschaffene und auf immer optimalere Erträge getrimmte Systeme. Ertragsmindernde, „schädliche Natureinflüsse" wurden daher stets zurückgedrängt, ertragssteigernde Natur- und Technologiepotenziale wo immer möglich ausgenutzt.
- Die meisten ihrer biologischen Elemente (Kulturpflanzen, Nutztiere) sind in der freien Natur kaum noch überlebensfähig oder kommen dort überhaupt nicht vor.
- Sie erleiden Nährstoffverluste nicht nur durch Ausschwemmung und Emissionen, sondern v.a. bei der Ernte, die ständig ausgeglichen werden müssen.
- Die für natürliche Ökosysteme typische begrenzte räumliche Einheit der Produktion von pflanzlicher bzw. tierischer Biomasse und Recycling der Nährstoffe wurde durch die Spezialisierung der Betriebe weitgehend aufgehoben.
- Eine Entwicklung der Nutzökosysteme wird nur in die jeweils als wünschenswert gedachte Richtung gestattet.

Streng genommen ist Landwirtschaft daher nie möglich „im Einklang mit der Natur", sondern immer nur gegen sie. Landwirtschaft ist aber notwendig – und so eng wie kein anderer Wirtschaftsbereich mit allen drei Teilaspekten der Nachhaltigkeit verbunden. Wie überall ist aber auch im Agrarsektor die Festlegung von Indikatoren zur Operationalisierung der Entwicklung von Nachhaltigkeit schwierig.

Aufgaben

1. Die Agrarfabrik – ein Agrarökosystem? Diskutieren Sie (Abb. 29.2).
2. Erläutern Sie die Notwendigkeit von Indikatoren für Nachhaltigkeit (Abb. 28.1) und nennen Sie Beispiele.

Jede natur- und sozialwissenschaftliche Festlegung von Indikatoren ist schwierig, nicht nur wegen der verfügbaren Daten, der zu wählenden Bezugsebene (Parzelle, Betrieb, Region, Volkswirtschaft), sondern auch wegen der rational teilweise kaum begründbaren Festlegung von Grenzwerten oder als wünschenswert erachteten Situationen.

Die **Nährstoff- und Düngerbilanzierung** erlaubt Aussagen über die Ertragsleistung, die Qualität der Ernteprodukte, die Entwicklung der Bodenfruchtbarkeit sowie über Umweltbeeinflussungen außerhalb des Systems.

Die **energetische Bewertung von Anbau- und Haltesystemen**. Dabei kann der Nettoenergiegewinn zu Aussagen über die Leistungsfähigkeit, die Energieeffizienz zu Aussagen über Umwelteinwirkungen verwendet werden.

Die **Ertragsleistung der einzelnen Kulturarten** ist ein zentraler Indikator für die Beurteilung von Anbausystemen. Jede Flächenproduktivität kann aber nur sinnvoll interpretiert werden, wenn lokale und witterungsspezifische Eigenheiten sowie die Anbautechnik, die Düngung und der Einsatz von Pestiziden berücksichtigt werden.

Die **Art der Fruchtfolge** und die **Anbauhäufigkeit einzelner Kultursorten** ist leicht zu erfassen.

Die **genetische Vielfalt** und **Sortenwahl** der vorhandenen und ausgewählten Spezies, Sorten und Rassen ermöglicht Aussagen über die Pflege des genetischen Reservoirs.

Der **Einsatz von Pflanzenschutzmitteln** ist in seinen möglichen Auswirkungen schwer zu quantifizieren.

Die **Veränderung der Spurengaskonzentration**, z.B. der klimarelevanten Gase CO_2, Methan und Lachgas, durch den Agrarsektor ist schwer abzuschätzen.

Die **Biodiversität** (= Artenvielfalt) ist schwer zu fassen, da sie von Natur aus je nach Standort erheblich variiert. **Bodeneigenschaften** wie Bodenstruktur, Gefügezustand und Humusgehalt sowie bodenverändernde Prozesse wie Erosion, Verdichtung, Verschlämmung oder Versalzung sind wesentliche Indikatoren zur Beurteilung der Nachhaltigkeit von Anbausystemen. Mit Ausnahme der Humusbilanzierung und der Erosionspotenziale fehlt aber eine Datengrundlage auf breiter Basis bisher weitgehend.

Die **ökonomische Leistungsfähigkeit** eines Betriebs, beschrieben als tatsächlicher Gewinn im Vergleich zum Standardbetriebseinkommen (= mögliches Einkommen bei optimaler Berücksichtigung aller Rahmenbedingungen), ist traditionell der Kern jeder Agrarstatistik in Deutschland.

Für die Bewertung der **sozialen Situation der in der Landwirtschaft Tätigen** gibt es noch kaum allgemein akzeptierte Indikatoren. In Frage kommen z.B. Einkommensverteilung im Vergleich zu anderen Wirtschaftssektoren, Bildungsstand oder Fortbildungsmöglichkeiten.

(nach: Indikatoren für eine nachhaltige Entwicklung der Landwirtschaft; Hrsg.: Institut für eine nachhaltige Entwicklung der Landwirtschaft, Bonn 2001

28.1 Indikatoren für Nachhaltigkeit im Agrarbereich

Nutzung, Gestaltung und Veränderung der Landschaft in der Region

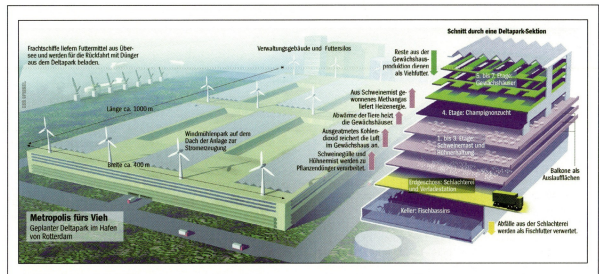

Ein Ökosystem ist das Geflecht der Wechselwirkungen, das zwischen Lebensraum (Biotop) und der zugeordneten Lebensgemeinschaft (Biozönose) in einem bestimmten Ausschnitt der Erdoberfläche existiert.

Ökosysteme sind keine geschlossenen, sondern stets offene Systeme, die im Material- und Energieaustausch mit benachbarten Systemen stehen. Die Mehrzahl der Nährstoffe zirkuliert jedoch im Kreislauf von Produktion, Verbrauch und Recycling innerhalb des Systems (Nährstoffkreislauf). Die letztlich das System antreibende Energie, die von den grünen Pflanzen eingefangene Sonnenenergie, fließt dagegen nur durch das System hindurch, muss also stets von außen neu zugeführt werden. Die Produktivität von Ökosystemen, messbar als Nettoprimärproduktion (= Primärproduktion minus Eigenbedarf), ist genauso wie seine Arten- und Individuenzahl von Pflanzen und Tieren nie konstant, sondern schwankt stets innerhalb eines begrenzten Bereichs um einen Mittelwert (= biologisches oder ökologisches Gleichgewicht).

Störungen durch Natureinflüsse (Dürre, Frost, Schädlingsbefall) oder Belastungen durch den Menschen (Schadstoffeintrag, Biomasseentzug) können in diesem dynamischen Gleichgewicht bis zu einem gewissen Grad ausgeglichen werden. Dieses so genannte Pufferungsvermögen beruht auf den für alle biologischen Systeme typischen Mechanismen der negativen Rückkopplung: Jede Veränderung des Zustands wird durch gegengerichtete Prozesse wieder ausgeglichen. Beispiel: Jede Schädlingsvermehrung wird durch die geringer werdende Nahrungsbasis gehemmt und durch die Selektion resistenter Arten vorübergehend unterbunden. Große, nicht mehr regulierbare Schädigungen führen dagegen ebenso wie z. B. die Besiedlung bislang unbelebter Räume zu nicht vorhersehbaren Veränderungen des Gesamtsystems.

Die nur 41 000 km² großen Niederlande sind das mit Menschen (16 Mio.) und Tieren (90 Mio. Hühner, 13 Mio. Schweine, 4,5 Mio. Rinder, 1,5 Mio. Schafe) am dichtesten besiedelte Land Europas. Bald werde, so das Landwirtschaftsministerium, das ganze Land zu einer einzigen Megacity verschmolzen, die Äcker, Wiesen und Weiden von heute von Siedlungen umschlossen sein. Auf diesen grünen Inseln könnten die letzten Bauern frei laufende Kühe halten, Ackerbau betreiben und die Landschaft als Erholungsidyll für die Städter pflegen. Stinkende Schweineställe und Geflügelmastanlagen hätten in diesen Parks aber nichts verloren. Sie müssten dorthin, wo sie von ihrer Produktionsweise her heute schon hingehörten: in Industriegebiete. Weil Boden auch dort kostbar ist, müssten die Ställe eben übereinander gebaut werden.

Nach den Ideen der Planer soll die zukünftige Landwirtschaft daher auf drei Säulen stehen: auf ökologischem Anbau, auf herkömmlicher, aber modernisierter Vieh- und Pflanzenproduktion und auf Agroproduktionsparks. Der erste soll im Rotterdamer Hafen entstehen. Die Pläne für eine 200 ha große, siebenstöckige, vollklimatisierte, automatisierte, energetisch weitgehend unabhängige Nahrungsmittelfabrik mit intelligenten internen Stoffkreisläufen existieren bereits. Einziger Material-Input für die integrierte Gemüse-, Fisch- und Tierfabrik sind per Schiff angelandete Futtermittel. Eine Million Masthähnchen, 250 000 Legehennen, 300 000 Schweine, Lachse und Forellen sollen im Deltapark gemästet und geschlachtet, die Eier und das portionsweise abgepackte Fleisch zusammen mit Champignons, Chicoree, Salat und Gemüse aller Art von hier verschickt werden. Dies mindert auch den Güterverkehr im staugeplagten Königreich, wo 40 % aller Frachttransporte mit der Nahrungsproduktion verbunden sind. Effizient und umweltfreundlich – das Konzept könnte auch zum Exportschlager werden.

29.1 Merkmale natürlicher Ökosysteme

29.2 Der geplante Deltapark in Rotterdam

Im politisch zersplitterten Europa der Nachkriegszeit lag der Selbstversorgungsgrad mit Nahrungsmitteln bei nur 85 %. Es erschien daher notwendig, während des für eine dauerhafte Friedenssicherung politisch gewollten und ökonomisch sinnvollen europäischen Integrationsprozesses den Agrarsektor mit seinen besonderen Produktionsschwierigkeiten zu fördern. Dies führte ab 1964 zur Schaffung eines gemeinsamen Agrarmarktes und einer immer stärkeren Verlagerung der agrarpolitischen Kompetenzen auf die supranationale, europäische Ebene.

In einem entscheidenden Punkt hat der Agrarmarkt die in ihn gesetzten Erwartungen erfüllt: In der Versorgung der Bevölkerung mit einem ganzjährig stabilen und vielfältigen Warenangebot zu angemessenen Preisen; im Vergleich zur Einkommensentwicklung der Verbraucher sind die Preise für Nahrungsmittel sogar gesunken. Dieser Erfolg wurde jedoch begleitet von krisenhaften Entwicklungen, die im Laufe der Zeit immer deutlicher wurden. Sie waren bereits in der Grundkonstruktion dieses in erster Linie über eine Preispolitik gesteuerten und daher von Beginn an ganz bewusst regulierten Marktes angelegt.

- Die Aufhebung aller Zollschranken für Agrargüter zwischen den Teilnehmern hat den Handel enorm ausgeweitet. Der dadurch verstärkte Konkurrenzdruck zwang die Agrarbetriebe zur Spezialisierung und Rationalisierung, um regionale Produktionsvorteile ausschöpfen zu können.
- Um die bei wachsenden Angebotsmengen sinkenden Preise zu stützen, kaufte die EU zu einem festgesetzten Interventionspreis Agrarprodukte auf, lagerte und verkaufte sie zu geeigneter Zeit wieder. Diese Abnahmegarantie führte zusammen mit dem unerwartet hohen agrartechnologischen Fortschritt zu einer rasch entstehenden Überschussproduktion bei immer stärker die Umwelt belastenden Produktionsweisen.
- Die interne Agrarproduktion wurde zusätzlich durch Zollschranken vor den meist günstigeren Weltmarktangeboten geschützt. Importeure in die EU mussten die Differenz zwischen Weltmarktpreis und dem höher angesetzten so genannten Schwellenpreis bezahlen. Exporte aus der EU wurden dagegen mit EU-Mitteln subventioniert.

Der internationale Druck auf die Handelsfestung Europa, das trotz hoher, den EU-Haushalt belastenden Subventionen anhaltende Hofsterben und die Beeinträchtigung der Umwelt führten 1992 zu einer grundlegenden Reform der EU-Agrarpolitik: Sie beinhaltete einerseits Absenkungen der Zollgrenzen und der Interventionspreise, andererseits direkte oder indirekte Einkommenshilfen für die Förderung von Flächenstilllegungen, Extensivierungen, Aufforstungen, Anbau nachwachsender Rohstoffe, Umstellung auf ökologischen Landbau u. ä.

30.1 Der agrarpolitische Rahmen

Das Dilemma der konventionellen Landwirtschaft

In keinem Wirtschaftssektor gab es in den vergangenen Jahren so viele Skandale wie in der Landwirtschaft. Trotz Verordnungen und Kontrollen, Selbstverpflichtungen und Aufklärungskampagnen, Warnungen von Wissenschaft, Verbraucher-, Tier- und Umweltschutzorganisationen – immer wieder geriet „die" Landwirtschaft in Verruf: Weil sie mehr als 2/3 des EU-Haushalts verschlingt, weil die EU-Subventionen gegen die Weltwirtschaftsregeln verstoßen, wegen Subventionsbetrügereien und trotz Agrarreform vorhandener Fleisch- und Getreideberge, Milch- und Weinseen, durch Belastungen von Wasser, Boden und Luft, verseuchte Futter- und Lebensmittel, ethisch nicht verantwortbare Tierhaltungen und -transporte etc. Kein einziges Glied des viel verzweigten Produktions-, Verarbeitungs- und Vertriebsnetzes von Nahrungsmitteln und Agrarrohstoffen blieb von den Skandalen bislang verschont. Es wird aber häufig übersehen, dass die konventionelle Agrarwirtschaft wie auch die Agrarpolitik aus den Fehlern der Vergangenheit gelernt hat – wenn auch meist erst unter dem Druck von Krisen und Skandalen.

Innerhalb des modernen „agrarindustriellen Komplexes" besitzen die Landwirte zwar die ökonomisch schwächste Position, ihr betrieblicher Erfolg oder Misserfolg hängt jedoch längst nicht mehr allein von Klima- oder Bodengegebenheiten ab. Wer aber den Strukturwandel erfolgreich bewältigen will, ist zu einer immer effektiveren Bewirtschaftung seines Kapitals und Know-hows gezwungen, denn die landwirtschaftliche Preis-/Kostenschere ist seit Jahrzehnten nahezu unverändert (Abb. 31.2). Trotz hoher Subventionierung (2001 in Deutschland 14,2 Mrd. €) hält das „Hofsterben" an: Seit 1949 gaben allein in den alten Bundesländern etwa 1,65 Mio. Betriebe auf.

Im gleichen Zeitraum stieg die Zahl der Menschen, die ein Landwirt ernährt, von 10 auf 119. Einen wesentlichen Anteil an der enormen Steigerung sowohl der Produktionsmenge als auch der Produktivität hatte die Lockerung der früher notwendigen Koppelung von Tierhaltung und Bodennutzung. Die auf der Trennung der betrieblichen Nährstoffkreisläufe (Abb. 31.1) beruhende Spezialisierung erforderte die Nutzung der modernen Agrartechnologien. Sie erzwang damit einen immer höheren Input von Energie (Abb. 32.3) und erzeugte zugleich einen wachsenden Druck auf Boden, Wasser, Luft, Kulturpflanzen und Nutztiere, die Basiskomponenten der Agrarökosysteme.

Gefördert wurde diese Entwicklung auch durch die Flurbereinigung, die lange Zeit die Agrarflächen allein unter dem Gesichtspunkt einer effektiveren maschinellen Bewirtschaftung neu ordnete und umgestaltete. Erst 1976 wurden neben der Zielsetzung Ernährungssicherung, Naturschutz und Landschaftspflege als gleichrangige Ziele

Nutzung, Gestaltung und Veränderung der Landschaft in der Region

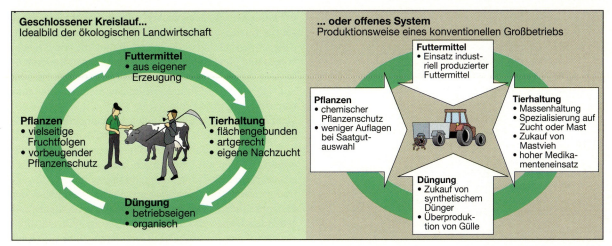

31.1 Geschlossener und offener Kreislauf

gesetzlich festgeschrieben. Auch durch die Agrarreform von 1992 sowie regionale Programme zur Extensivierung (in Baden-Württemberg z. B. der EU-gestützte „Marktentlastungs- und Kulturlandschaftsausgleich", MEKA) hat der Zwang zur Produktivitätssteigerung merklich nachgelassen. Dennoch wird aus Unkenntnis oder Nichtbeachtung ökologischer Zusammenhänge und gesetzlicher Vorgaben das notwendige Maß zur Erhaltung der Ertragsfähigkeit landwirtschaftlicher Nutzflächen teilweise noch überschritten.

Eines der größten Probleme ist die durch unsachgemäße Bewirtschaftung ausgelöste oder verstärkte Bodenerosion. Besonders erosionsanfällig sind feinkörnige Böden nach Verdichtung oder Verschlämmung, bei Schwarzbrache oder wenn sie nur kurzzeitig bzw. unvollständig bedeckt sind (Mais, Zuckerrüben, Hopfen, Wein). Erhöhte Bodenerosion führt zu irreversiblen Verlusten von durchwurzelbarer Substanz, von Humus und Nährstoffen, zu

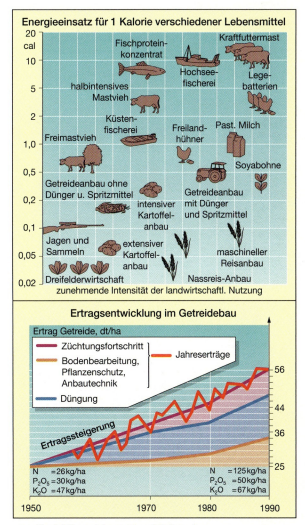

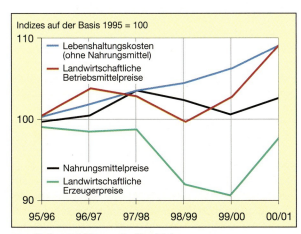

31.2 Preisentwicklungen im Vergleich

31.3 Produktionssteigerung und Aufwand

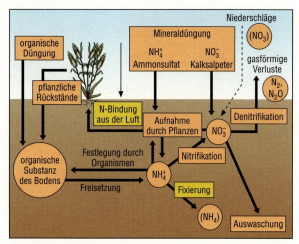

32.1 Stickstoffkreislauf

32.2 Stickstoffbilanz eines Milchwirtschaftsbetriebes

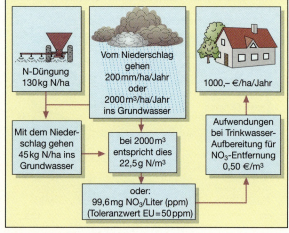

32.3 Soziale Kosten

vermindertem Wasserspeicher- und -filtervermögen, Konzentrationen von Dünger und Pflanzenschutzmitteln im Ablagerungsbereich und zur Verschmutzung von Gräben, Wegen und Gewässern. Wegen der langsamen Bodenneubildung durch Verwitterung in Mitteleuropa (ca. 1,5 t/ha und Jahr) ist der Einsatz erosionsmindernder Maßnahmen dringend notwendig.

Weitere Belastungen der Böden und anderer Komponenten der Agrarökosysteme ergeben sich durch Schadstoffeinträge, v.a. durch überhöhte Dünger- und Pestizideinsätze. Nach wie vor werden z.B. jährlich 900 000 t Klärschlämme als Dünger mit teilweise zu hohen Konzentrationen von Schwermetallen wie Blei und Cadmium oder Phosphat auf die Felder ausgebracht. Nach der bundesweit geltenden Düngeverordnung von 1996 ist jede Düngung gezielt auf den nach Analysen ermittelten Nährstoffgehalt im Boden sowie den -verbrauch der angebauten Kulturarten abzustellen. Besonderes Augenmerk gilt dabei dem Stickstoff, dem einzigen Nährstoff, der nicht aus der Gesteinsverwitterung nachgeliefert wird (Abb. 32.1). Sein Gehalt im Boden muss daher durch Mineraldünger, organischen Dünger (Kompost, Mist, meist aber Gülle aus der Tierhaltung) oder durch den Anbau N-bindender Pflanzen geregelt werden. Pflanzen können von den im Boden vorkommenden N-Formen nur Ammonium- (NH_4^+) und Nitratstickstoff (NO_3^-) aufnehmen. Nitrat wird jedoch nicht an Ton-Humus-Komplexe gebunden und daher rasch in Grund- und Oberflächenwasser ausgewaschen. Im Bundesdurchschnitt wird der Trinkwassergrenzwert (Abb. 32.3) an rund 11 %, in den „hot spots", in Zentren der Tierhaltung und Sonderkulturen bereits an 59 % der Messstellen überschritten. Im Körper von Erwachsenen wird Nitrat zu Krebs erregenden Nitrosaminen umgewandelt, bei Säuglingen zu Nitrit reduziert, welches Hämoglobin blockiert und zum Erstickungstod führen kann. Zur Sicherung des Trinkwassers belohnt z.B. Baden-Württemberg daher bereits seit Jahren Landwirte, die in Wasserschutzgebieten die Düngung einschränken, mit dem beim Verbraucher erhobenen „Wasserpfennig". Massentierhaltungen, die ihre Güllefluten wegen ungenügender Flächenausstattung nicht ordnungsgemäß entsorgen können, praktizieren immer häufiger auch alternative Verwendungsmöglichkeiten wie Biogaserzeugung oder Trocknung der Gülle zur Kompostierung, z.B. für Pilzkulturen oder zur Verbrennung in Kraftwerken.

Geschärftes Umweltbewusstsein, verschärfte gesetzliche Vorgaben, die Umsetzung des Prinzips des Integrierten Pflanzenschutzes (Abb. 34.1) sowie Fortschritte in der Resistenzzüchtung und der Gerätetechnik (Abb. 34.2) haben im letzten Jahrzehnt zu sinkendem Dünger- und Pestizideinsatz und damit zur Verbesserung der Wasserqualität und der Agrarprodukte geführt. Wegen der Abnahme der Tierbestände sind auch die Emissionen aus dem Agrarbereich gesunken (Ammoniak, Methan,

Nutzung, Gestaltung und Veränderung der Landschaft in der Region

Verursacher		Ursachen	
Landwirtschaft	397	Beseitigung von Sonderstandorten	210
Tourismus	112	Entwässerung	173
Rohstoffgewinnung	106	Nutzungsaufgabe	172
Städtische-industrielle Nutzung	99	Bodenauffüllung, Überbauung	155
Wasserwirtschaft	92	Nutzungsänderung	123
Forstwirtschaft und Jagd	84	Abbau, Abgrabung	112
Abfall- und Abwasserbeseitigung	67	Mechanische Einwirkungen (wie Tritt, Lagern, Wellenschlag)	99
Teichwirtschaft	37	Herbizidanwendung	89
Militär	32	Eingriffe (wie Entkrautung, Roden, Brand)	81
Verkehr und Transport	19	Gewässerausbau	69
Wissenschaft	7	Sammeln	67
		Gewässereutrophierung	56
		Aufhören periodischer Bodenverwundung	42
		Gewässerverunreinigung	31
		Verstädterung von Dörfern	20

Um das Jahr 1850 gab es in Deutschland die größte Artenvielfalt seit der letzten Kaltzeit. Sie hat seitdem abgenommen, wechselt aber insgesamt stark. Untersuchungen von Äckern mit Wildkräutern, Grünland und Ginsterbrache im Lahn-Dill-Kreis fanden insgesamt 687 Arten von Vögeln, Insekten und Spinnen. Würde die derzeitige Nutzung der Flächen aufhören, verschwänden 70 höhere Pflanzenarten (80 % des Artenbestands), 15 Ameisenarten (53 %), 20 Schmetterlingsarten (78 %), 23 Bienen- und Wespenarten (83 %) und 85 Vogelarten (22 %). Von den derzeit 687 Arten würden insgesamt nur noch 213 übrig bleiben. Entscheidend für die Biodiversität einer Kulturlandschaft ist daher weniger die Bewirtschaftung der Flächen selbst, sondern die Anteile und Struktur nicht regelmäßig bewirtschafteter Flächen wie Feldraine, Hecken, Krautsteifen und Büsche.

33.1 Verursacher und Ursachen des Artenrückgangs (nach der Roten Liste)

Lachgas, CO_2, Gerüche, Staub). Ammoniak führt zur Versauerung und Überdüngung und damit zu Artenveränderungen auch in entfernten Ökosystemen. Für große Tierhaltungen (15000 Legehennen, 30000 Mastgeflügel, 1500 Mastschweine, 250 Rinder bzw. mehr als zwei Großvieheinheiten/ha) ist seit der Neufassung der Bundes-Immissionsschutzverordnung (2001) ein Genehmigungsverfahren erforderlich, das für Betriebe der doppelten Größe auch eine UVP einschließt.

Diese Verordnung ist eines der Instrumente, mit denen der Gesetzgeber versucht, die umstrittene Massentierhaltung zurückzudrängen und die mit ihr verbundenen Probleme und Risiken zu vermindern. Dazu gehören:

Agrarstrukturelle Probleme: Die regionale Konzentration von Massentierhaltungen, das Vordringen der Vertragslandwirtschaft sowie vertikal integrierter Unternehmen, bei denen die kapitalintensive, industriemäßig betriebene Massenproduktion, Verarbeitung und Vermarktung unter einer Unternehmensführung zusammengefasst sind und die einen hohen Marktanteil besitzen.

Ökologische Probleme: Belastung von Boden, Wasser, Luft (Gülle- und Emissionsproblem, s.o.).

Genetische Probleme: Verdrängung des wertvollen Genpools traditioneller Nutztiere durch „Hochleistungsrassen".

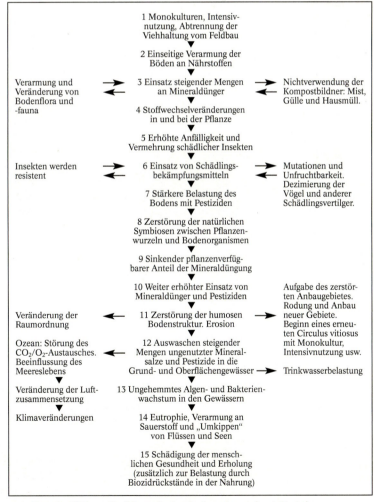

33.2 Ursache-Wirkung-Beziehung in der Bodennutzung (nach Vester)

Nutzung, Gestaltung und Veränderung der Landschaft in der Region

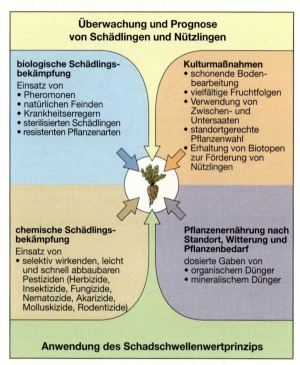

34.1 Integrierter Pflanzenbau

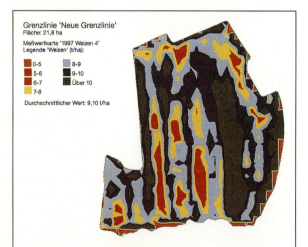

Precision Farming ermöglicht einen wirtschaftlichen und umweltschonenden Pflanzenbau durch eine standortgerechte und teilflächenspezifische Bodenbewirtschaftung. Diese beruht auf einer GPS-gestützten Flächenvermessung und Datenerfassung, die im Rechner an Bord des Traktors und des Mähdreschers verarbeitet werden. Damit können Boden- und Nährstoffanalysen sowie Aussaat-, Pflanzenschutz- und Düngemitteleinsatz mit der kontinuierlich und punktgenau bei der Ernte erfassten Ertragsmenge verglichen und entsprechende Maßnahmen für den nächsten Bewirtschaftungszyklus entworfen werden.

34.2 Precision Farming

Probleme des Tierschutzes bei Haltung und Transport: Das Tierschutzgesetz fordert artgemäße, d.h. an den Verhaltensansprüchen der Tiere orientierte Formen der Nutztierhaltung. Selbst die Verankerung des Tierschutzes im Grundgesetz (2002) wird aber wegen der langen Übergangsfristen der neuen Nutztierhaltungsverordnung erst in Jahren greifen: Legehennen z.B. dürfen danach zwar künftig nur noch in Boden-, Volieren- und Freilandhaltung gehalten werden. Bestehende Käfigbatterien erhielten aber Übergangsfristen bis Ende 2006, „ausgestaltete Käfige" mit Legenest, Sitzstangen und Einstreu bis Ende 2011.

Tier- und humanmedizinische Probleme: Der bei Massentierhaltungen notwendige Einsatz von Medikamenten, v.a. aber der Missbrauch von Zusatzstoffen wie z.B. leistungsfördernder Antibiotika, Enzyme oder Wachstumshormone sowie belastete Futtermittel führen immer wieder zu gesundheitlich bedenklichen Rückständen in tierischen Produkten. Tierhaltungen ohne ausreichende eigene Futterbasis sind aber auf Zufütterung angewiesen. Die Futtermittelindustrie ist damit zur „Achillesferse" der Tierproduktion geworden.

Proteinreiches „Kraftfutter" – durch „Recycling" von Schlachtabfällen gewonnenes Tiermehl – verursachte die bislang größte Katastrophe der Tierproduktion. Der 1986 erstmals aufgetretene Rinderwahnsinn BSE (Bovine Spongiforme Enzephalopathie) wird durch missgebildete Proteine ausgelöst, die bei ungenügender Hitzebehandlung des Tiermehls weitergegeben und letztlich auf den Menschen übertragen werden können. Dort verursachen sie die tödliche „Creutzfeld-Jakob-Krankheit". BSE kann derzeit nur durch völlige Vernichtung befallener Tierbestände bekämpft und kontrolliert werden. Seit 2000 ist daher EU-weit die Verwendung von Risikomaterial von Wiederkäuern für die Herstellung von Lebens-, Futter- und Düngemittel verboten. Für Rinder und Rindfleisch wurde zudem ein lückenloser Herkunftsnachweis in Europa eingeführt.

Mehr als alle anderen Skandale – so die Kritiker – habe BSE gezeigt, dass das „alte Konzept" der konventionellen, industriell betriebenen Agrarwirtschaft trotz aller Subventionen, Gebote, Verbote und Kontrollen seine Aufgabe, eine den Prinzipien der Nachhaltigkeit verpflichtete Produktion gesunder Lebensmittel, nicht erfüllen könne.

Aufgaben

1. Erläutern Sie die Abb. 31.1.
2. Stellen Sie inhaltliche Zusammenhänge zwischen den Abb. 31.1 und 33.2 dar.
3. Erstellen Sie für einen reinen Tierhaltungsbetrieb ein möglichst umfassendes Input-Output-Schema.
4. Erläutern Sie die Überschrift „Das Dilemma der konventionellen Agrarwirtschaft". Erstellen Sie zu diesem Thema ein Wirkungsgefüge.

Ökologische Landwirtschaft

Die Ökologische Landwirtschaft ist nicht entstanden als Antwort auf die Krisen, Skandale und Fehlentwicklungen einer von der EU-Agrarpolitik gelenkten Landwirtschaft. Ihre Wurzeln sind älter, reichen zurück bis in die Anfänge des 20. Jahrhunderts, zum biologisch-dynamischen Landbau (Markenname Demeter) nach den anthroposophischen Lehren von R. Steiner bzw. zu dem auf naturwissenschaftlichen Grundlagen basierenden organisch-biologischen Anbau (Markenname Bioland) nach H. Müller. Besonders in den 1970er Jahren entstanden unter der Sammelbezeichnung „alternativer Landbau" immer mehr Bewirtschaftungsweisen, die sich in vielerlei Hinsicht von der konventionellen Agrarwirtschaft abgrenzten. Ihre Vertreter verzichten bewusst auf Höchstleistungen, um eine möglichst umweltschonende Erzeugung von gesundheitlich unbedenklichen und biologisch hochwertigen Lebensmitteln zu erzielen. Boden, Pflanzen, Tiere und Menschen werden dabei als Elemente einer auf nachhaltige Nutzung ausgerichteten Kreislaufwirtschaft betrachtet (Abb. 36.1). Dies erfordert einen radikalen gedanklichen Bruch mit der konventionellen Landwirtschaft und eine völlige Neuausrichtung des Betriebs, weshalb Ökolandwirte anfänglich häufig als „weltfremde Spinner und Öko-Utopisten" belächelt wurden. Aber seit der Agrarreform von 1992 und der Agenda 2000 fördert selbst die EU dieses alternative Leitbild einer Landwirtschaft unter der Bezeichnung „Ökologischer Landbau". Als europaweiten Mindeststandard für eine tier- und umweltschonende Produktionsweise gibt die entsprechende **EU-Öko-Verordnung** eine Reihe von Geboten und Verboten vor. Verboten sind danach

- der Einsatz von gentechnisch veränderten Organismen, von chemisch-synthetischen Pestiziden und von leicht löslichem mineralischen Dünger,
- die Bestrahlung von Lebensmitteln,
- das Verfüttern von Antibiotika und Leistungsförderern.

Die Tierhaltung muss artgerecht sein, es dürfen nur ökologisch erzeugte Futtermittel verfüttert werden und Rinder müssen mindestens ein Jahr auf einem Öko-Hof gelebt haben, bevor ihr Fleisch als Bioware verkauft wird. Zwei Drittel der nach diesen Grundsätzen geführten Betriebe Deutschlands sind einem der vielen inzwischen entstandenen Öko-Verbände angeschlossen, die jedoch strengere Regeln als die EU haben. Ihr gemeinsamer Mindeststandard sind die Richtlinien der bisherigen „Arbeitsgemeinschaft Ökologischer Landbau" (AGÖL). Danach

- können Betriebe nur ganz (und nicht teilweise) auf ökologischen Landbau umstellen,
- dürfen nur in Ausnahmefällen Tiere aus konventioneller Haltung zugekauft werden,
- muss mindestens die Hälfte des Tierfutters auf dem eigenen Hof produziert werden.

Die Landwirtschaft bewegt sich im Umfeld wirtschaftlicher und politischer Rahmenbedingungen und Betriebsleiter richten ihre Entscheidungen – wie die Entscheidungsträger anderer Sektoren – so aus, dass sie ihr betriebliches Ergebnis optimieren. Aufgabe der Agrarpolitik ist es daher, Bedingungen zu schaffen, unter denen umweltschonende Produktionsweisen gefördert und umweltschädigende sanktioniert werden.

Das „magische Sechseck" vereint die wichtigsten Beteiligten an der Lebensmittelkette: Vorleistungsbereich, Landwirtschaft, Ernährungswirtschaft, Lebensmitteleinzelhandel, Verbraucher und Politik. Um das durch Missstände und Skandale in der Erzeugung und Verarbeitung von Lebensmitteln erschütterte Vertrauen der Verbraucherinnen und Verbraucher in die gesundheitliche Unbedenklichkeit der Produkte wieder zurückzugewinnen, ist die Zusammenarbeit aller im „magischen Sechseck" vereinten Akteure erforderlich.

Die Verbraucher bilden mit dem Konsum von Lebensmitteln das Ende der Lebensmittelkette. Das Bild vom „magischen Sechseck" soll jedoch verdeutlichen, dass Lebensmittel nicht nur an den Verbraucher weitergereicht werden, sondern dass dieser mit seinem Konsumverhalten entscheidenden Einfluss auf die Zusammensetzung des Angebots an Waren und Dienstleistungen ausübt. Die Verbraucher bestimmen mit über die Qualität ihrer Lebensmittel, insbesondere auch über die Art und Weise, wie diese hergestellt werden. Um hier Veränderungen zu bewirken, müssen sie auch bereit sein, ihr Konsumverhalten zu überdenken. Zu welchem Preis die Waren und Dienstleistungen angeboten sowie verkauft werden, in welcher Einkaufsstätte gekauft wird, woher das Gekaufte stammt – all das hat Auswirkungen auf die Zusammensetzung des Angebots. Die Bemühungen der Akteure des „magischen Sechsecks" um sichere, qualitativ hochwertige Lebensmittel aus umwelt- und tiergerechter Erzeugung können nur dann erfolgreich sein, wenn diese Leistungen von den Verbrauchern durch ein entsprechendes Konsumverhalten honoriert werden.
(Ernährungs- und agrarpolitischer Bericht der Bundesregierung, 2002, S. 13 ff.)

35.1 Das Bio-Siegel – ein Signal für die Agrarwende

① Ökologische Landwirtschaft denkt und arbeitet grundsätzlich ganzheitlich und nachhaltig, beachtet und nutzt die natürlichen Kreisläufe zwischen Boden, Wasser, Luft, Pflanze, Tier und Mensch.
② Sie ist regionsbezogen, verwendet möglichst nur lokale und betriebliche Rohstoffe und schont so die Energie- und Rohstoffvorräte, verzichtet bei Lebendtieren auf Langstreckentransporte und vermarktet im Idealfall direkt ab Hof.
③ Sie pflegt ihr wichtigstes Kapital, die Fruchtbarkeit des Bodens, sorgsam: Tiefes Lockern, aber nur flaches Wenden verbessert die Bodenstruktur und den Humusgehalt, schont und fördert damit die Bodenorganismen; vielfältige, dem Standort angepasste Fruchtfolgen mit hohem Anteil von Leguminosen zur biologischen Stickstofffixierung, Gründüngungspflanzen, Tiefwurzler und der im Betrieb anfallende Wirtschaftsdünger erhalten die Bodenfruchtbarkeit; ergänzend zur organischen ist Mineraldüngung nur mit schwer löslichen Gesteinsmehlen erlaubt.
④ Pflanzenschutz erfolgt in erster Linie vorbeugend über Förderung der Nützlinge durch Anlage und Pflege von Sträuchern, Hecken, Ackersäumen usw.; ökologischer Landbau betreibt damit aktiv Natur- und Artenschutz und fördert den Erhalt einer vielfältigen Kulturlandschaft; Verunkrautungen werden mechanisch oder mit Abflämmen bekämpft, chemisch-synthetische Pflanzenschutzmittel sind verboten. Einige Ökoverbände erlauben den Einsatz von Kupferpräparaten gegen Pflanzenkrankheiten.
⑤ Pflanzliche Produkte werden nach der Ernte nicht mit chemischen Stoffen zum Nachreifen gebracht.
⑥ Bei Tier- und Pflanzenproduktion wird bewusst auch der Erhalt und die Pflege des regionalen Genreservoirs an traditionellen Rassen und Sorten angestrebt; nach Möglichkeit wird auf eigene Nachzuchten zurückgegriffen, der Einsatz gentechnisch veränderter Lebewesen ist untersagt.
⑦ Die Tierhaltung in Ställen und im Freiland erfolgt artgemäß, d.h. berücksichtigt die natürlichen Bedürfnisse der Tiere, erlaubt viel Bewegung und vermeidet physische Schäden und Stresssituationen; gefüttert wird nur mit artgemäßen Futtermitteln, im Idealfall ausschließlich aus der betriebseigenen Produktion.
⑧ Um genügend betriebseigenes Futter zu produzieren und ein möglichst verlustfreies Recycling der tierischen Exkremente ohne Boden-, Wasser- und Luftbelastungen zu gewährleisten, ist der Viehbesatz streng an die vorhandene Betriebsfläche gebunden.
⑨ In der Tieraufzucht und Mast sind Leistungsförderer wie z.B. Hormone oder Antibiotika verboten, Tierkrankheiten werden in erster Linie mit phythotherapeutischen und homöopathischen Arzneimitteln behandelt.
⑩ Ökologische Landwirtschaft erzeugt durch umweltverträgliche Produktion gesunde Lebensmittel und trägt durch den Erhalt von Arbeitsplätzen zur ökonomischen und sozialen Stabilität des ländlichen Raums bei.

36.1 Die „10 Gebote" der Öko-Landwirtschaft

36.2 Schutzzeichen von Ökoverbänden

Einzelne Verbände wie z.B. Demeter und Bioland haben noch strengere Vorschriften. Alle den jeweiligen Verbänden angeschlossenen Betriebe werden auf Einhaltung der Richtlinien kontrolliert und sind verpflichtet, regelmäßig Bodenproben durchführen zu lassen. Aber erst nach einer zweijährigen, finanziell häufig schwierigen Umstellungsphase von „konventionell auf öko" dürfen Betriebe ihre Produkte unter den jeweiligen Warenzeichen, die zugleich Schutzzeichen sind, vermarkten (Abb. 36.2).
AGÖL, der auch wegen des Austritts von Demeter und Bioland in sich zerstrittene, seit 1988 existierende Öko-Dachverband wurde im Sommer 2002 durch den neu gegründeten „Bund der ökologischen Lebensmittelwirtschaft" (BÖLW) abgelöst. Damit wurden erstmals nicht nur die Anbauverbände, sondern auch der Naturkosthandel und wichtige Firmen der ökologischen Lebensmittelwirtschaft wie „Alnatura" und „Frosta" unter einem Dachverband organisiert. Eine vergleichbare Organisation, die vom Anbau bis zur Ladentheke alle Beteiligten zusammenbringt, gibt es im konventionellen Bereich nicht. Eine der wichtigsten Aufgaben von BÖLW ist die Verbesserung des Kontroll-, Informations- und Warnsystems, dessen Lücken 2002 im so genannten Nitrofen-Skandal offenbar wurden: Bis dato wurden nur die Höfe, nie aber die fertigen Produkte kontrolliert – es sei denn auf freiwilliger Basis.
Eine weitere Zielsetzung des BÖLW ist das Verdrängen der Auftragslandwirtschaft aus der Bio-Branche, denn auch hier sind bereits „agroindustrielle Bio-Geflügelkomplexe" mit 3000 bis 10 000 Hühnern entstanden. Ausgerechnet bei der Produktion tierischer Erzeugnisse, die die konventionelle, industrialisierte Landwirtschaft so sehr in Verruf gebracht hat, droht die ökologische Landwirtschaft in dasselbe Fahrwasser zu geraten: Je mehr Ökoprodukte verkauft werden (sollen), desto massenhafter müssen sie produziert werden, desto weniger können die betrieblichen Stoffkreisläufe geschlossen werden, desto eher treten dubiose Futtermittelproduzenten und Zwischenhändler auf den Plan, desto eher kommt es zu Lebensmittelskandalen, desto eher schwindet das Vertrauen der Verbraucher ...

Im Rahmen des Forschungsprojekts DOK vergleicht das Forschungsinstitut für biologischen Landbau (FiBL) im schweizerischen Therwil seit 1978 die drei Landbausysteme biologisch-dynamisch (D, nach Demeter-Richtlinien), organisch-biologisch (O, nach Bioland-Richtlinien) und konventionell (K). Parallel zu den Versuchsfeldern, die jeweils an die Nährstoffkreisläufe von Bauernbetrieben des jeweiligen Landbausystems angeschlossen sind und in jeweils gleichem Umfang organisch gedüngt werden, gibt es ein weiteres konventionelles, aber ausschließlich mineralisch gedüngtes Feld (s.u.). Die Fruchtfolge und die Bodenbearbeitung sind in allen Anbausystemen gleich, in den Bioverfahren wird häufiger gehackt. Die konventionellen Felder erhielten durchschnittlich 3,6 Pestizidbehandlungen pro Jahr, die Bioparzellen wurden nur etwa jedes zweite Jahr behandelt, mit Kupfer gegen die Kraut- und Knollenfäule im organisch-biologischen Verfahren und Bacillus thuringiensis gegen Kartoffelkäfer in beiden biologischen Verfahren. Die biologisch-dynamischen Parzellen erhielten außerdem mehrmals pro Jahr Hornmist- und Hornkiesel-Präparate.

Die Aufsehen erregenden Ergebnisse dieses einzigartigen Langzeitversuchs wurden am 31. Mai 2002 erstmals in „Science" veröffentlicht. Sie zeigen, dass der ökologische Landbau sowohl unter ökologischen als auch unter ökonomischen Gesichtspunkten dem konventionellen deutlich überlegen ist.

Die Bioäcker besitzen einen größeren Artenreichtum: Auf ihnen wachsen zahlreiche Wildkräuter, darunter mehrere geschützte Arten. Sie besitzen fast doppelt so viele Laufkäfer, Kurzflügelkäfer und Spinnen, die als Schädlingsvertilger empfindliche Bioindikatoren für die Beurteilung der Lebensraumqualität darstellen. In Bioäckern leben 1,3- bis 3,2-mal mehr Regenwürmer, darunter besonders viele der vertikal grabenden Arten. Sie sorgen zusammen mit der größeren Vielfalt und Biomasse von Bodenbakterien, Mikroorganismen und Pilzen dafür, dass organische Substanzen rascher mineralisiert oder zu Humus umgebaut und untergemischt werden. Der größere Humusanteil wirkt sich günstig auf den Nährstoffvorrat, den Boden-pH, die biologische Aktivität, die Verkittung der mineralischen Bodenpartikel zu Krümeln und damit auf die Struktur und die Stabilität der Bio-Böden aus. Letztere wird noch verstärkt durch das umfangreiche Mykorrhizanetz, das die Wurzelräume der Kulturpflanzen auf den Bioäckern deutlich vergrößert und die Bodennährstoffe besser erschließt. Die Bioäcker sind daher deutlich weniger durch Verschlämmung, Erosion und Nährstoffverlust durch Auswaschung gefährdet. Nach zwei Jahrzehnten Bio-Landwirtschaft sind die Bioäcker damit insgesamt nicht nur stabiler, sondern sogar fruchtbarer geworden.

Die Erträge der Bioäcker waren im Durchschnitt größer als erwartet, vermutlich wegen der umfangreicheren Wurzelsymbiosen. Im Vergleich zu den konventionellen Äckern waren sie jedoch merklich geringer, bei Kartoffeln um 34–42%, bei Winterweizen um 10%, bei Gras, Heu und Silage waren die Erträge etwa gleich groß. Im Mittel lagen die Erträge der Bioäcker um 20% niedriger, allerdings bei um 50% geringerem Energieeinsatz (Treibstoffe, Herstellung von Maschinen, Mineraldünger und Pestiziden) und bei nur 3% des Pestizideinsatzes. Ökobetriebe haben demnach einen weitaus höheren Wirkungsgrad als konventionell bewirtschaftete – und sie belasten die Umwelt weniger: Nach Berechnungen der „University of Essex" entstehen durch die konventionelle Landwirtschaft über Trinkwasserverschmutzung mit Nitrat, Artenverlust, BSE, Erosion und Pestizidnebenwirkungen jährlich externe Kosten von etwa 325 € pro Hektar, welche die Allgemeinheit zu tragen hat.

Anbausysteme	Ges. N kgN/ha/J.	Flüssig N kg N/ha u. J.	Phophor kg P/ha u. J.	Kalium kg K/ha u. J.	Pestizide Kg/ha/J.	Energie GJ/ha/J.
biologisch-dynamisch (nur organ. Düngung)	99	34	24	158	0	12,8
organisch-biologisch (nur organ. Düngung)	93	31	28	131	0,21	13,3
konventionell (organ. + mineralische D)	149	96	43	268	6	20,9
konventionell (nur mineral. Düngung)	125	125	42	253	6	24,1
Einsatz von Nährstoffen, Pestiziden und fossiler Energie im DOK-Versuch						

37.1 Landbausysteme auf dem Prüfstand (www.fibl.ch)

Art der Kennzahl	Einheit	Ökologischer Landbau[1]	Konventionelle Vergleichsgruppe[1][2]
Betriebe	Zahl	229	470
Ldw. genutzte Fläche (LF)	ha	78	79
Vergleichswert	€/ha LF	1246	1244
Arbeitskräfte	AK	2,0	1,8
Nicht entlohnte AK (Fam.)	nAK	1,3	1,6
Vieheinheiten	VE	56	93
Viehbesatzdichte	GV/ha LF	0,7	1,1
Weizenertrag	dt/ha	37	67
Milchleistung	kg/Kuh	5007	6681
Weizenpreis	€/dt	30,62	11,24
Kartoffelpreis	€/dt	24,04	7,27
Milchpreis	€/100 kg	36,60	33,09
Betriebliche Erträge	€/ha LF	1765	2407
dar.: Umsatzerlöse aus Handel und Dienstleistungen	€/ha LF	74	40
Direktzahlungen ohne Investitionsbeihilfen	€/ha LF	413	269
dar.: Zahlungen für Agrarumweltmaßnahmen	€/ha LF	142	25
Aufwand Düngemittel	€/ha LF	10	83
Pflanzenschutzmittel	€/ha LF	2	51
Futtermittel	€/ha LF	67	215
Personal	€/ha LF	134	40
Gewinn	€/ha LF	365	492
Gewinn	€/Untern.	28532	38838
Einkommen[3]	€/AK	19647	23776

[1] Nicht hoch gerechnete Durchschnittswerte
[2] Ergebnisse von Marktfruchtspezial-, Marktfrucht-Futterbau-, Futterbau-Marktfrucht- und Milchviehbetrieben auf vergleichbaren Standorten (Vergleichswert/ha)
[3] Gewinn und Personalaufwand

38.1 Betriebsvergleich 2000/01

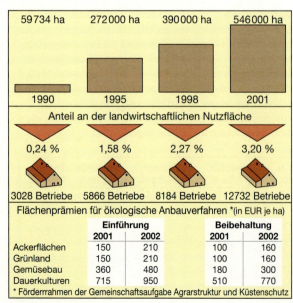

38.2 Ökolandbau in Deutschland

Ohne schärfere Kontrollen, massive politische Unterstützung und das Vertrauen der Verbraucher wird „Öko" in Deutschland nicht wachsen können. Die Zahl der Ökobetriebe und ihr Anteil an der landwirtschaftlichen Nutzfläche ist besonders im letzten Jahrzehnt zwar kontinuierlich gestiegen (Abb. 38.2), Österreich, die Schweiz, Finnland, Dänemark und Italien besitzen aber bereits deutlich höhere Anteile ökologisch bewirtschafteter Flächen.

Zunächst war die Mehrzahl der Öko-Betriebe in Süddeutschland beheimatet. In den letzten Jahren sind aber auch in Brandenburg und Mecklenburg-Vorpommern sehr viele Betriebe entstanden, teilweise als Folgebetriebe der in der ehemaligen DDR üblichen LPGs (Landwirtschaftlichen Produktionsgenossenschaften). Sie besitzen im Gegensatz zu den meist mittelgroßen Familienunternehmen der alten Bundesländer mit bis zu 3000 ha eine sehr große Flächenausstattung und werden in der Rechtsform der juristischen Person geführt (als Genossenschaften, GmbH, AG, e.V.).

Im Wirtschaftsjahr 2000/2001 lagen die Öko-Betriebe beim Einkommensvergleich seit gut einem Jahrzehnt erstmals hinter den konventionellen (Abb. 38.1), v. a. wegen der geringeren Viehhaltung. Trotz höherer Erzeugerpreise ist die Mehrzahl der Ökobetriebe daher ohne staatliche Unterstützung bis heute kaum überlebensfähig. 2001 subventionierten die EU, der Bund und die Länder gut 3/4 der ökologisch bewirtschafteten Fläche mit ca. 61 Mio. €. Bis 2010 will die Bundesregierung den Anteil des ökologischen Landbaus auf 20 % der landwirtschaftlichen Nutzfläche steigern und sieht dafür im Rahmen des Bundesprogramms „Ökolandbau" jährlich etwa 35 Mio. € vor. Unter dem Eindruck der BSE-Krise und mit dem politischen Ziel einer „Agrarwende", d. h. um rasch einen höheren Anteil an Ökoprodukten im Handel zu erreichen, hat das Bundesministerium für Verbraucherschutz, Ernährung und Landwirtschaft zudem im Herbst 2001 das „Bio-Siegel" eingeführt (Abb. 35.1). Es garantiert inzwischen bei gut 5000 Produkten den EU-Öko-Mindeststandard.

Viele Betriebe sind inzwischen neben der Direktvermarktung ab Hof und auf Bauernmärkten auch zur Belieferung von Ökoläden und großer Einzelhandelsketten übergegangen: In 2001 wurden etwa 20 % der Bio-Erzeugnisse direkt vermarktet, 45 % über den Fachhandel und 25 % über den Lebensmitteleinzelhandel. Insgesamt besitzen „Bio-Produkte" zwar wachsende, aber begrenzte Märkte und fristen immer noch ein Nischendasein: Am Gesamtumsatz des deutschen Lebensmittelhandels von ca. 130 Mrd. € in 2001 hatten ökologische Erzeugnisse nur einen Marktanteil von 1,6 %. Einer Ausweitung des Angebots stehen meist die verstreute Lage der Betriebe und die geringen Angebotsmengen entgegen. Geschützte Ökoprodukte treffen in Märkten zudem oft

Nutzung, Gestaltung und Veränderung der Landschaft in der Region

auf Billiganbieter mit zweifelhaften Qualitätsbezeichnungen (z. B. „aus kontrolliertem Anbau").
Bei Milch, Eiern, Getreide und Kartoffeln ist außerdem inzwischen die Nachfrage so weit gesättigt, dass Ökoprodukte am Markt häufig bereits zum Preis von konventionell erzeugten Waren angeboten werden müssen. Hinzu kommt, dass der in der Vergangenheit zwar nicht generell, aber doch bei einzelnen Produkten des ökologischen Landbaus nachgewiesene Qualitätsvorsprung gegenüber konventionellen Erzeugnissen durch die Lebensmittelüberwachung und Verwendung von weniger Dünger und Pestiziden im herkömmlichen Landbau sich deutlich verringert hat.

Die vielfach beschworene „Zukunftsfähigkeit der Öko-Betriebe" ist im ökologischen und im ökonomischen Bereich – sofern die externen Kosten mitberechnet werden – inzwischen vielfach nachgewiesen (Abb. 37.1). Entscheidend ist aber wie bei den konventionellen Betrieben letztlich die Rentabilität unter den gegebenen Bedingungen. Von ihr leiten sich alle betrieblichen Maßnahmen, alle Produktions-, Verarbeitungs- und Vermarktungskonzepte ab. Glaubhafte Szenarien zeigen jedoch, dass eine 100 %ige Umstellung auf Öko bei Bauern, Winzern und Gärtnern in Deutschland und der EU bis 2030 möglich ist, vorausgesetzt, dass nicht nur die Agrarpolitik, sondern auch die Verbraucher dies konsequent fördern und honorieren: Die EU-Agrarkommission hat bereits errechnet, dass eine 100 %ige Agrarwende allein dadurch finanzierbar ist, dass Verbraucherinnen und Verbraucher bereit sind, dauerhaft ein Prozent ihres Einkommens mehr als bisher für Lebensmittel auszugeben. Konkret: 14 % statt wie bisher 13 %.

Sogar die lange Zeit als völlig unrealistisch angesehene Utopie einer auch im weiteren Umfeld umfassend organisierten, nachhaltigen Agrarwirtschaft gibt es bereits: das Netzwerk der Hermannsdorfer Landwerkstätten, gegründet und realisiert ausgerechnet durch einen zum erfolgreichen Ökobauern und -manager „konvertierten" ehemaligen Betreiber einer Wurst- und Fleischfabrik.

Aufgaben

1. „Umstellung auf Öko ist für alle Beteiligten in erster Linie ein mentales Problem". Erläutern Sie.
2. Nennen Sie Merkmale der ökologischen Landwirtschaft und gewichten Sie diese (Abb. 31.1, 36.1, 37.1).
3. Beschreiben Sie die Tabelle (Abb. 38.1) und nennen Sie mögliche Hintergründe für die Unterschiede.
4. Stellen Sie die Unterschiede zwischen ökologischer und konventioneller Landwirtschaft in einer tabellarischen Übersicht dar.
5. Erläutern Sie den DOK-Versuch (Abb. 37.1).
6. Begründen Sie, weshalb biologisch bewirtschaftete Flächen häufigere Bodenanalysen als konventionell bewirtschaftete erfordern.
7. Das „Bio-Siegel" wurde bei seiner Einführung teilweise begrüßt, teilweise auch abgelehnt. Nennen Sie mögliche Gründe.
8. „Ökologische Landwirtschaft ist eine Wirtschaftsweise, die bei allen drei Bereichen der Nachhaltigkeit überzeugt." Sammeln Sie Belege für diese Aussage und stellen Sie diese in einer geeigneten grafischen Form dar.
9. Diskutieren Sie die Chancen eines weiteren Ausbaus der ökologischen Landwirtschaft.

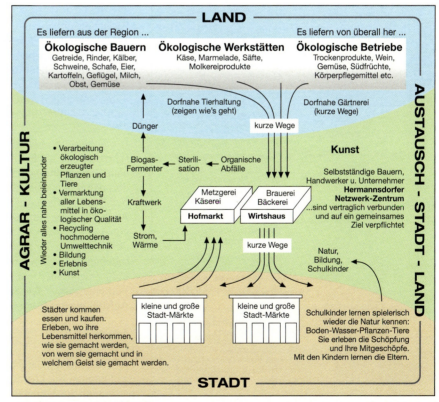

39.1 Hermannsdorfer Werkstätten

Nutzung, Gestaltung und Veränderung der Landschaft in der Region

6 Bebauung

Flächengewinne und Flächenverluste

Erfreulich: 1950 standen jedem Bundesbürger der alten Länder etwa 350 m², um die Jahrtausendwende aber bereits 500 m² Siedlungsfläche (Infrastrukturflächen für Arbeit, Wohnen, Mobilität, Freizeit) zur Verfügung. Vordergründig, individuell und kurzfristig gesehen sind dadurch vielfache Vorteile entstanden. Allein die individuell genutzte Wohnfläche hat sich von 15 auf 38 m² vergrößert.

Bedenklich: Im Jahr 2002 wurde in Baden-Württemberg an jedem Tag eine Bodenfläche von 11 ha, in ganz Deutschland von 130 ha gepflastert, asphaltiert, mit Betondecken für Fundamente oder mit Dächern zugedeckt; das sind in vierundzwanzig Stunden 1 300 000 m², eine Fläche von mehr als 150 Fußballfeldern. Die so überbauten Flächen verschwinden natürlich nicht: Sie werden für eine andere Nutzung umgestaltet. Würde sich aber der Trend der letzten Jahrzehnte fortsetzen und die **Versiegelung** der Flächen weiter eng an eine Wachstumsrate des Bruttoinlandsprodukts von beispielsweise 2 % gekoppelt bleiben, wäre Deutschland in nur 120 Jahren bereits komplett überbaut.

Zwischenzeitlich hätten eine Reihe von Primär- und Folgewirkungen – wie sie sich allein aus dem Bau einer neuen Straße ergeben (Abb. 40.1) – zu unzähligen Folgewirkungen, Gefährdungen und Interessenkonflikten geführt. Dabei beträgt der direkte Flächenbedarf einer 4- bis 5-streifigen Autobahn im Flachland pro Kilometer „nur" 4,5–5,9 ha, im Mittelgebirge 6,0–10,0 ha.

Die anhaltende Flächenversiegelung muss rasch eingeschränkt und schließlich ganz eingestellt werden. Das neue Raumordnungsgesetz (ROG) vom 1. Januar 1998 fordert daher den sparsamen und schonenden Umgang der nicht vermehrbaren Naturressource Boden und Grund. Auch das neue Bundesbodenschutzgesetz (BbodSchG) von 1999 schreibt die nachhaltige Sicherung oder Wiederherstellung der Funktionen des Bodens fest. Die entscheidende Kompetenz für die konkrete Flächenplanung tragen aber – abgesehen vom Bau überregionaler Verkehrswege – die Städte und Gemeinden durch die Aufstellung der Flächennutzungs- und Bebauungspläne.

Aufgaben

1. Erläutern Sie die Abb. 40.1. sowie 41.2 und 41.3.
2. Erstellen Sie aus den Angaben (S. 41) ein Messprogramm zur Untersuchung unterschiedlicher Flächen, z. B. quer zu einer Straße bzw. in Ihrer Stadt.

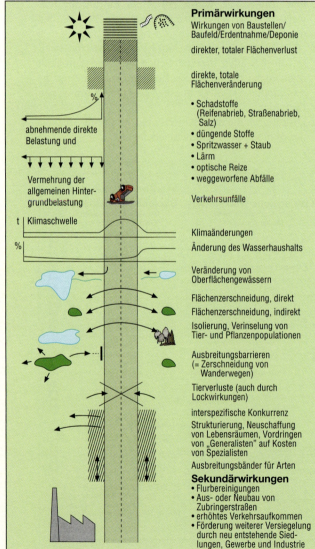

40.1 Auswirkungen einer Straße

Nutzung, Gestaltung und Veränderung der Landschaft in der Region

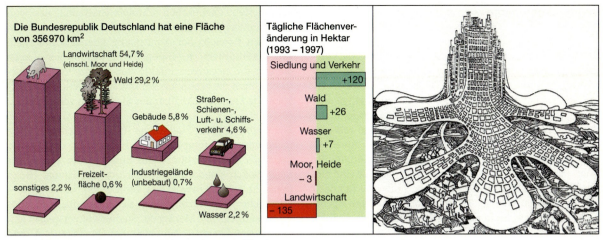

41.1 Bodennutzung und Nutzungsänderung in Deutschland

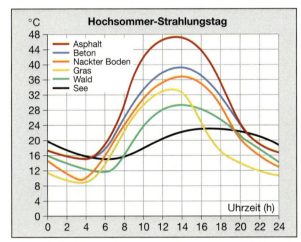

41.2 Oberflächentemperaturen

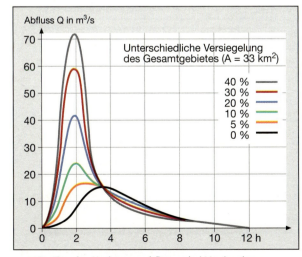

41.3 Anstieg des Hochwasserabflusses bei Versiegelung

Experimente und Untersuchungen

Einige Veränderungen von Luft- und Bodeneigenschaften durch Bebauung, Versiegelung und Verdichtung können vereinfacht auch im Schulunterricht untersucht werden. Bei **Untersuchungen** wird nur der Ist-Zustand der einzelnen Komponenten eines Systems gemessen, evtl. noch über einen längeren Zeitraum. Bei **Experimenten** werden dagegen die Auswirkungen einer gezielten, jederzeit wiederholbaren Manipulation eines Systems gemessen.
Im Freiland lassen sich folgende Messungen durchführen:
- horizontale und oberflächennahe vertikale Temperaturprofile
- Minimum-/Maximumtemperatur
- relative Luftfeuchte (z. B. mit einem Schleuder-Psychrometer)
- Niederschlag
- Windgeschwindigkeit
- Verdunstung
- Staubbelastung
- Wasserversickerung

Im Klassenzimmer lassen sich dagegen modellhaft folgende Messungen durchführen:
- Erwärmung unterschiedlicher Oberflächen
- Wasserversickerung mit standardisiertem „Untergrund"
- Veränderungen von Luftströmungen durch unterschiedliche Hindernisse

Zur stets schriftlichen Darstellung von Untersuchungen und Experimenten gehören die Charakterisierung der Zielsetzung und Messbedingungen (Versuchsaufbau), die Beschreibung der Durchführung sowie die Darstellung und Diskussion der Messergebnisse.

Urbane Ökosysteme

Städte und industrielle Ballungsräume sind die flächenmäßig größten, am schnellsten wachsenden und in jeder Hinsicht komplexesten Techno-Ökosysteme (Abb. 43.1). Sie besitzen einerseits durch die in ihnen hergestellten und angebotenen Produkte und Dienstleistungen sowie die in ihnen meist konzentrierte politische Macht eine zentrale Bedeutung für ihr näheres und weiteres Umfeld. Andererseits sind sie hinsichtlich Versorgung und Entsorgung in höchstem Maße von diesem Umfeld abhängig. Sie sind daher Ziel- und Umsatzgebiete enormer Stoff- und Energieflüsse, verfügen aber meist nicht über genügend eigene Senken zur umweltschonenden Beseitigung ihrer Abfälle.

Eine gegenüber der Umgebung besonders markante Folge urban-industriell geprägter Räume ist das so genannte **Stadtklima** (Abb. 42.1). Dieses auch als „städtischer Treibhauseffekt" beschreibbare Phänomen ist letztlich das Produkt veränderter Oberflächenstrukturen, anthropogen bedingter Abwärme sowie der durch die Emission von Aerosolen, Verbrennungsgasen und Wasserdampf veränderten chemischen Zusammensetzung des von großräumigen Luftströmungen nicht erfassten und durchmischten Bereichs der Atmosphäre über und innerhalb des Stadtkörpers. In topografisch ungünstigen Lagen werden die negativen Effekte der städtischen „Wärmeinsel" durch die besonders bei Inversionswetterlagen entstehende Dunstglocke über der Stadt noch verstärkt.

Die Ausbildung das Stadtklimas führt zu erheblichen Veränderungen des Temperatur- und Windfelds, des Wasserhaushalts, der Funktionen des Bodens, zum Verlust der ursprünglich standorttypischen Flora und Fauna. Hinzu kommen – trotz inzwischen verbesserter Lufthygiene – erhebliche Beeinträchtigungen der Gesundheit und des Wohlbefindens der Menschen: Stadtbewohner zeigen statistisch signifikante Erhöhungen bei Herz-Kreislauf- und Bronchialerkrankungen, Allergien, Schlafstörungen, der UV-abhängigen Bildung von Vitamin D und bei der Mortalitätsrate. Nicht oder nur wenig versiegelte innerstädtische Flächen wie Parks, Sportanlagen und Friedhöfe sind daher besonders wichtig. Schon ab 1 ha Größe sind positive klimatische Auswirkungen auf das menschliche Wohlbefinden nachweisbar. Auch weit ins Zentrum reichende,

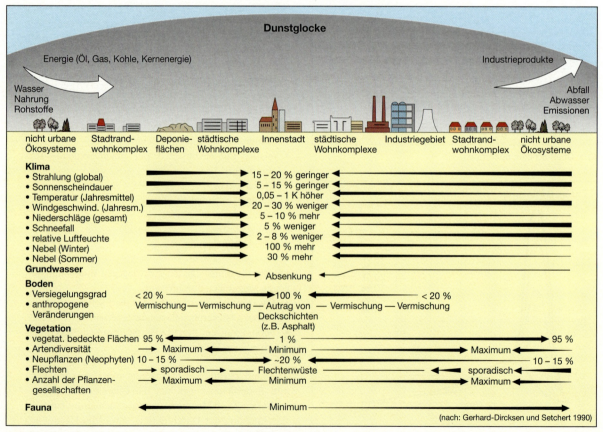

42.1 Typische Abweichungen natürlicher Faktoren in der Stadt gegenüber dem Umland

Nutzung, Gestaltung und Veränderung der Landschaft in der Region

unverbaute Frischluftschneisen für die durch die verstärkte Konvektion über der Stadt ausgelösten „Flurwinde" wirken sich günstig aus. Eng verbaute Straßenschluchten mit vielfältigen Reflexionsmöglichkeiten und großer absorbierender Oberfläche sind dagegen besonders ungünstig. Schon mäßige seitliche Winde in der Höhe reichen aus, um die Wärme- und Wasserdampfglocke über der Stadt zu deformieren. Im Lee großer Städte kann dies die Niederschlagsmenge bis zu 50 % erhöhen.

Aufgaben

1. Erklären Sie den Begriff Inversion und die klimatologischen Auswirkungen dieser Situation.
2. Begründen Sie die in Abb. 42.1 dargestellten klimatologischen Besonderheiten urbaner Ökosysteme.
3. Erstellen Sie mithilfe Abb. 42.1 ein Wirkungsgefüge, das die Ursachen und Wechselwirkungen des für die Entstehung des Stadtklimas maßgeblichen Faktoren sowie die daraus resultierenden Folgen widerspiegelt.
4. Schlagen Sie Maßnahmen zur Minderung des Wärmeinseleffekts vor und diskutieren Sie deren Umsetzbarkeit.

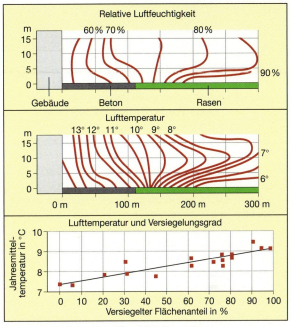

43.2 Temperatur- und Luftfeuchtigkeitsprofil

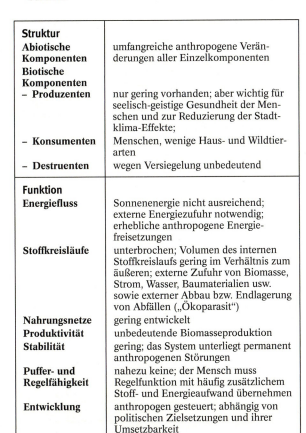

43.1 Großstadtökologie

Struktur	
Abiotische Komponenten	umfangreiche anthropogene Veränderungen aller Einzelkomponenten
Biotische Komponenten	
– Produzenten	nur gering vorhanden; aber wichtig für seelisch-geistige Gesundheit der Menschen und zur Reduzierung der Stadtklima-Effekte;
– Konsumenten	Menschen, wenige Haus- und Wildtierarten
– Destruenten	wegen Versiegelung unbedeutend
Funktion	
Energiefluss	Sonnenenergie nicht ausreichend; externe Energiezufuhr notwendig; erhebliche anthropogene Energiefreisetzungen
Stoffkreisläufe	unterbrochen; Volumen des internen Stoffkreislaufs gering im Verhältnis zum äußeren; externe Zufuhr von Biomasse, Strom, Wasser, Baumaterialien usw. sowie externer Abbau bzw. Endlagerung von Abfällen („Ökoparasit")
Nahrungsnetze	gering entwickelt
Produktivität	unbedeutende Biomasseproduktion
Stabilität	gering; das System unterliegt permanent anthropogenen Störungen
Puffer- und Regelfähigkeit	nahezu keine; der Mensch muss Regelfunktion mit häufig zusätzlichem Stoff- und Energieaufwand übernehmen
Entwicklung	anthropogen gesteuert; abhängig von politischen Zielsetzungen und ihrer Umsetzbarkeit

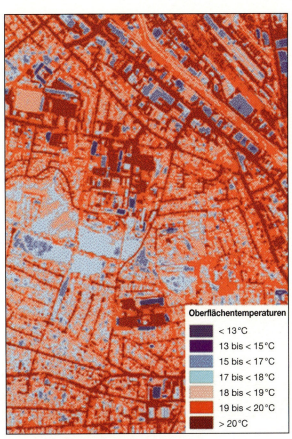

43.3 Thermalscanneraufnahme (Osnabrück)

GIS

„Was sagt das GIS?" oder „Können wir ein GIS einsetzen?" Solche Fragen tauchen immer öfter auf bei raumbezogenen Forschungen, in Planungsbüros und Unternehmen, bei Flächennutzungs- und Stadtentwicklungsplanungen, bei der Entwicklung von Navigationssystemen und Lösung logistischer Probleme, bei der Simulation von Flügen über die Erd- oder Marsoberfläche, bei raumbezogenen Risikoabschätzungen von Versicherungen. GIS ist heute allgegenwärtig, aber in der Öffentlichkeit kaum bekannt: Im Hintergrund jedes Fahrkartenautomaten läuft ein GIS.

Geographische **I**nformations-**S**ysteme bestehen aus Datenbanken mit digital aufbereiteten Rauminformationen und den dazugehörenden Softwareprogrammen zur Dateneingabe und -verwaltung, Aufbereitung, Analyse, Manipulation und (meist multimediafähigen) Präsentation. Ein GIS leistet damit weitaus mehr als z.B. eine reine Computerkartographie. Seine speziell entwickelte Software erlaubt die Beantwortung vielfältiger und variabler Fragestellungen, wobei die erzielten Abfrageergebnisse oft nur die Basis für die Bearbeitung weiterer Aspekte einer Problemstellung sind.

GIS Funktionen dienen Fragestellungen nach

- **Location** (= Angabe räumlicher und nicht-räumlicher Attribute eines Objekts; *Wo liegt bzw. wie viele Einwohner hat der Ort?*)
- **Condition** (= Auffinden von Objekten mit bestimmten Eigenschaften; *Wo gibt es sanierungsbedürftige Bauten?*)
- **Trend** (= Beschreibung und Analyse raum-zeitlicher Veränderungen; *Wie hat sich die Siedlungsfläche in den letzten 10 Jahren verändert?*)
- **Pattern** (= Aufklärung raumbezogener Korrelationen; *Gibt es in der Nähe von emittierenden Betrieben eine Häufung bestimmter Krankheiten?*)
- **Routing** (= Streckenermittlung bei Berücksichtung bestimmter Randbedingungen; *Kürzeste Autobahnstrecke zwischen den Orten A und B?*)
- **Modelling** (= Modellierung von Raumszenarien; *Welche Auswirkungen haben verschieden starke Hochwasser?*)

Die Darstellung der raumbezogenen Daten erfolgt entweder als Vektordaten (Punkte, Linien; bei Maßstäben von 1:100 bis 1:1000) oder als Rasterdaten (kleinste Fläche ein Pixel; meist für mittlere und kleine Maßstabsbereiche von 1:10000 bis 1:1000000). Im Umgang mit GIS gewinnen GPS (= satellitengestütztes Global Positioning System) sowie das Internet immer größere Bedeutung. Im Internet übermittelt der ARC/INFO-Server die Daten an den anfragenden Rechner, der sie über das Visualisierungswerkzeug ArcView gleich als Karte, Tabelle usw. ausgeben kann.

UBIKLIM – eine GIS-Anwendung

Der Gesetzgeber fordert seit 1986 im Baugesetzbuch (BauGB), dass bei der Erstellung von Bauleitplänen (Flächennutzungsplan und Bebauungsplan) u.a. die Belange der Landschaftspflege, des Natur- und Umweltschutzes – und damit auch das Klima – besonders zu berücksichtigen sind. Der Deutsche Wetterdienst (DWD) hat daher das so genannte **M**ikroskalige **U**rbane **Kli**ma**mo**dell MUKLIMO ermittelt, um die Veränderungen der bodennahen Luftschicht bei verschiedenen Planungsvarianten zu simulieren. Dazu werden zunächst auf ein digitales Höhenmodell Landnutzungs- und Stadtstrukturdaten wie Äcker, Park, Gewässer, Straßen, Gewerbegebiete, Wohngebiete usw. projiziert und dann die jeweiligen Veränderungen der Lufttemperatur, Luftfeuchte, Windgeschwindigkeit und Strahlung flächenhaft in einer Höhe von 1 m über Grund ermittelt. Bei Bebauungen werden dabei die Parameter Gebäudehöhe, Grad der Überbauung, Zahl der Gebäude pro Fläche, Versiegelungsgrad, Durchgrünung mit Bäumen berücksichtigt. Die so gewonnenen, rein physikalischen Daten werden anschließend mithilfe des so genannten Klima-Michel-Modells zu einer Aussage über das körperliche Wohlbefinden eines Menschen an der jeweiligen Stelle verrechnet. Der Klima-Michel erfasst und modelliert neben allen für den menschlichen Körper wichtigen Strahlungsflüssen auch die je nach Umgebungsbedingungen unterschiedlichen Flüsse fühlbarer und latenter Wärme (z.B. Schweiß).

Zusammengenommen stellen alle diese Daten und Softwareprogramme den Kern eines GIS, mit dessen Hilfe hochauflösende Bioklimakarten erstellt werden können. Diese zeigen die tatsächlichen bzw. die bei Planungsvarianten möglichen Belastungsunterschiede in einzelnen Stadtgebieten im 10-m-Raster. In den Bioklimakarten sind die Wärmebelastungsintensitäten farblich abgestuft dargestellt, von blau (keine/geringe Belastung) über grün/gelb (bioklimatisch noch günstig) bis rot/violett (hohe Belastung).

Das zu Beginn der 90er entwickelte Stadtbioklimamodell UBIKLIM (**U**rbanes **Biokli**ma **M**odell) erlaubt damit planungsrelevante Aussagen mit relativ geringem Rechenaufwand. Es ist zwischenzeitlich mehrfach angewendet worden (z.B. Waldkirch, Berlin, Karlsruhe, Umlandverband Stuttgart).

Aufgaben

1. Erläutern Sie die Inhalte der Abb. 45.1.
2. Diskutieren Sie den Nutzen von UBIKLIM.
3. Recherchieren Sie im Internet weitere Beispiele für GIS-Anwendungen bei der Stadtplanung.

Nutzung, Gestaltung und Veränderung der Landschaft in der Region

Waldkirch ist eine Kleinstadt mit ca. 20 000 Einwohnern und liegt an der Einmündung des Elztals in die Oberrheinebene. Für die Fortschreibung des Flächennutzungsplans wurden hier 1992 potenzielle Bauflächen mithilfe von UBIKLIM bewertet. Darunter befand sich auch ein im Osten der Stadt zur Bebauung anstehendes Sondergebiet für Kliniken und Kurzwecke, dessen bioklimatische Ausgangssituation als günstig einzuschätzen war. Durch die zunächst geplante Bebauung (Alternative 1) hätte sich jedoch die Wärmebelastung markant erhöht. Dies hätte auch zu einer negativen Beeinflussung der Umgebung geführt, unter anderem auch einer direkt südlich an dem Neubaugebiet gelegenen Rehabilitationsklinik für Herz-Kreislauf-Kranke.

Eine zweite Alternative, die den Versiegelungsgrad und das Bauvolumen senkt sowie in unmittelbarer Nachbarschaft zum Krankenhausareal ein Feuchtbiotop vorsah, stellte einen bezüglich des Bioklimas auch für den Klinikbetrieb wesentlich annehmbareren Vorschlag dar. Eine weitere Verbesserung der thermischen Situation lässt sich mit einer guten Durchgrünung mit Bäumen erzielen; der entlastende Effekt von Dach- und Fassadenbegrünung ist dagegen relativ gering.

Aufgrund der untersuchten Alternativen war die Stadtplanung in der Lage, die entsprechenden „Festsetzungen" im Bebauungsplan nachvollziehbar zu begründen. Eine wesentliche Rolle spielte dabei der Aspekt, dass die zusätzlichen Grünflächen sich positiv auch auf die Wärmebelastung auf dem bestehenden Klinikareal auswirkten.

Ein weiterer Vorteil bestand auch darin, dass Vorschriften bzgl. anderer Fachbereiche, wie z. B. wasserwirtschaftlicher Belange in Bezug auf Versiegelungsgrad und damit Abflussverhalten, eine zusätzliche Begründung erhielten.

Die Analyse des gesamten Stadtgebiets mit UBIKLIM ergab deutlich ausgeprägte innerstädtische Differenzierungen in Abhängigkeit von Bebauungsstruktur, Versiegelungsgrad und Durchgrünung. Auffallend günstig wirken sich die kleinen Parks im Bereich der Innenstadt aus, die dort das Belastungsgefüge deutlich aufbrechen. Unter anderem hat sich gezeigt, dass die für den Innenstadtbereich erlassene Baumschutzordnung der Stadt Waldkirch mit UBIKLIM für den Schutzzweck Klima hervorragend begründet werden kann.

(nach: Jendritzky, G., Grätz, A.: Das Bioklima des Menschen in der Stadt in: Stadtklima und Luftreinhaltung, 2. Auflage, Berlin; Springer 1999)

Ausgangssituation

Freifläche

Alternative 1
- Versiegelungsgrad 50 %
- Gebäudehöhe 18 m
- Zahl der Gebäude pro 1000 m²: 0,41

Alternative 2
- Versiegelungsgrad 36 %
- Gebäudehöhe 18 m
- Zahl der Gebäude pro 1000 m²: 0,22

wie Alternative 2 jedoch durchgrünt mit Laubbäumen

wie Alternative 2 jedoch durchgrünt mit Laubbäumen sowie Dach- und Fassadenbegrünung

1 2 3 4 5 6 7 8 9 10 11 12 13 14 15 16 17 18 19 20 21 22 23 24 25
geringe Belastung — starke Belastung

45.1 UBIKLIM in Freiburg

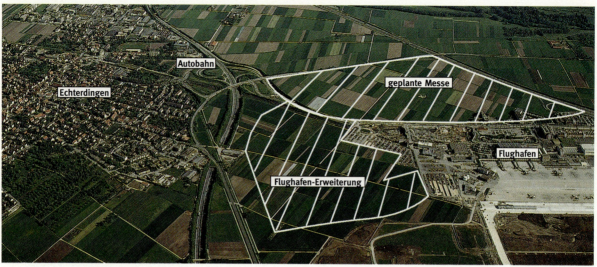

46.1 Geplante Flächen für Messe und Flughafen

Flächennutzungskonflikt im Ballungsraum: Streit um den Standort der neuen Landesmesse

Die wegen ihrer fruchtbaren Böden und des für die Sauerkrautproduktion angebauten Filderkrauts auch überregional bekannte, südlich von Stuttgart gelegene Hochebene der Filder ist in den letzten Jahrzehnten zunehmend für außerlandwirtschaftliche Nutzungen eines expandierenden Ballungsgebiets in Anspruch genommen worden: für den Ausbau der Siedlungen, des Verkehrsnetzes und des Landesflughafens, die Ansiedlung von IBM, eines Pressehauses, eines Hauptquartiers von DaimlerChrysler, zweier Musicalgebäude, eines großen Hotels u.a. Gebäuden und Flächen.

Eine weitere Versiegelung der letzten großen Freifläche durch eine Verlagerung der Messe Stuttgart vom Killesberg auf die Filder wird von den Betroffenen daher seit Jahren bekämpft: Umweltorganisationen und Bürgerinitiativen, Grundstückseigner, Bauern und die Stadt Leinfelden-Echterdingen, auf deren Gemarkung der von Landesregierung und -hauptstadt, den Wirtschaftsverbänden sowie der Regionalplanung favorisierte Standort liegt, wehren sich seit Jahren gegen das Projekt. Noch ist unklar, wie der auf verschiedenen Ebenen (emotional-rational, politisch-juristisch) ausgetragene Streit letztlich enden wird.

Ein von Leinfelden-Echterdingen beabsichtigtes Vorkaufsrecht für Grundstücke im geplanten Messebereich wurde bislang ebenso wie ein von der Stadt beschlossener Bebauungsplan, der für den möglichen Messebereich eine landwirtschaftliche Nutzung festschrieb, vom zuständigen Regierungspräsidium und dem Verwaltungsgericht Stuttgart als „Abwehrplanung" eingestuft und abgelehnt.

Was macht die Messe Stuttgart International?

Zunächst einmal das, was jede große Messe macht: Sie bringt Angebot und Nachfrage im internationalen Maßstab zusammen, ist Plattform für Business. Sie fokussiert Weltmärkte, bringt Aufträge ins Land und sichert der Wirtschaft die notwendigen Kundenkontakte. Sie hilft den Unternehmen bei der Strukturanpassung, greift neue Zukunftstechnologien auf und diversifiziert sie in Teilmärkte. Die Messe Stuttgart International ist ein Schwungrad des Wirtschaftsmotors, ein Konjunktur- und Marktbarometer, ein Instrument des Technologietransfers, der Exportförderung, der Arbeitsplatzsicherung und damit ein unverzichtbarer Standortfaktor im globalen Wettbewerb der Wirtschaftsregionen. Sie

- ist mit insgesamt 57 Messethemen am Markt und veranstaltet in Stuttgart jährlich rund 40 Messen und Ausstellungen, viele von ihnen begleitet von hochkarätigen Fachkongressen und Tagungen. Sie gilt als Innovationszentrum für Maschinenbau und Fertigung, als Hightech-Umschlagplatz für Mittelstand und Handwerk, als Forum für Bildung, Qualifikation und Arbeit, als Fachmesseplatz für Gesundheit und Alter sowie als Impulsgeber für Freizeit und Konsum. Allein im Bereich Maschinenbau und Fertigung, dem herausragenden Schwerpunkt des Stuttgarter Messeangebots, sind im unterschiedlichen Turnus rund 20 Fachmessen mit einem Potenzial von insgesamt 620 000 Fachbesuchern und über 5000 Ausstellern etabliert;
- verfügt über 36 Auslandsvertretungen in aller Welt und pflegt Kooperationen mit anderen führenden Messeveranstaltern im europäischen Ausland und in Übersee.

46.2 Pro MESSE 2000

Verlieren Messen künftig an Bedeutung?

Im Gegenteil! Deutschland, dem weltweiten Messeland Nr. 1, wird ein anhaltender Messeboom vorausgesagt. Alle wichtigen deutschen Messestandorte stellen sich darauf ein. Der Messestandort Stuttgart ist mit 161 Mio. DM Umsatz und 1,5 Mio. jährlichen Besuchern von einer Regionalmesse unter die „Top Ten" der deutschen Messestädte aufgestiegen. Keine „virtuelle Messe" kann den persönlichen Kundenkontakt, die direkte Kommunikation und die Live-Präsentation neuer Produkte, Maschinen und Verfahren ersetzen.

Warum eine neue Messe?

Zwei Faktoren zwingen zum Handeln. Zum einen stößt der Messe-Standort Killesberg mit nur 50 000 m² schon seit vielen Jahren an seine Kapazitätsgrenze. Zwölf andere deutsche Messeplätze sind größer, obwohl die Messe Stuttgart International dem Umsatz nach auf Platz sieben liegt. Mit einem 19fachen Hallenumschlag im Jahr ist sie mit großem Abstand Europameister in der Aus- und Überlastung ihrer Ausstellungsfläche. Die Wartelisten potenzieller Aussteller werden immer länger, Standflächen müssen kontingentiert werden. Und es wird immer schwieriger, das bestehende Messeprogramm weiter aufzufächern, neue Messethemen marktgerecht aufzuarbeiten und Synergieeffekte dadurch zu erzielen, dass verwandte Technologien in Parallelmessen präsentiert werden.

Der Messestandort Stuttgart muss konkurrenz- und zukunftsfähig bleiben. Das ist am Standort Killesberg kaum möglich. Dort sind alle Erweiterungsmöglichkeiten ausgereizt, eine Überbauung des Killesbergparks faktisch nicht möglich, auch und gerade aus ökologischen Gründen. Deshalb hat sich in den letzten Jahren in Politik und Wirtschaft ein breiter Konsens für den Bau einer neuen internationalen Messe für den Wirtschaftsstandort Baden-Württemberg ergeben. Für die Prüfung des neuen möglichen Standorts wurde ein differenziertes, zukunftsorientiertes Anforderungsprofil entwickelt. Im Zuge des Entscheidungspozesses wurden über zehn Gutachten erstellt und 27 mögliche Standorte miteinander verglichen. Dabei zeigen sich klare Vorteile der MESSE 2000 am Standort Stuttgart-Flughafen auf den Fildern.

MESSE 2000 – die Fakten

MESSE 2000 – eine einzigartige Verkehrsanbindung!

Eine internationale Messe direkt an Flughafen, Schnellbahnnetz, Autobahn und Nahverkehr ist einzigartig in Europa. Das Zusammenspiel der Verkehrskonzeption „Stuttgart 21" und der Messekonzeption „MESSE 2000" in der Verbindung mit der konsequenten Weiterentwicklung des Stuttgarter Flughafens sind weitsichtige strukturpolitische Weichenstellungen zur Sicherung des Wirtschaftsstandortes Baden-Württemberg.

MESSE 2000 – modernste Technik!

Die Ausrichtung von Fach- und Publikumsmessen mit kombinierten Parallelveranstaltungen und der Präsentation von Nischenthemen stellt an die räumliche und technische Ausstattung höchste Anforderungen. Die derzeitige Infrastrukturplanung berücksichtigt neben allen gängigen Standards auch den Einsatz von modernen Medien wie Internet, Intranet sowie neueste Conferencingtechnologien.

MESSE 2000 – eine rentable Investition!

Der Investitionsrahmen von etwa 1 Mrd. DM für den Neubau der Messe auf den Fildern zeugt von Augenmaß. Die Finanzierung ist gesichert – die MESSE 2000 langfristig rentabel. Zusätzliche Einnahmen für Städte und Gemeinden ergeben sich aus einem „Plus" an Steuereinnahmen, durch verstärkten Kaufkraftzufluss, durch wirtschaftliche Impulse sowie durch die stimulierende Wirkung auf den Arbeitsmarkt.

MESSE 2000 – eine zukunftsweisende Konzeption!

Der Angebotsmix von internationalen Leitmessen, branchenbezogenen Fachmessen, bedarfsorientierten Publikumsmessen und hochkarätigen Fachmessen ist die Stärke des bestehenden Messeprogramms. Dabei setzt die Messe Stuttgart International vor allem auf Hightech und Fertigung. Das sind Bereiche, in denen der Wirtschaftsstandort Baden-Württemberg führend ist. Diese Themenschwerpunkte gilt es auszubauen und weiterzuentwickeln, neue Zukunftsmärkte wie Gen-, Bio- und Umwelttechnologien sind aufzugreifen. Von einer neuen Stuttgarter Messe geht eine Innovationsoffensive aus, die weit über die Landesgrenzen wirkt.

MESSE 2000 – endlich ausreichend Platz!

Die neue Messe soll über 100 000 m² Hallenfläche, ein zusätzliches Freigelände und ein modernes Kongresszentrum verfügen. Sie ist im Konkurrenzvergleich maßvoll dimensioniert und gewährleistet einen Messe- und Kongressbetrieb der kurzen Wege. Sie ist aber auch groß genug, um wichtige Fachmessen von Weltformat an den Messeplatz Stuttgart zu binden, seiner wachsenden Internationalität Rechnung zu tragen und Parallelmessen zu realisieren. Das Vorhandensein mehrerer Eingangs- und Servicebereiche gewährleistet eine Teilbarkeit des Messegeländes.

MESSE 2000 – inmitten eines attraktiven Umfelds!

Mit dem ICE in acht Minuten am Hauptbahnhof, mit Regional- und S-Bahn in kürzester Zeit im Neckartal oder Schwarzwald – dem Abwechslung suchenden Messe- und Kongressgast stehen alle Türen zu Kultur, Natur und einer breiten Palette an Hotels und Gastronomie offen.

(MESSE 2000, Informationsbroschüre der Landesregierung)

Das zur Durchsetzung des umstrittenen Großprojekts, dessen voraussichtliche Kosten von ursprünglich 500 auf 806 Mio. € gestiegen sind, am 10. Dezember 1998 mit der Stimmenmehrheit der Regierungsparteien im Landtag verabschiedete Maßnahmengesetz gilt nach übereinstimmender Expertenmeinung als „juristisch wasserdicht".
Mit dem von den Projektgegnern als „schweres Geschütz" empfundenen Messegesetz zog die Landesregierung die Konsequenz aus dem „Boxberg-Urteil" von 1987. Damals hatte das Bundesverfassungsgericht den Bau einer Teststrecke für Daimler-Benz (heute Daimler-Chrysler) im nordbadischen Boxberg und die dafür notwendigen Enteignungen mit der Begründung abgelehnt, dieses Projekt diene in erster Linie der Privatwirtschaft und nicht zwangsläufig dem Allgemeinwohl. Den Enteignungen fehle daher eine gesetzliche Basis.

Es stellt den Bedarf einer neuen Messe zur Sicherung des Wirtschaftsstandorts Baden-Württemberg fest. Die Messe wird damit als eine dem Allgemeinwohl dienende öffentliche Einrichtung definiert, da auch der Privatbetreiber der Messe zum dauerhaften Betrieb verpflichtet ist.
Es fordert eine räumliche Nähe zum Flughafen Stuttgart und leistungsfähige Anschlüsse an das Schienen- und Straßennetz, ohne den Standort direkt zu benennen. Dies macht das Gesetz gegen die Klagen Einzelner unangreifbar, denn niemand wird juristisch gesehen „beschwert".
Es legt fest, dass das Projekt nach Ablauf des üblichen Planfeststellungsverfahrens, in dessen Rahmen Stellungnahmen von Behörden, Organisationen und Privatpersonen eingeholt werden, per Planfeststellungsbeschluss (durch das Regierungspräsidium) verwirklicht werden soll. Anfechtungsklagen sind frühestens gegen den Beschluss zugelassen, haben jedoch keine aufschiebende Wirkung.
Ein „Vorarbeiten"-Passus schreibt vor, dass Vermessungen, Boden-, Grundwasseruntersuchungen usw. eines infrage kommenden Grundstücks vom Eigentümer geduldet werden müssen. Eine „Veränderungssperre" verhindert, dass nach Planauslegung wertsteigernde Baumaßnahmen auf den Flächen durchgeführt werden können.
Es regelt die Enteignungsfrage. Enteignung ist danach zulässig, soweit sie zur Verwirklichung des Vorhabens notwendig ist. Einer weiteren Feststellung der Zulässigkeit der Enteignung bedarf es nicht.
Es regelt und beschleunigt das Enteignungsverfahren. Will ein Grundstückseigentümer Flächen nicht freiwillig abgeben, kann der Bauträger nach dem Planfeststellungsbeschluss in den Besitz eingewiesen werden. Die Enteignungsbehörde wird in einer mündlichen Verhandlung Art und Höhe der Entschädigung festsetzen. Widerspruch und Anfechtungsklage gegen eine solche vorzeitige Besitzeinweisung haben keine aufschiebende Wirkung.

48.1 Wesentliche Inhalte des Messegesetzes

An alle Landtagsabgeordnete/n
04. November 1998
Sehr geehrte Frau Abgeordnete,
sehr geehrter Herr Abgeordneter,

in der kommenden Woche wird Ihnen die Landesregierung das Landesmessegesetz zur Beratung vorlegen. (...) Das Gesetz soll den Weg für eine neue Messe freimachen, indem es den geltenden Rechtsschutz einengt und die kommunale Planungshoheit, das höchste Gut der Selbstverwaltung und die wichtigste Errungenschaft und Grundlage unserer Gemeindeordnung, außer Kraft setzt. Es berechtigt zu Enteignungsmaßnahmen in einer nie da gewesenen Dimension und verändert auf diese Weise elementar die Qualität der bisherigen Einstellung des Gesetzgebers zum Eigentum, einem Grundrecht, das in all den Jahren immer als nahezu unantastbar galt. Das Messegesetz schafft in seiner flächenhaften Auswirkung, erstmals in der Geschichte Baden-Württembergs und der gesamten Bundesrepublik, die Grundlage für die Teilenteignung eines Landschaftsraums, der Filder.
Natürlich werden all diese Eingriffe auf eine einzige Maßnahme und eine Stadt begrenzt. Doch: Heute trifft es Leinfelden-Echterdingen. Und morgen? (...)
Ich werbe um Ihr Verständnis, dass sich unsere Bürgerinnen und Bürger um die vorhandene Lebensqualität und eine qualitätvolle Weiterentwicklung dieser Stadt sorgen. Dies hat nichts mit Kirchtumspolitik oder mangelndem Verantwortungsbewusstsein zu tun. (...)
Seit Gründung der Stadt Leinfelden-Echterdingen haben Gemeinderat und Stadtverwaltung gemeinsam mit den Bürgerinnen und Bürgern und in enger Abstimmung mit der Regionalplanung engagiert um eine Lösung für die weitere Entwicklung dieser Stadt gerungen. Besondere Probleme bereiteten hierbei immer die im landesweiten Brennpunkt stehenden regionalen Einrichtungen auf unserer Gemarkung: der Flughafen, die Autobahn und die autobahnähnlich ausgebaute B 27. Die Stadt sieht hierin ihre Beiträge für die Region und das Land Baden-Württemberg. Sie hat in der Vergangenheit immer versucht, diese Einrichtungen in ihre Stadtentwicklung zu integrieren und deren unvermeidliche Lasten einigermaßen auszugleichen, obwohl sie in ihren Bemühungen nicht immer auf die Unterstützung des Landes bauen konnte. (...)
Ganz ähnlich muss ich zwischenzeitlich leider die Ergebnisse unserer Verhandlungen mit der Landesregierung einstufen. Noch vor der Sommerpause haben wir unter der Federführung des Ministerpräsidenten auf beiden Seiten hart, aber fair um die Problematik einer Messeansiedlung beim Flughafen gerungen und zu einem Ergebnis gebracht, das auch die Stadt Stuttgart flächenmäßig in

48.2 Kontra Messestandort und Messegesetz

die Verantwortung nahm. Kurz darauf hat Oberbürgermeister Dr. Schuster einseitig die Zusage für eine Einbeziehung der Plieninger Gemarkung zurückgenommen. Stattdessen wird jetzt nur noch über die Flächen der Nachbarstadt Leinfelden-Echterdingen diskutiert. Diese Art der Vorgehensweise in einer so sensiblen Angelegenheit stößt nicht nur in unserer Stadt auf Unverständnis, größte Verwunderung und Betroffenheit.

Unsere Stadt konnte dem Angebot der Landesregierung nicht näher treten, da es die auf uns zukommenden, vielschichtigen Probleme nicht lösen kann. Eine zusätzliche Messeansiedlung würde den Lebensnerv der Stadt berühren. Das Vorhaben greift massiv in die vorhandene polyzentrale Siedlungsstruktur ein und ließe die bisher gegliederten Siedlungsbereiche „Echterdingen" und „Flughafen" in einer unverantwortlichen Form zusammenwachsen. Hauptproblem ist hierbei der Verlust einer für den Luftaustausch und das Kleinklima dringend notwendigen ausreichend breiten Grünzäsur, wie sie die Regionalplanung, aus eben diesen Gründen, bisher auch verbindlich ausgewiesen hat. Die Landwirtschaft, ein historisch prägendes Element des Stadtcharakters von Leinfelden-Echterdingen, würde von einem Tag auf den anderen verschwinden. Lärm und Verkehr nähmen in einem Ausmaß zu, das nicht mehr durch Ausgleichsmaßnahmen aufgefangen werden könnte. Die fachgerechte Überprüfung unserer Entwicklungsplanung hat gezeigt, dass ein Messestandort zu einem Qualitätsverlust auf allen Sektoralaspekten innerhalb der Stadt führt und Leinfelden-Echterdingen in seinen wesentlichen Elementen verändert. (…)

Bei der Erweiterung des Flughafens hat die Landesregierung ein Ende des Landverbrauchs auf den Fildern zugesagt. Hierauf haben die Städte und die Landwirte vertraut und ihre Existenzen ausgerichtet. Können Vertrauensschutz und Rechtssicherheit auf einmal eine so geringe Rolle spielen, nur weil man am scheinbar besten Standort in Leinfelden-Echterdingen festhalten will, obwohl es ebenso gute Alternativmöglichkeiten gibt?

Vielleicht mag es auf den ersten Blick optimal erscheinen, die Messe direkt am Flughafen anzusiedeln. Dabei darf jedoch nicht unbeachtet bleiben, dass auch die Standortqualität und die Entwicklungsmöglichkeiten des Flughafens gesichert sein müssen. Dies erscheint aber spätestens auf den zweiten Blick hin fragwürdig. Der Flughafen benötigt für seine mittelfristige Weiterentwicklung bereits nahezu dieselbe Fläche seines bisherigen Bestands. Die Messepläne belassen dem Flughafen aber so gut wie keine Entwicklungspläne. Die an diesem Punkt künftig – mit höchst unterschiedlich motivierten Zielen – zusammentreffenden Verkehrsströme können nicht zuverlässig und eindeutig reibungslos entflochten werden. (…)

Die Städte Böblingen und Sindelfingen bieten alternativ eine Brachfläche an, die den wirtschaftspolitischen Zielen der Landesregierung ebenso gerecht wird wie der Flughafenstandort. Sie ist, ohne Enteignungen, sofort verfügbar, bietet nach Aussage des Standortgutachtens ebenfalls eine hervorragende Verkehrsanbindung und verursacht keine Zielkonflikte mit dem Flughafen. Entscheidend ist aber auch, dass die Messe dort mit den Entwicklungszielen der Standortgemeinden konform läuft und zügig realisiert werden könnte. Es kann doch nicht ernstlich behauptet werden, ein gut überbrückbarer, kurzer Transfer zwischen Messe und Flughafen würde die Qualität des Messestandorts gleich dermaßen verschlechtern, dass damit das gesamte Messeprojekt infrage steht. Sie werden auch verstehen, wenn ich nicht einsehen kann, dass dieser Alternativstandort nur deshalb nicht weiterverfolgt wird, weil die Stadt Stuttgart für diesen Fall angekündigt hat, ihre Finanzierungszusage zurückzuziehen. Vor diesem Hintergrund stellt sich mir dann schon die Frage, warum man sich überhaupt auf die Suche nach einem neuen Messestandort macht. Schließlich besitzt Stuttgart doch eine prosperierende Messe am Killesberg und ich meine, Attraktivität bedeutet nicht immer nur etwas Neues zu machen, sondern oft auch Bewährtes zu erhalten. (…)

Bei beiden Standortalternativen würde das Messegesetz sofort jegliche Notwendigkeit verlieren. Der vorliegende Gesetzentwurf wird tatsächlich doch nur benötigt, um einen längst feststehenden Standort gegen den bereits erklärten Widerstand der dortigen Bevölkerung durchzusetzen. Zumindest ist scheinbar gewiss, dass die bisher vorhandenen rechtlichen Möglichkeiten nicht ausreichen werden. Alle anderen Messeplätze der Bundesrepublik konnten schließlich auch ohne ein Maßnahmengesetz realisiert werden. Dort gab es nicht einmal das höchst umstrittene Instrument des Planungsgebots, das schon weit in die Planungshoheit der Gemeinden eingreift, für die Realisierung der neuen Stuttgarter Messe aber wohl ebenfalls nicht ausreicht. Ist die kommunale Planungshoheit plötzlich so wenig wert, dass sie ohne Not einfach per Gesetz weggewischt wird, nur weil sich eine Stadt aus Verantwortung gegenüber ihren Bürgerinnen und Bürgern nicht so verhalten kann, wie es für die Bauherren der neuen Messe vielleicht optimaler wäre? (…)

Dieses Gesetz hat eine politische und moralische Dimension von einer bisher ungekannten Tragweite in Baden-Württemberg und der Bundesrepublik, deren Auswirkungen wir heute nicht erahnen können. Persönlich hoffe ich, diese niemals erfahren zu müssen. Deshalb appelliere ich an Sie: Stimmen Sie gegen dieses Messegesetz.

(Brief des Oberbürgermeisters von Leinfelden-Echterdingen)

Nutzung, Gestaltung und Veränderung der Landschaft in der Region

50.1 Geplante Messe

Im Zuge der Standortsuche wurden durch eine bereits 1993 begonnene Standortanalyse insgesamt 94 Standorte in Baden-Württemberg für die Verlagerung der Messe vom Killesberg untersucht. Die Entscheidung für den Standortbereich Echterdinger Ei-Ost fiel letztlich nach Kriterien wie Flächenverfügbarkeit, Erschließungsaufwand und Verkehrsanbindung. Bereits 1995 hatten eine Umweltverträglichkeitsprüfung und ein Gutachten zum „Verkehrskonzept Messe 2000" bestätigt, dass das Messeprojekt mit Fragen der Ökologie und dem Verkehrsaufkommen auf den Fildern vereinbar ist.

Nach der Erstellung des Finanzierungskonzepts, der Gründung der Projektgesellschaft Neue Messe GmbH & Co. KG und dem Inkrafttreten des Messegesetzes wurde 1999 ein Architektenwettbewerb ausgeschrieben und durch die Regionalversammlung eine Teiländerung des Regionalplans beschlossen. Damit wurde ein im früheren Regionalplan enthaltener Grünzug reduziert und eine etwa 100 ha große Fläche explizit für die Messe verankert.

Parallel zur Fachplanung wurde die im Planungsverfahren vorgeschriebene Umweltverträglichkeitsprüfung durchgeführt sowie die Planungen für die wegen des Flächenverbrauchs nach dem Bundesnaturschutzgesetz notwendig werdenden **Kompensationsmaßnahmen** erstellt. Der dazu angefertigte Landschaftspflegerische Begleitplan (LBP) umfasst in seinem Ausgleichskonzept eine Reihe von Maßnahmen im überplanten Gebiet, aber auch anderswo. Dazu gehören u. a. die Stilllegung von Ackerflächen, die Anlage von Brachen, Hecken und Baumreihen sowie von vier Streuobstwiesen, der Rückbau bereits versiegelter Flächen (z. B. von Wegen oder betonierten Bachläufen), die Verbesserung der Wasserführung in Gräben durch gedrosselte Wasser-Einleitung aus Retentionsbecken sowie die Renaturierung der Mündung des Flüsschens Körsch in den Neckar auf 350 m Länge. In einigen Fällen sind die Folgen der durch die Bebauung entstehenden Versiegelung jedoch nicht kompensierbar. Dafür muss nach § 11 (5) NatSchG eine Ausgleichsabgabe entrichtet werden.

Ende Oktober 2001 lag der Planfeststellungsantrag für einen Monat zur öffentlichen Einsichtnahme aus. Im Juli 2002 fand unter der Leitung des Regierungspräsidiums Stuttgart der Erörterungstermin in der großen Filderhalle von Leinfelden-Echterdingen statt: Etwa 21 000 Einwände gegen das Projekt waren dabei zu behandeln. Bereits zuvor hatten die 32 Mitglieder des Stadtrats von Leinfelden-Echterdingen – gestärkt durch einen Bürgerentscheid im Sommer 1999 – mit nur einer Gegenstimme die Stadtverwaltung beauftragt, den Bau der Messe zu verhindern. Die Stadt ist inzwischen entschlossen, notfalls bis vor das Bundesverfassungsgericht zu ziehen.

Aufgaben

1. Informieren Sie sich über die Details der im Zuge des Projekts notwendigen und beabsichtigten Ausgleichsmaßnahmen. www.landesmesse.de
2. Stellen Sie in einem Rollenspiel die Positionen von Projektgegnern und -befürwortern nach.

Wirtschaftliches Handeln und dessen Raumwirksamkeit

ausgehend von der lokalen Ebene

Wirtschaftliches Handeln und dessen Raumwirksamkeit

 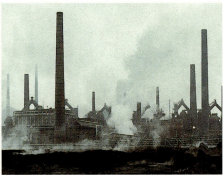 

52.1 Industriebeispiele aus den verschiedenen Kondratieff-Zyklen

1 Gesellschaft im Wandel

Von der Agrar- zur Informationsgesellschaft

Die jeweils letzten Drittel des 18. und des 20. Jahrhunderts markieren historische Wendepunkte in der Entwicklung unserer Gesellschaft – den Übergang von der Agrar- zur Industriegesellschaft und nun zur Informationsgesellschaft. In der vorindustriellen Agrargesellschaft waren die meisten Menschen im Primärsektor (Landwirtschaft) beschäftigt; die Sozialstruktur war geprägt durch ein starres System sozialer Verbände in einem streng hierarchisch gegliederten Staatswesen. Im Zeitalter des Absolutismus (16.–18. Jh.) war das vorrangige Ziel die staatliche Machtentfaltung. Die Wirtschaftspolitik des Merkantilismus war diesem Ziel untergeordnet. Der Außenhandel der Staaten wurde durch protektionistische Maßnahmen erschwert, Aus- und Einfuhrzölle behinderten den Warenaustausch. So mussten z. B. beim Handel mit Waren zwischen Berlin und der Schweiz zehn Staaten durchquert und jeweils Durchgangszoll bezahlt werden.

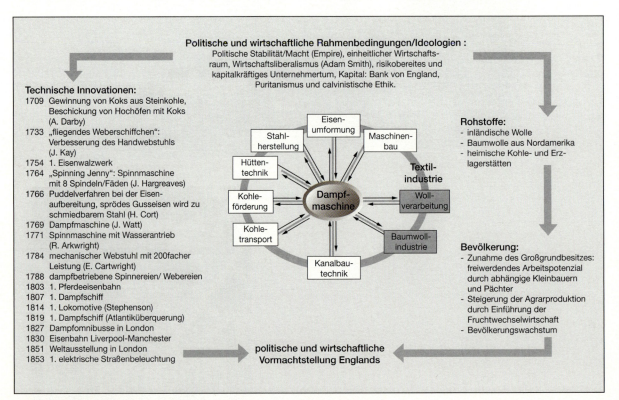

52.2 Die Industrielle Revolution in England – Voraussetzungen und Vernetzungen

Wirtschaftliches Handeln und dessen Raumwirksamkeit

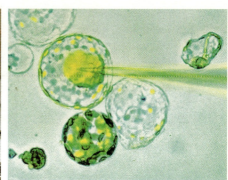

Die Zeit des Merkantilismus ist auch gekennzeichnet durch ein Autarkiebestreben – jeder Staat versuchte, alle benötigten Waren selbst herzustellen. Aus diesem Grund wurden vielerorts staatliche Manufakturen gegründet, wie z. B. die Porzellanmanufaktur in Meißen. Ein weiteres System der Güterproduktion war das Verlagswesen. Der sog. Verleger, meist ein städtischer Kapitalgeber, ließ Produkte in Heimarbeit herstellen. Der Verleger lieferte die Rohstoffe und organisierte die Vermarktung der Produkte. Eine dritte Säule der Produktherstellung stellte das traditionelle Handwerk dar. Mit Ausnahme der Manufakturen waren in dieser Zeit Produktionsstätte und Wohnstätte identisch.

Eine grundlegende Veränderung der wirtschaftlichen, sozialen und kulturellen Lebensbedingungen begann nach 1770 in England und weitete sich in den folgenden Jahrzehnten auf andere europäische Länder aus. Die so genannte **Industrielle Revolution** bewirkte eine vollständige Umorganisation der Gesellschaft: die Umwandlung der Agrargesellschaft in eine Industriegesellschaft. Auslöser dieses Umbruchs waren bahnbrechende technische Innovationen wie die Dampfmaschine und die Anwen-

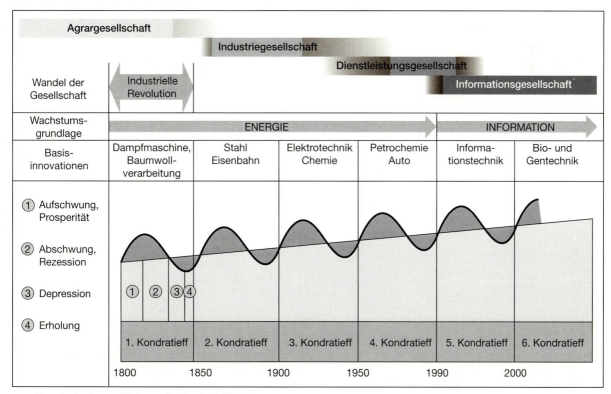

53.1 Theorie der langen Wellen – die Kondratieff-Zyklen

dung dieser neuen Technologie in der Textilherstellung. Die Textilindustrie wurde zum ersten Industriezweig mit Massenproduktionstechnik. Dampfgetriebene Webmaschinen erhöhten die Produktivität im Vergleich zum Handwebstuhl um das Zwanzigfache, dampfgetriebene Spinnmaschinen erbrachten die 200fache Leistung eines herkömmlichen Spinnrads.

Aufgrund des Technologievorsprungs konnte England konkurrenzlos billig produzieren und zur „Werkstatt der Welt" werden. Von der Kerntechnologie „Dampfmaschine" profitierten weitere Technologien, die zusammen ein Technologienetz bildeten (Abb. 52.1). Die Industrielle Revolution beruhte aber nicht allein auf technischen Innovationen. Sie wurde unterstützt durch günstige Voraussetzungen bei den Produktionsfaktoren Boden (Rohstoffe), Arbeit und Kapital sowie durch politische Gunstfaktoren wie die politische Einheit Englands, die wirtschaftliche Macht durch Kolonialbesitz (Empire), die Umsetzung der Theorie des Wirtschaftsliberalismus (Adam Smith) und die puritanisch-calvinistische Ethik (Abb. 52.2).

Durch die Industrielle Revolution wurde die erste der bisher fünf Langzeitwellen der Konjunktur ausgelöst, die nach dem russischen Konjunkturforscher Nikolai Kondratieff (1892–1938) auch **„Kondratieff-Zyklen"** genannt werden. Der Impuls für einen solchen Zyklus geht von so genannten **Basisinnovationen** aus, die aus einem Bündel eng vernetzter Technologien bestehen, ein großes Knappheitsfeld der Gesellschaft erschließen und ein großes Volumen erreichen, das die Weltwirtschaft über Jahrzehnte beeinflusst und so zu einer weit reichenden Umgestaltung der Gesellschaft führt.

Die jeweils folgenden Zyklen bauen auf den durch die Vorläufer geschaffenen Möglichkeiten und Veränderungen auf, sodass sich eine aufsteigende Basislinie ergibt (Abb. 53.1). Die Kombination der Basisinnovationen „Stahl" und „Eisenbahn" ermöglichte im zweiten Zyklus die Erschließung neuer Räume für Produktion und Handel, wobei durch die gewaltigen Produktivitätssteigerungen im Transport von Gütern und Menschen durch die Eisenbahn eine völlig neue Infrastruktur geschaffen wurde.

Da die Möglichkeiten der ersten beiden Kondratieff-Zyklen am besten von Großbritannien genutzt wurden, konnte das Land zur ersten Führungsmacht des 19. Jahrhunderts aufsteigen. Der Kern der Basisinnovation „Elektronik" als Auslöser des dritten Zyklus ist das von Werner v. Siemens entdeckte elektrodynamische Prinzip. Diese Erfindung ermöglichte die Erzeugung und Anwendung der Elektrizität. Die meisten Produktionsbereiche wurden in der Folgezeit auf elektrische Energie umgestellt.

Die Mineralöl- und die Autoindustrie stellen die „leading sectors" in der vierten Langzeitwelle dar, die nach dem

Industriegesellschaft	Informationsgesellschaft
Nachfrage vorwiegend auf materiellen Konsum ausgerichtet, dominierende Stellung von Fabrik, Güterversorgung und -transport	Nachfrage verlagert auf informationelle Produkte/Dienste (Beratung, Unterhaltung), herausragende Stellung von Informationstechnik und -betrieben, Kommunikationsnetze
Investitionen vorwiegend in Maschinen, Anlagen, Bauten (Hardware-Kapital)	Investitionen vorwiegend in informationstechnische Systeme/Anwendungen, Infrastruktur, Aus- und Weiterbildung (Software-Kapital)
zentrale, hierarchische Führungsstrukturen und Denkmuster, ausgebautes Kontrollwesen	mehr dezentralisierte und demokratisierte Entscheidungsfindung (Mehrheitsentscheidungen, Kompromiss, Konsens)
vorwiegend vertikaler Informationsfluss	Informationsaustausch auf allen Ebenen
Arbeitsteilung und Spezialisierung	Arbeitsintegration (Gruppenarbeit, Interdisziplinarität)
Mehrzahl der Beschäftigten sind (manuelle) Arbeiter	Mehrzahl der Beschäftigten sind Kopfarbeiter („Brainware")
starre, auf große Stückzahlen ausgerichtete Produktion	flexible, auf wechselnde Aufträge ausgerichtete Fertigungstechniken
geringes Umweltbewusstsein	wachsende Umweltsensibilität
lokale bzw. isoliert betriebene Optimierung (bei Individuen, Gruppen, Verbänden, Nationen)	Trend zur ganzheitlichen Optimierung auf allen Ebenen
einseitig makroökonomisch orientierte Wirtschaftspolitik (Globalsteuerung), keine bedeutende Umweltpolitik, Staat ist für soziale Fragen zuständig	Integration von Technologie-, Umwelt-, Sozial- und Wirtschaftspolitik, Privatwirtschaft übernimmt größere Verantwortung für soziale Aufgaben
evolutionäre Vorstellung des Wirtschaftsgeschehens	Erfolg durch konsequente Ausrichtung auf Basisinnovationen, Wirtschaft und Politik orientieren sich am Kondratieff-Zyklus

Quelle: Nefiodow, Der 6. Kondratieff, 1996

54.1 Industrie- und Informationsgesellschaft

Zweiten Weltkrieg begann und das Zeitalter des individuellen Massenverkehrs einleitete. In den hoch industrialisierten Gesellschaften mit immer komplexeren Vernetzungen gewinnt in dieser Zeit der Dienstleistungssektor (tertiärer Sektor) immer größere Bedeutung – die Industriegesellschaft wird immer mehr zur Dienstleistungsgesellschaft (Begriff seit 1968).

War bis dahin die Nutzung unterschiedlicher Energieformen die Grundlage für weiteres Wachstum, versinnbildlicht durch die enge Koppelung von Energie und Fortschritt und zueinander proportional verlaufendem Wirtschaftswachstum und Energieverbrauch, findet in dieser Phase erstmals eine Entkoppelung dieser Faktoren statt.

Die technischen Voraussetzungen für den fünften Kondratieff-Zyklus waren die Erfindung des Computers (1941), des Transistors (1948) und der integrierten Schaltung (Anfang der 60er Jahre). Die Frühphase der informationstechnischen Periode war geprägt durch die Entwicklung und Verbesserung v. a. der Hardware. Heute dominiert die Software, die den produktiven und kreativen Umgang mit Information zum Ziel hat. Im Zuge dieser rasanten Entwicklung entstand mit den Informationsberufen ein vierter Wirtschaftssektor. Die neuen Informations- und Kommunikationstechniken (IuK-Techniken) entwickelten sich zu einem wichtigen Arbeitsplatz-Motor. Zu diesem so genannten TIME-Sektor gehören die Anbieterbranchen **T**elekommunikation, **I**nformationstechnologie, **M**edien und **E**lektronik. Die Informationstechnik ist heute die wichtigste Stütze der Weltwirtschaft mit einschneidenden Veränderungen in allen Gesellschaftsbereichen – wir sind zu einer Informationsgesellschaft geworden (Begriff erstmals 1977).

Der zu Beginn des neuen Jahrtausends sich abzeichnende sechste Kondratieff-Zyklus wird wahrscheinlich die wichtigsten Impulse vom Leitsektor „Gesundheit" im weitesten Sinne beziehen. Neben der Weiterentwicklung des Informationsmarktes werden die Branchen Umwelt- und Biotechnologie ein weiteres Knappheits- oder Bedürfnisfeld unserer Gesellschaft erschließen.

Aufgaben

1. Fassen Sie zusammen, welche Gunstfaktoren die Industrielle Revolution in Großbritannien ermöglichten (Abb. 52.2, Text). Informieren Sie sich anhand eines Lexikons/Geschichtsbuches über die Begriffe Empire, Wirtschaftsliberalismus, puritanische und calvinistische Ethik.
2. Fassen Sie die wichtigsten Merkmale der Industriegesellschaft und der Informationsgesellschaft zusammen. Nennen Sie grundlegende Unterschiede zur Agrargesellschaft (Abb. 54.1, Text).

Arbeiten mit Diagrammen

Das aus einem gleichseitigen Dreieck bestehende Diagramm eignet sich für alle statistischen Werte, bei denen sich drei Summanden zu 100 % ergänzen, z.B. Beschäftigtenanteile der drei Wirtschaftssektoren (Abb. 55.1). Weitere Beispiele: Struktur der Landwirtschaft (Ackerland, Grünland, sonstige Flächen), Bevölkerung nach Altersklassen (z.B. 0–15, 15–45, über 45 Jahre), Korngrößenanteile in Böden (Sand, Schluff, Ton) etc.

Die der Grundachse (Abb. 55.1 = „primärer S.") zuzuordnenden Skalenwerte sind als Parallelschar am Verlauf der linken Dreiecksseite orientiert, die der rechten Seite an der Grundachse und die der linken Dreiecksseite stellen Parallelen zur rechten Seite dar (s. farbige Linien in Abb. 55.1). Im Dreiecksdiagramm können auch Veränderungen im Lauf der Zeit verdeutlicht werden. Dabei werden Jahresangaben entweder im Dreieck neben den einzelnen Punkten eingetragen oder es wird eine Legende erstellt, wobei den einzelnen Jahren unterschiedliche Symbole oder Ziffern zugeordnet werden.

Zeichnen Sie ein großes Dreiecksdiagramm oder besorgen Sie sich Vorlagen im Bürofachhandel. Übertragen Sie die fehlenden Werte für Deutschland und verbinden Sie die Punkte mit einer Linie.

Deutschland	primärer S.	sekundärer S.	tertiärer S.
1800	80	6	14
1850	64	21	15
1900	42	31	27
1950	18	38	44
1995	3	37	60
2000	2,7	33,1	64,2

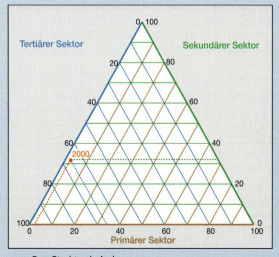

55.1 Das Strukturdreieck

56.1 Karikatur

56.2 Keine Karikatur (maßstabsgerechte Darstellung)

2 Produktion in Landwirtschaft und Industrie

Der ökologische Fußabdruck

Als Mahatma GANDHI vor mehr als 50 Jahren gefragt wurde, ob Indien nach der Unabhängigkeit den Lebensstandard der früheren Kolonialmacht Großbritannien erreichen werde, antwortete er. „Um zu seinem Wohlstand zu gelangen, verbrauchte Großbritannien die Hälfte der Ressourcen des Planeten; wie viele Planeten wird ein Land wie Indien benötigen?" Aufgrund zwischenzeitlich durchgeführter Forschungen, Datensammlungen und Modellrechnungen lässt sich Gandhis Gegenfrage heute im Prinzip beantworten: „Wir bräuchten weitere zwanzig Planeten für Rohstoffentnahme und Schadstoffabgabe, wenn alle Menschen so leben und wirtschaften würden wie die Nordamerikaner", so Bill REES von der Universität Vancouver.

Seit langem schon gibt es Berechnungen zur so genannten Tragfähigkeit der Erde. Gemeint war damit zunächst aber immer nur die agrarische Tragfähigkeit, also Antworten auf die Frage „Wie viele Menschen kann die Erde tragen, ernähren?" Erst um die Mitte des vorigen Jahrhunderts wurde die Fragestellung ökologisch präziser gefasst: „Wie viele Menschen kann die Erde ertragen?"
Zur Beantwortung dieser Frage gibt es verschiedene Strategien. Am bekanntesten sind die von MEADOWS unter dem Begriff „Weltmodell" entwickelten Computersimulationen. Weniger bekannt ist das von REES entwickelte Konzept des „ökologischen Fußabdrucks", mit dessen Hilfe der Naturverbrauch einer Person, einer Volkswirtschaft oder der Menschheit insgesamt dargestellt wird. Dazu werden die Energie- und Materialflüsse einer Wirtschaftseinheit ermittelt und in die Wasser- und Landflächen umgerechnet, die nötig sind, um den Produktions-Konsum-Entsorgungs-Zyklus aufrechtzuerhalten.

Da Menschen Ressourcen und ökologische Funktionen von weither verbrauchen können, stellt sich nicht die Frage, wie viele Menschen in einer Region leben können, sondern wie viel Land pro Person notwendig ist, um mit heutiger Technologie ihren Konsum decken zu können. Das Konzept des ökologischen Fußabdrucks misst also das aktuell notwendige Gebiet pro Kopf und nicht – wie traditionelle Tragfähigkeitskonzepte – die möglichen Köpfe pro Gebiet. Damit wird es möglich, die Produktion der Biosphäre mit dem Verbrauch der Volkswirtschaften zu vergleichen. Dabei wird deutlich, ob es ökologischen Raum für Wirtschaftsexpansion gibt oder ob die regionale bzw. globale Tragfähigkeit schon überschritten ist. Das Konzept offenbart damit Defizite hinsichtlich der Nachhaltigkeit und kann als Messlatte dienen, mit deren Hilfe Fortschritte in Richtung Nachhaltigkeit überprüft werden können. Auf diesem Weg ist eine Senkung des Wohlstands durch Verzicht z. B. von Ressourcenverbrauch keine attraktive gesellschaftliche Perspektive. Anzustreben ist vielmehr eine Steigerung der **Effizienz**, d. h. Verringerung der Stoff- und Energieströme und des Umweltverbrauchs über den gesamten Produktkreislauf eines Guts durch neue Technologien und Organisationsformen. Da Effizienzgewinne aber durch Wachstumseffekte kompensiert werden können, muss die Effizienzstrategie durch eine Reduktion des Weltbevölkerungszuwachses und durch eine Steigerung der **Suffizienz** ergänzt werden (insgesamt weniger Güter und Dienstleistungen bei gleichem Wohlstand).

Jeder Konsum erfordert produktive und absorbierende Kapazitäten einer bestimmten Land- und Wasserfläche. Der ökologische Fußabdruck einer Person (Bevölkerung, Wirtschaft) definiert das Gebiet von biologisch produktivem Land und Wasser in verschiedenen Kategorien wie Ackerland, Weiden, Wälder usw., das erforderlich ist, um mit der heutigen Technologie für diese Person alle konsumierte Energie und alle materiellen Ressourcen bereitzustellen und allen Abfall zu absorbieren, wo auch immer auf der Erde sich die Flächen befinden. Eingeschlossen sind der Verbrauch der Haushalte, der Unternehmen und Verwaltungen.

Eine vollständige Fußabdruckanalyse muss sämtliche Folgen aller Material- und Energieflüsse einschließen. Dazu zählen das Gebiet anderer Ökosysteme, das gebraucht wird, um erneuerbare Ressourcen und Leben erhaltende Funktionen zu produzieren; die Verluste an biologischer Produktivität durch Verschmutzung, Verstrahlung, Erosion, Versalzung und Versiegelung; nicht erneuerbare Rohstoffe, sofern bei ihrem Abbau, ihrer Verarbeitung und ihrer Entsorgung Energie verbraucht wird und Verschmutzungen entstehen.

„Schon eine grobe Schätzung zeigt, dass mehr natürliche Rohstoffe verbraucht werden, als die Ökosysteme der Erde vertragen können. So erstreckt sich die Landwirtschaft über 1,45 Mrd. ha Anbaugebiete und 3,36 Mrd. ha Weideland. Eine nachhaltige Produktion in der Holzwirtschaft würde ein produktives Waldgebiet von 2,3 Mrd. ha erfordern. Um den CO_2-Ausstoß zu neutralisieren, müssten weitere 3 Mrd. ha als Kohlenstoffsenke verfügbar sein. Nur diese drei Beispiele benötigen rund 10 Mrd. ha. Land. Es gibt für die genannten Zwecke jedoch nur rund 7,3 Mrd. ha. Die ökologische Tragfähigkeit wird also um rund 30 % überzogen (siehe unten). Auch ein Fußabdruck, der so groß ist wie das biologisch verfügbare Land, ist nicht zukunftsfähig, denn er bietet keine Sicherheitsreserven und auch keinen Platz für die Tier- und Pflanzenarten, die nicht im vom Menschen genutzten Ökosystem leben – und das ist die Mehrzahl aller biologischer Arten.

Wie kann der Fußabdruck der Menschheit größer sein als das verfügbare Land auf unserem Planeten? Ähnlich wie Finanzkapital kann Naturkapital stärker genutzt werden, als es Zinsen abwirft. Überschreitet ein Fußabdruck das verfügbare Land, dann bedeutet dies, dass das Naturkapital abgebaut wird. Besonders beeindruckend zeigt sich das im Nord-Süd-Vergleich. Allein die 25 reichen Länder der Erde mit weniger als 20 % der Weltbevölkerung haben einen ökologischen Fußabdruck von der Größe der weltweit verfügbaren biologisch produktiven Fläche.

Hier die Rechnung: Das reiche Fünftel konsumiert 80 % der Weltrohstoffe. Dieser Verbrauch entspricht heute schon einem Fußabdruck von mehr als 120 % der biologisch produktiven Landflächen (inklusive der Gebiete, die eigentlich unberührt bleiben sollten!). Folglich beansprucht der Fußabdruck der Industrieländer mindestens 0,8 x 1,20 = 0,96 (= 96 %) der ökologischen Tragfähigkeit der Erde. Es bleibt für die anderen 80 % der Weltbevölkerung nicht viel übrig. Insgesamt ist der ökologische Fußabdruck der Menschheit nach groben Rechnungen fast 30 % größer als das Kapital, das die Natur langfristig reproduzieren kann. Mit anderen Worten: Der heutige Konsum übersteigt das natürliche Einkommen um 30 % und braucht daher Naturkapital auf. Die verschwenderische Partie der reichen Weltmittelschicht heute wird in der Zukunft allen eine saftige Rechnung bescheren."

(Wackernagel/Rees: Unser ökologischer Fußabdruck, Birkhäuser Verlag Basel 1997)

Fußabdruck in ha pro Person	Schweiz	Deutschland	Österreich
Fossilenergie	1,40	2,11	1,36
Ackerfläche	0,29	0,40	0,23
Weiden	2,36	1,31	2,11
Wald	0,51	0,44	1,47
überbautes Land	0,07	0,10	0,07
Fußabdruck auf dem Land	4,63	4,36	5,24
Fußabdruck im Meer	0,57	0,85	0,39
Gesamtfußabdruck	**5,20**	**5,21**	**5,63**
lokal verfügbare Kapazität	3,79	3,32	4,84
global verfügbare Kapazität	2,00	2,00	2,00

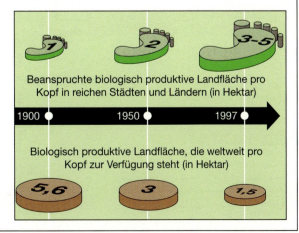

57.1 Das Konzept des ökologischen Fußabdrucks

3 Produktionsweisen und Lebenswege von Wirtschaftsgütern

Jogurt – eine Produktionslinienanalyse

Bis ein Erdbeerjogurt im heimischen Kühlschrank steht, hat er eine ungefähr 8500 km lange Reise hinter sich. Seine Bestandteile sind dabei quer durch Europa gereist, wobei das Produkt selbst weit weniger transportaufwändig ist als seine Verpackung. Bezieht man das Rohaluminium aus Australien, Brasilien oder Ghana in die Transportbilanz mit ein, so hat der Aludeckel eine echte Weltreise erlebt.

Diese Kalkulation errechnet sich nur aus den Transportkilometern von den Zulieferern zum Hersteller und von einem Zulieferer zum anderen; die Vertriebskilometer von Groß- und Einzelhandel wären noch zu addieren.

Die Abb. 59.1 zeigt, dass es sich lohnt, den Alltag auf ökologische Aspekte hin zu überdenken. Das scheinbar umweltbewusste Verhalten, „Produkte aus heimischer Produktion" zu bevorzugen, unterliegt in Wirklichkeit einem Trugschluss. Nur mit mehr Hintergrundwissen hat der Verbraucher die Chance ökologisch vernünftig zu handeln.

Im Falle des Erdbeerjogurts ließe sich eine wirkungsvolle Aufwandminimierung durch einen kürzeren Transportweg erzielen: z. B. Jogurtherstellung aus regionaler Produktion mit Saisonfrüchten aus nahe gelegenen Anbaugebieten in Mehrwegverpackungen.

Für die leichten Aluminiumdeckel lohnt es sich nicht die Distanz zu reduzieren, da eine Verlagerung ihrer Produktion unverhältnismäßig große Investitionen erfordern würde. Eine enorme Reduktion des Transport- und Technikeinsatzes wäre bei einer Dezentralisierung der Molkereien und der Herstellung hausgemachten Jogurts möglich. Ökonomisch betrachtet wäre dies jedoch ein Rückschritt, denn menschliche Arbeitkraft ist teuer und der Transport vergleichsweise billig. Der Konflikt zwischen Umwelt und Verkehr ist real betrachtet nicht problemlos um den theoretisch berechneten Faktor 4 des Transportaufwands reduzierbar (S. 56, 71).

Ende der 80er Jahre verstärkte sich die umweltpolitische Diskussion über die ökologische Gestaltung von Produkten. Produzenten, Handel und Konsumenten sollten eine Mitverantwortung über den Lebenszyklus von Produkten übernehmen. Das Umweltbundesamt (UBA) gründete 1994 die Abteilung „Produktbezogener Umweltschutz" und legte die Grundlagen einer **Produkt-Ökobilanz** fest. Es wurden rechnergestützte Programme zur Produktentwicklung erstellt, eine Datenbank aufgebaut und Bewertungsmethoden entwickelt. Der Vergleich ökologischer und konventioneller Produkte ergab bei gleichem Gebrauch eine geringere Umweltbelastung bei der Herstellung, Verwendung und Vernichtung des erstgenannten.

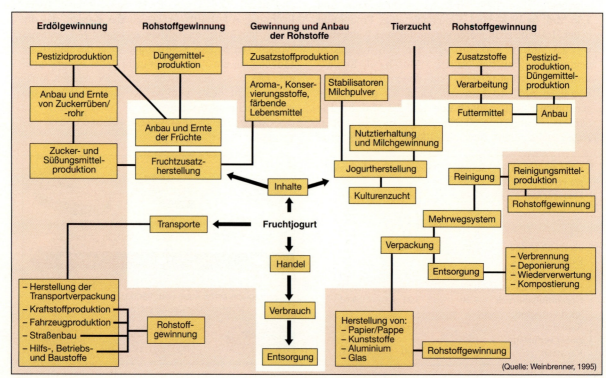

58.1 Bilanzraum für die Produktlinie Jogurt

Wirtschaftliches Handeln und dessen Raumwirksamkeit

Transportaufwand für			
Jogurt		**Verpackung**	
Milch	36 km	Glas	806 km
Rohbakterien	917 km	Aludeckel	864 km
Zucker	107 km	Etiketten	1587 km
Erdbeeren	1246 km	Transport	2884 km
insgesamt	2306 km		6141 km

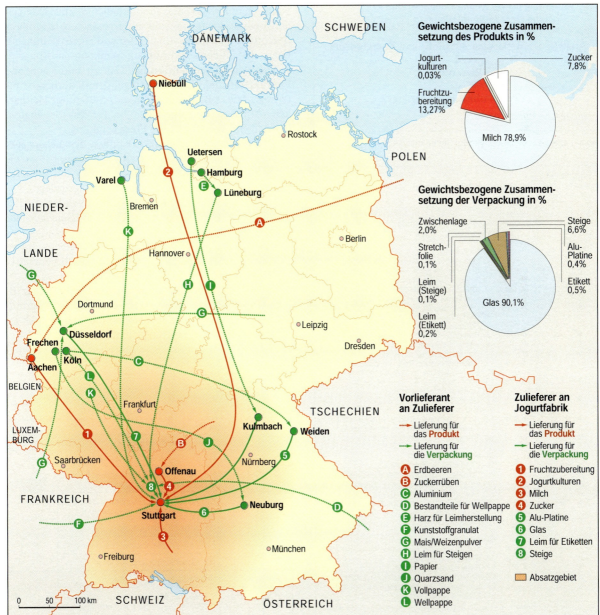

59.1 Transportvorgänge für einen Erdbeerjogurt der Marke „Landliebe" (nach Böge 1993)

Jede Produktuntersuchung muss im Hinblick auf ihre Zieldefinition zunächst die sachlichen, räumlichen und zeitlichen Rahmenbedingungen eingrenzen und die Ausgestaltung des Produktsystems festlegen. Ob das zugrunde liegende Bedürfnis hinterfragt und das Umfeld mitbetrachtet wird, hängt von der Art der Analyse ab.

Die Produktlinienanalyse (PLA) – eine ganzheitliche Produktbetrachtung

Dieses Konzept berücksichtigt neben den ökologischen auch die umweltexternen sozialen und ökonomischen Faktoren innerhalb eines Produktlebenszyklus. Das Ziel der Analyse ist eine umwelt- und sozialgerechte Produktion und Konsumtion von Gütern und Dienstleistungen. Folgende Leitideen sind Ausgangspunkt für das Konzept:

1. Die **Bedürfnisorientierung**: Das zu untersuchende Produkt wird auf die zu befriedigenden Bedürfnisse hinterfragt, wie z.B. Bequemlichkeit, Sättigung, Haltbarkeit, Arbeitszufriedenheit der am Prozess Beteiligten, Umweltverträglichkeit oder Preisgestaltung.

2. Die **Vertikalbetrachtung**: Sie erfasst den Lebenszyklus eines Produkts von der Gewinnung der Rohstoffe bis zur Wiedereingliederung der Stoffe in die Naturkreisläufe. Damit ist der Bilanzraum für die PLA festgelegt.

3. Die **Horizontalbetrachtung**: Hierbei werden die Bereiche Natur, Gesellschaft und Wirtschaft gleichgewichtig berücksichtigt.

Als Ergebnis der Vertikal- und Horizontalbetrachtung strukturieren die Indikatoren der Produktlinienmatrix die Komplexität des Produktsystems.

4. Der **Variantenvergleich** verschiedener Produkte (z.B. Jogurt im Glas oder Kunststoffbecher): Er ist aufgrund der festgelegten Matrixdimensionen möglich, enthält jedoch eine relative Bewertungsoffenheit.

Festlegung der Rahmenbedingungen (Scoping)
- Planungsträger und Planungsziel
- Öffentlichkeitsbeteiligung im Hinblick auf Bedürfnisorientierung
- Auswahl des Nutzenbündels und der untersuchten Alternativen

↓

Bilanzierung der Stoff- und Energieströme (Sachbilanz)
- Festlegung von Bilanzraum und Bilanzzeit
- Festlegung von Bilanzkriterien
- Datenerhebung
- Ermittlung der Stoff- und Energieströme
- Erstellung einer Produktlinienmatrix

↓

Analyse der Wirkungen der Stoff- und Energieströme

↓

Bewertung

↓

Produktlinienoptimierung

(nach: Grieshammer, 1993)

60.1 Prozess-Schema der Produktlinienanalyse

(Quelle: Weinbrenner, 1995)

(A) Rohstoffgewinnung
(B) Vorleistungs- und Nebenzweigproduktionen
(C) Produktion
(D) Handel/Vertrieb
(E) Verbrauch
(F) Entsorgung/Wiederverwertung
(G) Transporte

Bereich Natur
1. Lebensqualität der Nutztiere
2. Emissionen (Luft, Wasser, Boden)
3. Feste Abfälle, Neben- u. Kuppelprodukte
4. Immissionen (Mensch, Tier, Pflanze, Gebäude)
5. Lärmemission, -belastung
6. Düngung
7. Pflanzenschutz
8. Energieverbrauch
9. Wasserverbrauch
10. Rohstoffverbrauch
11. Bodengebrauch und -verbrauch
12. Stoffkreisläufe im Betrieb
13. Importe/Exporte
14. Gentechnologieeinsatz
15. Umweltrelevante (betriebliche) Maßnahmen
16. Wirkungen auf Mensch und Umwelt
17. Verarbeitungsgrad der Produkte
18. Transportmittel und -aufwände

Bereich Gesellschaft
19. Ländliche Sozialstruktur
20. Soziale Verhältnisse der Beschäftigten
21. Arbeitsbedingungen für die Beschäftigten
22. Sicherheit des Arbeitsplatzes
23. Gesundheit/ernährungsphysiologische Bedeutung
24. Produktqualität

Bereich Wirtschaft
25. Regionale/überregionale Vermarktung
26. Preise und Kosten
27. Externalisierte Kosten
28. Wirtschaftliche Situation (v. Exportländern)
29. Löhne und Gehälter der Beschäftigten
30. Erzielte Gewinne

▲ = relevant, aber nicht recherchiert   ◆ = relevant und recherchiert   leere Felder = nicht relevant

60.2 Produktlinienmatrix für Fruchtjogurt

1. Rohstoffgewinnung					
	2. Produktion				
		3. Verpackungen			
			4. Handel und Verkauf		
				5. Ge- und Verbrauch	
1	2	3	4	5	**Produktlinienmatrix**
					N1: Energie- und Materialaufwand
					N2: Abfälle und Schadstoffe in Luft, Wasser und Boden
					N3: Wirkungen auf Mensch und Mitwelt (Tiere, Pflanzen und Atmosphäre)
					G1: Arbeitsbedingungen
					G2: Individuelle soziale Auswirkungen
					G3: Gesellschaftliche Aspekte
					W1: Preis/Kosten/Qualität
					W2: Branchen- und Unternehmensdaten, Außenhandel

Bereich Natur / Bereich Gesellschaft / Bereich Wirtschaft

60.3 Vereinfachte Produktlinienmatrix

Die Produkt-Ökobilanz (PÖB) –
eine ausschließlich ökologische Produktbetrachtung

Dieses Konzept umfasst die Analyse und Bewertung des Lebenszyklus von Produkten, Prozessen und Dienstleistungen sowie der mit ihnen verbundenen Umweltbeeinflussungen. Folgende Untersuchungsabschnitte liegen der Bilanz zugrunde:

1. In der **Zieldefinition** werden alle Stoff- und Energieströme nach Input- und Output-Größen erfasst und die zu untersuchenden Lebenszyklusphasen eines Produkts festgelegt. Hierbei reicht das Produktleben bis zur Wiedereingliederung der Abfallsubstanzen in das ökologische Gesamtsystem.
2. Die **Sachbilanz** ist durch ihre konkrete Erfassung und systematische Darstellung der Stoff- und Energieflüsse der Kern einer Ökobilanz. Die Datenergebnisse der betrachteten Produktlebensstufen werden als Input-Output-Modell dargestellt und ermöglichen den direkten Bilanzvergleich.
3. Die **Wirkungsbilanz** dient der exakteren Abschätzung der Umweltwirkungen auf den Produktlebensweg. Als Wirkungskategorien werden Treibhauseffekt, Ozonabbau, Gesundheitsgefährdung am Arbeitsplatz, Bodenbelastung, Landschaftsverbrauch, Lärm und Ressourcenverbrauch betrachtet.
4. Die **Bilanzbewertung** stützt sich vorrangig auf allgemeine Anforderungsformulierungen, ist damit jedoch wenig konkret und keineswegs standardisiert.
5. Die **Schwachstellen- und Optimierungsanalyse** hat die Umsetzung der Studienergebnisse zum Ziel. Sie beginnt sich jedoch erst langsam in der nationalen und internationalen Normungsdiskussion durchzusetzen.

Die Funktionen von Produktlinienanalysen und Produkt-Ökobilanzen werden in der Öffentlichkeit noch weitgehend kontrovers betrachtet. Umwelt- und Verbraucherorganisationen fordern den Produktpass, der einem Beipackzettel vergleichbar ist, die Industrie lehnt dies eher ab.

Aufgaben

1. Stellen Sie am Beispiel des Jogurts die betrieblichen Gründe, die für diese Art der Beschaffung und des Transports sprechen, den Auswirkungen auf Mensch und Natur gegenüber (Abb. 58.1 und 59.1).
2. Recherchieren Sie die Herkunft und den Transportaufwand ausgewählter Produkte. Tragen Sie Ihre Ergebnisse in eine geeignete Karte ein und wählen Sie eine entsprechende Präsentationsmethode.
3. Vergleichen Sie die konzeptionellen Gemeinsamkeiten und Unterschiede von PLA und PÖB.
4. Erstellen Sie nach dem Motto „Ökologisches Denken will geübt sein" eine Produktlinienmatrix zu selbst ausgewählten Produkten.

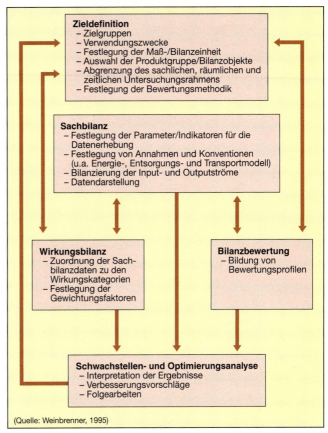

61.1 Prozess-Schema der Produkt-Ökobilanz

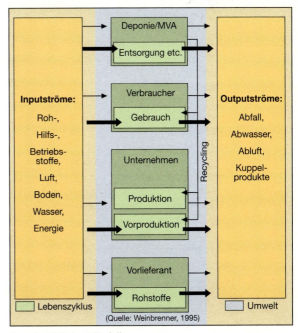

61.2 Input-Output-Modell

ARBEITSWEISEN UND ARBEITSTECHNIKEN

WWW (World Wide Web):
multimedialer Teil des Internet mit über 1 Mrd. Seiten (Texte, Grafiken, Fotos, Ton- und Videodokumente)

Newsgroups:
„Schwarze Bretter" des Internets (für jeden Benutzer lesbar und kommentierbar)

Internet:
Vernetzung von mehreren Millionen Rechnern

E-Mails:
elektronische Briefe (eventuell mit Anhang von multimedialen Dokumenten)

FTP:
File Transfer Protokoll zum Austausch von großen Datenmengen bzw. Programmen

62.1 Bereiche des Internets

„Surfen im WWW"

1. Frage bzw. Problem formulieren und Suchbegriffe bzw. Suchkategorien oder Quellen eingeben
   ↓
2. Dokument im WWW aufrufen
   ↓
3. Diagonale Auswertung durch „Überfliegen" der Informationen
   ↓
4. Bewertung der Materialien bzw. Links im Hinblick auf die Problemlösung
   ↓
5. Entscheidung für oder gegen eine weitere Auswertung der Inhalte
   ↓
6. Intensive Auswertung, Exzerpieren bzw. Herunterladen (Downloaden) wichtiger Informationen
   ↓
7. Folgen weiterer Links und Fortsetzen der Arbeit gemäß der Phasen 2. bis 6.

62.2 Arbeiten mit dem Internet

Internetrecherche

Informationsquelle WWW

Per Mausklick gelangt man direkt in die virtuelle Netzwelt des Global Village und kann die aktuellen Themen der Geographie fast simultan ins Klassenzimmer holen (S. 110/111). Dieses Arbeiten bietet einerseits fast unverzichtbare Möglichkeiten, erfordert jedoch auch kritischen Sachverstand, um der schier unendlichen Datenflut gewachsen zu sein.

Das **World Wide Web (WWW)** bietet Informationen aus internationalen Tageszeitungen, aus Bibliotheken und Archiven, von Firmen und Behörden sowie staatlichen und privaten Organisationen, auch von Fernseh- und Radiosendern. Im Gegensatz zu den herkömmlichen Medien ist jedoch der Wahrheitsgehalt der Quellen im Internet nur selten überprüfbar. Zu unterschiedlich sind die Intentionen, mit denen zumindest die kostenlosen Veröffentlichungen im Netz angeboten werden.

Bekannte Organisationen bzw. wissenschaftliche Institutionen bürgen für die Echtheit ihrer Materialien. Diese sind zur Aktualisierung und Ergänzung der Schulbücher sehr geeignet. Die seriösen Online-Ausgaben von 50 deutschsprachigen Tageszeitungen kann man z.B. mithilfe der Suchmaschine „Paperball" auf einen selbst gewählten Suchbegriff hin durchsuchen. Durch den schnellen Zugriff auf viele Zeitungsartikel können aktuelle Ereignisse mit großer Meinungsvielfalt dargestellt werden. Die Informationen können zudem durch englisch- oder französischsprachige Online-Zeitungen bilingual verdichtet werden.

Die Analyse elektronischer Daten setzt die methodisch-instrumentellen Fertigkeiten, wie die Auswertung von Texten, Diagrammen, Tabellen, Luft- und Satellitenbildern sowie den Umgang mit computerkartographischen Grundlagen, z.B. GIS = Geographische Informationssysteme, voraus. Unentbehrlich bei der Arbeit mit dem Internet ist eine strukturierte Recherche (Abb. 62.2) sowie das Anlegen so genannter Lesezeichen oder Favoriten. Diese werden in Form eines gespeicherten Bookmark-Ordners im Browser abgespeichert und stehen bei neuen Recherchen immer wieder zur Verfügung. So kann man sinnvolle Internetseiten wie Karteikarten in einem Ordner archivieren und verwalten. Entsprechend sind Linksammlungen zu verwenden oder selbst zu erstellen.

Durch **Exzerpieren**, d.h. Markieren und Kopieren eines gewünschten Textausschnitts, sowie Abspeichern einer Graphik oder Tabelle wird es möglich eigene Arbeitsmaterialien auf digitalem Weg anzufertigen und über die Schul-, Projekt- oder private Homepage ins Netz zu stellen.

Das Internet ist sowohl Informationsquelle als auch Kommunikationsquelle, z.B. zur **Telekooperation**, um über E-Mail-Projekte mit anderen Schulen zu konferieren.

Bewusstes Surfen – Suchmethoden und Suchtechniken

Die gezielte Eingabe einer Adresse (URL = Uniform Resource Locator) ist der einfachste Weg zur Informationsbeschaffung im Internet. Dabei muss jede Adresse immer exakt eingegeben werden; kein Punkt, kein Schräg- oder Bindestrich darf übersehen werden. Auch ist auf Groß- und Kleinschreibung genau zu achten, sonst kann die gewünschte Verbindung nicht aufgebaut werden. Sinnvolle **Internetadressen** sind in der Fachliteratur bzw. als **Links** auf Internetseiten vermerkt.

Für das zielgerichtete Recherchieren empfiehlt sich die Arbeit mit den **Web-Katalogen**, d. h. strukturierten Linksammlungen zu bestimmten Themen, und der Einsatz von **Suchmaschinen**. Diese effektiven „Roboter" durchsuchen permanent das Internet nach Stichwörtern und Adressen und legen diese in Datenbanken ab. Nach der Anwahl einer Suchmaschine über die URL-Adresse gibt man das Suchwort in ein Abfrageformular ein oder bildet eine Phrase aus mehreren Worten in Anführungszeichen, die den Schlüsselbegriff beschreiben. Ist die Trefferquote zu groß, muss der Suchbegriff durch weitere Begriffe genauer definiert werden. Diese Eingrenzung erfolgt durch die Boole'schen Operatoren: „und" (and), „oder" (or), „und nicht" (and not) sowie „nah beieinander" (near).

Mittels „und" werden zwei Suchbegriffe verknüpft, die beide zwingend im Dokument existieren müssen. Ist die genaue Bezeichnung des Schlüsselbegriffs fraglich, verknüpft man die Suchwörter mit „oder". Mit dem logischen Operator „und nicht" schließen sich nicht zutreffende Begriffe aus. Der Verknüpfungsbefehl „near" lokalisiert eng beieinander stehende Begriffe. Einige Suchmaschinen verwenden Abkürzungen der Operatoren, z. B. „+" für „und" sowie „–" für „und nicht". Über Wildcards, Suchwortbestandteile in Verbindung mit „*", sucht die Maschine nach allen Begriffen mit dem entsprechenden Wortteil; z. B. bei „Geo*" nach Geographie, Geologie usw.

Metasuchmaschinen beziehen ihren Datenbestand von anderen Suchmaschinen, sind also besonders effektiv.

Die Nutzung jeglicher **Server** garantiert die Veröffentlichung geprüfter Materialien und Links zum Aufgabengebiet der jeweiligen Institution. So liefern die Bildungsserver Inhalte zu Themen aus Wissenschaft und Bildung.

Die professionelle Internetrecherche erfordert vom Anwender einen gewissen Zeitaufwand beim Einstieg, erlaubt dann aber eine präzise und erfolgreiche Suche.

Das gezielte Auffinden, die Auswahl und die Auswertung der Materialien zählen zu den **wissenschaftspropädeutischen** Arbeitstechniken und bereiten auf das wissenschaftliche Studium sowie auf zahlreiche berufliche Tätigkeiten vor. Die Arbeit mit dem Internet ermöglicht fächerübergreifendes Lernen und stärkt selbst gesteuertes Lernen unterschiedlichster Graduierungen.

Leider sind konkrete Adressen oft relativ kurzlebig; sie werden jedoch in den Internet-Guides bzw. Web-Adressbüchern permanent aktualisiert, z. B.
http://www.g-o.de/index08.htm: Erde und Sonnensystem
http://www.erdkunde-online.de: Aktuelles, allgemeine Länderinformationen, Newsletter u. a.
http://www.poseidon.nti.it/sorvis/etna30.html: Vulkane live – Webcams, z. B. Ätna

Bildungsserver (BS)
http://www.dbs.schule.de: deutscher Bildungsserver
http://www.bw.schule.de: BS von Baden-Württemberg
http://www.educeth.ethz.ch/geographie: EducETH/
http://www.uni-kiel.de:8080/ewf/geographie/forum.html:
Forum Erdkunde
http://www.zum.de: Zentrale für Unterrichtsmedien

Server öffentlicher Institutionen
http://www.bundesregierung.de/: Bundesregierung
http://www.bmu.de: Bundesumweltministerium
http://www.bml.de: Bundesministerium für Verbraucherschutz, Ernährung und Landwirtschaft
http://www.dkrz.de: Deutsches Klimarechenzentrum
http://www.diw.de: Deutsches Institut für Wirtschaftsforschung
http://www.uni-karlsruhe.de: Universität Karlsruhe
http://www.europa.eu.int: EU
http://www.usgs.gov: United States Geological Survey

Suchmaschinen-Suchmaschinen (SSM)
http://www.klug-suchen.de/: Links zu über 1300 deutschsprachigen SSM aller Art
http://www.thebighub.com/: Links zu internat. SSM

Metasuchmaschinen (MSM)
http://www.metager.de: älteste deutsche MSM
http://www.metaspinner.de.: deutsche und internationale MSM

Deutschsprachige Allgemeine Suchmaschinen (SM)
http://www.altavista.de bzw. .com: hohe Trefferquote
http://www.fireball.de: aktuelle, hohe Trefferquote
http://www.google.de bzw. .com: sehr schnell, aktuell
http://www.lycos.de: mit Katalog

Deutschsprachige Web-Kataloge
http://www.yahoo.de bzw. .com: 100 000 bzw. 750 000 Einträge
http://www.web.de/: über 270 000 Einträge, mit SM

Besprechungsdienste
Sie erfassen qualitativ hochwertige Internet-Adressen und bewerten sie nach Kategorien; z. B.
http://www.webtip.de

Datenbanken (DB)
Zu Zeitungen und Zeitschriften gibt es kostenlose DB;
http://www.dir.web.de: zu deutschen Tageszeitungen
http://www.onlinenews-paper.com: zu weltweiten News

63.1 Internetadressen

Weißblechdose – Lebenszyklus und Ökobilanz

Wird am Ende einer großen Pause oder eines Schultages der Schulhof gesäubert, so ist ein gelber Sack oft schnell mit allerlei Verpackungsmüll gefüllt. Dosen, Folien und Tetra-Paks waren entweder unsortiert im Abfalleimer oder achtlos in der Ecke gelandet.
Selbst eindringliche Appelle an das ökologische Gewissen führen in den wenigsten Fällen zur grundsätzlichen Verhaltensänderung. Die Transparenz der Komplexität umweltwirksamer Prozesse im Zusammenhang mit dem **Lebenszyklus von Produkten** (LC = Life Cycle, Abb. 64.2), wie z. B. Verpackungsmaterialien, macht ein Umdenken jedoch geradezu unumgänglich.

Dank intensiver Aufklärung durch die Umweltverbände und dem Erlass umweltpolitischer Verordnungen und Gesetze ist die Wegwerfkultur in Deutschland insgesamt auf dem Rückzug. Der deutsche Verpackungsverbrauch konnte in den vergangenen zehn Jahren von über 15 Mio. t um fast 2 Mio. t gesenkt werden. Entgegen mancher Meinungen sind wir tatsächlich auf dem besten Weg von der Wegwerf- zur Recyclinggesellschaft.
Seit 1991 schreibt die Verpackungsverordnung bei Getränkeverpackungen (außer Milch) einen Mehrweganteil von 72 % vor. Diese gesetzliche Mehrwegquote wurde jedoch seit 1997 kontinuierlich unterschritten und lag laut aktueller Konsumforschung nur noch bei rund 60 % im Jahr 2001. Maßgebliche Ursache dafür ist das boomende Geschäft der Getränkekonzerne durch immer mehr Getränkeautomaten. Als Gegenmaßnahme wird seit dem 1. Januar 2003 ein Zwangspfand auf Dosen und Einwegflaschen erhoben.

Seit nahezu 25 Jahren tragen Ökobilanzen (LCA = Life Cycle Assessment, S. 61) in zunehmendem Maße zu einer differenzierteren Betrachtung der ökologischen Verträglichkeit von Produkten und Prozessabläufen bei. Sie ermöglichen eine ganzheitliche Bewertung ihrer Umweltauswirkungen von der Beschaffung der Rohstoffe, über die Einzelschritte der Produktion, die Transportvorgänge, den Gebrauch bis zur abschließenden Entsorgung und dem eventuellen Recycling der Produkte. Die ökologische Bilanzierung von Prozessen kann durch optimierten Rohstoff- und Energieeinsatz zur Minimierung der Umweltbelastungen führen oder durch umweltpolitische Entscheidungen das Verbraucherverhalten steuern.

Im Rahmen der ISO (International Standardisation Organization) wurden 1997 die ersten Grundlagen auf weltweiter Ebene erreicht. Damit können Umweltschutzpräferenzen oder ökologische Gleichrangigkeit von Systemen attestiert werden.

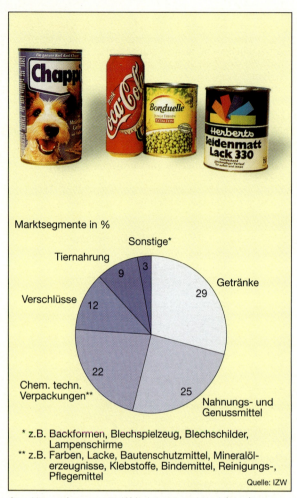

64.1 Verwendung von Weißblech in Deutschland (2000)

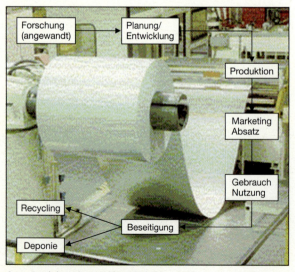

64.2 Produkt-Lebenszyklus-Modell

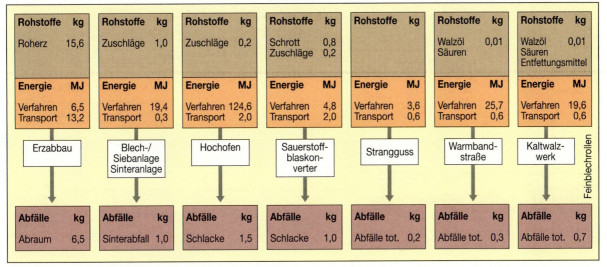

65.1 Stoff- und Energiebilanz: vom Eisenerz zum Weißblech

Weißblech – ein vielseitiger Packstoff

Weißblech ist kaltgewalztes Stahlblech mit einer Dicke von bis zu 0,49 Millimetern. Seinen Namen verdankt es einer hauchdünnen Zinnschicht (2 g Zinn/m^2), die elektrolytisch auf das Blech aufgebracht wird und dem Korrosionsschutz dient.

Dieses Feinblech ist ein vielseitig einsetzbarer Werkstoff, der insbesondere in der Verpackungsindustrie Verwendung findet. So wird rund ein Drittel des in Deutschland verwendeten Weißblechs zur Herstellung von Getränkedosen eingesetzt. Hauptsächlich werden Bier und Erfrischungsgetränke darin abgefüllt. Als praktische Single-Serve-Verpackung für den Außer-Haus-Verzehr erfreut sie sich bei den Konsumenten wachsender Beliebtheit.

Die Vorzüge von Weißblech als Verpackungsmaterial sind vielfältig:
- gute Transportfähigkeit, da relativ leicht und platzsparend stapelbar
- hohes Maß an Sicherheit, da stoßunempfindlich und bruchsicher
- hundertprozentige Dichtigkeit gegenüber Außeneinflüssen sorgt für Produktintegrität, d. h. Unversehrtheit
- hochtechnologische Produzierbarkeit bezüglich der Formung (Dosen, Kanister, Kannen, Eimer) und Reduktion des Materials (Dosenwände minimal 0,14 mm)
- bequeme Handhabbarkeit, z. B. durch Aufreißdeckel
- durch Direktbedruckung und Prägung unter Marketingaspekten als Trendprodukt gestaltbar.

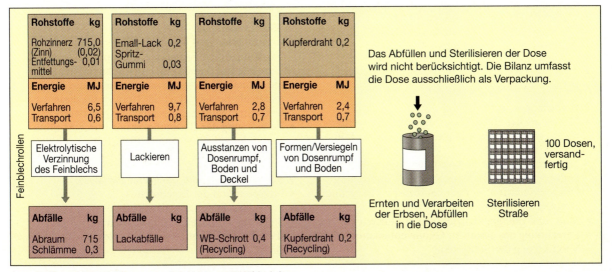

65.2 Stoff- und Energiebilanz: vom Feinblech zur Weißblechdose

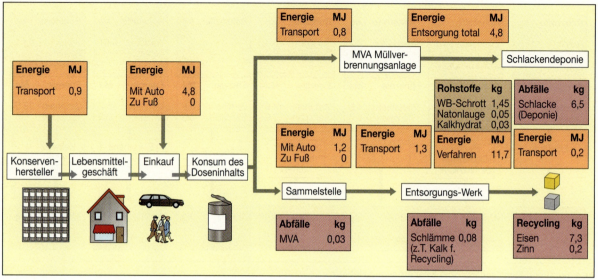

66.1 Stoff- und Energiebilanz bei Distribution, Konsum und Entsorgung

Die Weißblechdose – ein umweltverträgliches Produkt?

Eine Vielzahl an Produktionsschritten sind während des Lebensweges einer Weißblechdose notwendig. Um bei dem hohen technischen und energetischen Aufwand die Frage nach der Umweltverträglichkeit jedoch beantworten zu können, muss der Lebenszyklus „von der Wiege bis zur Bahre" auf sämtliche Umwelteinwirkungen hin untersucht werden. Das Instrument der Ökobilanzierung orientiert sich dabei an den Bedürfnissen der Konsumenten, den Anforderungen der herstellenden und verpackenden Industrie, dem Transport, der Lagerung, der Umweltverträglichkeit der Verpackung und des Inhaltes sowie des Verbraucherverhaltens bei der Entsorgung.

I. Zieldefinition
Zentrale Fragestellungen:
- Welches sind die stärksten Umwelteinwirkungen?
- Wie groß ist die Umweltbelastung im Vergleich mit Alternativen?

Rahmenbedingungen:
- Woher stammt das verwendete Erz?
- Wo erfolgt die Dosenherstellung, wo die Abfüllung?
- Wie groß ist die Recyclingrate?

Systemgrenzen:
- Wird die Ökobilanz nur für Deutschland durchgeführt?

II. Sachbilanz
- Festlegung der zu berücksichtigenden Umwelteinwirkungen (Energie, Abfälle, Schadstoffe in Luft, Wasser, Boden)
- Datenerhebung für die Subsysteme Rohstoffabbau, Stahlproduktion, Stahlverarbeitung, Verzinnung, Dosenproduktion, Verteilung, Konsum, Recycling, Transportprozesse
- Stoff- und Energiebilanzierung der Subsysteme
- Berechnung des gesamten Ökoinventars durch Verknüpfung der Subsysteme

III. Wirkungsbilanz
- Beeinträchtigung von Luft, Boden und Gewässern
- gesundheitliche Beeinträchtigung des Menschen
- Schädigung und Beeinträchtigung von Ökosystemen
- Ressourcen- und Naturraumbeanspruchung
- Einfluss auf den Treibhauseffekt

IV. Bilanzbewertung
- Bestimmung des Ökofaktors für jede Umweltbelastung durch Bezug der Emissionsmenge einer Umwelteinwirkung (z. B. eines Schadstoffs) auf die aktuelle Belastungssituation sowie auf die maximale Belastbarkeit der Umwelt für diese Umwelteinwirkung (gesetzlicher Grenzwert)
- Berechnung der Gesamtbelastung durch Multiplizieren der einzelnen Umweltbelastungen mit den Ökofaktoren und Addition der erhaltenen Werte

V. Schwachstellen- und Optimierungsanalyse
- Interpretation der Ergebnisse
- Feststellung der ökologischen Schwachstellen
- Suche nach umweltverträglicheren Varianten (Frisch-, Tiefkühlprodukte, Ein- bzw. Mehrweggläser)

66.2 Ökobilanzierung der Weißblechdose

Das Ergebnis der Ökobilanz ist aber nicht als abschließendes Urteil zu verstehen, sondern eher als nützliches Werkzeug, um Möglichkeiten der produkt-, prozess- und betriebsbezogenen Umweltverbesserungen aufzuzeigen und die optimale Variante mit gutem ökologischen Gewissen zu empfehlen und nahe zu legen.

Die vorliegenden Untersuchungsergebnisse beziehen sich auf 100 Halbliter-Weißblechdosen – den Jahresverbrauch eines Einwohners der Schweiz – die 6,1 kg Weißblechabfall ergeben. Die Stoff- und Energiebilanzen der einzelnen Produktionsschritte verdeutlichen den Aufwand an Material-, Verfahrens- und Transportenergie sowie die insgesamt hohen Investitionskosten.

Nachdem der Doseninhalt konsumiert wurde, bleibt die leere Dose als Abfall zurück. Erfolgt die Entsorgung der Dose via Mülleimer, wird sie unter erheblichem Energieaufwand in der Müllverbrennungsanlage vernichtet und landet als Schlacke auf einer Restmülldeponie. Dieser für den Verbraucher sicherlich bequemste Weg ist jedoch absolut unökologisch, denn Weißblech ist geradezu ein idealer Kreislaufwerkstoff. Ebenso wie andere Stahlprodukte ist Weißblech zu fast 100 % recycelbar und zwar beliebig oft und ohne Minderung der qualitativen Eigenschaften. Die Recyclingrate von Weißblech in Deutschland liegt bereits bei etwa 80 %, d. h., acht von zehn Dosen werden via gelben Sack bzw. Separatensammlung entsorgt. Aufgrund der ferromagnetischen Eigenschaften kann sich die Duale System AG die vollautomatische Sortierung des Materials zunutze machen. Das nach der Entzinnung übrig bleibende Schwarzblech wird im Stahlwerk zusammen mit anderem Stahlschrott und gegebenenfalls Roheisen zu neuem hochwertigen Stahl geschmolzen.

Aus den Ökobilanzstudien über die Weißblechdose und den daraus ableitbaren Prognoseszenarien sind die Handlungsempfehlungen für die am Lebenszyklus des Produkts beteiligten Akteure und Betriebsabläufe direkt ablesbar. Trotz Innovationsdruck und gemeinsamer Verpflichtung von Wirtschaft, Staat und Gesellschaft gegenüber einer nachhaltigen Entwicklung bleibt die Bewertung und Umsetzung im subjektiven Ermessen des Einzelnen.

67.1 Produktion von Weißblechdosen

Umweltbelastung im Verlauf des Lebenszyklus
Energie 261 MJ (Verfahren 232,4 MJ, Transport 28,6 MJ): Damit könnten rund 800 Liter Wasser zum Kochen gebracht werden; dies reicht, um zwei Jahre lang jeden Morgen einen Liter Kaffee zu kochen.
Rohstoffe 733 kg (Eisenerz 15,6 kg, Zinnerz 715 kg): Dabei wird jede Dose mit nur 20 g Zinn verzinnt.
Abfälle 733,4 kg (Eisenerzabraum 6,5 kg, Zinnerzabraum 715 kg): Der Abraum verbleibt am Ort der Erzaufbereitung, oft in den Entwicklungsländern.

Einsparungen durch Recycling
Energie-Reduktion um 47 % (von 232,4 MJ auf 126,3 MJ): Dabei werden 46 % Verfahrensenergie und 51 % Transportenergie eingespart.
Rohstoff-Reduktion um 98 % (von 733,2 kg auf 8,61 kg): Es wird kein neues Eisenerz verbraucht.
Abfall-Reduktion um 99 % (von 733,4 kg auf 3,01 kg): Auch in diesem Fall entfällt die enorme Menge an Erzabraum, außerdem die Hochofenschlacke sowie die Deponieabfälle.

67.2 Lebensweg der 100 Halbliter-Weißblechdosen

---

1. **VERMEIDEN:** Am umweltfreundlichsten ist das Konsumgut, das gar nicht konsumiert wird. Die Abfallentsorgung entfällt ebenso wie die Umweltbelastung durch die Produktion. Konkret: *Kann ich auf Lebensmitteldosen ganz verzichten?*
2. **VERMINDERN:** Beim Konsumieren sollte die umweltverträglichste Lösung gewählt werde. Konkret: *Konsumiere ich heimische Frischprodukte oder wähle ich Mehrwegverpackungen?*
3. **VERWERTEN:** Der entstehende Abfall soll so entsorgt werden, dass die darin enthaltenen Stoffe wiederverwendbar sind. Konkret: *Werfe ich leere Konservendosen in den Müll oder in den gelben Sack?*

67.3 Grundsätze für ökologisches Verbraucherverhalten

Aufgaben

1. Analysieren Sie die Stoff- und Energiebilanzen im Lebenszyklus der Weißblechdose. Untersuchen Sie dabei insbesondere die Schwachstellen bezüglich großem Material-, Energie- und Transportaufwand sowie hohem Abfallaufkommen (Abb. 65.1 und 2, 66.1).
2. Vergleichen Sie die Weißblechdose mit weiteren Alternativen der Lebensmittelverpackung.
3. Recherchieren Sie zum Thema „Weißblechdose" unter www.educeth.ethz.ch/chemie/wdb, www.gruener-punkt.de, www.weissblech.de.

Textanalyse mit der PQ-4R-Methode

Texte sind wichtige Quellen für die Erarbeitung von Grundlagenwissen, Fragen oder Zusammenhängen. Die systematische Textbearbeitung ist dabei eine unentbehrliche Voraussetzung.
Folgende Strategie gewährleistet durch intensive und aktive Textarbeit eine erfolgreiche Auswertung:

Formale Analyse
1. Verfasser des Textes: Beruf, Stellung, Funktion
2. Überschrift und Untertitel: Anspielung auf den Inhalt, räumlicher Bezug
3. Erscheinungsort und Erscheinungsdatum der Quelle

Inhaltliche Analyse (PQ-4R-Methode)
1. **P**review = Vorschau: Durch diagonales Auswerten wird der Text „überflogen" („Querlesen"), dabei vermitteln Stichworte erste Informationen.
2. **Q**uestion = Frage: Durch das eigenständige Formulieren texterschließender Fragen beginnt die Auseinandersetzung mit dem Text sowie die selektive Auswertung.
3. **R**ead = Lesen: Durch „aktives Durcharbeiten" des Textes mit Markieren bzw. Exzerpieren (Anfertigen von Textauszügen) der Schlüsselbegriffe und/oder wichtiger Textpassagen erfolgt die gründliche Auswertung, um die an den Text gestellten Fragen beantworten zu können.
4. **R**eflect = Nachdenken: Durch Verknüpfung der Textinhalte mit bisher erworbenem Wissen ist ein kritisches Hinterfragen und Bewerten des Textes möglich.
5. **R**ecite = Wiedergeben: Durch eine fragenbezogene Zusammenfassung des Textes werden die Hauptgedanken mit eigenen Worten wiedergegeben und so die an den Text gestellten Fragen beantwortet.
6. **R**eview = Rückblick: Durch eine abschließende Zusammenfassung wird der gesamte Text nochmals kritisch überprüft und bewertet und das Ergebnis der Arbeit ins individuelle Wissen integriert.

Eine andere Möglichkeit der Textbearbeitung ist dessen kreative Umgestaltung, z.B. Umarbeitung eines vorliegenden Zeitungsberichts in die Textform eines Interviews. Dabei versetzt sich der Leser in die Rolle eines Journalisten, der beispielsweise einen Experten befragt.
Das vergleichende Auswerten verschiedener Quellen setzt die gründliche Analyse der einzelnen Materialien voraus. Der historische Zusammenhang sowie Ergänzungen und Widersprüche werden dabei besonders transparent.

1. Führen Sie zum Thema „Dosenpfand – Für und Wider" eine vergleichende Textanalyse durch.
2. Erstellen Sie mit den Schlüsselbegriffen eine Mind-map.

Freitag, 7. Dezember 2001
Die Dose verdrängt die Mehrwegflasche
Studie von Konsumforschern

BERLIN (ddp). Dosen und andere Einweg-Getränkeverpackungen verdrängen weiter die Mehrwegflasche: Nach einer von Umweltorganisationen und der mittelständischen Getränkewirtschaft vorgestellten Studie ist die Mehrwegquote in diesem Jahr bis September auf 62,5 % eingebrochen. Die gesetzliche Mehrwegquote liegt bei 72 %. Die Entwicklung hin zu Einwegverpackungen sei „dramatisch".
Laut der Nürnberger Gesellschaft für Konsumforschung stieg der Anteil an Kunststoff-Einwegflaschen bei Limonaden von 4,3 % im Januar 2000 auf 23 % im Juni 2001 und bei Mineralwasser von 4,8 auf 18,4 %. Auch der Absatz an Bier-Halbliterdosen hat sich 2001 um 6,3 % erhöht. Ihr Marktanteil liege nun bei 26 %.
(nach: BADISCHE ZEITUNG)

Samstag, 13. April 2002
Kleine Brauer gegen Dose
Privatbrauereien im Land setzen auf die Mehrwegflasche/Wachstum gegen den Trend

Von unserer Mitarbeiterin SONJA KREUZ
WALDKIRCH. Die regionalen Bierhersteller setzen ihre Hoffnungen im Kampf gegen die Großbrauereien auf das Dosenpfand. Nur so könne dem Vormarsch der Billigbiere in Dosen und Einwegflaschen Einhalt geboten werden. Die Pfandpflicht sei nicht nur ökologisch notwendig, sondern auch ökonomisch richtig. Denn die Regionalbrauereien haben bundesweit Milliarden Euro in die Mehrwegverpackungen investiert.
(nach: BADISCHE ZEITUNG)

Dienstag, 26. März 2002
Handel fürchtet Mehrwegtourismus
Verbände ziehen gegen Dosenpfand vor Gericht/ Kleine Brauereien kämpfen für Pfandflasche

Von unserer Mitarbeiterin BARBARA RIESS
FREIBURG/BERLIN. Mit Klagen in allen Bundesländern versuchen große Brauereien, Handelsketten und Verpackungshersteller das Dosenpfand zu kippen. Hauptargument des Einzelhandels sind die Investitionen in neue Rücknahmesysteme. Für grenznahe Gebiete befürchtet er zudem einen regelrechten Mehrwegtourismus: „Wer bei uns eine Coladose abgibt, die er in Frankreich gekauft hat, dem müssen wir dann 25 Cent zahlen. So ist schon jetzt sicher, dass wir draufzahlen." Solche Aussichten sind zwar dazu angetan, beim Verbraucher das Umdenken von Einweg auf Mehrweg attraktiver zu machen. Für den Einzelhandel in der Region ist sie ein Horrorszenario. Preissteigerungen sind dann nicht auszuschließen.
Als schwarze Schafe wurden Bier, Mineralwasser und kohlensäurehaltige Erfrischungsgetränke identifiziert. Sie werden ab 1. Januar 2003 in die Pfandpflicht genommen, mit 25 Cent pro Dose und 50 Cent pro Einwegflasche über 1,5 Liter.
(nach: BADISCHE ZEITUNG)

Dienstag, 5. März 2002

**Vergaloppiert im Müll:
Klaus Töpfers Zwangspfand kommt und die Blockierer haben es sogar noch beschleunigt**

Von unserem Redakteur STEFAN HUPKA

Was haben politische Bekenntnisse und Getränkeverpackungen gemeinsam? Immer mehr davon landen schon nach einmaligem Gebrauch auf dem Müllhaufen. Daraus folgt: Die Wegwerfgesellschaft verdirbt den Charakter, auch in der Politik. Doch das Gegenmittel ist bekannt. Man kann der Gesellschaft das Wegwerfen verderben. Zum Beispiel per Zwangspfand.
Schon vor mehr als zehn Jahren brachte der christdemokratische Umweltminister Klaus Töpfer eine Verpackungsverordnung auf den Weg, die mit Müllvermeidung Ernst macht, wenn die Lage ernst wird. Jetzt ist die Lage ernst: Weißblechdosen- und Plastikflaschenberge verschandeln Stadt und Land, überfordern Entsorger und konfrontieren kleinere Getränkehersteller mit der Existenzfrage. (nach: BADISCHE ZEITUNG)

Montag, 20. Mai 2002

**Bundesregierung beschließt Dosenpfand
Lob von Umweltverbänden und Getränkehändlern. Einzelhandel und Hersteller wollen sich weiter wehren.**

BERLIN. Die Bundesregierung hat mit ihrem Kabinettsbeschluss die Voraussetzung geschaffen, dass das Dosenpfand in Kraft treten kann. Die Begründung: „Das Pfand ist ein Anreiz, Mehrwegverpackungen den Vorzug zu geben."
Umweltverbände begrüßten die Entscheidung. Der Bund für Umwelt und Naturschutz und der Umweltverband NABU forderten die Wirksamkeit des Pfandes zu prüfen. Handelsverbände und große Getränkehersteller wollen das Pfand dagegen weiter verhindern. Nach Ansicht des Einzelhandelverbandes HDE werden die Verbraucher verstärkt zu Einwegflaschen und Dosen greifen, da sie leichter zu transportieren und unzerbrechlich sind. Nach Berechnungen des HDE wird durch das Pfand jedes Getränk um fünf Cent teurer. Das Umweltministerium hingegen meint, nur Getränke in Einwegverpackungen würden um 0,9 Cent teurer.
Phn (nach: DIE WELT)

Montag, 20. Mai 2002

**„Umweltweise" sprechen sich
gegen Dosenpfand aus**

BERLIN. Der Rat der „Umweltweisen" hat vor der für 2003 geplanten Einführung des Zwangspfands auf Dosen und Einwegflaschen gewarnt. Die Einführung „wäre nicht nur von zweifelhafter ökologischer Effektivität, sondern auch mit erheblichen, nicht zu rechtfertigenden Zusatzkosten verbunden", heißt es in dem Gutachten. Stattdessen plädiert das Gremium für eine Abgabe, die von der Industrie auf die Verbraucherpreise überwälzt und dadurch das Konsumentenverhalten in gewünschter Richtung beeinflussen würde. (nach: DIE WELT)

Samstag, 4. Mai 2002

**Die lange Reise einer Milchtüte
Warum Tetra-Pak & Co.
gute Öko-Zensuren bckommen**

Von unserem Redakteur KARL HEIDEGGER

VARKAUS. Mit dem Image des Getränkekartons steht es nicht zum Besten: Wer mit Einkaufswagen und wachem Umweltgewissen vor dem Getränkeregal steht, hat oft noch alte Klischees im Kopf. Pfandflaschen aus Glas oder Plastik: toll. Pappe, Weißblech, Aluminium: igittigitt. Doch die Kartonbranche hat es satt, mit der Dose in einen Topf geworfen zu werden – und unabhängige Experten bestätigen: Aus Umweltsicht stehen Tetra-Pak & Co. der Mehrwegflasche nicht nach.
Ein Argument für die Umweltverträglichkeit des deutschen Getränkekartons liegt im fernen Finnland, 300 km nordöstlich von Helsinki. Neben diversen Produktionsstätten des finnisch-schwedischen Papierriesen Stora-Enso steht hier eine Anlage, die neue Maßstäbe in Sachen Wiederverwertung aufstellt. Beim Recycling von Getränkekartons werden keineswegs nur die Papierfasern von den Aluminium- und Polyethylen-Schichten getrennt und aus dem so gewonnenen Zellstoff neue Papphülsen für Textil- und Papierrollen produziert. Auch die Reststoffe werden nicht voneinander getrennt – aus dem Aluminium wird neues Aluminium, das Polyethylen wird zur Energiegewinnung eingesetzt.
Rund ein Drittel der in Deutschland eingesammelten Getränkekartons werden in Varkaus recycelt. Auf dem Rückweg transportieren die Frachter Rohmaterial für die deutschen Hersteller von Getränkekartons. Auch die effektive Nutzung der Transportkapazitäten trägt zu den guten Umweltnoten bei. Die anderen zwei Drittel werden in Deutschland verwertet.
So kommt die Ökobilanz für Getränkeverpackungen, die das Umweltbundesamt aufgestellt hat, zu folgendem Schluss: „Zwischen Mehrweg-Glasflaschen und dem Einweg-Getränkekarton gibt es aus Umweltsicht ein Patt."
65 % der deutschen Getränkekartons werden wieder verwertet. „Bei Karton handelt es sich um eine Verpackung aus nachwachsenden Rohstoffen. Und weil auch die Mehrwegflasche – vor allem durch den enormen Spül- und Transportaufwand – ökologische Nachteile hat, schneidet sie in der Umweltbilanz nicht besser ab als der Getränkekarton. Andere Einwegverpackungen sticht dieser ohnehin aus: Vor allem Dosen und gläserne Einwegflaschen seien für riesige Umweltlasten verantwortlich", sagt Stefan Schmitz, wissenschaftlicher Angestellter beim Umweltbundesamt.
Ein denkbares Szenario ist, dass die Kartons demnächst unter die Pfandverordnung fallen. Denn in der Verpackungsverordnung von 1991 gibt nicht das Material der Verpackung den Ausschlag, sondern der Inhalt. Weil die Mehrwegquoten bei Bier und Mineralwasser besonders niedrig sind, droht hier das Zwangspfand – auch beim Karton.
(nach: BADISCHE ZEITUNG)

70.1 „Zustände"

70.3 Tagesbilanz der Umweltzerstörung

Kreislaufwirtschaft – der Weg zur Nachhaltigkeit

Bereits 1972 hat der berühmte Bericht „Grenzen des Wachstums" des *Club of Rome* die Öffentlichkeit durch Computermodelle mit der Endlichkeit von Rohstoffen konfrontiert und eine baldige Ressourcenverknappung vorausgesagt. Auch wenn die Prognosen zu pessimistisch waren, so wurde doch erstmals die Welt als vernetztes System transparent. Der Appell zum schonenden Umgang mit Ressourcen ist immer noch aktuell. Denn seit Beginn der Industrialisierung hat die Belastung der Ökosysteme durch die enorme Beschleunigung von Stoff- und Energiedurchsätzen sowie durch gestiegene Abfallmengen aus Produktion und Konsum gewaltig zugenommen. Spätestens seit der Konferenz der Vereinten Nationen für Umwelt und Entwicklung (UNCED) 1992 in Rio de Janeiro steht der Begriff der **„nachhaltigen Entwicklung"** (S. 10) auf den Agenden der meisten nationalen und internationalen Umwelt- und Entwicklungsbehörden. Als „nachhaltig" wird eine Entwicklung bezeichnet, die weltweit über Generationen hinweg fortgeführt werden kann, ohne dass Naturhaushalt und Gesellschaft in ihrer Funktionsfähigkeit beeinträchtigt werden.

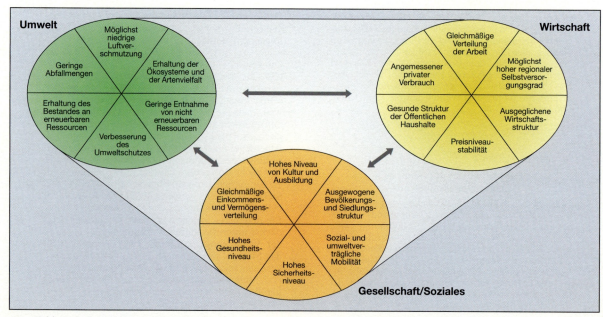

70.2 Zieldreieck einer Nachhaltigen Entwicklung

Wirtschaftliches Handeln und dessen Raumwirksamkeit

Die Umweltpolitik hat weltweit durch diese Zielvereinbarung positive Impulse erhalten, dennoch setzen prosperierende wie Not leidende Staaten in erster Linie auf Wachstum. Wachstum bedeutet Wohlstand, erleichtert den Abbau politischer Spannungen und die Überwindung weltweiter Armut. Theoretisch und praktisch ist inzwischen ein Wachstum mit dem „Faktor 4" nachgewiesen, d. h. eine Vervierfachung der Ressourcenproduktivität. *„Holt man aus einer Tonne Erdreich viermal so viel Wohlstand heraus, dann verdoppelt sich der bestehende Wohlstand und halbiert sich gleichzeitig der Naturverbrauch."* (E. U. von Weizsäcker).

Weltweit entwickeln Städte und Gemeinden inzwischen in der „Lokalen Agenda 21" Konzepte zur Umsetzung dieser „neuen" Sicht der Welt von morgen und integrieren die Grundsätze eines ressourcen- und energieschonenden Wirtschaftens in ihre Planungen und Verwaltungsabläufe.

Trotzdem wird die gegenwärtige wirtschaftliche und soziale Entwicklung in Deutschland und anderen Industrieländern den Kriterien der Nachhaltigkeit noch nicht ausreichend gerecht. Die bisher eingeleiteten Maßnahmen reichen nicht aus, um eine nachhaltige Entwicklung zu realisieren. Die Fortentwicklung von Prozessen und Produkten, mit denen die Material- und Ressourcenintensität massiv verringert werden können, ist ebenso notwendig wie die Anpassung der ökonomischen, rechtlichen und institutionellen Rahmenbedingungen sowie die Veränderung der vorherrschenden Einstellungen und Verhaltensformen.

Zukunftsfähige Wirtschaftsweisen beinhalten keineswegs ein Konzept der Technikfeindlichkeit. Sie sind vielmehr ein Appell an die Innovationsbereitschaft der Wirtschaft, der Gesellschaft und insbesondere der Unternehmen. Das 3-Liter-Auto ist ein gutes Beispiel dafür. **Ökologische Kreislaufwirtschaft**, die Kreisläufe für Produkte und Wertstoffe (Recycling) im Sinne einer Verlängerung der Lebens- und somit Nutzungsdauer vorsieht, ist ein bedeutsamer Ansatz zur nachhaltigen Entwicklung.

Ein zukunftsfähiges Konzept beabsichtigt eine Minimierung des Ressourceneinsatzes bei der Entwicklung, Herstellung, Verteilung und Anwendung eines Produkts sowie die Reduktion der Abfälle. Dies ist bei technisch langlebigen, reparaturfreundlichen und flexibel verwendbaren Produkten möglich. Eine Einsparung der Ressourcen wird dabei durch die Rückführung von Produkten, Komponenten, Roh- bzw. Werkstoffen und Energie erzielt. Im Sinne der Produktionsverantwortung gilt: Wer Güter produziert, vermarktet oder konsumiert, sollte sich auch für die Vermeidung, Verwertung und umweltverträgliche Beseitigung der Abfälle verantwortlich fühlen. Ein Unternehmen, das sich an Nachhaltigkeitszielen orientiert, profitiert am Effizienzzuwachs in der Ressourcennutzung und nimmt am gesamtgesellschaftlichen Diskurs teil.

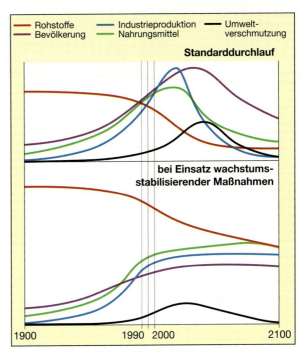

71.1 Zustände der Welt und ihre Entwicklungen

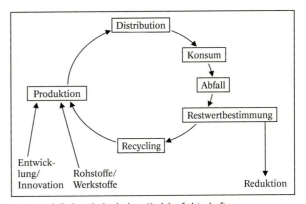

71.2 Modell der ökologischen Kreislaufwirtschaft

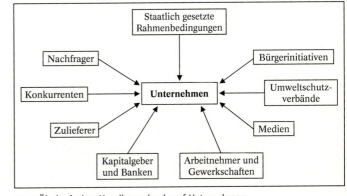

71.3 Ökologischer Handlungsdruck auf Unternehmen

Wirtschaftliches Handeln und dessen Raumwirksamkeit

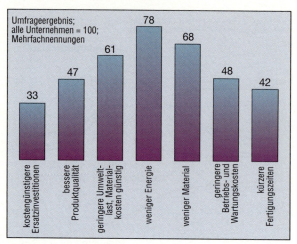

72.1 Gründe für integrierten Umweltschutz

Zielgruppe: Gewerbliche Unternehmen aus der EU können sich freiwillig an einem Gemeinschaftssystem für das Umweltmanagement und die Umweltbetriebsprüfung beteiligen.
Ziele: Stärkung des Umweltbewusstseins, Verbesserung der Prozessabläufe, Kostensenkung, Abfallvermeidung, optimale Ressourcennutzung und somit mehr Eigenverantwortung im Hinblick auf die Bewältigung der Umweltfolgen durch unternehmerisches Handeln.
Ablauf: Die Unternehmen erarbeiten ein betriebsinternes Umweltschutzprogramm, in dem sie konkrete Maßnahmen und deren Umsetzung festlegen und durch standortbezogene Überprüfungen überwachen (Öko-Audits), treffen darüber hinaus Festlegungen für eine standortübergreifende Umweltpolitik und informieren regelmäßig die Öffentlichkeit.

72.2 Öko-Audit-System gemäß dem Gesetz von 1995

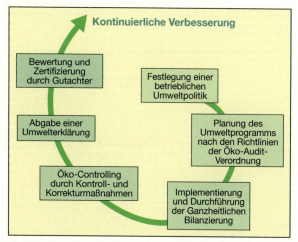

72.3 Umweltmanagement für die ISO 14001

Nachhaltigkeit und unternehmerisches Handeln

Die zunehmende Globalisierung ist kein Hindernis für nachhaltiges unternehmerisches Handeln. Sie ist eher ein Impuls für Unternehmen dem globalen Wettbewerbsdruck offensiv zu begegnen und im Sinne der Nachhaltigkeit konsequent in Innovation und Entwicklung zu investieren. Statt betrieblichen Umweltschutz als akute Gefahrenabwehr zu verstehen, z. B. durch Kläranlagen und Luftfilter (end-of-the-pipe-Technologien), zielt der produktionsintegrierte Umweltschutz darauf ab, den Produktionsprozess zu verbessern. Emissionen und Abfälle sollen weitgehend vermieden und somit Kostensenkungspotenziale erschlossen werden. Ein weiterer Schritt ist die ökologische Verbesserung des Produkts und seiner Verpackung bzw. deren Substitution. Umweltgütezeichen (Blauer Engel u.a.) sind dabei eine absatzwirksame Unterstützung. Ein anderer Weg ist die Funktionsorientierung an den Bedürfnissen der Kunden. Bei gezielter Produktausrichtung sollten möglichst wenige Modellvarianten existieren.

Damit betrieblicher Umweltschutz über isolierte Einzelmaßnahmen hinauskommt, muss er systematisch in die Unternehmensführung integriert werden. Die Dokumentation erfolgt über **Öko-Controlling** spätestens alle drei Jahre. Bei dieser **Ganzheitlichen Bilanzierung** (LCE = Life Cycle Engineering) werden auf der Basis von Prozessbilanzen alle Massen- und Energieströme (In- und Outputströme) entlang des gesamten Lebenszyklus eines Produkts sowie Indikatoren des Managementsystems erfasst und bewertet. Den Anreiz dafür stellen die **Europäische Öko-Audit-Verordnung (1997)** und die internationale Norm **ISO 14001** (national: DIN EN ISO 14001 u. ff.). Sie ermöglichen es den Unternehmen den hohen Standard ihrer betrieblichen Umweltschutzkonzeption nach außen zu dokumentieren (EMAS-Zeichen). Als Ergebnis der Umweltbetriebsprüfung erstellt ein Unternehmen seine Umwelterklärung als Entwurf, der vom Gutachter validiert werden muss.

Die Einrichtung eines systematischen, zielgerichteten **Umweltmanagementsystems** zählt zu den erfolgversprechendsten Maßnahmen die nachhaltige Unternehmensentwicklung kontinuierlich und langfristig zu verbessern.

Aufgaben

1. Recherchieren Sie zum Thema „Nachhaltigkeit und Kreislaufwirtschaft" unter www.umweltbundesamt.de, www.oeko.de.
2. Vergleichen Sie die Aktionsfelder eines Unternehmens zu einer nachhaltigen Entwicklung (Abb. 73.1).
3. Entwerfen Sie arbeitsteilig Szenarien (S. 217) ausgehend von den vier Leitideen „Weiter so wie bisher", „Technik besser nutzen", „Ressourcen stärker schonen", „neue Lebensstile entwickeln".

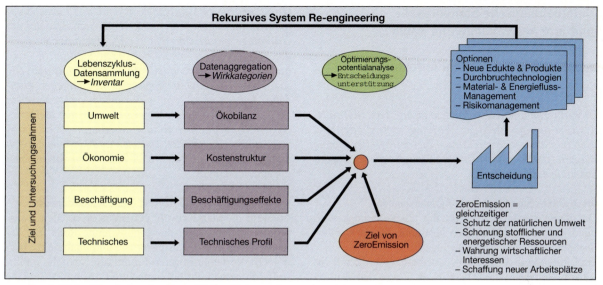

73.1 Ganzheitliche Bilanzierung durch quantitative Systemanalyse und -verbesserung

1. **Schule ressourcenschonend nutzen:**
- Strom sparen: Beleuchtung nur bei unzureichendem Tageslicht einschalten, Licht in den Pausen (tägliche Energieeinsparung 10 %) und nach dem Unterricht ausschalten, Energiesparlampen verwenden, Geräte auf Effizienz überprüfen und deren Dauerbetrieb überdenken
- Wasser sparen: Toilettenspülung mit Wasserspartaste bzw. Regenwasser
- Heizenergie sparen durch verbesserte Steuerung der Heizanlage (Außentemperaturfühler, Nachtabsenkung, Thermostatventile) und Regulator der Raumwärme (3-minütiges Stoßlüften zweimal pro Stunde statt Dauerlüften mit gekipptem Fenster, Absenken der Raumtemperaturen auf DIN-Werte: Klassenzimmer 20 °C, Flure 15 °C, Absenken um 1 K spart 6 % Heizenergie), Fensterisolierung

2. **Schule ökologisch verträglich versorgen:**
- abfallarme Schule ausrufen durch müllfreien Pausenverkauf (keine Einwegverpackungen, eine 0,7-l-Pfandflasche spart bis zu 130 Dosen), Vesperboxen und Trinkflaschen, Küchengeschirr bei Festen
- umweltfreundliche Büromaterialien verwenden: fast lebenslang haltende Füller statt Filzstifte, lösungsmittelfreie Farben und Kleber sowie ungebleichtes Recyclingpapier einsetzen
- ökologisch abbaubare Putz- und Reinigungsmittel verwenden
- auf gesunde, kohlenhydratarme und vitaminreiche Ernährung beim Pausenbrot und Cafeteriaangebot achten
- ein umweltverträgliches Verkehrskonzept erarbeiten durch Anbindung an den ÖPNV, die Anlage von Fahrradwegen und -abstellplätzen
- auf Mülltrennung achten: Restmüll-, Papier- und Wertstoffeimer in Klassenzimmern, Sammelbehälter für Sondermüll (z. B. Batterien)

3. **Schule zukunftsfähig entwickeln:**
- eine Bauplanung erstellen durch Analyse des Wärmebedarfs, Wärmedämmung an Wänden und Fenstern (Mehrfachverglasungen) anbringen, den Heizkreislauf durch eine Fotovoltaikanlage bzw. eine solare Warmwasserversorgung entlasten
- eine ökologische Außenplanung umsetzen durch Schulhofentsiegelung, die Einrichtung eines Schulgartens, Gebäudebegrünung
- Arbeits- und Lernmöglichkeiten erweitern durch innovative Unterrichtsmethoden, selbsttätiges Lernen, außerschulische Lernorte
- neue Lerninhalte, wie Globalität, Mobilität, Gerechtigkeit, Stadt der Zukunft, vernetzte Systeme, integrieren und somit das Kritikbewusstsein für zukunftsorientiertes Planen und Handeln schärfen

73.2 Schritte zu einer nachhaltigen Schule

4 Unternehmerische Standortwahl und ihre Auswirkungen im Raum

Standorttheorien und Standortfaktoren

Die unternehmerische Entscheidung zur Standortwahl ist von nachhaltiger Wirkung, weil sie den Betrieb und dessen Entwicklung langfristig festlegt sowie die wirtschafts- und sozialräumlichen Strukturen vor Ort maßgeblich mitprägt.

Die THÜNENschen Ringe – ein Agrarkreismodell
Die landwirtschaftliche Nutzung eines Raumes wird nicht nur von Naturfaktoren bestimmt, sondern unterliegt auch ökonomischen Zwängen.
1826 formulierte der deutsche Gutsbesitzer und Landwirt Johann Heinrich von THÜNEN als Erster den Zusammenhang von Markt, Kosten und Preisen für die Landwirtschaft im System einer freien Marktwirtschaft. Unter der idealisierten Annahme einer einheitlichen Landnutzungsfläche infolge gleicher Bodenqualität sowie einem homogenen Ausbildungsstand der Bevölkerung ist die Produktion durch rationales wirtschaftliches Handeln ganz auf Absatzorientierung mit Gewinnmaximierung ausgerichtet. Aus den Transportkosten, der Transporteignung und dem Marktbedarf von land- und forstwirtschaftlichen Gütern leiten sich die effektiven Intensitätszonen des Agrarraumes ab. Die Grenze zwischen zwei Zonen wird durch die je nach Lage mögliche Rendite bestimmt, d. h., der erzielbare Gewinn des einen Produkts rutscht unter den Wert des nächstbesseren. Dieses Modell optimaler Raumnutzung weist drei intensive, stadtnahe und drei extensivere, stadtferne Anbauzonen auf.

Grundlage für die Wahl eines optimalen, d. h. kostenoptimalen Standortes bildet eine Standortanalyse auf der Grundlage empirischer Daten oder aber einer gesicherten Theorie. Dabei charakterisieren Standorttheorien bzw. Raumnutzungsmodelle nur Grundstrukturen. Die spezifischen Rahmenbedingungen menschlichen Handelns hängen auch von natürlichen geographischen Voraussetzungen, politischen Einflüssen oder technologischen Innovationen ab und unterliegen somit einem zeit-räumlichen Wandel. Theorien und Modelle müssen daher immer wieder den sich ändernden Situationen angepasst werden.

Die WEBERsche Standorttheorie – ein Standortdreieck
Auch für die Standortwahl der Industrie spielten Transportkosten lange Zeit die dominierende Rolle. Bei der Suche nach dem „Transportkostenminimalpunkt" liegt der Ort kostengünstigster Produktion zwischen Rohstoffvorkommen, Produktions- und Konsumort. Sind die Materialkosten durch große Verluste an Mengen, Gewicht und Wert bei der Verarbeitung der entscheidende Standortfaktor, so wird der Produktionsstandort dicht an den Rohstoffquellen angesiedelt (rohstofforientiert). Sind jedoch die Transportkosten gering, wird die Absatzlage zur bestimmenden Einflussgröße und der Standort rückt näher an den Absatzmarkt (marktorientiert).
Diese 1909 von dem deutschen Volkswirt Alfred WEBER veröffentlichte Theorie bildet die Grundlage der meisten industriellen Standorttheorien. Er definierte erstmals die **Standortfaktoren** als lokale Produktionskostenvorteile. Eine Abweichung vom Transportkostenminimalpunkt ergibt sich erst dann, wenn die Arbeitskostenersparnis durch niedrigere Lohnkosten größer ist als zusätzlich entstehende Transportkosten. David M. SMITH passte später diese Theorie den veränderten Bedürfnissen an (S. 76).

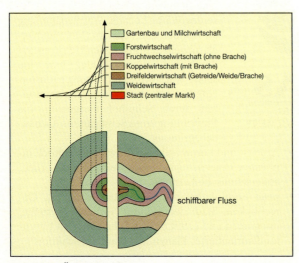

74.1 Die THÜNENschen Ringe

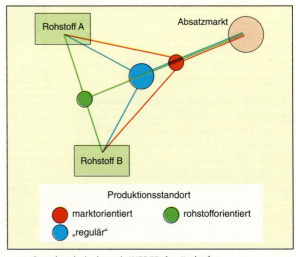

74.2 Standortdreieck nach WEBER (verändert)

Standortsysteme und Standortnetze

Die frühen Standorttheorien gingen von Einzelstandorten bzw. einer monozentrischen Marktsituation aus. In der Realität jedoch sind isolierte Standorte nicht gegeben, da sie auf Dauer kaum lebensfähig wären. So galt es für die räumliche Vernetzung und die funktionale bzw. hierarchische Abhängigkeit von Standorten Erklärungen zu finden. Den ersten Ansatz hierzu lieferte der deutsche Geograph J.G. KOHL. Auf seinen Erkenntnissen basiert die 1933 von Walter CHRISTALLER vorgestellte **Theorie der Zentralen Orte**. Am Beispiel Süddeutschlands versuchte er die Hierarchie von Städten durch das Zusammenwirken ökonomischer Faktoren zu erläutern. Ein zentraler Ort, in der Regel eine Stadt, bietet Güter und Dienstleistungen über den eigenen Bedarf hinaus an und hat somit einen Bedeutungsüberschuss gegenüber dem zugehörigen Umland. Durch unterschiedlichen Leistungsüberschuss entstehen verschiedene Bedeutungsstufen der Zentralität, d.h. eine Hierarchie der zentralen Orte. Für die einzelnen Hierarchiestufen stellte CHRISTALLER einen Katalog zentraler Einrichtungen auf und entwickelte ein Modell der Verteilung zentraler Orte. Auf der Grundlage idealisierter Annahmen, wie homogener Raumausstattung und maximales Gewinnstreben, ist eine optimale Versorgung eines Raumes nur bei hexagonaler Anordnung der zentralen Orte gegeben. Die Sechseckgestalt der Markt- und Versorgungsbereiche ist die rationellste und im Gegensatz zum Kreis flächendeckend. Je höher die Hierarchie des Zentralen Ortes, desto größer ist sein Einzugsbereich.

Ausgehend von diesem Prinzip formulierte August LÖSCH 1940 eine Theorie der Marktnetze mit flexiblen Zugehörigkeiten zu übergeordneten Zentren und dem Ergebnis einer räumlichen Wabenstruktur.

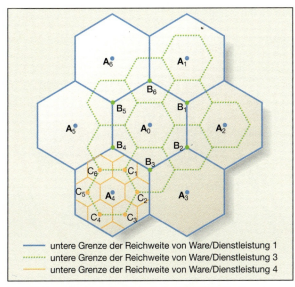

75.1 System der zentralen Orte nach CHRISTALLER

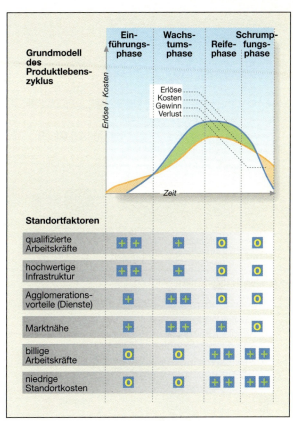

75.2 Räumliche Diffusion nach HÄGERSTRAND

Wandel der Standortstrukturen

Seit der Industriellen Revolution gelten technologische Innovationen als maßgebliche Impulse für die Veränderungen der Wirtschaftsstruktur (S. 52–55). Dies erfordert die Weiterentwicklung der auf Standort- und Raummuster orientierten Theorien und seit dem 20. Jh. vermehrt den Bezug zu den Entwicklungstheorien der Wirtschaft und des Wirtschaftsraumes. Die räumliche Dynamik basiert auf dem sozioökonomischen Entwicklungsprozess der Gesellschaft und erfasst regionale und globale Standortstrukturen. Dabei entstehen neue Zentren und es erfolgt ein Vordringen in bestehende Peripherräume.

Der Schwede Torsten HÄGERSTRAND erklärte 1953 mit seiner **Diffusionstheorie** die räumliche Verbreitung von Innovationen. Sein Standortmuster ist von der raum-zeitlichen Ausbreitung der Basisinnovationen abhängig. Die Geschwindigkeit der Entwicklung ist dabei vom Erfolg der neuen Technologie abhängig. Der Ablauf beginnt dagegen immer punktuell am Innovationszentrum und strahlt von dort flächenhaft ins Umland aus. Natürliche Bedingungen und räumliche Entfernungen treten dabei als hemmende Faktoren eher zurück; vielmehr bestimmen politisches Kalkül oder administrative Hierarchien den Prozess. Mit der Phase der Sättigung endet die Diffusion.

Wirtschaftliches Handeln und dessen Raumwirksamkeit

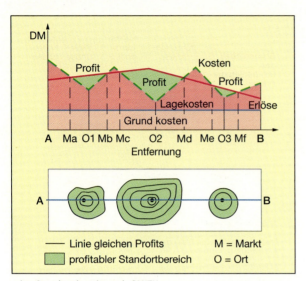

76.1 Standorttheorie nach SMITH

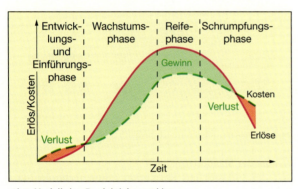

76.2 Modell des Produktlebenszyklus

	Entwicklungs- und Einführungs-phase	Wachstums-phase	Reife-phase	Schrumpfungs-phase
qualifizierte Arbeitskräfte	++	+	0	0
hochwertige Infrastruktur	++	+	0	0
Agglomerations-vorteile (Zulieferer, Dienste)	+	++	0	0
Marktnähe	+	++	+	0
billige Arbeitskräfte	0	0	++	++
niedrige Standortkosten (Betriebsgelände, Abgaben)	0	0	++	++
++ sehr wichtig; + wichtig; 0 weniger wichtig				

76.3 Standortfaktorenwandel

Wertwandel der Standortfaktoren

Bei der Standortanalyse, die den optimalen Standort für die Ansiedlung bzw. Erweiterung eines Industriebetriebs ermittelt, wird heutzutage eine Vielzahl an Standortfaktoren untersucht (Abb. 77.1). Erst der Vergleich der branchenspezifischen Standortansprüche mit den örtlichen Gegebenheiten ermöglicht eine Kalkulation der Kostenstruktur, der Profiterwartung unnd damit der Standortfestlegung des Unternehmens.

Der Geograph D. M. SMITH erweiterte bereits in den 70er Jahren WEBERs Theorie und versuchte durch Einbeziehung vieler Standortfaktoren die Realität besser zu erfassen. In seinem Modell (Abb. 76.1) setzt sich die Kostenkurve aus Betriebskosten und den Kosten für den Transport der eingesetzten Grundstoffe zum Standort der Produktion zusammen (Grundkosten). Die zweite Kurve zeigt die zu erwartenden Erlöse an verschiedenen Orten an (Lagekosten). Sie bezieht weitere kostenwirksame, d. h. **harte Standortfaktoren** mit ein. In vielen Hightech-Branchen spielen infolge der Lohnstruktur und des erhöhten Freizeitanspruchs für viele Arbeitnehmer die **weichen Standortfaktoren** eine immer entscheidendere Rolle. Das kulturelle Angebot einer Stadt oder der Erholungswert einer Region müssen attraktiv sein, um die hoch qualifizierten Arbeitskräfte an den Betrieb zu binden.

Letztendlich gibt es keinen optimalen Standort auf Dauer. Durch veränderte Marktansprüche infolge der gesellschaftlichen Entwicklung sowie durch politische und wirtschaftliche Zwänge sind Unternehmen einem kontinuierlichen Anpassungsdruck ausgesetzt. Will ein Betrieb trotz veränderter Rahmenbedingungen am traditionellen Standort festhalten (Persistenz), muss er zu technologischen Innovationen bzw. Modifizierung seiner Produktpalette fähig sein.

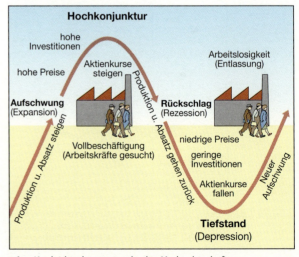

76.4 Konjunkturbewegung in der Marktwirtschaft

Wirtschaftliches Handeln und dessen Raumwirksamkeit

„harte" Faktoren — „weiche" Faktoren

Rohstoffe/Energie
Rohstoffbasis in der Nähe? Verkehrsverb. zu Rohst./Wasser (Brauchwasser)/ Energie (Kosten, Verfügbarkeit)

Lagequalität
Makrostandort (regionale Lage), Mikrostandort (topographische Lage)

Verkehrsanbindung
lokal bis global/ Straße/Schiene/Wasserweg/Flugverbindung

Erholung
Naherholungs- und Freizeitangebot

Absatzmarkt
lokal bis global, Konkurrenzsituation

Service
effektives Marketing/ Zuverlässigkeit/umfassender Kundendienst

branchenspezifische Standort Prioritätenfolge

Infrastruktur
Verkehr, ärztliche Versorgung, Bildungseinr., Versorgungseinrichtungen

Bildung/Kultur
Bildungs- u. Ausbildungseinrichtungen

Fühlungsvorteile/Agglomerationsvorteile
Nähe zu Zulieferern/Technologie- u. Wissenstransfermöglichkeiten?/Vernetzung mit Hochschulen?/ Kooperationsmögl. mit anderen Firmen (Synergieeffekte)?/Schlüsseltechnologien in der Nähe?

Flächenangebot
Geländebeschaffenheit, Flächengröße/Kosten (Boden + Erschließung)

Arbeitskräftepotenzial
quantitativ, qualitativ/ Mentalität/ Leistungsbereitschaft/ Lohnniveau

Umwelt
ökologische Situation, landschaftliche Vielfalt/Schönheit

77.1 Standortfaktoren

Standortfaktor	B	V	U	K	VG	RW	T	W
harte Faktoren								
Flächenverfügbarkeit und/oder Büroverfügbarkeit	12	9	6	10	10	6	7	7
Kosten der Flächen und Gebäude/Büros am Ort	6	1	2	3	4	2	2	1
Verkehrsanbindung	1	2	1	1	1	1	1	2
Nähe zu Betrieben desselben Unternehmens	20	24	25	25	26	25	23	26
Umweltschutzauflagen am Ort	25	25	24	21	17	24	16	24
Kontakte zu Unternehmen der gleichen Branche	8	6	18	13	8	14	9	21
Nähe zu Zulieferern	26	26	26	24	18	26	26	9
Nähe zu Absatzmärkten	13	16	13	26	13	16	17	16
Hochschulen und Forschungseinrichtungen	22	21	17	23	24	19	21	23
Arbeitsmarkt/Verfügbarkeit qualifizierter Arbeitskräfte	5	3	7	8	2	3	4	6
kommunale Abgaben, Steuern und Kosten	14	8	16	9	5	7	6	4
Subventionen und Fördermittel	23	23	19	17	23	21	13	25
unternehmensbezogene Faktoren								
Unternehmensfreundlichkeit der Kommune	10	10	20	14	7	10	5	18
wirtschaftspolitisches Klima im Bundesland	2	12	3	7	11	8	3	10
Image der Stadt/Region	3	11	9	11	6	12	11	12
Image und Erscheinungsbild des engeren Umfeldes	9	5	4	6	14	5	12	3
Karrieremöglichkeiten in der Region	11	13	15	18	20	15	19	13
personenbezogene Faktoren								
Attraktivität der Stadt	15	15	12	12	15	17	20	14
Attraktivität der weiteren Region	17	17	22	20	21	18	15	17
örtliches Kulturangebot	21	20	11	15	19	20	24	19
Unterhaltungs- und Stadtteilkultur (z.B. Kinos)	24	19	21	19	22	22	25	22
Beschaulichkeit und Übersichtlichkeit der Stadt	19	22	23	22	23	23	22	20
Umweltqualität (Luft, Wasser, Klima)	16	18	10	5	9	11	10	8
Wohnen und Wohnumfeld	4	4	5	4	3	4	8	5
Freizeitmöglichkeiten	18	14	14	2	12	13	14	11
Schulen und Ausbildungseinrichtungen	7	7	8	16	16	9	18	15

Rangfolge (1–26) von Standortfaktoren nach ihrer Wichtigkeit für ausgewählte Branchen (B = Banken, V = Versicherungen, U = Wissenschaft/Forschung/Unterricht, K = Kultur/Kunst/Sport/Unterhaltung, VG = Verlagsgewerbe, RW = Rechts-/Steuerberatung, Wirtschaftsprüfung/-beratung, T = Technische Beratung, W = Werbung)

77.2 Rangfolge von Standortfaktoren nach ihrer Wichtigkeit für ausgewählte Branchen

TRIGEMA – Modell oder Sonderfall?

Der führende Textilhersteller für Sport- und Freizeitkleidung konzentriert seine Produktion ausschließlich auf den Standort Deutschland. Die Firma blickt dabei auf eine mehr als achtzigjährige Tradition zurück. 1919 in Burladingen auf der Schwäbischen Alb gegründet, stellte das Unternehmen zunächst Trikotwaren her. Durch schnelle Expansion mit zahlreichen Filialen wuchs die Zahl der Mitarbeiter rasch auf 800 Beschäftigte Ende der 30er Jahre. Trotz Einbruchs infolge des Zweiten Weltkriegs arbeiteten 1952 bereits wieder 960 Menschen für das Unternehmen. Wiederholte Umstrukturierungsmaßnahmen sowie eine gezielte Fimenstrategie liegen der eindrucksvollen Entwicklung zugrunde:

	1969	1981	1991	2001
Umsatz in Mio. €	8,7	37,2	64,4	82,8
Beschäftigte	995	724	1030	1193

Die Produktpalette, vorwiegend T-Shirts, Sweat-Shirts und Tennisbekleidung, weist nur einen begrenzten Umfang, dafür jedoch eine hohe Fertigungstiefe auf. In acht Werken mit einem je 4-stufigen Betriebsaufbau erfolgt in einer ersten Produktionsstufe die Stoffproduktion der Baumwollstoffe im 3-Schicht-Betrieb rund um die Uhr.
Dabei werden nur EU-Garne verarbeitet. In der anschließenden Textilveredlung durchläuft der Stoff mehrere Behandlungsprozesse, die den strengen Richtlinien des international anerkannten „Öko-Tex-Standards 100" entsprechen. In der dritten Produktionsstufe werden bis zu 150 Stoffbahnen gleichzeitig per Computersteuerung vollautomatisch zugeschnitten. Durch über 700 Näherinnen erfolgt die Konfektion. Im 9-Farben-Siebdruck und mittels modernster Stickautomaten können die Textilien schließlich mit aktuellen Motiven versehen werden. Je nach Arbeitsaufwand liegt die Tagesproduktion zwischen 20 000 und 40 000 Artikeln. Laut Aussagen des Firmeninhabers sind die Lohnkostenanteile von 45 % bei einer Wertschöpfung von 78 % tragbar. Akkordlohn gibt es nicht. Nach Aussagen des Firmeninhabers sorgt das Qualitätssiegel „Made in Germany" für einen Absatz von 97 % der Produktion in Deutschland.
Die Kapazitäten werden stets voll ausgelastet, da TRIGEMA nicht auftragsbezogen, sondern auf Lager produziert. Bestellungen werden innerhalb von 24 Stunden ausgeführt. Schnelligkeit und Flexibilität sind wesentliche Leistungsmerkmale der Firma. Zum Produktionskonzept zählt die Direktvermarktung von etwa 50 % aller Artikel in eigenen Läden, die sich aufgrund der Niedrigmieten in Stadtrandlagen befinden. Die firmeneigene Logistik, die Energieeffizienz durch Kraft-Wärme-Kopplung und die Betriebsbindung der Mitarbeiter und deren Kinder durch Arbeitsplatzgarantie unterstützen den Erfolgskurs. Investitionen erfolgen zu 100 % aus Eigenkapital. Dafür werden jährlich 10 % des Umsatzes aufgewendet; dagegen nur 4 % für Werbung. Nicht die Umsatzsteigerung steht für den Unternehmer im Vordergrund, sondern das Sichern der Umsatzrendite und somit der Arbeitsplätze.

„EGERIA schrumpft weiter"

Als *Württembergische Frottierweberei Lustnau* wurde 1920 die Firma EGERIA in einem Teilort Tübingens gegründet. Bis 1955 entwickelte sich das Unternehmen mit über 1000 Mitarbeitern zu einem der führenden Frottierspezialisten. Bis 1972 florierte die Produktion von hochwertigen Frottier-Handtüchern und Bademänteln, sodass die Mitarbeiterzahl auf 1500 anwuchs.
Notwendige Rationalisierungsmaßnahmen und firmeneigene Probleme ließ die Mitarbeiterzahl bis 1981 auf 850 absinken. 1992 ging das Unternehmen Konkurs und wurde von der Auffanggesellschaft weitergeführt, bis es im Mai 2000 an die Steinfurter Kock-Gruppe verkauft wurde, einem Konzern mit weltweit 3000 Beschäftigten.
Etwa vier Wochen später schloss der neue Eigentümer die Wäsche-Konfektionsabteilung in Tübingen und 40 Beschäftigte wurden arbeitslos. Die Konfektion am deutschen Standort war nicht mehr kostendeckend und wurde deshalb nach Tschechien verlagert. Wegen der technischen Perfektion sollten die Weberei, die Färberei sowie die Folgeveredlung jedoch in Tübingen verbleiben.
Im September 2001 wurde den noch 220 Beschäftigten auch die teilweise Produktionsverlagerung der Weberei nach Rumänien mitgeteilt und in Tübingen die Sieben-Tage-Woche eingeführt. Bis Ende 2001 sank das Geschäftsvolumen kontinuierlich, da die deutschen Kunden (80 % der Abnehmer) auf die Qualitätsmängel und Lieferprobleme durch die tschechische Näherei mit einem Absatzrückgang reagierten. Inzwischen erklärte der Kock-Chef: „EGERIA ist auf der Intensivstation; erste Konzepte sind erarbeitet …"

78.1 Porträts deutscher Textilfirmen

Die Produkte der Textilindustrie – ob Jeans, Gardinen oder Surfsegel –
werden in den seltensten Fällen von nur einem Hersteller gefertigt,
weil für jede Produktgruppe andere Fertigungsprozesse und Maschinen notwendig sind.

45 % Bekleidung
- Damen-, Herren- und Kinderoberbekleidung
- Sportbekleidung
- Berufsbekleidung
- Tag- und Nachtwäsche
- Accessoires

25 % Technische Textilien
für
- Medizin: Pflaster, Verbände, Implantate
- Körperschutz: Strahlenschutz, Hitzeschutz, Schusswesten
- Agrarwirtschaft: Wasserspeicher, Silos, Gewächshausbespannungen
- Geo- und Bauwirtschaft: Drainagematten, Hallenbedachungen, Hangschutz
- Transport: Schüttgutbehälter, Förderbänder, Lasthebegurte
- Schifffahrt: Netze, Seile, Taue
- Fahrzeugtechnik: Reifen, Airbags, Schalldämmung
- Verbundstoffe: Tragflächen, Bootskörper, Helme
- Industrie und Umwelt: Isolationen, Filter, Schleifscheiben

30 % Haus- und Heimtextilien
- Gardinen
- Teppichböden
- Möbelbezüge
- Frottier- und Geschirrtücher
- Badematten
- Bett- und Tischwäsche
- Textiltapeten

79.1 Wirtschaftsbereiche der deutschen Textilindustrie

Fallbeispiel: Textilindustrie

Die Situation der deutschen Textilindustrie

Die Textilindustrie ist die größte Konsumgüterbranche in Deutschland, auch wenn ein Großteil des inländischen Bedarfs mit Importen aus anderen Ländern gedeckt wird. Sie reagiert sehr sensibel auf Schwankungen der Wirtschaft und Veränderungen im Verbraucherverhalten.

Produktions-, Export- und Importkapazitäten spiegeln wie ein Krisenbarometer das Auf und Ab der Textilindustrie wider. Trotz erneuter Flaute im Jahr 2002 zählt diese Branche mit einem Jahresumsatz von 15 416 Mio. € und 112 000 Beschäftigten zu den zehn größten Industriegruppen in Deutschland. Durch Präsentationen auf Messen und in den virtuellen Verkaufsräumen des Internets ist die deutsche Textilindustrie auch auf dem Weltmarkt erfolgreich. Insbesondere technische Textilien haben sich zum Wachstumsmotor der Branche entwickelt. In Innovationen, Forschung und Ausbildung steht Deutschland auf diesem Sektor weltweit an der Spitze. Der Verbrauch von High-Tex wird durch neue Wachstumsmärkte, z. B. China, weiter zunehmen.

Aus diesem Grund verlagert auch die deutsche Textilindustrie zunehmend Teile ihrer Produktion ins Ausland, während z. B. Forschung und Entwicklung, Verwaltung und Management im Inland bleiben und hier zur Sicherung von Arbeitsplätzen beitragen.

Die deutsche Bekleidungsbranche mit überwiegend mittelständischen Betrieben leidet derzeit am meisten unter dem scharfen internationalen Wettbewerb. Im Zuge der Globalisierung der Märkte werden die Produktionsbedingungen der Konkurrenten aus Ost- und Südostasien sowie Osteuropa durch Niedriglöhne und mangelnde Umweltschutzauflagen zu deutlichen Nachteilen für den Standort Deutschland.

Aufgaben

1. Beurteilen Sie die Zukunftschancen der deutschen Textilindustrie (S. 78–80).
2. Vergleichen Sie die Firmenporträts (Abb. 78.1) und erläutern Sie die unterschiedliche Firmenentwicklung.
3. Informieren Sie sich im Internet über die aktuelle Situation der Textilindustrie unter www.textil-online.de und www.tex-net.de.

Perspektiven der deutschen Textilindustrie
Experten der Branche zeigen auf, dass die gegenwärtige Situation der deutschen Textilindustrie von unterschiedlichen Tendenzen geprägt ist:

Thomas Brühl, Manager eines Textilunternehmens: *„Wir sehen gute Chancen für unser neues Zweigwerk im sächsischen Zittau, weil es an diesem traditionsreichen Standort genügend Textilfachleute und Textilarbeiter gibt. Die Grenze zu Tschechien und Polen ist außerdem bald keine Randlage mehr, sondern durch die Osterweiterung der EU absolut zentral."*
Zweckoptimismus, von der Wirklichkeit überholt? Viele deutsche Textilbetriebe gründeten längst Niederlassungen in osteuropäischen Ländern. Sie setzen auf erheblich geringere Lohnkosten und laschere Umweltbestimmungen.
Thomas Brühl erklärt, weshalb auch sein Unternehmen nach Rumänien gegangen ist: *„Der überwiegende Antrieb, die Fertigung von Hosenbünden nach Osteuropa zu verlagern, war, dass wir mit unseren Abnehmern, den Konfektionären, gehen mussten."*
Allerdings zeichnen sich mittlerweile einige gegenläufige Trends ab und manche deutsche Textilunternehmen besinnen sich offenbar wieder stärker auf den Standort Deutschland.
Professor Heinrich Planck, ein Textilforscher: *„Je anspruchsvoller das Produkt ist, umso interessanter ist der Standort Deutschland. Sie müssen bedenken, dass eine Produktion in Portugal, Spanien oder Griechenland einen erheblichen Transport und auch Qualitätskontrollen verursacht."*

Gute Aussichten haben in den hoch entwickelten Industrieländern all jene Textilunternehmen, die sich auf das Feld der High-Tex, so genannter technischer Textilien, wagen. Wie vieles in Deutschland kam der Aufschwung für diese Produktgruppe im Sog der Automobilindustrie. Statt Sitzbezüge und Verkleidungen aus Plastik sind heute wieder textile Gewebe gefragt. Die bestehen allerdings vorwiegend aus Chemiefasern.
Professor Planck: *„Es gibt Beispiele, wie schwäbische Stricker, denen das Sterbeglöcklein bereits läutete, sich umstrukturierten und heute florierende Unternehmen darstellen. Im Bereich der technischen Textilien sind diese heute Systemanbieter. Die Unternehmen müssen die Philosophie aufgreifen z. B. ein komplettes Sicherheitssystem aus Airbags und Sicherheitsgurten anzubieten. Durch Zukäufe bauen sie ein Verbundnetz auf und jahrzehntelange Konkurrenten müssen dabei Partner werden."*

Mittelständische Traditionsunternehmen nutzen gern konsequent den über Generationen erworbenen Standortvorteil gut ausgebildeter Arbeitnehmer, Fachhochschulen und Forschungsinstitute in der Umgebung.
Reinhard Deiß, Mey-Geschäftsführer, ein Unterwäscheproduzent: *„Im Württembergischen zählt, dass es namhafte Hersteller von Strickautomaten und Nähnadeln für die Industrie gibt, Färbereien und anderen Betrieben der textilen Produktionskette. Die Infrastruktur stimmt. Wenn wir eine Idee haben, dann brauchen wir auch den Lieferanten im Maschinenbau und der Nähmaschinentechnik zur Umsetzung. Mittels technologischer Innovationen an der Nähmaschine konzentrieren wir so viele Arbeitsschritte wie möglich und besetzen diese wenigen Arbeitsplätze dann mit hoch qualifiziertem Personal."*
Der Personalabbau ist eines der größten Probleme der deutschen Textilindustrie. Oft hat sie ihre regionalen Schwerpunkte in Gegenden, die nicht zu den wirtschaftlich Begünstigten gehören.

Ob die deutsche Bekleidungs-, Garn- und Stoffindustrie wieder richtig Fuß fassen kann, erscheint derzeit zumindest fraglich. Länder wie Italien und Frankreich haben in den letzten Jahren das Rennen gemacht.
Rolf-Rüdiger Baumann, Verband Gesamttextil: *„In Italien und Frankreich ist Mode – d. h. Bekleidung, Konfektion, Design – Bestandteil der nationalen Kultur. Die Menschen flanieren gern auf der Straße und zeigen, was sie tragen. Es sind Modenamen entstanden, die Weltruf haben. Mit Unterstützung staatlicher Institutionen entwickelte man in Italien die Strategie, die großen Modehäuser als Türöffner für die mittelständischen Unternehmen zu nutzen."*

Die Textilindustrie steht vor einer Bewährungsprobe. Ende 2004 läuft das derzeit geltende Welttextilabkommen aus. Dann werden nationale Schranken fallen, die auch der deutschen Textilindustrie einen Schutz vor gnadenloser Konkurrenz aus anderen Kontinenten bieten. Es kommt ganz darauf an, wie die Branche reagiert. Sich den Importen verschließen ist unrealistisch, folglich sollte sich die deutsche Textilindustrie auf ihre Stärken besinnen. Auf jeden Fall muss die Globalisierung mit langfristigen entwicklungspolitischen Inhalten verknüpft werden.
Reinhard Deiß: *„In Textilhandelsabkommen müssen auch europäische Mindeststandards in Sachen Menschenrechte und soziale Arbeitsplätze festgelegt werden, nur so gewinnen wir neue Handelspartner und nicht nur Zulieferer."*

80.1 Auszüge aus einem Radiomanuskript des Deutschlandfunks vom 18. Februar 2001

Wirtschaftliches Handeln und dessen Raumwirksamkeit

Kleider auf Reisen

Die Textil- und Bekleidungsindustrie ist ein global wirtschaftender Industriezweig. Die Levis oder Diesel Jeans im Kaufhaus oder der Boutique nebenan sind zeitlos und das weltweit. Jeans und T-Shirt, die Kleidungsstücke des 20. Jahrhunderts schlechthin, sind gleich in doppeltem Sinn populär: Man trägt sie überall und sie werden mittlerweile, wie praktisch alle Textilien, international produziert.
Bevor ein Textil, z. B. in Deutschland, über die Ladentheke wandert, hat es bzw. haben seine einzelnen Bestandteile bereits Tausende von Kilometern zurückgelegt. Dabei sind in der textilen Kette viele Produktions- und Handelsstufen hintereinander geschaltet (Abb. 81.2).

Die neue „internationale Arbeitsteilung" durch zunehmende Globalisierung macht in der Textilindustrie die Hochlohnländer zu Verlierern und die Niedriglohnländer zu Gewinnern. In vielen Entwicklungs- und Schwellenländern wird insbesondere die Bekleidungsindustrie zur Pionierindustrie im Industrialisierungsprozess – der Situation vor 200 Jahren in Großbritannien vergleichbar. Sie wird zum Motor der wirtschaftlichen Entwicklung und ist zunächst binnenmarktorientiert, um die Importe zu ersetzen (Importsubstitution). Dann folgt die Exportorientierung. Die Einrichtung von „Freien Produktionszonen" (z. B. Maquiladoras in Südamerika) beschleunigt als zollfreie „Globale Fabrikhallen" für arbeitsintensive Industrien diesen Prozess.

Auch im deutschen Textilaußenhandel ist ein stetiger Zuwachs zu verzeichnen, dabei sind die Länder Mittel- und Osteuropas weiterhin auf dem Vormarsch.

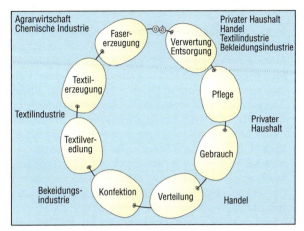

81.2 Die textile Kette

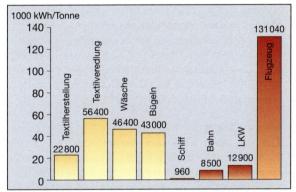

81.3 Energieverbrauch eines Textils bei Erzeugung, Gebrauch und Transport

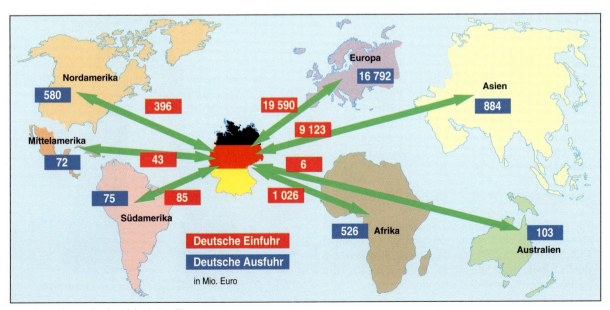

81.1 Deutscher Außenhandel mit Textilien

Jeans – eine Erfolgsstory aus dem Jahre 1850

„Verflixt, schon wieder ein Riss in der Hose", schimpft Jack, „so ein dünner Stoff taugt einfach nichts, wenn man dabei ist, nach Gold zu graben." Jack befand sich zusammen mit einigen anderen Männern an einem Fluss in der Nähe eines Goldgräberlagers in Kalifornien. „He, Jack", rief ihm jetzt sein Freund Pete zu, der einige Meter entfernt mit einem Sieb im Fluss stand, „geh einfach mal nach Sacramento und frag nach Levi Strauss. Das ist ein Auswanderer aus Old Germany, vor kurzem angekommen. Der näht aus Zeltplanen die festesten Hosen der Welt, Hosen, die einfach alles mitmachen. Und damit die Nähte nicht reißen, verstärkt er sie mit Doppelnähten und an den Taschen sogar mit Kupfernieten."

Die Jeans war geboren. Levi nannte sie „Waist Overall" und ließ sie 1873 patentieren. Bald konnten Levi Strauss und sein Schneider die vielen Aufträge nicht mehr allein schaffen. An die Stelle seiner Schneiderwerkstatt trat eine Fabrik und Strauss wurde ein reicher Geschäftsmann. Heute arbeiten weltweit mehr als 17 000 Menschen bei „Levi Strauss & Company".
(Quelle: magazinUSA.com)

Jeans – made in ...

Der Weg einer Jeans vom Baumwollfeld bis in den Kleiderschrank ist meist mehrere tausend Kilometer lang und kompliziert verschlungen. Ursache für diesen Transportwahnsinn ist das hohe Lohngefälle zwischen Nord und Süd, Ost und West. Die Weltreise auf dem Lebensweg einer Jeans könnte dabei so aussehen:

Anbauen der Baumwolle	Kasachstan
Spinnen des Garns	China
Färben des Garns	Philippinen
Weben des Stoffs	Polen
Herstellen von Labels und Futter	Frankreich
Konfektionieren	Philippinen
Stonewash mit Bimsstein	Türkei oder Griechenland
Verkauf	Deutschland
Sortieren der Altkleider	Niederlande
Secondhand-Verkauf	Ghana
Transportweg	etwa 51 000 km

Die geographischen Dimensionen sind eindrucksvoll, stellen jedoch die Umweltverträglichkeit, z.B. durch CO_2-Emissionen, sowie die Sozialverträglichkeit, z.B. durch Kinderarbeit, ungerechte Entlohnung und Einseitigkeit des Welthandels erheblich in Frage.

Jeans – designed by ...

Levis, Lee, Wrangler, Mustang, Miss Sixty ... – egal ob klassisch blau, schwarz oder weiß oder poppig gefärbt, hauteng, modisch weit, ausgefranst, stonewashed oder mit Cargotaschen – die Liste der Markennamen scheint endlos lang. Mode ist ein Massenphänomen geworden und wer es sich leisten kann, kauft in jeder Saison etwas Neues. Der Kleiderrausch in Deutschland führt zu einem jährlichen Pro-Kopf-Verbrauch von etwa 19 Kilogramm Bekleidung. Kleidung wird dabei nicht erneuert, weil sie kaputt ist, sondern weil sie dem Trend nicht mehr entspricht. Das Konsumverhalten vieler Kids und Teens ist anerzogen und vom Gruppendruck sowie den Medien gesteuert.

Die Optik einer Jeans ist ein wichtiges Verkaufsargument. Um verschiedene Effekte zu erzielen, werden verschiedene Oberflächenbehandlungen zum Einsatz gebracht:

- „Stonewash" – Wäsche mit Bimsstein bzw. enzymatische Behandlung
- „Moonwash" – Wäsche mit Bimssteinen, die mit Bleichmittel getränkt sind und erhabene Gewebestellen bleichen
- „Sandwash" – Aufstrahlen von Quarzsand (Used Look)
- „Overdyed" – Überfärben (Bicoloreffekt)
- „Scrubbed Look" – Schrubben mit Drahtbürsten (Wildleder Look)

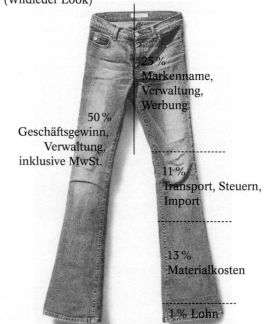

Preiszusammensetzung einer Jeans aus Osteuropa

82.1 Jeans – coolste Lieblingshose der Welt

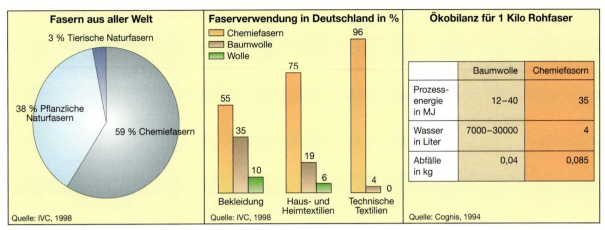

83.1 Faserverwendung

Der ökologische Lebenslauf von Textilien

Meldungen wie „Giftduschen über Baumwollfeldern", „Schadstoffbelastungen in unserer ‚zweiten Haut'" oder „Notwendigkeit neuer Umweltstandards in der deutschen Textilindustrie" beunruhigen, denn das Thema „Kleidung" berührt alle Menschen. Die Frage nach dem Umwelt- und Verbraucherschutz drängt sich auf und der umweltbewusste Kunde überlegt, ob er durch seine Nachfrage das Angebot unbedenklicher Ware fördern kann.

Viele Unternehmen der deutschen Textilindustrie setzen zu ihrer Standortsicherung auf die Qualität „made in Germany" und die Maßstäbe „ökologischer Produktion". Sie haben Umweltleitlinien für ethisches und umweltverträgliches Handeln entwickelt, denn Umweltschutz bedeutet Gesundheitsschutz. Dabei wird der Lebenszyklus eines Textils einer genauen Analyse unterzogen und jeder Schritt der textilen Kette im Hinblick auf den In- und Output unter die Lupe genommen. Ziel ist die Minimierung der Umweltbelastungen. Gesetzliche Vorgaben (z. B. Immissions-, Wasser- und Abfallrecht, Arbeitsschutz) zwingen die deutsche Textilindustrie zu einer nachhaltigen Entwicklung. Immer mehr Unternehmen führen darüber hinaus aber auch ein Umweltmanagement nach ISO 14001 (Abb. 72.3) freiwillig ein.

Zu dieser ganzheitlichen, umweltorientierten Unternehmenspolitik gehören folgende Bereiche:

1. Die Produktionsökologie betrachtet die Auswirkungen der Produktionsprozesse auf Mensch und Umwelt bei der Herstellung. Die Verwendung der Rohstoffe hat Ressourcenverbrauch zur Folge. So ist beispielsweise für unsere Kleidung ein enormer Flächenverbrauch durch den Baumwollanbau (333 000 km², entspricht 2,5 % der Weltackerfläche) und die Schafweiden in riesigen Steppengebieten notwendig. Für die synthetisch hergestellten Chemiefasern benötigt man 1 % der Weltrohölproduktion.

83.2 Öko-Label

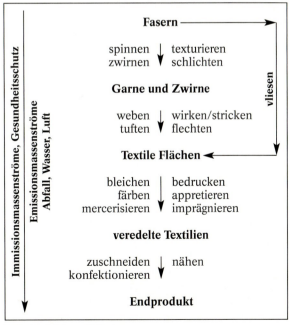

83.3 Produktionsökologie

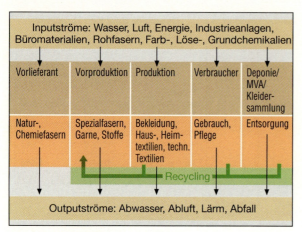

84.1 Input-Output-Modell

Verbesserte Züchtung und Bewässerungstechnik sowie integrierter Pflanzenschutz auf Baumwollfeldern durch Monitoring, d. h. gezielter Chemieeinsatz durch genaue Beobachtung nach dem Motto „so wenig wie möglich, aber so viel wie nötig" zeigen Erfolg. Der Einsatz neuer Technologien bei der Produktion erlaubt es heute 1 kg Baumwollgarn in 2,8 Minuten herzustellen. Dafür waren in vorindustrieller Zeit 28 Tage notwendig. Außerdem optimieren die vielfältigen Eigenschaften der Chemiefasern, wie elastisch, strapazierfähig, winddicht, wasserabweisend, atmungsaktiv sowie UV-absorbierend, die Qualität, Optik und Haltbarkeit, was auch den steigenden Bedarf erklärt. Bei den Fertigungstechnologien der Faserstoffverarbeitung setzt man zwar zunehmend biologisch abbaubare Hilfsmittel ein, in der anschließenden Textilveredlung (Abb. 83.3) lässt sich eine Abwasserbelastung jedoch noch keineswegs in gewünschtem Maße vermeiden. Das Abwasser ist mit Abstand der bedeutendste Emissionsmassenstrom der Textilindustrie. Auf europäischer Ebene heißt der wichtigste Grundsatz vor dem Einsatz umweltschädigender Substanzen „vermeiden vor verwenden und entsorgen".

Im ständigem Dialog mit den Maschinenherstellern und Chemiefirmen zur Optimierung der Prozessabläufe ist die Textilindustrie auf der Suche nach Produktalternativen und Recyclingmöglichkeiten. Die Verpflichtung zur Senkung der CO_2-Emissionen um 20 % bis 2005 konnte in Deutschland bereits 1996 erfüllt werden.

Mit 50 Liter Benzin könnte man
- 500 Kilometer Auto fahren
- 10 000 Polyamid-Strumpfhosen à 15 Gramm
- 47 Arbeitsanzüge aus Polyester à 320 Gramm
- 80 Polyesterblusen à 180 Gramm herstellen.

(Quelle: IVC Industrievereinigung Chemiefaser)

Bei 1 Kilo Textil werden
zur Herstellung 200 l Wasser verbraucht (allein zur Veredlung 120 l Wasser),
15–20 kWh Energie und 5 kg Sauerstoff verbraucht und 7 kg CO_2 abgegeben,
zur Pflege pro Woche in deutschen Haushalten 40 l Wasser, 85 g Waschmittel und 0,5 kWh Energie aufgewendet.
(Quelle: Gesamtverband Textil)

84.2 Zahlenvergleiche

2. Die Humanökologie beschäftigt sich mit der Wirkung von Textilien und ihrer chemischen Inhaltsstoffe auf die Gesundheit und das Wohlbefinden des Menschen. Die Haut, mit zwei Quadratmetern und mehr als 10 kg unser größtes Organ, zeigt Unverträglichkeiten infolge mechanisch bzw. chemisch allergischer Reaktionen. Reine Öko-Kleidung gibt es nicht. Verbraucher, die zertifizierte Textilien (Abb. 83.2) tragen, sind nach heutigem Kenntnisstand mit größter Wahrscheinlichkeit vor Krebs erregenden und Allergien auslösenden Substanzen geschützt.

Die Arbeitsbedingungen in den Textilfabriken der Entwicklungsländer sind oft immer noch menschenunwürdig. Die extrem niedrigen Löhne (5–50 Cent Stundenlohn), der mangelnde Arbeitsschutz sowie die bis zu 12 Stunden tägliche Arbeitszeit müssen unbedingt sozialverträglicher geregelt werden.

3. Die Gebrauchsökologie betrifft die Nutzungsphase von Textilien. Durch Modebewusstsein bzw. Bedarfsorientierung steuern die Käufer den Textilmarkt erheblich und bewirken somit einen Rückkopplungseffekt auf die Produktionsökologie. Die Bundesbürger sind keineswegs Modemuffel, egal ob Cyberchic oder Ökolook, sie wenden jährlich etwa 6 % ihres Einkommens für Textilan-

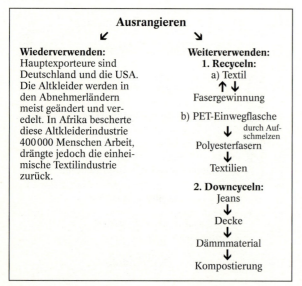

84.3 Entsorgungsökologie

schaffungen auf. Auch der Pflegeaufwand eines jeden Kleidungsstückes bestimmt dessen Ökobilanz. Die „Ultrawaschkraft" durch Enzyme, Bleichmittel, optische Aufheller und Duftstoffe hat oft einen hohen ökologischen Preis. Exaktes Dosieren, die richtige Waschtemperatur (40–60 °C genügen), das geeignete Waschprogramm sowie die volle Trommelbefüllung der Waschmaschine tragen zum Sparkurs bei.

Eine Schlüsselposition nimmt auch der Handel ein, der durch seine Bezugsbedingungen seine Lieferanten „erzieht". So kam es auf sein Betreiben zur Verpackungsordnung, die dazu beiträgt enorme Kosten und Müllmengen einzusparen.

4. Die Entsorgungsökologie ist heutzutage zur Herausforderung geworden. Früher war die Entsorgung von Textilien kein Problem. Schonend behandelte Kleidung wurde lange getragen, geflickt oder weitervererbt und schließlich noch als Lappen verwendet. Es fielen nur geringe Mengen an verrottbarem Material an, die untergepflügt werden konnten. Heute fallen jährlich in deutschen Haushalten 300 000 t Müll durch Bekleidungstextilien an.

Bei der Frage „Recycling – ja oder nein" muss das Kosten-Nutzen-Verhältnis zwischen Wiederverwertung und Neuproduktion genau geprüft werden. Das Recycling von Textilien ist durch den Faser- und Materialmix infolge modischer und funktionaler Aspekte sehr erschwert, sodass aus ökologischer Sicht der Wiederverwendung durch Altkleidersammlungen eine große Bedeutung zukommt. Beim Downcyceln erfolgt eine alternative Weiterverwertung (Abb. 84.3).

Aufgaben

1. Beschreiben Sie anhand der textilen Kette einer Jeans die dabei auftretenden Probleme (S. 82).
2. Erläutern Sie Maßnahmen der deutschen Textilindustrie zur Realisierung der Zielvereinbarungen der Agenda 21, wie Wirtschafts-, Umwelt- und Sozialverträglichkeit (S. 83–85). Erstellen Sie eine Mind-map zur Ergebnissicherung.
3. Erklären Sie, inwiefern Sie durch kritisches Verbraucherverhalten die Ziele der Agenda 21 unterstützen können.
4. Führen Sie eine Bestandsaufnahme ihrer Kleidungsstücke durch. Listen sie dazu die Anzahl der jeweiligen Kleidungsstücke auf, kalkulieren Sie deren Gesamtwert und bestimmen Sie die Quote der Häufigkeit des jeweiligen Tragens.
5. Erarbeiten Sie Kriterien für einen zukunftsfähigen Kleiderkonsum.
6. Diskutieren Sie MIPS-Ideen zu Produkten aus verschiedenen Lebensbereichen (Abb. 85.1).

MIPS für Kids – fit für das 21. Jahrhundert

Wie viel Natur verbraucht eine Jeans während ihres Lebens? Am Ende hat sie einen ziemlich großen ökologischen Rucksack an Naturverbrauch angesammelt: 32 kg Rohstoffe und Boden sowie ca. 8000 Liter Wasser – je nach Bewässerungstechnik und Klimazone. Ein Mensch braucht 20 Jahre, um so viel zu trinken, wie eine einzige Jeans der Natur entnimmt. Jeder Deutsche verbraucht im Jahr insgesamt fast 80 000 kg Umwelt, das sind 220 kg Natur an jedem einzelnen Tag, versteckt in den ökologischen Rucksäcken. Professor Bio Bleek erklärte: **„MIPS (MATERIALINTENSITÄT PRO SERVICEEINHEIT)** zeigt, wie wir die Natur entlasten und dennoch genießen, was uns wichtig ist, indem wir so wenig Natur wie möglich für unsere Bedürfnisse verbrauchen." Das MIPS-Konzept will Produkte und Dienstleistungen auf ihren Umwelt- und Stoffverbrauch überprüfen, dafür eine Maßeinheit finden und auf der Grundlage dieser Einheit einen Vergleich zwischen Produkten hinsichtlich ihrer Schadwirkung ziehen können. Dabei nimmt der MIPS-Wert mit der zunehmenden Zahl von Dienstleistungen ab und zugleich die Umweltverträglichkeit zu. Jeder Mensch darf für sich einen ‚Umweltraum' verbrauchen, das ist die Menge Umwelt, ohne dass der Natur ein dauerhafter Schaden zugefügt wird.

MIPS-Tipps helfen den persönlichen Umweltverbrauch im ökologischen Limit zu halten und Geld zu sparen:

1. Vor dem Kauf: Frag dich immer, ob du wirklich brauchst, was du gerade willst, oder ob die Werbung wieder mehr verspricht, als das Produkt halten kann. **Lieber leihen, teilen, tauschen, als immer alles gleich zu kaufen.**

2. Beim Kauf: Halte den ökologischen Rucksack klein durch Augen auf beim Material und den Transportwegen eines Produkts. Transport bedeutet immer Energieverbrauch, Bau von Transportwegen und Fahrzeugen. Glas, Plastik, Holz, Papier und Pappe haben keine schweren ökologischen Rucksäcke; mittelschwer wiegen dagegen die von Kunstfasern und Eisen, extrem schwer sogar diejenigen von Elektronikprodukten und Edelmetallen.

3. Beim Gebrauch: Viel Umwelt wird überflüssigerweise verbraucht, weil viele Produkte schnell verschleißen oder sogar weggeworfen werden, obwohl sie noch funktionstüchtig sind. **Pflegen, reparieren, putzen und so lang wie möglich nutzen.**

4. Bei der Entsorgung: Was man wirklich nicht mehr benutzen kann oder will, ist noch lange kein Müll. Mit jedem Abfall fliegt auch ein Stück Umwelt auf die Deponie oder die Verbrennungsanlage.
(Quelle: gekürzt und verändert nach Wuppertal-Institut)

85.1 MIPS Cleverness Parcours

OSA-Sports –
Kompetenz und Faszination durch Sportkleidung

1. Firmengeschichte: Die schwäbischen Brüder Otto und Albert Schmidt gründeten 1901 auf der Basis des ortsansässigen Heimgewerbes einen Textilbetrieb zur Herstellung von Schafwolldecken. Ein hoher Anteil weiblicher Arbeitskräfte sorgte für eine rasante Produktionsentwicklung. Die Kriegswirren der beiden Weltkriege erschwerten das wirtschaftliche Überleben. Ende 1951 gelang den Nachfolgern Karl und Theo Schmidt der Durchbruch in Sachen Sportbekleidung. Hauptumsatzträger wurden imprägnierte Kunstfaseranoraks. Höchste Qualität, moderne Farben und Muster sowie erstklassige Verarbeitung und Passform etablierten OSA-Sports auf dem Wintersportmarkt.
Die permanente Erweiterung der Produktpalette eröffnete Mitte der 60er Jahre die Exportmärkte im europäischen Ausland. Mit der Produktionserweiterung auf alle Outdoor-Sportarten fiel 1975 die entscheidende Weichenstellung. 1980 setzte die Produktion von Fleece-, Funktions- und Schutzbekleidung völlig neue Standards. Deutliche Umsatzsteigerungen definierten eine dominante Marktposition. Ende der 80er Jahre eröffneten sich neue Horizonte im Osten und auch unter der Firmenleitung von Frank und Stefan Schmidt setzt sich der Erfolg bis heute fort.

2. Kollektionen: Mode und Marke sind bei OSA-Sports synonym. Die eigenhändige Markenhandschrift setzt in hochwertige Produkte mit großem Design- und Qualitätsanspruch bei gutem Preis-Leistungs-Verhältnis. Die Kombination von produktbezogenem Know-how und kreativem Input ist die Grundlage der Designer-Teams. Modellmacher entscheiden, welche Materialien und Bestandteile die Optik der Kollektion mit dem Höchstmaß an Funktionalität verbinden. Musternäher fertigen die Prototypen, welche unter Extrembedingungen getestet werden und Kunden als Verkaufsvorlage dienen.

3. Produktion: Der Einsatz neuer Materialien und Techniken erforderte eine revolutionäre Umstellung in der Produktion. Permanent wird die technische Ausstattung optimiert, wobei die Automation eine enorme Rationalisierung zur Folge hatte. Nachhaltiges Wirtschaften ist das oberste Ziel.
Die Produktion läuft im 3-Schicht-Betrieb mit nahezu 800 qualifizierten Mitarbeitern. Teile der vertikalen Fertigung werden mittlerweile durch ausländische Lieferanten ersetzt bzw. ergänzt. So erfolgt die Produktion der Baumwollgewebe sowie das Bleichen in der Veredlung vorrangig in Polen, die Herstellung der Kunstfaserstoffe in Tunesien. Die computergesteuerte Konfektionsfertigung inklusive Druck und Stickerei findet noch ausschließlich in Deutschland statt. Ein eigenes Logistikzentrum sorgt für einen reibungslosen Ablauf.

4. Marketing: Werbekampagnen visualisieren die OSA-Sports-Marke in allen Kommunikationsbereichen und sind vor dem Hintergrund aktienrechtlicher Publizität von erheblicher unternehmerischer Bedeutung.
Das Vertriebskonzept orientiert sich am langfristigen Erfolg und baut auf eine sorgfältige Selektion der Handelspartner, um sich von der Konkurrenz abzuheben. Die Marke ist für Millionen von Verbrauchern Inbegriff von höchster Qualität, Kompetenz, Kreativität, Faszination, Dynamik und Internationalität.

5. Jüngste Unternehmensentwicklung: Der Erfolg der Unternehmenskonzeption stützt sich auf die Serie der Erfahrungen ständig neue Wege zu gehen und anwendungsorientierte Produkte auf dem Markt zu etablieren. Ein gutes Marketing ermöglicht die Ausnutzung jeglicher Fühlungsvorteile sowie eine flexible Anpassung an sich wandelnde Markterfordernisse.
Die Produktionszahlen konnten auf über 6 Mio. Artikel pro Jahr anwachsen. Umsatzgewinne ließen umfangreiche Investitionen in Modernisierung und Neustrukturierung von fast 50 Mio. € zu. Eine detaillierte Marktanalyse lässt auch in Zukunft ausreichend Liquidität erwarten, sodass die optimistische Unternehmensführung eine Betriebserweiterung plant. Etwa 500 neue Mitarbeiter sollen in dem Zweigwerk Arbeit finden. Das bestehende Betriebsgelände ist an den Grenzen seiner Kapazität angelangt.
OSA-Sports steht vor der Grundsatzentscheidung in Deutschland zu bleiben oder einen Produktionsstandort im Ausland aufzubauen.

Standortansprüche: 30 000 m² ebene Fläche, Autobahnanschluss ≤ 100 km, Flughafen ≤ 125 km, 40 000 m³ Wasser/Jahr, 1,5 Mio. kWh Strom/Jahr, 1,2 Mio. m³ Gas/Jahr.

86.1 Die virtuelle Textilfabrik

Standortbestimmung als Entscheidungsprozess

Heute spielen branchenspezifische Standortfaktoren eine bestimmende Rolle. Eine Standortentscheidung wird umso gründlicher vorbereitet, je größer das Investitionsvolumen ist. Mitunter, bei behördlichen Genehmigungsverfahren, kann das Verfahren mehrere Jahre dauern, denn meistens ist ein mehrstufiger Untersuchungs- und Entscheidungsprozess notwendig. Aus dem Katalog der Standortfaktoren werden die jeweils maßgeblichen Faktoren mithilfe von Modellrechnungen quantifiziert und Alternativen bestimmt (Abb. 89.1). Das Unternehmen wählt dann den passend erscheinenden Vorschlag aus. Auch wenn der Prozess der Entscheidungsfindung rationalen Charakter hat, ist durch die jeweilige Bewertung ein beträchtliches Maß an subjektiven Einflüssen möglich. Der optimale Standort existiert folglich nur als Idealtypus. Ergebnisse der Marktforschung sind ebenso wenig messbar wie das Handeln gesellschaftlicher Gruppen.

Aufgaben

1. Arbeiten Sie die für OSA-Sports branchenspezifisch relevanten Standortfaktoren heraus, welche die Grundsatzentscheidung der Unternehmensleitung hinsichtlich der Zweigwerksgründung beeinflussen werden.
2. Erstellen Sie mithilfe eines Gruppenpuzzles in einem Planspiel geeignete Standort-Expertisen für OSA-Sports für einen Standort in Deutschland und Tunesien. Recherchieren Sie dazu auch im Internet und präsentieren Sie die Ergebnisse als Marktplatz oder mit Power Point (S. 87–89).

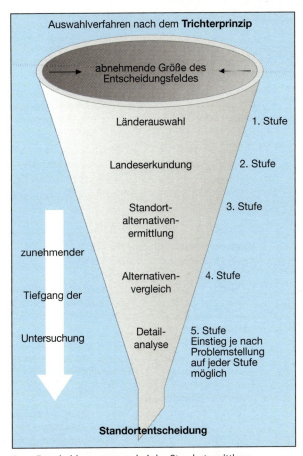

87.2 Entscheidungsprozess bei der Standortermittlung

Lebensqualität ist wegweisend für die Standortwahl
Ein Forschungsprojekt soll die wichtigsten Kriterien für Unternehmerentscheidungen aufzeigen/Baden-Württemberg punktet

Von unserem Korrespondenten Tobias Blasius

Die Unternehmensberatung Cap Gemini Ernst & Young hat Deutschland erstmals einer umfassenden Standortanalyse unterzogen. Sechs Monate lange wälzten Ökonomen Statistikberge, durchforschten Behörden und interviewten 5000 Firmenchefs, um in einer ewigen Streitfrage der regionalen Wirtschaftsförderer ein Urteil zu sprechen: In welchem Bundesland kann Unternehmertum am besten gedeihen?

Das Ergebnis der Studie liest sich zunächst trivial. Die wirtschaftlich erfolgreichsten Länder Bayern, Baden-Württemberg, Rheinland-Pfalz und Hamburg erwiesen sich als besonders unternehmerfreundlich.

Dennoch liefert das Projekt nicht nur die Bestätigung des Bekannten. Schon allein die Methodik weist über die üblichen Erklärungsmuster hinaus. Aus hunderten Gesprächen mit Firmenchefs wurde überhaupt erst ein Kriterienkatalog erarbeitet, an dem sich das Prüfverfaren ausrichten konnte. Und siehe da: Die oft zitierten „bürokratischen Hemmnisse", an denen sich Wirtschaftspolitiker aller Couleur mit Vorliebe reiben, spielen im Bewusstsein der Unternehmer offenbar eine weit geringere Rolle als gedacht. Zentraler Punkt bei der Entscheidung für einen Firmensitz ist demnach die Infrastruktur im Verkehrs- und Bildungsbereich.

Was soll also eine Landesregierung zur Standortpflege tun? Die Handlungsempfehlungen der Unternehmensberater lassen in ihrer Allgemeinheit eine gewisse Ratlosigkeit erkennen. Wichtig sind demnach Investitionen in die Qualifizierung von Arbeitskräften, Investitionen in die Infrastruktur und Investitionen in die Sicherheit. Es ist wohl eher eine diffuse Mischung aus objektiver Prüfung und Gefühl im Bauch, die jemanden veranlasst, sich ausgerechnet in dieses oder jenes Firmenregister eintragen zu lassen. So zählen die Unternehmer zu den wichtigsten Kriterien bei der Standortwahl in Deutschland die Lebensqualität. Wohnungs- und Freizeitangebot sind nach diesen Erhebungen wichtiger als Forschung und Technologietransfer.

Die Studie mag der Politik zur Einsicht verhelfen, dass erfolgreiche Standortwerbung nicht in erster Linie mit Hebesätzen und Büroparks zu tun hat.

nach: Badische Zeitung, 18. September 2002

87.1 Zeitungsbericht

Gruppenpuzzle und Marktplatzmethode

Das **Gruppenpuzzle** ist eine Arbeitsmethode, bei der Gruppenarbeit und selbstständiges Lernen miteinander kombiniert werden. Jeder Themenkomplex wird in einzelne, voneinander unabhängige Themenbereiche aufgeteilt. Jeder Teilnehmer ist Experte für ein Thema, somit gibt es bei dieser Organisationsform weder dominante („Zugpferde") noch passive („Trittbrettfahrer") Gruppenmitglieder. Die Eigenaktivität jedes Einzelnen wird gefördert und sein Selbstwertgefühl gestärkt, denn jedem Experten kommt eine verantwortungsvolle Rolle gegenüber den anderen Mitgliedern zu.

Die Übermittlung der Arbeitsergebnisse erfolgt durch Berichterstattung, Dokumentation und Präsentation, z.B. durch die **Marktplatz-Methode**, in Kleingruppen (Expertengruppen und Stammgruppen), dadurch werden ermüdende Plenumsvorträge vermieden. Eine abschließende Evaluation gewährt den Teilnehmern eine Wertschätzung der geleisteten Arbeit.
Wichtige Voraussetzungen sind grundlegende Arbeitstechniken zur Recherche (S. 62/63), Strukturierung und Bewertung von Informationen (S. 68) sowie elementare Teamfähigkeiten.

1. **Einteilung in Stammgruppen:**
   - ein Themenkomplex wird in voneinander unabhängige Themenbereiche aufgeteilt,
   - Bildung von Stammgruppen (maximal sechs) mit möglichst heterogener Zusammensetzung gemäß der Anzahl der Themenbereiche bzw. übergeordneten Arbeitsaufträge,
   - Festlegung der **Experten** durch gemeinsame Absprache in jeder Stammgruppe, wobei **für jedes Thema** mindestens ein Experte gegeben sein muss,
   - vorübergehende Auflösung der Stammgruppen.
2. **Arbeit in Expertengruppen:**
   - die Experten einer jeden Stammgruppe finden sich in der jeweiligen Expertengruppe zusammen, dabei entspricht die Anzahl der Teilnehmer einer Expertengruppe immer genau der Anzahl der Stammgruppen,
   - die Experten bearbeiten gemeinsam ihr **Expertenthema**, dabei formulieren sie gegenseitige Fragen, ergänzen sich und dokumentieren ihre Ergebnisse,
   - Auflösung der Expertengruppen.
3. **Reorganisation der Stammgruppen:**
   - Expertenbericht eines jeden Experten in seiner Stammgruppe über die Ergebnisse aus der jeweiligen Expertengruppe,
   - nach dem Informationsaustausch erfolgt die Diskussion und Auswertung der Ergebnisse in der Stammgruppe zur Lösung der gemeinsamen Aufgabe,
   - durch die Dokumentation und Präsentation der Stammgruppenergebnisse, z.B. als Marktplatz, gelingt die Informationsübermittlung an die gesamte Lerngruppe.
4. **Evaluationsphase:**
   - Überprüfen des Verstehens gemeinsamer Zusammenhänge zur Erfassung des Themenkomplexes,
   - Rückmeldungen der Teilnehmer zum Beitrag der Experten bzw. Stammgruppen zum Gesamtergebnis und zur Teamfähigkeit; somit Selbsteinschätzung der Leistung möglich.

z.B. die Standortermittlung von OSA-Sports:

Themenkomplex: Investitionen - aber wo?

Themenbereiche: Standortbestimmung in Stammgruppen mit mindestens je 4 Teilnehmern

A Schulort **B** Ort in Baden-Württemberg **C** Ort in anderen Bundesländern **D** Ort in Tunesien

zu den Themen: Standortfaktoren der Textilindustrie
- Ansiedelung/Wirtschaftsförderung
- Arbeits-/Ausbildungsmarkt
- Infrastruktur/lokale Dienstleister
- Transportsysteme

A B C D

Arbeit in Expertengruppen: Internetrecherche z.B. www.bw-invest.com, www.textil-online.de, lokale Adressen, www.investintunisia.com, www.ahk-tunesien.de

1 2 3 4

Dokumentation und Präsentation der Ergebnisse auf Expertenplakaten als Marktplatz:

| Thema 1 | Thema 2 | Thema 3 | Thema 4 |

Reorganisation in Stammgruppen und Evaluation mithilfe der Nutzwertanalyse

Standortentscheidung

88.1 Phasen des Gruppenpuzzles

Die **Nutzwertanalyse** stellt ein Bewertungsmodell zum Vergleich mehrerer Handlungsalternativen dar; etwa der Entscheidung, ob ein Standort A oder B zur Gründung eines Betriebes geeigneter ist.

Der Forderung einer umfassenden Beurteilung des Standortes entsprechend, werden branchenspezifische Standortfaktoren definiert, die möglichst alle Aspekte der Standortwahl erfassen sollen. Dabei teilt sich die Zielfunktion von einem Oberziel (Standortoptimierung) beginnend, baumartig bis zu den eigentlichen Bewertungskriterien auf. Diese Kriterien werden bestimmt und auch bewertet. Entsprechend ihrer Priorität und Relevanz werden die Kriterien über eine subjektive Aufteilung von 100 Punkten gewichtet (Zahlenwerte in der Bewertungsmatrix in Klammern). Der standortbezogenen „besseren" Variante ordnet man den Wert 100 % zu (Nominierung). Alternativen werden als prozentuale Abweichung relativ dazu bewertet und erhalten so nur den entsprechenden Anteil der Punktzahl. Das summierte Ergebnis gilt als Indiz der Eignung des Standorts für die Ansiedelung eines Betriebs. Zum Beispiel wird das Ziel Verkehrsanbindung/Transportkosten, gemäß der Gewichtung von 25 % an der gesamten Standortbewertung, mit der Summe von 25 Punkten bewertet. Gemäß der Gewichtung der Einzelkriterien werden die Autobahnanbindung mit acht Punkten, die regionalen Spritpreise mit vier Punkten, die Binnenhafenanbindung mit fünf Punkten, die Anbindung zum Güterbahnhof mit fünf Punkten sowie die Distanz zum Flughafen mit drei Punkten festgelegt.

Recherchieren Sie die notwendigen Daten zur Standortermittlung von OSA-Sports mithilfe von Abb. 88.1 und erstellen Sie ihre Punktetabelle für die untersuchten Standorte A–D.

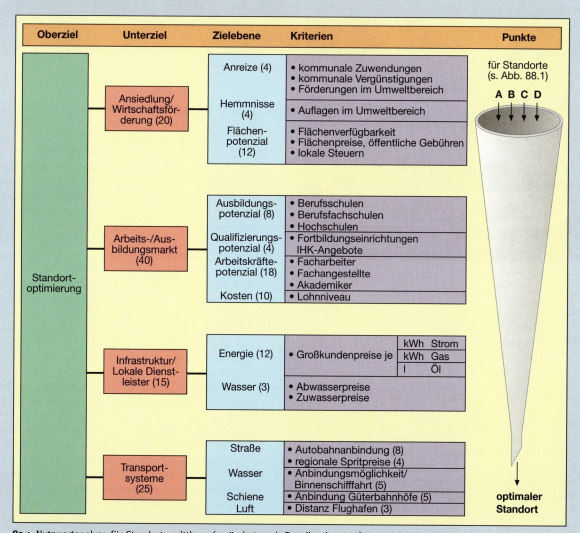

89.1 Nutzwertanalyse für Standortermittlung (verändert nach Engelhardt, 2002)

90.1 A-Klasse-Werk in Rastatt

90.2 Karosserierohbau

Fallbeispiel: Automobilindustrie

A-Klasse-Werk Rastatt – innovatives Fabrikkonzept

Seit 1997 läuft die A-Klasse am jüngsten deutschen Produktionsstandort der DaimlerChrysler AG vom Band. Mit dem Konzept „Unternehmer im Unternehmen" und der Integration der wichtigsten Zulieferfirmen auf dem Werksgelände werden neue Wege beschritten. Um die Markenqualität zu garantieren, wurde das **Mercedes-Benz-Produktionssystem (MPS)** erdacht. Es setzt Standards für Produktionsvorgänge und liefert „Werkzeuge" für deren Umsetzung. Von größtmöglicher Eigenverantwortung auf allen Arbeitsebenen profitieren Arbeitszufriedenheit, Produktqualität und Wertschöpfung.

- Das MPS setzt auf Teamarbeit mit Moderatoren. Die Mitglieder dieser **Rotationsteams** in den **Fertigungs-** und **Qualifizierungsinseln** wechseln sich bei der Tätigkeit ab.
- Das MPS fixiert Standards für die Werkzeuganordnung und Schichtübergabe, um die Prozessabläufe zu sichern.
- Das MPS belohnt konstruktive Ideen im kontinuierlichen Verbesserungsprozess (KVP), denn nicht härter, sondern intelligenter arbeiten heißt die Devise.
- Das MPS flexibilisiert die Arbeitszeit. Mit dem Schicht-Modell der „atmenden Fabrik" kann die Produktion je nach Nachfrage um bis zu 10 % variieren. Zusätzliche Arbeitszeit fließt als Zeitguthaben auf das Langzeitkonto **(interne Flexibilisierung)**.

Fabrikgelände: 1 470 000 m^2
Produktionsfläche: 196 000 m^2
Mitarbeiter insgesamt: 4700 (800 pro Schicht, 12 pro Fertigungsinsel, 200 gewerbliche Auszubildende, Einzugsbereich ca. 50 km, 18 % aus Frankreich)
Roboter: über 400
Jahresproduktion: Kammlinie liegt bei 200 000 Fahrzeugen (800–900 tägl., im 2- oder 3-Schichtbetrieb)
Durchlaufzeit pro Fahrzeug: 4 Std. Karosserierohbau, 6 Std. Lackierung, 12 Std. Montage
Vorratshaltung für Rohbleche: 10–12 Std. (aus Sindelfingen, Bremen)
Vorratshaltung für Module externer Zulieferer: 2,5 Std.
integrierter Industriepark: 26 250 m^2 Produktionsfläche für zehn Zulieferfirmen mit etwa 600 Beschäftigten

90.3 A-Klasse-Werk in Zahlen (2001)

Wirtschaftliches Handeln und dessen Raumwirksamkeit

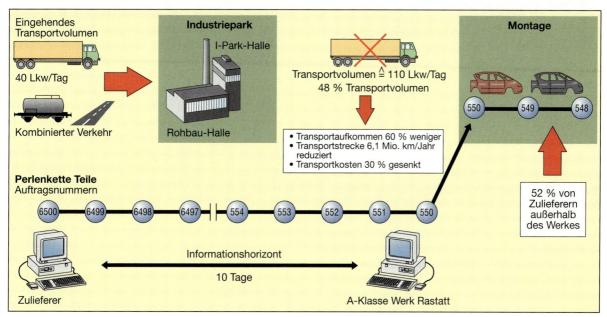

91.1 Logistik-Prinzip der „Perlenkette"

- Das MPS baut auf das **Logistik-Prinzip** der „Perlenkette", wodurch der Material- und Fahrzeugfluss, wie Perlen einer Kette, hintereinander geschaltet sind. Lagerhaltung und Kommissionierung entfallen dabei weitgehend. Bereits zwei Wochen vor der Produktion eines A-Klasse-Fahrzeugs werden die Zulieferfirmen über die sequenzgenaue Reihenfolge informiert. Ein mobiler Datenspeicher, der am Fahrzeug angebracht ist, informiert die Produktionsanlagen und die Arbeiter über die individuellen Kundenwünsche. Die Anlieferung der Komponenten erfolgt exakt **„just-in-sequence"** und ist die konsequente Optimierung der **„just-in-time-Produktion"**. Hierbei ist die Ansiedlung der zehn wichtigsten Systemanbieter auf dem Werksgelände ein großer Vorteil. Über die Förderbrücke mit Transportgondeln und Rollenbahnsystemen gelangen die Module – wie durch eine Nabelschnur – zur richtigen Zeit direkt an die jeweilige Montagestation. Das spart Zeit, Transportkosten und schont die Umwelt. Die Materialbestände benötigen keine teuren Lagerflächen mehr, sondern befinden sich auf rollenden Transportmitteln, den so genannten „warehouses on wheels" und gelangen entweder per Bahn oder mit dem Lkw direkt an die Produktionsstätte.

Der Bau eines der weltweit innovativsten Automobile in einem der weltweit modernsten Automobilwerke verlangt ein funktionierendes Qualitätsmanagement. Weltklasse sein und bleiben erfordert technische Präzision und Perfektion ebenso wie menschliche Sorgfalt. Die ganzheitliche Qualitätskontrolle erfolgt durch interne Qualitätssensoren über „Quality Gates" an den entscheidenden Stellen im Produktionsprozess sowie über ein externes Feedback durch vierteljährliche Kundenbefragungen.

91.3 Montage der Rücklichter

Faszination der Technik

In jeder Mercedes-Benz A-Klasse stecken Know-how und Motivation des ganzen Werkes.

Der Karosserierohbau ist zu 100 % automatisiert. Die Roboter verarbeiten täglich 240 t Stahl, setzen dabei 4000 Schweißpunkte an 290 Blechteilen und formen somit die Rohkarosserie. Die „Sandwich-Bauweise" garantiert dabei viel Platz und viel Sicherheit, da beim Crash die Motor-Getriebe-Einheit unter dem Fahrzeug hinwegtaucht. Ein revolutionäres Konzept, das zum Vorbild für eine neue Fahrzeugklasse wurde. Das Vertrauen in alle „stählernen Kollegen" ist groß, doch dienen Ultraschall- und Laserkontrollen „inline" der qualitativen Sicherung. Die Maßtoleranz liegt unter +/− 0,5 cm.

Der Lackierprozess ist ebenfalls vollautomatisiert. Das Konzept – Korrosionsschutz durch Elektrotauchbad und Dreischicht-Lackierung auf Wasserbasis in Reinraumtechnik – ist hochmodern und umweltschonend. Das weltweit einzigartige Pulver-Slury-Verfahren, bei dem erstmalig auf Lösungsmittel verzichtet werden konnte, wurde mehrfach mit Umwelt- und Innovationspreisen ausgezeichnet.

In der Montage wird das lackierte Fahrzeugskelett zur Mercedes-Benz A-Klasse. Der Innenausbau erfolgt auf Shuttles über Förderbänder im 1,2-Minutentakt vorbei an vollmechanisierten Montagestationen. Mit großer Sorgfalt werden alle Kundenwünsche realisiert. Höhepunkt im Montageprozess ist die „Hochzeit", die Vereinigung von Motor-Getriebe-Einheit und Karosserie.

In der gesamten **Ein-Linien-Produktion** werden die Nebenlinien der Produktion gemäß dem Fischgräten-Prinzip der Hauptlinie zugeführt. Dies bedeutet: kurze Wege, transparenter Materialfluss, direkte Kommunikation und somit optimale Abstimmung. Letzte Kontrollinstanz vor der Auslieferung ist das Finish-Center. Danach gelangen die durch Synergieeffekte gefertigten Automobile meist per Lkw oder Bahn direkt in die Hände der Kunden.

Experten beschreiben die Dauer des Produktlebenszyklus eines modernen Automobils mit sechs bis sieben Jahren. Dieser Innovationsdruck erfordert eine permanente Anpassung und Umstellung der Produktion. Mit einem Investitionsvolumen von 900 Mio. € erweitert das Werk Rastatt seine Produktionsfläche um 140 000 m² für die nächste Generation der A-Klasse. Weitere 1000 Arbeitsplätze werden geschaffen.

Der Bau eines zukunftsorientierten Fahrzeugs verlangt die Orientierung der Produktion an umweltschonenden Prozessen. Das Umweltmanagement regelt die Vorgehensweise im Umweltschutz bei gesetzlichen Bestimmungen, bei den Öko-Audit-Vorgaben sowie bei der Realisierung eigener Umweltziele. Grundsätzliches Streben ist es, alle Stufen der Produktion umweltverträglich zu gestalten, d.h. Energie sparende, emissions- und abfallarme Techniken einzusetzen, die Rückführung und Mehrfachnutzung von Betriebs- und Hilfsstoffen sowie das Recycling der Produktionsrückstände zu integrieren und Lärm zu vermeiden.

Umweltschutzmaßnahmen im A-Klasse Werk Rastatt:

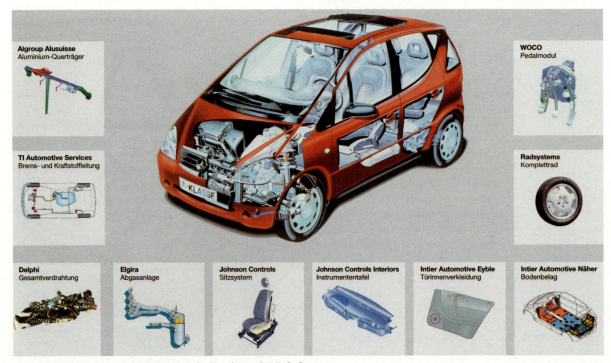

92.1 Kooperationskonzept TANDEM: DaimlerChrysler und Zulieferfirmen

- Solarzellen auf dem Dach zur Brauchwassererwärmung,
- Trinkwasserbereitstellung nur im Restaurant,
- Grundwasserschutzwannen unter den Werksgebäuden,
- Blockheizkraftwerk mit Kraft Wärme-Kopplung und Nutzung von Erdgas zur Optimierung der Energieausbeute und zur Minimierung des CO_2-Ausstoßes,
- Wärmeräder zur Energierückgewinnung durch Erwärmen der Frischluft mit Abluft, somit Sparen von Heizenergie,
- Natriumhochdruckdampf-Lampen zum Insektenschutz.

Das Umweltcontrolling mit zahlreichen Messstationen dient der regelmäßigen Luft- und Grundwasserüberwachung. Ein Umweltinformationspfad informiert transparent über alle Maßnahmen, die dem Werk das Europäische Umweltzertifikat eingebracht haben.

Aufgaben

1. Visualisieren Sie die Produktionslinie bei der Fertigung eines Mercedes-Benz A-Klasse durch ein Fließschema und erläutern Sie das Prinzip.
2. Rastatt war die Keimzelle für das MPS, das innerhalb des Konzerns heute weltweit Verwendung findet. Diskutieren Sie die Vorteile eines solchen Produktionskonzepts.
3. Erstellen Sie eine Mind-map zum Thema „Innovation und wirtschaftliches Handeln".
4. Stellen Sie das Konzept umweltschonender Produktion beim A-Klasse-Werk in Rastatt dar und vergleichen Sie es mit dem Umweltschutzkonzept eines Ihnen bekannten Betriebes.
5. Planen Sie eine Betriebserkundung und legen Sie dazu ein Portfolio (Abb. 101.1) an.

Betriebserkundung

Die **Betriebserkundung** schließt in der Regel eine **Betriebsbesichtigung** mit ein, ist jedoch weitaus umfassender. Um einen Einblick in einen Betrieb und dessen Entscheidungsprozesse zu gewinnen, ist die Auswahl inhaltlicher Schwerpunkte sowie die Verknüpfung verschiedener betrieblicher Perspektiven notwendig. Die Themenstellung beschäftigt sich meist exemplarisch mit Grundphänomenen aus der Wirtschafts- und Arbeitswelt. Neben den klassischen technologischen, ökonomischen und arbeitsorganisatorischen Aspekten sind auch berufskundliche, ökologische und sozialpolitische Fragestellungen bedeutungsvoll. Auch die Untersuchung des Phänomens Globalisierung auf der Ebene des Einzelbetriebs bietet einen interessanten Anlass für eine Betriebserkundung.
Welche Fragestellung der Erkundung zugrunde gelegt wird, hängt vom ausgewählten Betrieb ab und von der Bereitschaft der Unternehmensleitung „seine Türen" für die Interessenten zu öffnen. Diese originale Begegnung mit dem Thema im Rahmen einer Betriebsbesichtigung ermöglicht selbstentdeckendes Lernen im Bereich der gesellschaftlichen Realität, fordert Entscheidungen heraus und initiiert persönliche Entwicklungen.
In Kleingruppen konzentrieren sich die Schüler auf die Teilaspekte des betrieblichen Handelns. Dabei organisieren sie selbstständig die Informationsbeschaffung, z.B. durch Gespräche mit Unternehmensangehörigen, die Dokumentation und Präsentation. Der Erfolg der Erkundung ist entscheidend von der Teamarbeit seiner Gruppenmitglieder abhängig und von der Flexibilität vor Ort auf neue Informationen und Impulse reagieren zu können.
Interessante betriebliche Aspekte sind: Wettbewerb und Markt, Innovationen und Produktivität, Optimierung von Prozessabläufen, moderne Produktionskonzepte, Mitbestimmung und Tarifpolitik, Auswirkung politischer Vorgaben, Globalisierung, nachhaltiges unternehmerisches Handeln, Standortfaktoren, Aktienhandel.

Die Betriebserkundung läuft in drei Phasen ab:

1. Planung:
- Themenfindung: Welcher Betrieb kommt in Frage?
- Formulieren eines Briefs an die Unternehmensleitung mit der gewünschten Zielsetzung.
- Persönliche Vorerkundung des Betriebs durch die Lehrkraft und erste Informationsbeschaffung (Image-Video).
- Erörterung der angemessenen interessanten Fragestellungen im Unterricht: Welche Herausforderungen sind zu beantworten, welche Maßnahmen zu ergreifen, welche Folgen zu erwarten?
- Gruppeneinteilung, Formulieren und Abstimmen der jeweiligen Erkundungsaufträge.
- Betriebssicherheit und Datenschutz klären.
- Vereinbarung der Verhaltensregeln.
- Einüben geeigneter Dokumentations- (z.B. Fotografieren) und Präsentationsmethoden.

2. Betriebserkundung „vor Ort":
- betriebliche Erkundung der unterschiedlichen Aspekte in arbeitsteiligen Gruppen.
- Protokollieren und Dokumentieren der Beobachtungen.

3. Auswertung:
- Sichten der Ergebnisse durch Kurzberichte.
- Aufarbeiten der Ergebnisse (evtl. weitere Recherchen).
- Erstellen einer Wandzeitung bzw. einer Marktplatzpräsentation.
- Arbeitsgruppenberichte im Plenumgespräch.
- Reflexion über Stärken, Schwächen bzw. Lernerfolg.

94.1 Maybach 1930 – Daimler-Benz, Maybach 2002 – DaimlerChrysler

	1999	2000	2001
Umsatz in Mio. €	149985	162384	152873
davon EU	49960	50348	45640
davon D	28393	25988	23640
Beschäftigte	466938	416501	372470
Forschungs- und Entwicklungs- aufwand in Mio. €	7575	7395	6008
Sachinvestitionen in Mio. €	9470	10392	8896
Automobilabsatz in Mio.	4,3	4,7	4,5
Umweltschutz- ausgaben in Mio. €	479	604	1600
Einkaufsvolumen in Mio. €	–	–	106500

94.2 DaimlerChrysler AG in Zahlen (2001)

Einsparungen in Mio. Euro	1999	ab 2001
Einkauf	460	1380
Gesamtintegration, Finanzdienstleistungen	184	460
Forschung und Technologie, „Plattform-Integration"	92	460
Vertriebsinfrastruktur	276	276
Höherer Absatz	276	690
Insgesamt	1288	3266

94.3 Synergiepotenziale der DaimlerChrysler AG

DaimlerChrysler – ein Global Player

DaimlerChrysler ist eines der führenden Automobil-, Transport- und Dienstleistungsunternehmen der Welt. Der Konzern ist auf allen Kontinenten aktiv, seine Produkte werden in über 200 Länder verkauft.

Durch die Neuentwicklung der Highend-Luxuslimousine „Maybach" möchte DaimlerChrysler seine Position in der Automobilbranche unterstreichen: „ein echter Star unter den Sternchen".

Die Kompetenzen Exklusivität und Hightech werden im eigens neu kreierten „Center of Excellence" in stilistischer Weise interpretiert. Der Konzern demonstriert mit diesem „automobilen Kunstwerk auf Rädern" seine Ausrichtung in die Zukunft sowie die globale Orientierung seiner Marken. DaimlerChrysler besitzt heute bereits eine globale Belegschaft und zahlreiche, insbesondere europäische und amerikanische, Investoren. Etwa eine Milliarde Aktien sind im Umlauf und werden außer in New York und Frankfurt an 15 weiteren wichtigen Börsen weltweit gehandelt. Die Konzernstrategie basiert folglich auf vier Säulen: globale Präsenz, starkes Markenportfolio, umfassendes Produktionsprogramm sowie Technologie- und Innovationsführerschaft.

„Größer, effektiver, schneller" lautet das Fitnessprogramm auf dem Weltmarkt. Dies führte im November 1998 zur Fusion der Daimler-Benz AG (Stuttgart) mit dem US-amerikanischen Automobilhersteller Chrysler Corporation (Auburn Hills/US-Bundesstaat Michigan). Die „Hochzeit des Jahres" katapultierte das neue „Paar" auf Rang 2 unter den umsatzstärksten Unternehmen der Welt. Ziel des Zusammenschlusses sind spürbare Kostensenkungen im zunehmend härteren Wettbewerb und optimale Gewinnmaximierung durch die Ausschöpfung von Synergieeffekten.

Wirtschaftliches Handeln und dessen Raumwirksamkeit

Als Weltkonzern setzt DaimlerChrysler auf neue Wege und Strukturen. Nur geringfügige Umsatz- und Absatzeinbußen im Vergleich zum Vorjahr bestätigen in Zeiten schwacher Konjunktur die Fokussierung auf das Automobilgeschäft. Durch **strategische Allianzen** wurde die Marktposition in Asien weiter ausgebaut. Die Beteiligung an Mitsubishi Motors mit über 37% sowie das **Jointventure** mit der südkoreanischen Hyundai Motor Company stärken bereits spürbar das Nutzfahrzeuggeschäft. Seit der Gründung des Executive Automotive Commitee (EAC) erfolgt die Gesamtsteuerung des DaimlerChrysler Automobilgeschäfts einschließlich der Allianzpartner nach einheitlichen Regeln und Prozessen. Dieser weltweite konzerneigene Know-how-Transfer sichert Wettbewerbsvorteile durch die Standardisierung der Komponenten und den Ausbau der E-Business-Aktivitäten. Dabei trägt das globale Beschaffungs-Informationssystem (GPSIS = Global Procurement and Supply Information System) dazu bei die Prozesse zu optimieren.

Um die Zukunftsfähigkeit des Konzerns zu sichern, engagiert sich DaimlerChrysler für eine nachhaltige umweltfreundliche Mobilität. Über Simulationssoftware arbeiten Konzeptstudien am effizienten Einsatz von Ressourcen, z. B. an der Entwicklung von Hybrid- und Brennstoffzellantrieb sowie dem Einsatz regenerativer Kraftstoffe.

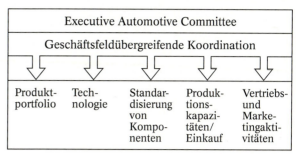

95.2 Arbeitsbereiche des EAC

Strategische Allianz: langfristig angelegte, auf vertraglichen Vereinbarungen beruhende Kooperationen von Unternehmen derselben Wertschöpfungsstufe; Ziel: durch gemeinsame Nutzung unterschiedlicher Unternehmensressourcen ihre Stellung im Wettbewerb verbessern.

Jointventure: Gemeinschaftsunternehmen zweier rechtlich und wirtschaftlich selbstständiger Unternehmen für ein gemeinsames Projekt, wobei Kenntnisse und Kapital von beiden bei gleichzeitiger Teilung von Gewinn und Risiko zusammengelegt werden.

95.3 Kooperationsformen

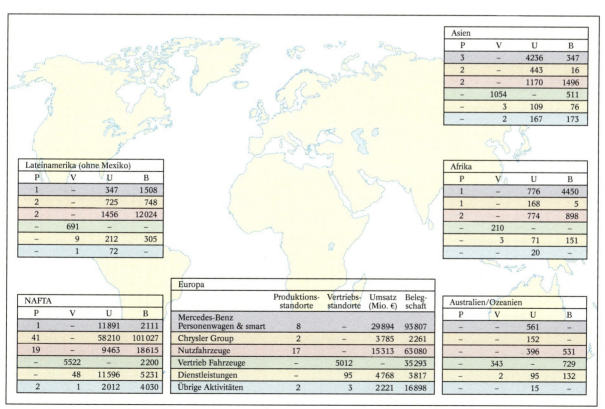

95.1 Weltkonzern DaimlerChrysler AG

Wirtschaftliches Handeln und dessen Raumwirksamkeit

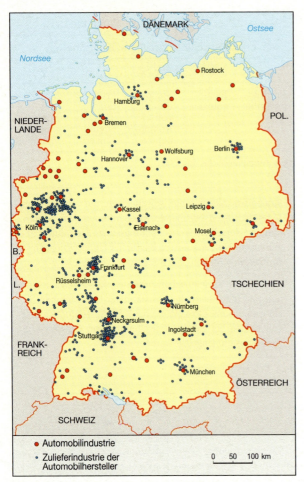

96.1 Standorte der deutschen Automobilindustrie

Die Automobilindustrie – eine Schlüsselindustrie

Die deutsche Automobilindustrie beeinflusst maßgeblich die Entwicklung der deutschen Volkswirtschaft. Jeder siebte Arbeitsplatz und jeder vierte Steuer-Euro hängen direkt oder indirekt vom Auto ab.

Vielfältige Verflechtungen kennzeichnen den arbeitsteiligen Prozess der Automobilproduktion. So werden Investitionsgüter-, Material- und Modullieferungen unter anderem von der chemischen Industrie, der Textilindustrie, dem Maschinenbau, der Elektrotechnik, den Ziehereien und Kaltwalzwerken sowie der Eisen schaffenden Industrie bereitgestellt. Darüber hinaus verstärken Ausstrahlungseffekte auf die vor- und nachgelagerten Bereiche das ökonomische Gewicht dieser Branche. Sowohl Dienstleistungsbranchen, wie Ingenieurbüros, Speditionen und Verkehrsbetriebe, als auch Tankstellen, Werkstätten und Behörden partizipieren an der Wertschöpfung eines Automobils. Außerdem forciert die Fertigungstechnologie mit ihren hohen Anforderungen an technischen Standard und Qualität die Innovationstätigkeit und den Fortschritt auch in zahlreichen anderen Branchen der Volkswirtschaft. Aufgrund dieser Position gilt die Automobilindustrie im deutschen verarbeitenden Gewerbe als **Schlüsselindustrie**.

Die Marktposition der deutschen Hersteller hat sich kontinuierlich verbessert. Die Herausforderungen an die Automobilbranche sind allerdings durch die Verteuerung der Mobilität, z. B. durch die Ökosteuer ab 1999, weiter gewachsen. Durch neue Investitions- und Standortentscheidungen, vor allem im Osten Deutschlands, hat sich die heimische Automobilindustrie jedoch als stabiler Faktor mit sozialer Verantwortung erwiesen.

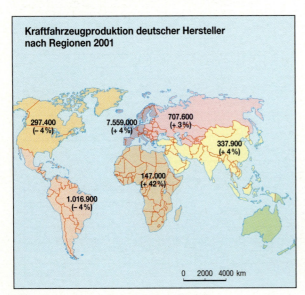

96.2 Kfz-Produktion deutscher Hersteller 2001

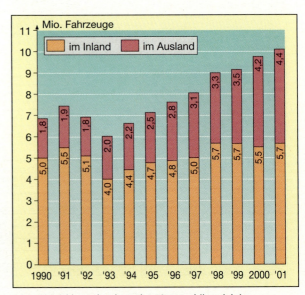

96.3 Entwicklung der deutschen Automobilproduktion

Die deutsche Automobilbranche ist ausgesprochen exportorientiert. „Das Ausland fährt auf deutsche Autos ab" und sorgt für Rekordumsätze trotz schwacher Konjunktur. Durch ein gutes Preis-Leistungs-Verhältnis sowie die hohe technische Kreativität bei Herstellern und Zulieferern kann sich Deutschland als weltweit drittgrößter Kraftfahrzeughersteller (2001: ca. 5,7 Mio., davon 85 % Pkw und 15 % Nutzfahrzeuge) hinter den USA (ca. 11,5 Mio.) und Japan (ca. 9,8 Mio.) behaupten.

Der Wettbewerb auf nationaler und internationaler Ebene hat auch bei der deutschen Automobilindustrie zu einem Strukturwandel geführt. Sowohl durch Maßnahmen der **internen** als auch der **externen Flexibilisierung** konnten erhebliche Kostensenkungspotenziale erreicht werden.

Die Beziehungen zwischen Fahrzeugherstellern und Zulieferern haben sich dabei grundlegend geändert. Die Zulieferunternehmen haben in stärkerem Umfang Aufgaben von ihren Kunden übernommen; dies betrifft die Produktion, die Entwicklung und Organisation bis hin zur Übernahme von Managementaufgaben. Diese aus der Perspektive der Automobilproduzenten als **Outsourcing** bezeichnete Auslagerung von Teilbereichen der Produktion kann zur Bildung von Spin-off-Betrieben führen, d.h. von ehemaligen Mitarbeitern gegründeten Unternehmen. Die Zusammenarbeit ist partnerschaftlich und hat durch Koordination die Optimierung des Gesamtprodukts zum Ziel. In der deutschen Automobilindustrie ist die **Verringerung der Fertigungstiefe** auf Werte unter 25 % heute durchaus üblich; der Eigenanteil ihrer selbst entwickelten Komponenten lag früher bei etwa 80 %. Durch hohe Investitionsquoten (10 %), Know-how und entsprechende Kapazitäten sichern sich die Zulieferer ihre Position in der automobilen Wertschöpfungskette.

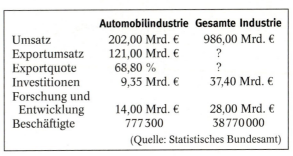

	Automobilindustrie	Gesamte Industrie
Umsatz	202,00 Mrd. €	986,00 Mrd. €
Exportumsatz	121,00 Mrd. €	?
Exportquote	68,80 %	?
Investitionen	9,35 Mrd. €	37,40 Mrd. €
Forschung und Entwicklung	14,00 Mrd. €	28,00 Mrd. €
Beschäftigte	777 300	38 770 000

(Quelle: Statistisches Bundesamt)

97.2 Automobilindustrie im Gesamtvergleich 2001

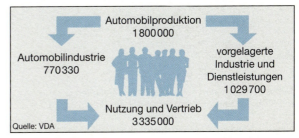

97.3 Arbeitsplätze 2001

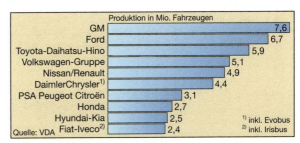

97.4 Top 10 der Automobilhersteller 2001 in Mio. Fahrzeugen

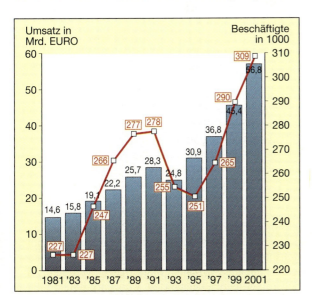

97.1 Entwicklung der deutschen Zulieferindustrie

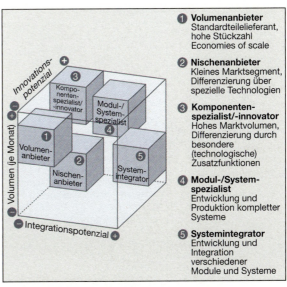

97.5 Situation der Zulieferindustrie

Wirtschaftliches Handeln und dessen Raumwirksamkeit

- Scheibenwischer, Radkappen aus Spanien
- Windschutzscheibe, Lüftermotor aus Italien
- Tür-Innengriffe, vordere Blinker, hintere Blinker und hintere Stoßstange aus Großbritannien
- Schalter am Armaturenbrett aus Malta
- Kopfstützen aus Frankreich
- Auspuff aus Schweden
- hintere Bremsschläuche aus den USA
- Bodenisolationen aus den Niederlanden
- Teppiche aus Belgien
- Reifen aus Frankreich
- Aluräder aus Irland
- Scheibenwaschpumpe aus der Schweiz

98.1 „Made in Germany"!?

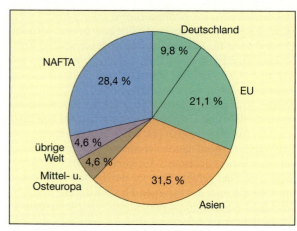

98.3 Weltautomobilproduktion nach Regionen 2001

	Wettbewerbsfaktoren aus Sicht der Kunden	Wettbewerbsfaktoren aus Sicht der Unternehmen
Produktion und Absatz im Inland	• Prestige der deutschen Marken • Innovationen • Individualität • Sicherheit, Qualität • Ersatzteilversorgung und Servicedichte • Markenbindung • Emotionen • Bindung an Arbeitgeber	• Ausbildung der Arbeitskräfte/berufliche Bildung • Vergleichsweise hohe Produktivität • Öffentliche Infrastruktur vergleichsweise gut, jedoch verbesserungsfähig • Genaue Kenntnisse des deutschen Standortes und Marktes • Relativ hohe Verlässlichkeit der Rahmenbedingungen im Vergleich zu anderen Ländern • Keine Geschwindigkeitsbegrenzung, Anreiz zu Hochtechnologie
Produktion und Absatz im Ausland	• Deutsches Markenimage • Anerkennung deutscher Marken bei den Käufern aufgrund des Technologietransfers und aufgrund lokaler Arbeitsplätze • Erfolgreiche Analyse und Reaktion auf nationale/regionale Kundenwünsche (z.B. Angebot und Produktion von SUV in den USA)	• Ausnutzung komparativer Kostenvorteile • Meist niedrigere Arbeitskosten als in Deutschland • Oft staatliche Anreize und Zuschüsse • Einbeziehung in den internationalen Fertigungsverbund • Auch: Lokaler Schutz durch Außenzölle • Marktbeobachtung und -pflege vor Ort • Abhängigkeit der deutschen Hersteller von Auslandsmärkten: 2/3 der Produktion werden exportiert! • Höhere Dynamik bei der Auslandsproduktion: Potenziale erschließen, Wachstum sichern, Lücken schließen

98.2 Standortrelevante Faktoren

Wettbewerbsfähigkeit der deutschen Automobilbranche

„Made in Germany", das Image von attraktivem Produkt und innovativem Design, spielt neben dem ökonomischen Kalkül bei vielen deutschen und ausländischen Kunden eine entscheidende Rolle. Doch ein „rein-deutsches" Auto gibt es schon längst nicht mehr.

Im Rahmen der **Plattformstrategie** werden baugleiche Bodengruppen aus Stirnwand, Antriebseinheit, Radführung, Lenkung, Bremsanlage und Kraftstofftank als Basis für verschiedene Automodelle eingesetzt. So plant der VW-Konzern zukünftig nur noch vier Plattformen für etwa 50 Automodelle einzusetzen. Das bringt enorme Kosteneinsparungen (VW: 1,5 Mrd. € pro Jahr).

Die Optimierung von Prozessabläufen und betrieblicher Organisation wird auch in Deutschland heute nach dem von der japanischen Automobilfirma Toyota in den fünfziger Jahren entwickelten Vorbild durchgeführt. Die **Verschlankung** der Produktion **(lean production)**, der Verwaltung **(lean administration)** sowie des Managements **(lean management)** bewirkt eine Produktivitätssteigerung mit Gewinnmaximierung sowie mehr Flexibilität.

Die technologische Spitzenstellung in allen Teilaspekten des Automobilbaus macht die Fahrzeuge deutscher Marken weltweit besonders attraktiv. Die Kraftstoffverbrauchsreduzierung, die Absenkung der Emissionen sowie die stetige Unfallfolgenminderung durch verbesserte Fahrzeugsicherheit fördern die Akzeptanz der deutschen Automobilindustrie. Hohe Lohnkosten in Deutschland sind eine der Ursachen für die zunehmende Globalisierung der deutschen Automobilhersteller. Sie sind in mehr als 40 Ländern mit über 120 Standorten aktiv und auch deutsche Zulieferer zeigen globale Präsens. Ihr Innovationspotenzial ist durch E-Business (electronic commerce) auf allen virtuellen Marktplätzen vertreten, führt neuerdings jedoch verstärkt zu Konzentrationen (Mega-Supplier).

Individuelle Mobilität – eine soziale Errungenschaft

In Deutschland sind heute 44,4 Mio. Personenkraftwagen zugelassen. Damit verfügen mehr als 80 % der deutschen Haushalte über mindestens ein Auto. Ebenso verfügen etwa 80 % aller Erwachsenen über 18 Jahre über einen Pkw-Führerschein.

Die Mobilität in unserer Informationsgesellschaft ist das Spiegelbild unserer Wirtschaft und Gesellschaft. Mit wachsendem Einkommen, mehr Flexibilität am Arbeitsplatz und steigenden Ansprüchen setzen die Menschen zukünftig mehr denn je auf individuelle Mobilität. Nur das Automobil gewährt das Maß an Selbstbestimmung und Freiheit bei der Mobilitätsausübung, die unsere Gesellschaft des 21. Jahrhunderts prägen. Mit immer geringer werdenden Zuwachsraten tendiert das weitere Motorisierungswachstum jedoch gegen ein Sättigungsniveau. Eine innovative Verkehrspolitik hat die Aufgabe die Arbeitsteilung und Koordination der Subsysteme Straße und Schiene zu stärken. Das Auto als Verkehrsträger Nummer 1 setzt die Automobilkonstrukteure hinsichtlich der Umweltkompetenz auf allen Wertschöpfungsstufen der Branche unter Druck. Technische Lösungen zum Klimaschutz, zur Ressourcenschonung und Gefahrstoffvermeidung werden die Zukunftsfähigkeit der Automobilindustrie maßgeblich mitbestimmen. Selbstverpflichtungen sind dabei ein erprobtes Lenkungsinstrument. So sollen bis zum Jahr 2015 alternative Antriebskonzepte, z. B. durch Brennstoffzellentechnologie, in der Automobilproduktion bereits umsetzbar sein.

Aufgaben

1. Diskutieren Sie die Position der Automobilindustrie als „Motor der deutschen Wirtschaft".
2. Entwerfen Sie Szenarien (Trend/Best-/Worst-Case, S. 223) für die Mobilität der Zukunft in Deutschland.

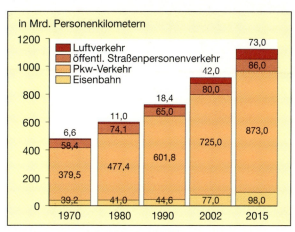

99.2 Personenverkehr in Deutschland bis 2015

- Ausgaben pro Haushalt und Monat: 17 % des Nettoeinkommens (350 Euro)
- tägliche Mobilität pro Person: 1 Stunde 23 Minuten, 39 km auf 3,8 Wegstrecken
- tägliche Fahrten: 135 Mio. km
- Verkehrsleistung in Personenkilometer: 82 % Pkw, 725 Mrd. km insgesamt
- Jahresfahrleistung pro Pkw: 12 600 km auf 231 000 km langem Straßennetz
- Jahresfahrleistung aller Pkws: 507 Mrd. km
- Verkehrsleistung in % der Nutzung: 83 % Geschäftsreisen, 80 % Freizeitverkehr, 77 % Berufsverkehr, 72 % Einkaufsverkehr, 60 % Urlaubsverkehr
- tägliche Staus verursachen: 30 Mio. l mehr Kraftstoff und Emissionen, Millionen verlorener Freizeitstunden

99.3 Mobilität in Deutschland (2001)

99.1 Hyperauto oder nachhaltige Mobilität

Das 1-Liter-Supersparmobil – das Auto von morgen!?

Das Auto ist des Deutschen „liebstes Kind", heißt es, und somit den Umweltschützern liebste Zielscheibe.

Am 14. April 2002 war es so weit. Mit einem 120 km/h schnellen Prototyp fuhr der Vorstandsvorsitzende der Volkswagen AG, Dr. Ferdinand Piëch, höchstpersönlich von Wolfsburg zur Hauptversammlung seines Konzerns nach Hamburg. Das Auto mit komprimierter Hochtechnologie demonstrierte rekordverdächtige Perfektion. Der durchschnittliche Benzinverbrauch betrug nur 0,89 Liter. Der 290 kg leichte, 3,65 m lange und 1,25 m breite 2-Sitzer besteht aus Kohlefaser-Verbundwerkstoff und ist wegen der Gewichtseinsparung unlackiert.

Diese neue Fahrzeuggeneration beweist Nachhaltigkeit – nahezu Faktor 10 in den Ohren der Umweltschützer.

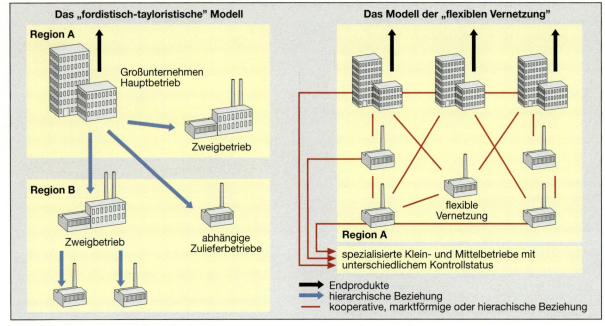

100.1 Organisationsformen industrieller Systeme

Neue Unternehmensstrukturen im Rahmen der Globalisierung

Die Veränderung der Weltwirtschaft durch sinkende Transport- und Kommunikationskosten sowie den Abbau wirtschaftspolitischer Handelshemmnisse hat nicht nur Auswirkungen auf Wirtschaftsblöcke oder Staaten, sondern auch auf einzelne Unternehmen. Diese müssen sich in ihren Organisations-, Produktions- und Vermarktungsstrukturen an die neuen Bedingungen anpassen. Der Erfolg eines Wirtschaftsunternehmens hängt heute davon ab, ob es ihm gelingt sich auf der Grundlage spezifischer Wettbewerbsvorteile (Abb. 100.1) in die globale Arbeitsteilung zu integrieren. Dabei lassen sich grundsätzlich zwei Entwicklungsrichtungen erkennen: Konzentrationen durch **Megafusionen** (z. B. 2000: Vodafone GB/Mannesmann D) und Aufspaltung in kleine bzw. mittelständische, meist spezialisierte Unternehmen durch **Outsourcing**.

Der wirtschaftliche und räumliche Strukturwandel wird seit den 80er Jahren auch ganz entscheidend von neuen Produktionskonzepten und Managementstrategien im Rahmen der **Flexibilisierung** geprägt. Zur **internen Flexibilisierung** zählen neue flexible Fertigungstechnologi-

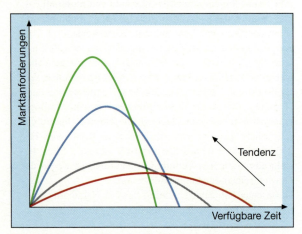

100.2 Produktentwicklung im Time-to-market-Konzept

Die **systemische Sichtweise** erfordert eine Systembetrachtung von außen nach innen und benötigt zur Systemuntersuchung Analysewerkzeuge, wie Wirkungsgefüge, Einflussmatrizen, COMPASS-Analysen und Simulationsmodelle. So werden Regelkreise, Rückkopplungseffekte und Wechselwirkungen deutlich.
Folgende Kosten-Nutzen-Vergleiche sind dabei zu berücksichtigen:
- **MIPS** ist die Material-Intensität pro Serviceeinheit, d. h., Produkte und Dienstleistungen werden auf ihren Umwelt- und Stoffverbrauch hin überprüft.
- **FIPS** ist die Flächen-Intensität pro Serviceeinheit, um den durch den Gebrauch eines Produkts oder einer Dienstleistung erzeugten Flächenverbrauch abzuschätzen bzw. zu berechnen.

100.3 Konzept des nachhaltigen unternehmerischen Handelns en sowie neue Formen der Arbeitsorganisation. Zur **externen Flexibilisierung** gehört nach traditionellem Konzept das „global sourcing", d. h. die Nutzung weltweit unterschiedlicher Produktions- und Arbeitsbedingungen durch Auslagerung standardisierter Produktionslinien in die Niedriglohn-Regionen, z. B. der Entwicklungsländer. Mit dieser Schaffung von „verlängerten Werkbänken" in hierarchischen Beziehungen erfolgt die Internationalisierung der industriellen Organisation. Das innovationsorientierte Konzept der externen Flexibilisierung stellt das Just-in-time-Prinzip mit Synchronisierung von Lieferung und Produktion dar. Aufgrund dieser unterschiedlichen Produktionskonzepte gibt es heute zwei Organisationsmodelle:

1. Das fordistisch-tayloristische Modell, ein bis in die 70er Jahre des 20. Jh. dominantes Modell zur Massenproduktion mit geringer Produktdifferenzierung, starrer Einzwecktechnologie, hoher vertikaler Integration, hoher Fertigungstiefe, lockerer Beziehung zu vielen Direktlieferanten, großer Lagerhaltung, Fließbandarbeit durch einseitig qualifizierte Arbeitskräfte und Produktionsstandorten in traditionellen Industrie- sowie Entwicklungsländern.

2. Das Modell der flexiblen Vernetzung (postfordistisch), ein heute zunehmend bedeutsameres Modell zur flexiblen Steuerung und Kontrolle von Transaktionen zwischen Unternehmen mit hoher Produktdifferenzierung, flexibler Mehrzwecktechnologie, verschlankter Produktion, funktioal organisierten Zuliefersystemen, dem Just-in-time-Prinzip mit nur geringer Lagerhaltung, Fließband- und Teamarbeit vornehmlich in Agglomerationen in hoch industrialisierten Regionen. Im Rahmen des „Regulationsansatzes" wird der wirtschaftliche Strukturwandel heute durch das Zusammenspiel industrieller und gesellschaftspolitischer Regulation erklärt.

Aufgaben

1. Erstellen Sie für die Vielfalt neuer Unternehmenskonzepte und -strategien eine Strukturskizze.
2. Beurteilen Sie den Stellenwert der Kommunikationstechnologie für heutige Unternehmen.
3. Leiten Sie aus dem Organisationsmodell der „flexiblen Vernetzung" (100.2) die regionalen Standortansprüche ab.

Portfolio-Technik

Der Begriff **Portfolio** ist vielfältig belegt. Seine Grundidee geht auf das Bankenwesen zurück. Ziel eines Portfolio an Wertpapieren ist es, diese so zusammenzustellen, dass sie in ihrer Gesamtheit zu einem optimal ausgeglichenen Ergebnis beitragen. Im künstlerischen Bereich versteht man unter Portfolio eine Mappe als chronologische Sammlung aller Entwürfe, Skizzen und vollendeten Werke. Beim strategischen Management ist die Portfolio-Analyse heutzutage ein wesentliches Instrument.

Allen Erläuterungen gemeinsam ist der Prozesscharakter der Dokumentation einer individuellen Entwicklung. Die Einzelbeiträge werden nicht isoliert gewertet, sondern in ihrem Beitrag zum gesamten Portfolio-Ertrag betrachtet. Dieses Prinzip der ganzheitlichen Betrachtung und Beurteilung einzelner Leistungsbereiche in direktem Vergleich zueinander ist auch im Schulalltag anwendbar.

Die Portfolio-Technik bietet sich bei der Erstellung eines Referates bzw. einer Facharbeit an. Ein **Werkstattbuch** dient dabei als Dokumentationsform, um den kontinuierlichen Erkenntnisgewinn festzuhalten. Es ist demnach eine dynamische, zielgerichtete und systematische Sammlung von Arbeiten, Bemühungen, Fortschritten und Leistungen des Lernenden. Dabei wird selbst gesteuertes Lernen ebenso gefördert wie die Fähigkeit zur Strukturierung und visuellen Darstellung komplexer Sachverhalte sowie das Reflexionsvermögen. Als individuelles und kreativ gestaltetes „Tagebuch über die eigene Forschertätigkeit" sind die Erfahrungen der Portfolio-Technik wichtige Grundlagen für späteres wissenschaftliches Arbeiten.

Die Portfolio-Technik lässt sich in drei Phasen gliedern:

1. Vorbereitung:
- Zielformulierung der Arbeit als Thema bzw. Problemstellung
- Brainstorming zu Inhalten, Materialien und Medien im Zielzusammenhang
- Vorüberlegung der Arbeitsstrategie und Entwicklung eines Zeitplans

2. Durchführung:
- Sammeln von Notizen, Skizzen, Exzerpten, Kommentaren, Materialien, Entwürfen und Fragestellungen
- (wiederholtes) Strukturieren, Formulieren und Dokumentieren von Zwischenergebnissen
- (wiederholtes) Präsentieren der Zwischenergebnisse (Ist-Portfolio), Gewinnen von Einsichten und Erkenntnissen durch Diskussion mit Interessenten
- Reflektieren der Zwischenergebnisse durch Überprüfen der Stimmigkeit von Selbst- und Fremdbewertung sowie Fokussieren einer Strategie mit optimaler Zielrichtung (Soll-Portfolio)
- Einsatz des Portfolio-Ergebnisses als Ausgangspunkt und Leitfaden für ein Kolloquium

3. Evaluation:
- Bilanzierung der Ergebnisse
- Reflexion über die Konzeption sowie den selbst gewählten Lernweg

Wirtschaftliches Handeln und dessen Raumwirksamkeit

Eschborn liegt am östlichen Rand des Main-Taunus-Kreises in direkter Nachbarschaft zur Kernstadt Frankfurt: ein modernes Büro- und Handelszentrum im Wirtschaftsdreieck Rhein/Main/Taunus mit der höchsten Zahl der Arbeitskräfte im Kreis sowie eine Stadt im Grünen mit ländlichem Charakter und attraktiver Wohnqualität.

Das rasche Wirtschaftswachstum im Rhein-Main-Gebiet, knapper werdende und teure Grundstücke in Frankfurt und die günstige geographische Lage der Stadt ziehen seit Anfang der 1960er Jahre zahlreiche Unternehmen nach Eschborn. Der günstige Gewerbesteuerhebesatz von 300 % begünstigt das Wirtschaftswachstum und den Zuzug internationaler Unternehmen. Die Bedeutung der Wirtschaft für die Stadt spiegelt sich am Gewerbesteueranteil (92 %) der gesamten Steuereinnahmen 1999 wider. Das Kaufkraftpotenzial der ansässigen Bevölkerung liegt mit 39 652 DM pro Kopf ca. 32,1 % über dem Bundesdurchschnitt (2000).

Die nächsten Autobahnanschlüsse (A 66, A 5) sind ca. 1,5 km, die Frankfurter Innenstadt ca. 10 km und der Frankfurter Flughafen ca. 15 km entfernt. Im öffentlichen Nahverkehr ist mit zwei S-Bahnlinien eine schnelle, direkte Verbindung nach Frankfurt oder bis Darmstadt möglich.

Parallel zu der gewerblichen Entwicklung wuchs die Einwohnerzahl um ein Vielfaches. Es entstanden neue Wohngebiete, Schulen, Sportanlagen, Kindergärten, Spielplätze, Grünanlagen und alle kulturellen Einrichtungen. Ein vielfältiges Angebot von über 80 Vereinen bietet Eschborner Bürgern in ihrer Freizeit Ausgleich und Geselligkeit.

Die Wirtschaftsstruktur besteht zu 90 % aus Arbeitsplätzen im Dienstleistungsbereich. Eschborn ist Sitz von mehr als 80 Hightech-Unternehmen. Der Schwerpunkt der Geschäftstätigkeit ist neben dem Vertrieb die Beratung und Schulung. Zwei Drittel der High-Tech-Unternehmen zählen zum Informations- und Kommunikationsbereich.

Das größte Gewerbegebiet, Eschborn-Süd, liegt direkt an der A 66, umfasst 50 ha und ist mit modernen Hochgeschwindigkeits-Glasfasernetzen ausgestattet. In Eschborn-Süd sind ca. 18 000 Personen beschäftigt. Das Gewerbegebiet West erstreckt sich über ca. 40 ha. In beiden Gebieten dominieren mehrstöckige Bürogebäude, Lager- und Produktionsflächen. Private Mietobjekte sind verfügbar. Im Gewerbegebiet Ost (10 ha) präsentieren sich hauptsächlich überregional operierende Handelsunternehmen und ziehen Käuferschichten auch aus den umliegenden Gemeinden an. Im Helfmann-Park im Gewerbegebiet Ost entstehen in den nächsten Jahren sieben Bürogebäude mit einer Gesamtbürofläche von ca. 100 000 m² und ein 100-Zimmer-Hotel. Der Flächennutzungsplan sieht einschließlich des Gewerbegebietes Süd-West (ehemaliges Camp Eschborn) noch ca. 24 ha gewerbliche Reserveflächen vor. An freien gemischten Flächen stehen noch ca. 6,5 ha zur Verfügung.
(www.eschborn.de)

102.2 Selbstdarstellung im Internet

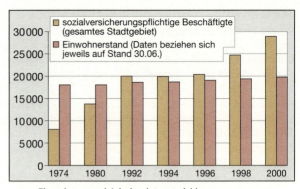

102.1 Einwohner- und Arbeitsplatzentwicklung

5 Tertiärisierung der Wirtschaft

Dienstleistungszentrum Eschborn

Der mit dem deutschen Wirtschaftswunder nach dem Zweiten Weltkrieg verstärkt einsetzende Strukturwandel der Wirtschaft, die mit der gestiegenen Kaufkraft ermöglichte Massenmotorisierung und der Ausbau der Infrastruktur haben die Städte und ihr näheres Umland rascher und dramatischer verändert als je zuvor. Hervorgerufen durch die Leitbilder der autogerechten Stadt, der Entmischung von Wohnen und Arbeiten und den Wünschen nach dem „Häuschen im Grünen" nahm der Prozess der Suburbanisierung (= Verstädterung des Umlandes) ständig zu: zunächst nur als Wohn-Suburbanisierung, später wurden auch Industrie- und Gewerbebetriebe aus den Kernstädten an deren Peripherie bzw. ganz in die Umlandgemeinden wegen der dort attraktiveren Standortbedingungen verlagert. Auch größere Dienstleistungsbetriebe folgten. Zwischenzeitlich hat sich dadurch im Umkreis vieler Städte ein meist prosperierender „Speckgürtel" gebildet.

Ein außergewöhnliches Beispiel hierfür ist die heutige Stadt Eschborn. Sie besitzt seit Jahren bereits mehr Arbeitsplätze als Einwohner, ist innerhalb weniger Jahre zu einer der reichsten Kommunen Hessens aufgestiegen.

Aufgaben

1. Erläutern Sie die Begriffe „Suburbanisierung" und „Speckgürtel".
2. Bearbeiten Sie die beiden Luftbilder entsprechend der angegebenen Arbeitsschritte (S. 103).
3. Recherchieren Sie Entwicklung, Wirtschaftsstruktur, -kraft und -förderung der Stadt sowie die ansässigen Firmen und stellen Sie Ihre Ergebnisse zusammenfassend in einer räumlichen Strukturskizze dar.
www.eschborn.de, www.meinestadt.de

Luftbildanalyse

Luftbilder zeigen die räumlichen Muster einer Landschaft in Schräg- oder Senkrechtaufnahmen. Sie lassen sich wie Karten beschreiben, analysieren und interpretieren. Dabei kann nach folgenden Arbeitsschritten vorgegangen werden.

1. **Bildorientierung**
   - Fotograf und Thema des Bildes
   - Aufnahmerichtung bei Schrägluftaufnahmen
   - Verortung und Raumausschnitt

2. **Bildbeschreibung**
   - erkennbare Strukturen generell erfassen
   - Lagebeziehungen verdeutlichen
   - evtl. Übersichtsskizze anfertigen
   - Typisierungen erstellen
   - räumlich/zeitliche Veränderungen erfassen

3. **Bilderklärung**
   - Informationen verknüpfen (Basis- und Hintergrundwissen mit verwenden; eindeutig erkennbare von nur vermuteten Erklärungen trennen)
   - Ursache-Folge-Wirkungen erfassen

4. **Bildbewertung**
   - Einschätzung der Bildinhalte als positiv oder negativ

5. **Bildkritik**
   - Beurteilung formaler Aspekte wie Perspektive, Bildqualität, Informationsgehalt

103.1 und 2 Luftbilder von Eschborn

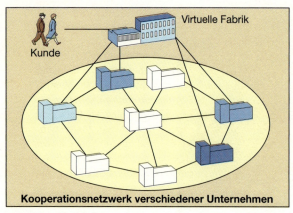

104.1 Virtuelle Fabrik

Virtuelle Fabrik

Die dynamische Entwicklung der Informations- und Kommunikationstechnologie führte zu einer Globalisierung der Wirtschaft. Sie ermöglicht einerseits die Erschließung neuer Märkte, bindet allerdings die Unternehmen auch in den globalen Wettbewerb ein. Um auf dem Markt bestehen zu können, müssen die Firmen, vor allem aufgrund immer komplexerer Produktionsabläufe, äußerste Flexibilität aufweisen, um schnell auf Kundenwünsche aus aller Welt reagieren zu können.

Im System traditioneller, firmeninterner Managementhierarchien erwiesen sich unternehmensübergreifende Kooperationsmodelle (Strategische Allianzen, Jointventures) immer mehr als recht träge, v. a. aufgrund langer Anlaufzeiten. Ein weiteres Problem stellt das Investitionsrisiko dar, wenn *ein* Unternehmen die ganze Logistik und Produktionstiefe firmenintern bewältigen will, vor allem auch wegen kurzfristiger Marktschwankungen.

Um diese Risiken zu vermeiden und flexibel auf Marktwünsche reagieren zu können, entstanden vor einigen Jahren die ersten so genannten **virtuellen Fabriken** (digitale F.). Es handelt sich dabei um eine zeitlich begrenzte Zusammenarbeit mehrerer rechtlich unabhängiger realer Fabriken oder Unternehmensbereiche mit dem Ziel, ein bestimmtes Produkt zu erstellen oder eine Dienstleistung zu erbringen. Dabei bringt jedes beteiligte Unternehmen nur *die* Aktivitäten ein, die es besser als andere beherrscht. Ein weiterer Grund für diese Kooperationsform liegt in der zunehmenden Wissensteilung bzw. eines immer engeren Spezialwissens. In der virtuellen Fabrik werden unterschiedliche Kompetenzen und Wissensbereiche in einem temporären Netzwerk zusammengeführt, um komplexe Leistungen zu ermöglichen. Nach Beendigung des Auftrags löst sich die virtuelle Fabrik wieder auf.

Die erste virtuelle Fabrik Deutschlands wurde von der Barmag AG, einem in Remscheid ansässigen, weltweit operierenden Maschinenbauer ins Leben gerufen. Am stärksten nutzen Unternehmen der Automobil-, Luft- und Raumfahrtindustrie die Synergieeffekte gebündelten Wissens in virtuellen Fabriken. Ein wesentlicher Bestandteil der digitalen Fabrik ist die **Simulationstechnik**. Simulation bedeutet „das Nachbilden eines dynamischen Prozesses in einem System mithilfe eines experimentierfähigen Modells, um zu Erkenntnissen zu gelangen, die auf die Wirklichkeit übertragbar sind" (VDI-Richtlinie 3633).

Durch Simulation werden in der digitalen Fabrik komplexe Produktions- und Logistikprozesse bis hin zu Materialflüssen und Fertigungsabläufen virtuell dargestellt. Wichtige Ziele sind dabei die Steigerung der Maschi-

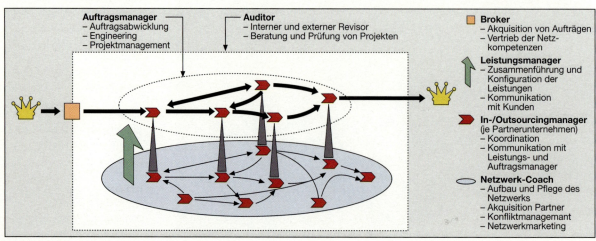

104.2 Netzwerk virtuelle Fabrik

nenauslastung in einer realen Fabrik, die Verringerung des Ressourcenbedarfs (z. B. Lagerplatz, Lagerhaltung) oder die Optimierung von Steuerungsstrategien.

Den Kern der virtuellen Fabrik bildet die so genannte Prozess-/Planungsdatenbank, die allen Beteiligten einen schnellen Zugriff auf aktuelle Daten ermöglicht. Die Nutzung einer gemeinsamen Datenbank setzt voraus, dass bestimmte Spielregeln der Kooperation auf der Basis gegenseitigen Vertrauens zwischen den Unternehmen verabredet werden, die als gemeinsame Handlungsplattform dienen. Die bestehenden organisatorischen Grenzen (Grenze des Netzwerks nach außen, Grenzen zwischen den einzelnen Unternehmen und Grenzen innerhalb der Hierarchie eines Unternehmens, z. B. zwischen Abteilungen) müssen dabei zumindest selektiv durchlässig sein, um effizientes Arbeiten zu ermöglichen. Das so genannte „Grenzmanagement", eine wichtige, aber recht neue Managementaufgabe, erfordert eine stark auf sozialer Interaktion basierende Arbeitsweise virtueller Unternehmen, die zwischen „Markt und Hierarchie" (in einem Betrieb) stehen, sowie neue Dienstleistungsprofile (Abb. 104.2).

Eine virtuelle Fabrik bietet vielfältige Vorteile für die Unternehmen und ihre Kunden: Produktionskapazitäten können besser ausgelastet werden, bei Lieferengpässen kann auf Kapazitäten von anderen Unternehmen aus dem Netzwerk zurückgegriffen werden und es besteht ein kontinuierlicher Lernprozess im Wissenstransfer zwischen den Beteiligten. Der Kunde profitiert vor allem durch Zeitgewinn (Abb. 105.1) und hochwertige Leistung durch die Kombination von Kernkompetenzen innerhalb der virtuellen Fabrik.
Die virtuelle Fabrik kann somit eine wichtige Rolle dabei spielen, den Standort Deutschland zu sichern.

Was, bitte schön, ist eine virtuelle Fabrik? Antwort: eine Möglichkeit, das eigene Unternehmen vor dem Untergang zu retten. Wenn ein Mittelständler nicht mit den großen Konzernen mithalten kann, wieso sich dann nicht mit anderen zusammentun und die gemeinsamen Kräfte bündeln? Die Idee und das Konzept stammen von dem Schweizer Professor Günther Schuh vom St. Galler Institut für Technologie. Er gründete auch gleich selbst die erste virtuelle Fabrik, doch ganz so einfach war es nicht, die Idee in die Praxis umzusetzen. Der Knackpunkt: Warum soll ein Partner einen dicken Fisch an Land ziehen, von dem vor allem ein anderer profitiert? Die Lösung lag in einem klaren Marketing-Konzept, regelmäßigen Round-Table-Gesprächen und der Einstellung von Auftragsbrokern, die sich ausschließlich um Marketing und Akquisition kümmern. Und offensichtlich hängt der Erfolg auch von der Branche ab. Dort, wo Firmen gewohnt sind, mit verschiedenen Partnern und Zulieferern zusammenzuarbeiten, ist das Modell leichter umzusetzen. So versucht die Remscheider Barmag AG zusammen mit 21 Partnern als erste virtuelle Fabrik Deutschlands, eine breite Palette von Produkten anzubieten. Außerdem sollen das Einkaufsvolumen (z. B. Energie) und sogar die Forschung und Entwicklung gebündelt werden. Auch hier soll ein Auftragsmanager die Aufträge annehmen, in Teilofferten aufsplitten und den Partnern zuteilen. Diese erstellen sodann ein Angebot, und wenn der Kunde es akzeptiert, schließt er einen Vertrag mit der Firma ab, die am meisten zum Projekt beiträgt. Offensichtlich steht das Projekt noch am Anfang, wenn es erfolgreich sein sollte, dürfte es rasch Schule machen.
(nach: Wirtschaftswoche, 10. August 2000)

105.2 Vereinte Kräfte

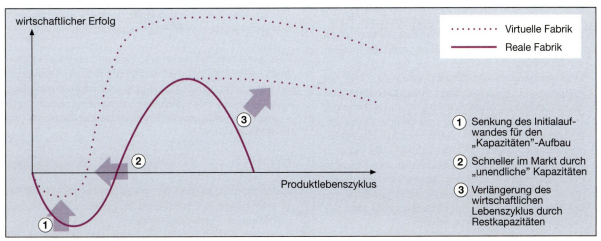

105.1 Potenziale virtueller Fabriken

Wirtschaftliches Handeln und dessen Raumwirksamkeit

106.1 Waikoloa-Beach, Hawaii

Tourismus – Weltwirtschaftsfaktor Nummer 1

Die veränderten Lebens- und Arbeitsbedingungen seit dem Zweiten Weltkrieg verbunden mit einem steigenden Lebensstandard ermöglichten der Bevölkerung mehr Flexibilität und Mobilität. Getrieben von Neugier und Prestigedenken wurde der Erholungsanspruch zum zentralen Bestandteil der Lebensphilosophie und bewirkte das unaufhaltsame Einsetzen des **Massentourismus**.

Wie kaum eine andere Wirtschaftsbranche spiegelt der Tourismus die Dynamik weltweiter Verflechtungen und Abhängigkeiten wider. Sein rasanter Aufschwung in den letzten Jahrzehnten erlitt im Jahr 2001 infolge der Terroranschläge am 11. September gegen die USA sowie der wirtschaftlichen Rezession einen spürbaren Rückgang (weltweit –1,3 %). Dieser Gewinneinbruch treibt manche Airlines und Reiseveranstalter in die „roten Zahlen" oder sogar bis zum Konkurs. Eine engere internationale Zusammenarbeit und die Verschärfung weltweiter Sicherheitsstandards sollen bald einen neuen Aufwärtstrend der Tourismuskonjunktur in abgeschwächter Form bringen.

Nach den Berechnungen der World Tourism Organization (WTO) ist der Tourismus mit einem Anteil von 10 % am Gesamtvolumen der Wirtschaft heute die größte Branche der Welt. Sie stellt etwa 12 % der Arbeitsplätze weltweit und stellt in vielen Ländern die bedeutendste Einnahmequelle dar.

Selten sitzt das Geld so locker wie im Urlaub. In Deutschland ist der Durchschnittsurlauber bereit pro Tag 50 bis 70 € auszugeben. Dies schafft Arbeitsplätze, sowohl primär im Zuge der notwendigen Dienstleistungen als auch sekundär bei der Bereitstellung der touristischen Infrastruktur. Für den regionalwirtschaftlichen Effekt ist das Vorhandensein werbewirksamer, kapitalkräftiger Großunternehmer ebenso bedeutsam wie die klein- und mittelständischen, vorrangig einheimischen Betriebe.

Insgesamt sorgen touristische Einnahmen für eine positive Leistungsbilanz der betroffenen Region. Tourismus, als unsichtbarer Export definiert, ist eine unverzichtbare Devisenquelle. Sein effektiver Ertrag hängt jedoch auch vom Importvolumen der Auslandskredite, Konsum- und Investitionsgüter ab.

„Wir verkaufen Urlaubsträume"

Unser neues „World of TUI"-Erlebnis-Center in Berlin ist unser Flagship-Reisebüro, in dem wir das Produkt „Reisen" auf neue Weise vermarkten. Als Kombination aus Informationen mit Erlebnisrestauration und exotischem Ambiente, abgestimmt auf Reiseerlebnis, Reiselandschaft, Reiseziel und Verkauf, vermitteln wir „Reisen" über alle Sinne, also nicht nur optisch, sondern etwa auch über das Dufterlebnis am Urlaubsort. Bei jeder Station stehen Sie vor einem Bildschirm, betrachten einen Erlebnisfilm und sind plötzlich vom traumhaften Duft der jeweiligen Destination umgeben. An Terminals verbinden wir Beratung mit E-Commerce, d. h., unsere Kunden profitieren von den umfassenden Informationen per Internet und erleben auf virtuellen Wegen ihr Urlaubsziel inklusive Hotelanlage. An zukunftsweisenden Buchungsmodulen kann der Kunde schließlich seine Buchung auf dem Großbildschirm mitverfolgen. Im Reisebürobereich findet weiterhin Wachstum statt, denn in Deutschland buchen derzeit nur rund ein Prozent der Reisenden per Internet.

1923 als Bergbauunternehmen gegründet, hilft die Preussag AG in Gestalt ihrer Konzerntochter TUI heute jährlich 22 Millionen Menschen bei Fernweh zu Urlaubsträumen, Freizeit und Freude. Durch exzellenten Service und qualifizierte Mitarbeiter in allen Stufen unserer Wertschöpfungskette erzielen wir eine hohe Kundenzufriedenheit und Markentreue zu unseren Produkten. Als größtes Urlaubsunternehmen Europas werden wir auch zukünftig unser Qualitätsversprechen einhalten und uns als Qualitätsveranstalter präsentieren.

106.2 Auszug aus einem Interview mit Preussag-Chef Dr. Frenzel

Aufgaben

1. Vergleichen Sie mithilfe einer Internetrecherche das touristische Potenzial ihres Schulortes mit dem eines beliebigen Auslandsstandortes.
2. Stellen Sie Abb. 107.1 als Diagramm dar. Setzen Sie dabei die Werte für 1950 gleich 100.

Wirtschaftliches Handeln und dessen Raumwirksamkeit

Jahr	Gästeankünfte[1] (in Mio.)	Einnahmen[2] (in Mrd. US-$)
1950	25,3	2,1
1960	69,3	6,9
1970	165,8	17,9
1980	284,3	103,1
1990	455,7	261,1
2000	697,0	462,0
2001	689,0	
2010	937,0 (geschätzt)	
2020	1600,0 (geschätzt)	

[1] ohne Tagestouristen, [2] ohne Einnahmen von Messen
Quelle: World Tourism Organization

107.1 Entwicklung des internationalen Tourismus

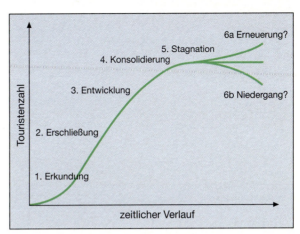

107.3 Das Lebenszyklus-Modell nach Buttler

Globalisierung des Tourismus

Parallel zum wirtschaftlichen Aufschwung begann zunächst in den Industrieländern Europas und Nordamerikas die touristische „Eroberung" der Nachbarstaaten. Insbesondere der Mittelmeerraum wurde zum Synonym für Urlaub. In den Anfängen konzentrierte sich die Entwicklung auf bekannte, bereits früher touristisch genutzte Standorte. Dann folgte in rasantem Tempo die Erschließung der Mittelmeerküsten, deren nutzbare Areale heute nahezu alle besetzt sind. Der „Ausverkauf der Küsten" ist vielerorts Realität geworden.

Jede touristische Neulanderschließung folgt weltweit einem einheitlichen Prinzip. Pioniertouristen erkunden interessante Standorte, geben diese Insider-Tipps an Reiseveranstalter weiter, die das Reiseziel in ihr Programm integrieren, um es dann offensiv zu vermarkten. Infolge des Massenzustroms setzt eine boomartige Entwicklung ein, einem Take-off vergleichbar. Bald machen sich Anzeichen einer Übernutzung der Ressourcen bemerkbar und ökologische sowie soziale Probleme der touristischen Inwertsetzung treten stärker in den Vordergrund. Der Raum verliert an Exklusivität und Reiz; die ursprünglichen Pioniere ziehen weiter.

Dieses Prinzip ähnelt dem Produktlebenszyklus aus der Betriebswirtschaft (Abb. 76.2) und zeigt, dass Tourismusstandorte als Produkte begriffen und behandelt werden müssen. Demzufolge können sie in der Stagnationsphase dem Szenario des Niedergangs oder der Erneuerung entgegensteuern. Reiseunternehmen und staatliche Einrichtungen versuchen durch Planung und Diversifizierung der Angebote ihre Marktanteile zu sichern.

Probleme bleiben die saisonale Überfüllung, die Konkurrenz touristischer Billiganbieter und die zumeist rücksichtslose Überfremdung der Landschaft.

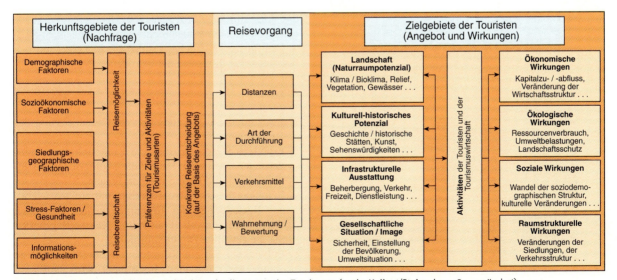

107.2 Wirkungszusammenhänge und Rahmenbedingungen im Tourismus (nach: Kulinat/Steinecke 1984, verändert)

Wirtschaftliches Handeln und dessen Raumwirksamkeit

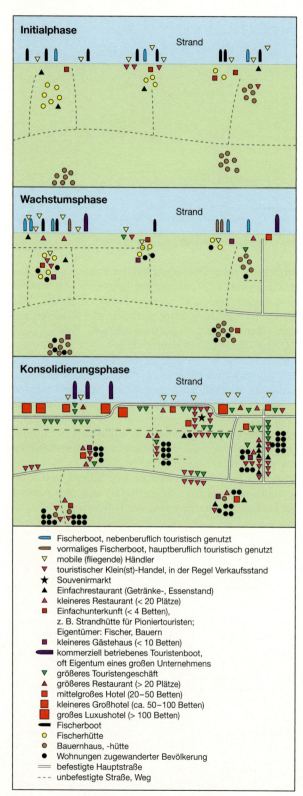

108.1 Vom Fischerdorf zum Tourismuszentrum

„Oneway in die Sonne – all inclusive" ist der Trend billiger Pauschalreisen in die Länder der Dritten Welt. Der internationale Ferntourismus erfreut sich wachsender Beliebtheit, da die Preise meist erheblich unter denen der klassischen europäischen Ferienregionen liegen. Die Urlaubsgäste „schweben" in die Paradiese aus der Retorte ein, die „wie Pilze aus dem Boden schießen" und fühlen sich dem Standard ihrer Herkunftsländer entsprechend „ganz wie zu Hause".

Die raumzeitliche Entfaltung der Tourismuswirtschaft wird in ihrer Initialphase nahezu ausschließlich vom informellen Sektor getragen. In der Wachstumsphase stellen sich dann in der Infrastruktur, im Handel sowie in den Dienstleistungen automatisch sekundäre Beschäftigungseffekte ein. Dies geschieht durch positive Rückkopplung (backward-linkages) und durch breitere Streuung des Angebots (Polarisation). In der Konsolidierungsphase übernehmen schließlich touristische, meist ausländische Großkonzerne die Investitionen. Oft gründen sie lokale Tochterunternehmen bzw. Jointventures, um die weitere Entwicklung kontrollieren zu können. Formelle Arbeitsplätze verdrängen zunehmend das informelle Gewerbe.

Nach den Angaben der World Tourism Organization bringt der Tourismus für die Entwicklungsländer durchschnittlich 60 % der Deviseneinnahmen. Damit glaubte man den ersehnten Entwicklungsmotor gefunden zu haben, um die wirtschaftliche Lage dieser Länder nachhaltig zu verbessern. In Wirklichkeit verschärften sich die regionalen Disparitäten zwischen Zentrum und Peripherie sowie Küste und Hinterland. Von einem wirtschaftlichen Aufschwung profitierten meist nur die unmittelbaren Standorte touristischer Zentren. Ökologische Probleme, wie Meeresverschmutzung, Trinkwassernot oder Waldbrände, und soziokulturelle Probleme, z. B. Überfremdung, sowie politische Instabilität in den Entwicklungsländern sind Ursachen für das plötzliche Ausbleiben der Gäste und den ökonomischen Einbruch der betroffenen Regionen.

Aufgaben

1. Begründen Sie die zunehmende Globalisierung des Tourismus.
2. Erläutern Sie die in Abb. 108.1 erkennbaren Veränderungen. Schließen Sie auf die ökologischen, soziokulturellen und ökonomischen Folgen.
3. Erstellen Sie eine Strukturskizze mit einigen wichtigen Beziehungen des Tourismus zu den Bereichen Wirtschaft, Umwelt, Politik und Kultur. Begründen Sie die gewählte Darstellungsform.
4. Entwickeln Sie ein Konzept, wie der Tourismus zu einem wirkungsvollen Instrument wirtschaftlicher Entwicklung in der Dritten Welt werden kann.

Künstliche Paradiese und ...

Überdachte Traumstrände und Skipisten, Surferparadiese mit genau berechneten 3-Meter-Wellen, ein Vulkanausbruch im 30-Minuten-Takt, die Coca-Cola-Oase, im Weltraum, bei Piraten und bei Filmstars zu Hause – alle diese **Kunstwelten** sind multifunktionale, thematisierte und erlebnisorientierte Einrichtungen. Ihr Angebot setzt sich puzzleartig aus den Bausteinen des Freizeit-, Handels- und Dienstleistungsbereichs zusammen. Die Besucher dieser Mixed-Use-Center stellen sich gemäß ihrem aktuellen Bedürfnis ihr individuelles Programm selbst zusammen. Immer ist die gastronomische Versorgung gewährleistet, meist sind Einkaufs- und Übernachtungsmöglichkeiten gegeben.

Neben der Multifunktionalität gehört die Erlebnisorientierung zu den zentralen Merkmalen dieser Anlagen. Die unter einem Motto stehende „Welt" lässt durch ihr perfektes Ambiente den Konsumenten eintauchen in eine inszenierte Atmosphäre, in der er seinen Alltag vergessen kann. Im Durchschnitt werden dafür in Deutschland mehr als 1½ Stunden Anfahrzeit und erhebliche Kosten in Kauf genommen. Oft sorgt die Festivalstrategie der Themenparks durch Events für treue Wiederholungsbesucher.

Diese Traumwelten sind regional bedeutende Wirtschaftsunternehmen und somit Hoffnungsträger, insbesondere in strukturschwachen Räumen, die aber verkehrstechnisch gut angebunden sind. Sie sind aber auch ein Stressfaktor für die Einheimischen. Jedenfalls erleben diese „Kathedralen des 21. Jahrhunderts", wie Freizeitforscher sie nennen, auf nationaler und internationaler Ebene einen ungeahnten Boom und eine extreme Dynamik ständig neuer Angebotskombinationen.

... Aufbruch zu den letzten Paradiesen unseres Planeten

Gebirgstrekking, Klettern, Canyoning oder Mountainbiking sind nur einige Attraktivitäten für „Aktivurlauber". Für diese Zielgruppen ist hastiges Sightseeing nur noch als teurer Nostalgietrip verpönt, stattdessen wird dem Trend zur Individualisierung und Aufsplitterung in Zielgruppen Rechnung getragen.

Aber auch hier gilt: *„Der Tourist zerstört das, was er sucht, indem er es findet"* (nach Hans Magnus Enzensberger). Jedoch ist Naturschutz nicht nur auf das Wissen um Ökologie angewiesen, sondern auch auf das richtige Management und somit Geld. Durch **nachhaltigen Tourismus** kann der Status natürlicher Nichtnutzung in eine ökonomisch erfolgreiche, ökologisch angepasste Sondernutzung erreicht werden. Traditionelle Lebensverhältnisse in eindrucksvoller Naturlandschaft sind heute touristisches Kapital, ein Geheimtipp für die Peripherregionen. Die UNO hat das Jahr 2002 zum „Internationalen Jahr des Ökotourismus" erklärt. Leitbild dabei ist ein auf Nachhaltigkeit ausgerichteter Tourismus in allen seinen Erscheinungsformen (Abb. 109.2).

109.1 Euro-Mir im Europapark

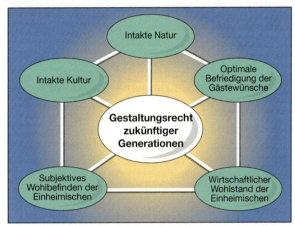

109.2 Leitbild eines nachhaltigen Tourismus

109.3 Aktivurlaub in den Schluchten der Ardèche

Wirtschaftliches Handeln und dessen Raumwirksamkeit

STROMBOLI on-line
http://stromboli.net

Eruptive Tätigkeit	Fotos	Videoclips
Virtuelle Exkursionen	3D-Fotos	QTVR-Panoramen
Geographie	Karten, Diagramme	Wetter on-line
Geologie	Reiseinformation	Verschiedenes
Workshop	Quiz	Malwettbewerb

110.1 Die Insel Stromboli von Nordosten

Exkursion im Klassenzimmer – Stromboli

Wenn Sie Lust haben, einen permanenten Feuerspucker aus der Nähe zu erleben, steigen Sie virtuell bis zu den Gipfelkratern des Stromboli. Es ist die zweitbeste Art diesen aktiven Vulkan kennen zu lernen. Als Exkursionsteilnehmer am Bildschirm können Sie Ihren Bergführern auf der Normal- oder der Extremroute folgen und die Flora, Fauna sowie interessante geologische Attraktionen beobachten.

Die 12,6 km² große Insel verdankt ihren Namen den Griechen; „Strongyle" bedeutet die „Runde" und ist auf die charakteristische Kegelform eines fast 1000 m hohen Stratovulkans (Schichtvulkans) zurückzuführen.

Virtuelle Exkursion

Virtuelle Exkursionen ergänzen im Idealfall die realen Exkursionen. Über geeignete Internetadressen wird man als Gast am Bildschirm in die virtuelle Welt „entführt", die die Wirklichkeit keineswegs ersetzen, aber realitätsnah simulieren kann.
Der besondere Erlebniswert dieser Computerexkursionen liegt in der Interaktivität. Sie bestimmen das Tempo Ihrer Unternehmung selbst und wählen die Details aus, die Sie im Cyberspace näher betrachten wollen. Über Karten und Pilotskizzen können Sie sich auf Ihrem Weg permanent über Ihren Standort informieren. Standbilder und Videoclips und erst recht die Einbeziehung der Livecam-Perspektive ermöglichen den Hauch von Abenteuer im Klassenzimmer.
Über geeignete Links können meist Informationen anderer Internetanbieter, sogar aus dem weltweiten Sprachraum, mit den virtuellen Exkursionen verknüpft werden.

Das Lernen am „Puls der Zeit" ist durch den online-Besuch folgender Exkursionsziele lohnenswert:
www.stromboli.net: zwei Vulkantouren auf Stromboli, eine auf Hawaii und am Mount St. Helens/USA
www.tu-berlin.de/fb9/sedimentologie/links.htm: Reise durch Island
www.kzu.ch/fach/gg/feld/virtualmoteratsch/Moteratsch.html: Wanderung auf dem Moteratschgletscher/Engadin
www.vuedesalpes.com: Internethotel „Alpenblick"
www.romonta.de/exkursion/braunkohle.htm: Braunkohlen-Tagebau
www.kzu.ch/fach/gg/links/linksenergie.html: Abenteuer Steinkohlenbergbau
www.paleo.de/muenchen/index.html: Riffe in der Jurazeit
www.geologylink.com/fieldtrips: Liste geologisch virtueller Exkursionen
www.uni-karlsruhe.de: Stadtexkursion Karlsruhe
www.g-o.de/index08.htm: verschiedene virtuelle Reisen

ARBEITSWEISEN UND ARBEITSTECHNIKEN

Wirtschaftliches Handeln und dessen Raumwirksamkeit

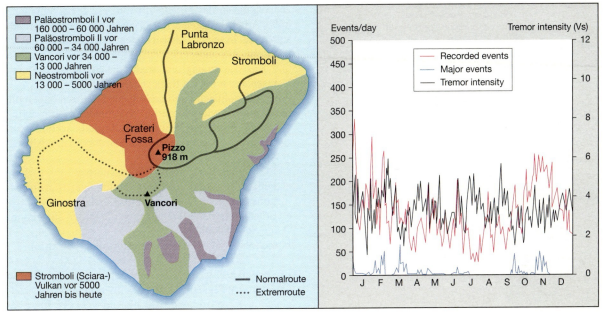

111.1 Kartenskizze und Vulkanaktivität

Stromboli gehört dem Inselbogen des Äolischen Archipels (Liparische Inseln) an. Hier findet durch Subduktionsprozesse der Ionischen Platte unter die Thyrrhenische Platte ein permanenter Magmaaufstieg statt. Dies erklärt die seit Jahrtausenden andauernde explosive Aktivität des natürlichen „Leuchtturms des Mittelmeers". Das Meer und der fruchtbare Vulkanboden ermöglichte den Strombolianern stets ein nahezu autarkes Leben. Das verheerende Vulkaninferno 1930 hatte jedoch fast den völligen Exodus der Inselbevölkerung zur Folge. Heute leben die etwa 380 Insulaner in erster Linie vom Vulkantourismus.

Vulkanologen fühlen durch Seismometer, Neigungsmesser, Gasometer und satellitische Ortungssysteme dem Stromboli den „Puls". Auch die Live-Cam auf dem Pizzo-Gipfel dient der Aktivitätsüberwachung des Vulkans. Eine reale Exkursion zu den Gipfelkratern dauert drei bis vier Stunden. Wie lange benötigen Sie dazu virtuell?

Aufgaben

1. Informieren Sie sich im Internet über die Geographie und Geologie der Insel Stromboli.
2. Nennen Sie alle Inseln der Äolen (Liparische Inseln).
3. Erklären Sie den Zusammenhang zwischen seismischer Aktivität und Vulkanaktivität (Abb. 111.1).
4. Verfolgen Sie die Routen der virtuellen Exkursionen (Abb. 111.1). Welche Risiken gehen Touristen ein?
5. Diskutieren Sie über virtuelle und reale Exkursionen im Vergleich (S. 110, Arbeitstechniken und -weisen).

111.2 Dorf Stromboli – San Vincenzo

111.3 Strombolianische Aktivität

Wirtschaftliches Handeln und dessen Raumwirksamkeit

112.1 Standort-Ranking

6 Wirtschaftsstandort Deutschland

Die 1990er Jahre waren gekennzeichnet durch einen wirtschaftlichen Umbruch, der bezüglich seiner räumlichen Dimension wie auch der strukturellen Veränderungen ohne Beispiel ist. Die Zukunftfähigkeit des Standorts Deutschland wurde dabei zu einem beherrschenden Thema in Politik und Wirtschaft. Das Abgleiten aus einer Spitzenposition in das Mittelfeld (Abb. 112.1) bei anhaltend hoher Arbeitslosigkeit erzeugte eine pessimistische Grundstimmung. In seiner viel beachteten „Berliner Rede" (1997) kritisierte Altbundespräsident Herzog diese Mutlosigkeit und Krisenstimmung und stellte die Forderung: „Durch Deutschland muss ein Ruck gehen."

Folgende politische und technische Faktoren haben die bestehende Standortsituation entscheidend verändert:
- Liberalisierung der Güter- und Kapitalmärkte; Erweiterung der Niederlassungsfreiheit für Auslandsinvestoren,
- EU-Binnenmarkt und Währungsunion,
- Fall des Eisernen Vorhangs, Öffnung der Transformationsstaaten im ehemaligen Ostblock,
- Entstehung neuer Wachstumspole in den so genannten Schwellenländern,
- technische Revolution (v.a. Mikrochip-Technik).

Die neuen politischen Rahmenbedingungen erweiterten den wirtschaftlichen Aktionsradius erheblich; die zeitgleich sich vollziehende Revolution v.a. der Informations- und Kommunikationstechnologien hob die zunehmende räumliche Distanz wieder auf. Das Ergebnis war eine rapide Internationalisierung der Wirtschaft, wobei sich jede nationale Wirtschaft und letztlich jeder Betrieb im globalen Wettbewerb befindet.

Sowohl die Entscheidungsträger in Wirtschaft und Politik als auch jeder einzelne Bürger müssen sich diesen neuen Herausforderungen stellen. Schmerzhafte Einschnitte sind dabei unvermeidlich. In einer Zeit vorherrschender neoliberaler Wirtschaftspolitik wird der durch die soziale Marktwirtschaft und den wirtschaftlichen Aufschwung in der Nachkriegszeit entstandene Wohlfahrtsstaat zu einem Standorthandikap, da er in Deutschland zu einer Explosion der Staatsausgaben führte (Abb.

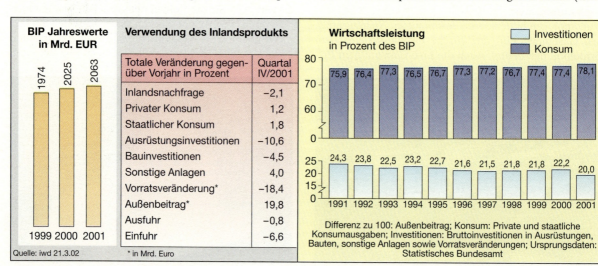

112.2 Bruttoinlandsprodukt und Wirtschaftsleistung

Wirtschaftliches Handeln und dessen Raumwirksamkeit

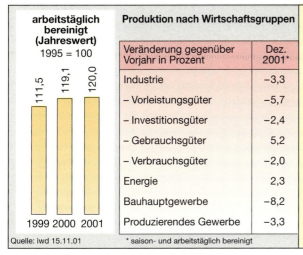

113.1 Industrieproduktion und Außenhandel

114.1), die wiederum durch Steuern und Sozialabgaben finanziert werden (Abb. 115.1).

Die im Vergleich zu anderen Ländern hohen Unternehmenssteuern und Arbeitskosten (Abb. 113.2) erweisen sich als gravierendster Standortnachteil für Deutschland. Zu den Personalzusatzkosten zählen z. B. Lohn/Gehalt für arbeitsfreie Tage wie Urlaub, Feiertage, Krankheitstage, betriebliche Zuwendungen wie Weihnachts- und Urlaubsgeld, Sozialversicherungsbeiträge etc. Auch die Lohnstückkosten (Verhältnis von Arbeitskosten zu Produktivität) beeinflussen die internationale Wettbewerbsfähigkeit deutscher Unternehmen. Im Zeitraum 1989–1995 erhöhten sich diese Kosten in Westdeutschland viel stärker als in den übrigen Industrieländern. Hauptursache dafür waren starke Lohnerhöhungen sowie eine starke Währung.

Weitere Standortnachteile ergeben sich durch bürokratische Hemmnisse wie hohe Auflagen und lange Genehmigungsverfahren sowie mangelnde Flexibilität und Mobilität der Arbeitnehmer, verbunden mit Besitzstandsdenken und der Erwartung, dass der Staat die Qualität der Lebensführung garantiert („Vollkasko-Mentalität"). Zusammen mit den weltweit höchsten Arbeitskosten und kürzesten Arbeitszeiten (Westdeutschland, Abb. 114.2) und europaweit kürzesten Maschinenlaufzeiten summierten sich die Standortnachteile zu einer langen Negativliste, die dazu führte, dass der Standort Deutschland „totgeredet" wurde. Dies schlug sich auch (gemessen am BIP) in stagnierendem Konsumverhalten und sinkender Investitionsbereitschaft nieder (Abb. 112.2).

Trotz aller Unkenrufe: Im Jahr 2000 hat Deutschland so viel exportiert wie nie zuvor (Abb. 113.1) und bleibt mit

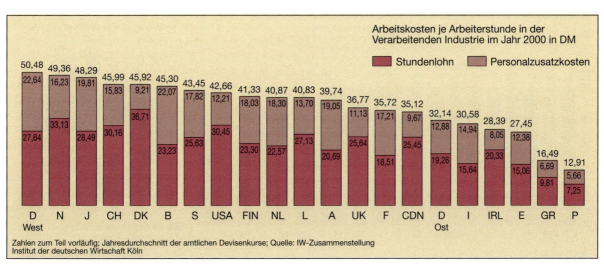

113.2 Arbeitskosten international

Wirtschaftliches Handeln und dessen Raumwirksamkeit

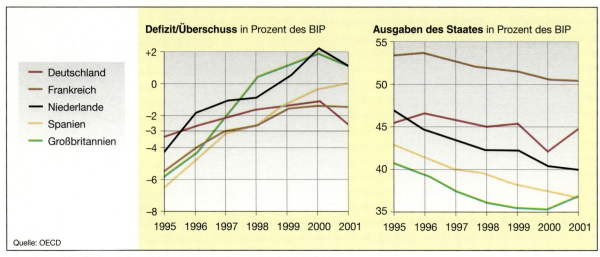

114.1 Deutschlands Haushalt und Staatsquote im internationalen Vergleich

einem Anteil von ca. 9,5 % am Welthandel nach den USA zweitgrößte Exportnation. Über die Hälfte des Außenhandels vollzieht sich dabei innerhalb der EU.
Die Investitionen ausländischer Unternehmen in Deutschland haben sich ebenfalls erhöht. Allerdings stiegen die Auslandsinvestitionen deutscher Unternehmen in viel höherem Maße und sind fast doppelt so hoch wie die ausländischer Unternehmen in Deutschland (Abb. 116.2). Die deutsche Direktinvestitionsbilanz bleibt damit defizitär, da der Investitionsstandort Deutschland nach wie vor als zu teuer angesehen wird. Ausländische Firmen ziehen es immer noch vor, ihre Produkte nach Deutschland zu exportieren anstatt hier vor Ort zu produzieren.
Auch die in Deutschland ansässigen international agierenden Unternehmen verlagern zunehmend Teile der Produktion ins Ausland. Durch gezielte Standortspaltungen wird in die für die einzelnen Teilbereiche regional unterschiedlichen „besten Standorte" investiert. Montagewerke werden z. B. in Regionen mit niedrigen Löhnen oder anderen Kostenvorteilen verlagert, F+E-Einrichtungen (Forschung und Entwicklung) dagegen in Regionen mit Agglomerationsvorteilen, einer großen Dichte von Forschungseinrichtungen und hoch qualifizierten Arbeitskräften. Bei der Produktion von Rohstoffen oder Halbfertigprodukten ist Deutschland als Hochlohnland den globalen Wettbewerbern unterlegen und nur als Produktionsstandort hoch spezialisierter, veredelter Produkte konkurrenzfähig.
Vor dem Hintergrund der Wirtschaftskrise in den Tigerstaaten gewannen in den letzten Jahren die Vorteile des Standorts Deutschland wieder mehr an Gewicht: zentrale Lage in Europa, sehr gute Infrastruktur, politische

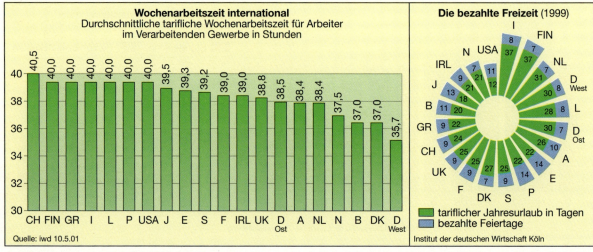

114.2 Wochenarbeitszeit und bezahlte Freizeit

Wirtschaftliches Handeln und dessen Raumwirksamkeit

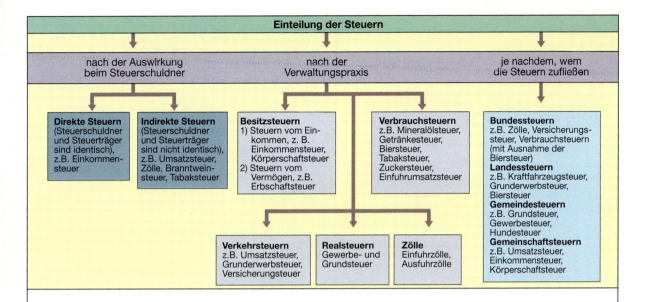

Körperschaftsteuer (KS): eine Form der Einkommensteuer, die von juristischen Personen (z. B. AG, GmbH, Genossenschaft) zu bezahlen sind. Steuersatz seit 2001: 25 % auf Gewinne der Unternehmen.

Gewerbesteuer (GS): von gewerblichen Unternehmen (Handwerk, Handel, Industrie) zusätzlich zur KS bzw. ES zu bezahlen. Als Gewerbeertragsteuer orientiert sich die GS am Unternehmensgewinn. Die GS ist eine Gemeindesteuer, ihre Höhe wird von der Gemeinde festgesetzt.

Umsatzsteuer (US) = Mehrwertsteuer: In Deutschland nach der Einkommen- und Lohnsteuer vom Aufkommen her die wichtigste Steuer. Die US ist eine Gemeinschaftsteuer (s. u.).

Einkommensteuer (ES): Steuerpflichtig sind alle natürlichen Personen (z. B. Arbeitnehmer, Gewerbetreibende), die ihren Wohnsitz in Deutschland haben (d. h. auch Ausländer). Die ES steigt mit zunehmender Höhe des Einkommens überproportional an (Steuerprogression).

Lohnsteuer (LS): eine Form der ES. Die LS wird beim Arbeitnehmer durch Abzug vom Lohn bzw. Gehalt erhoben. Die Höhe der LS ist abhängig vom Arbeitslohn und der Steuerklasse, die sich aus dem Familienstand ergibt.

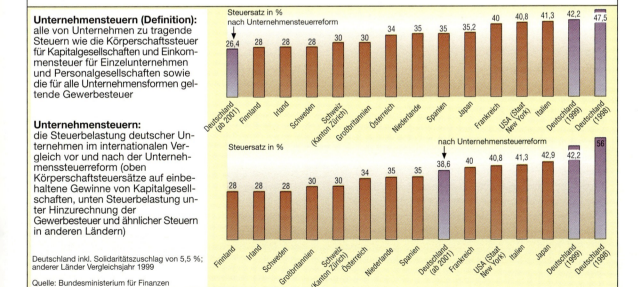

Unternehmensteuern (Definition): alle von Unternehmen zu tragende Steuern wie die Körperschaftssteuer für Kapitalgesellschaften und Einkommensteuer für Einzelunternehmen und Personalgesellschaften sowie die für alle Unternehmensformen geltende Gewerbesteuer

Unternehmensteuern: die Steuerbelastung deutscher Unternehmen im internationalen Vergleich vor und nach der Unternehmensteuerreform (oben Körperschaftsteuersätze auf einbehaltene Gewinne von Kapitalgesellschaften, unten Steuerbelastung unter Hinzurechnung der Gewerbesteuer und ähnlicher Steuern in anderen Ländern)

Deutschland inkl. Solidaritätszuschlag von 5,5 %; anderer Länder Vergleichsjahr 1999

Quelle: Bundesministerium für Finanzen

115.1 Steuern

Wirtschaftliches Handeln und dessen Raumwirksamkeit

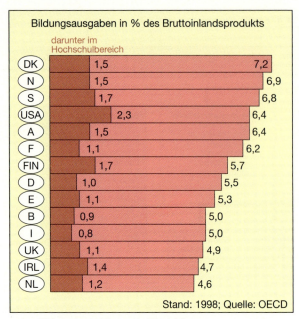

116.1 Bildungsinvestitionen im Vergleich

116.2 Direktinvestitionen

und soziale Stabilität, geringe Inflationsrate und niederes Zinsniveau, geringe Streikhäufigkeit, hoher Qualitätsstandard, pünktliche Produktlieferung, qualifiziertes Know-how etc.

Zu lange hat sich die Wirtschaftspolitik an der traditionellen Industriestruktur orientiert und die Entwicklung hin zu einer Informations- und Servicegesellschaft sowie die Notwendigkeit verstärkter Bildungsmaßnahmen (Abb. 116.1) und der Förderung von Zukunftstechnologien erst mit zeitlicher Verzögerung erkannt. Inzwischen ist eine Trendwende erkennbar. Die Maßnahmen eines effektiven Standortmarketings, bei dem die Vorteile des Standorts Deutschland herausgestellt werden, und einer gezielten regionalen, zum Teil grenzüberschreitenden Wirtschaftspolitik und -förderung v. a. im Hightech-Sektor spiegeln sich in der Statistik wider. Deutschland erreichte bereits 1998 bei Hightech-Produkten einen Weltmarktanteil von 17,1 % und lag damit im weltweiten Vergleich hinter Japan (19,5 %) und den USA (17,8 %) an dritter Stelle. Auch bei den Patentanmeldungen, einem Gradmesser der Innovationskraft, ist Deutschland heute bei hochwertiger Technik mit einem Anteil von 40 % weltweit führend. Der Standort Deutschland scheint somit besser zu sein als sein Ruf!

Podiumsdiskussion

Die Podiumsdiskussion ist eine Form des Streitgesprächs, bei dem ein Thema von Experten kontrovers diskutiert wird. Eine solche Diskussion erfordert einen Moderator, Experten sowie ein Publikum.
Moderator: stellt die Teilnehmer kurz vor, leitet die Diskussion, ist für das Einhalten der Spielregeln und der Redezeiten verantwortlich, bindet evtl. das Publikum in die Diskussion ein und versucht am Ende der Diskussion eine Zusammenfassung der Diskussionsergebnisse.
Experten: sind Repräsentanten bestimmter gesellschaftlicher Gruppen. Als Interessenvertreter (z. B. Arbeitnehmer, Arbeitgeber) vertreten sie ihre Meinung oft einseitig.
Publikum: kann je nach Vereinbarung Fragen an die Experten entweder während der Diskussion oder in einer abschließenden Diskussionsrunde stellen.

Eine Podiumsdiskussion erfordert von den Teilnehmern sowohl Sachkompetenz als auch eine überzeugende Argumentationsweise. Für eine sinnvolle Simulation im Unterricht sind folgende Voraussetzungen wichtig:
Thema muss sich für eine Pro-Contra-Diskussion eignen (z. B. Standort D: Auslaufmodell oder zukunftsfähig?). Vereinbarung über Sitzordnung und Regeln des Gesprächsablaufs. Genaue Rollenverteilung (z. B. bei Standort D: Vertreter von Industrieverband oder -unternehmen, Arbeitnehmer bzw. -vertreter, Politiker …). Die Teilnehmer müssen sich mit ihrer Rolle identifizieren, das bedeutet auch, Argumente vorzutragen, die sie persönlich nicht teilen! Die Argumente müssen überzeugend vertreten werden. Sachkompetenz erfordert eine vorgeschaltete Arbeitsphase (Quellenstudium: Presse, Lehrbuch, Internet) und evtl. Übungsphasen (Referate, Gruppenarbeit zu Teilthemen).

Wirtschaftsstrukturen und Wirtschaftsprozesse

auf regionaler und globaler Ebene

Wirtschaftsstrukturen und Wirtschaftsprozesse

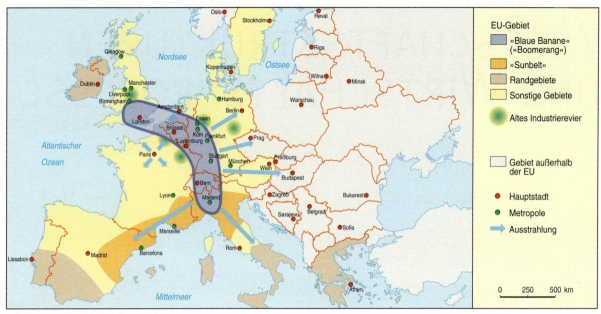

118.1 Europa – ein raumplanerisches Modell

1 Wirtschaftsregionen in Europa

Europa steckt den Rahmen ab

Menschen, Völker und Staaten, die sich kennen und respektieren, miteinander kommunizieren, Handel treiben und gemeinsame politische Ziele verfolgen, haben bessere Chancen, dauerhaft zu Frieden und Wohlstand zu gelangen als solche, die sich abgrenzen und ihre vermeintlichen Stärken gegeneinander auszuspielen versuchen. Diese einfache Überlegung bildete – vor dem Hintergrund des Zweiten Weltkriegs – den Ausgangspunkt für den europäischen Integrationsprozess in den 1950er Jahren. Von Beginn an hatte dabei die ökonomische Verflechtung der beteiligten Länder stets Vorrang vor der Schaffung gemeinsamer politischer Institutionen.

Die zunehmende Öffnung der Grenzen hat sich als ein entscheidender Motor für die wirtschaftliche Entwicklung sowie den Wirtschafts- und Strukturwandel der einzelnen Länder erwiesen. Am Anfang stand zunächst nur ein gemeinsamer Markt für Kohle und Stahl (ab 1952). Seither hat sich die wirtschaftliche Vernetzung über die Errichtung eines gemeinsamen Agrarmarktes (ab 1964) hin zu einem umfassenden Binnenmarkt (ab 1993) mit freiem Personen-, Waren-, Dienstleistungs- und Kapitalverkehr immer mehr intensiviert. Mit der Einführung des EURO als gemeinsamer Währung (seit 2002) ist die wirtschaftliche Integration vorläufig abgeschlossen, auch wenn sich zunächst noch nicht alle Länder der EU daran beteiligen. Seit dem Zusammenbruch des früheren „Ostblocks" möchte aber eine Reihe von Staaten rasch der EU, dem wirtschaftlichen Zugpferd und politischen Stabilitätsraum Europas, beitreten. Allein die ökonomischen Vorteile eines gemeinsamen Marktes gegenüber nationalen, durch Zolltarife und nichttarifäre Handelshemmnisse abgegrenzten Märkten sind überzeugend und daher attraktiv (Abb. 120.1): Für die einzelnen Länder verringert ein gemeinsamer Markt die durch regionale Versorgungsengpässe oder Angebotsschwankungen auftretenden Probleme. Für Produzenten und Anbieter bringt ein größer werdender Markt wachsende Absatzmöglichkeiten, aber auch verstärkte Konkurrenz. Sie müssen daher ihre regionalen oder lokalen Produktionsvorteile ausnutzen, sich spezialisieren. Massenfertigung, Spezialisierung und die Vereinheitlichung von Normen und Standards begünstigen wiederum rationellere Produktionsmethoden. Für die Verbraucher bedeutet dies letztlich ein größeres und reichhaltigeres Angebot von Waren und Dienstleistungen zu vergleichsweise günstigen Preisen.

Die Integration der Märkte Europas führt so zu einer ständigen Veränderung der Raumnutzung und -bewertung. Viele einstmals leicht erkenn- und abgrenzbare Wirtschaftsräume haben daher ihre bisherige Prägung durch eine oder wenige Branchen verloren. Der Wandel von der Industrie- zur Dienstleistungsgesellschaft hat diesen Prozess noch beschleunigt. Besonders deutlich zeigt dies z. B. der „Rostgürtel" Westeuropas, der einst von der Montanindustrie geprägten Zone von Mittelengland über

Wirtschaftsstrukturen und Wirtschaftsprozesse

119.1 Europa bei Nacht – Spiegelbild räumlicher Disparitäten

Nordfrankreich/Belgien bis zum Ruhr-/Saargebiet und Lothringen.

Die europäische Integration verändert zudem die Lagebeziehungen zwischen den Wirtschaftsräumen. Aus bisher z. B. peripher gelegenen Grenzregionen werden Binnenräume, die dadurch neue Impulse erhalten. Eine wesentliche Voraussetzung, aber auch ein notwendiges Instrument der enger werdenden Verflechtung Europas bildet daher der Ausbau der nationalen und transnationalen Verkehrs- und Versorgungsnetze sowie der leitungsgebundenen und drahtlosen Kommunikationssysteme. Ohne die massiven finanziellen Hilfen der Gemeinschaft für solche Investitionen, v. a. aber für die Verminderung und Überwindung von negativen Folgen des durch die Integration erzwungenen regionalen und sektoralen Strukturwandels sind die wirtschaftlichen und sozialen Verhältnisse in weiten Teilen Europas daher heute kaum noch verständlich.

Insgesamt hat die wirtschaftliche Dynamik der EU ihre räumlichen Disparitäten bislang aber nicht wesentlich vermindern können (Abb. 119.1). Meist profitierten die Randgebiete weniger davon als die zentralen Regionen, denen – wegen der Agglomerations- und Fühlungsvorteile – auch die besten Entwicklungschancen eingeräumt werden. Eine oft verwendete Darstellung dieser Einschätzung zeigt die Abb. 118.1. Die so genannte blaue Banane kennzeichnet dabei den wichtigsten Entwicklungskorridor Europas. Ihrem Ursprung nach handelt es sich bei der blauen Banane aber um ein von französischen Raumplanern in den 1980ern entworfenes Konzept zum alleinigen Zweck, die Notwendigkeit von Fördermaßnahmen für die außerhalb der Banane liegenden Gebiete Frankreichs – und dabei v. a. von Paris – plakativ darzustellen.

Sehr realitätsnah spiegeln sich jedoch die Unterschiede in Naturausstattung, wirtschaftlichen und sozialen Entwicklungsstand innerhalb der EU in der aus Statistik sowie den wirtschafts-, struktur- und sozialpolitischen Leitlinien abgeleiteten Regionalförderung wider (Abb. 121.1). Als Region gilt innerhalb der EU stets die erste Verwaltungsebene unterhalb der gesamtstaatlichen Ebene. In Deutschland sind dies die Bundesländer mit ihren Regierungsbezirken, in Finnland oder Griechenland sind es z. B. reine Verwaltungseinheiten. Diese Regionen unterscheiden sich demnach erheblich in Größe, innerregionaler Differenzierung, Rechtsstellung und Handlungsmöglichkeiten.

Aufgrund der klimatischen und geologischen Verhältnisse erhalten die Landwirte in verschiedenen Ländern auf gleicher Fläche und bei gleichem Mittel- und Arbeitseinsatz unterschiedliche Erträge. Ein Beispiel verdeutlicht dies: Die nationale Landwirtschaft kann pro Jahr in

Land A		Land B		Land C		Land D	
Milch im Wert von 50 Mio. €	oder	Getreide im Wert von 100 Mio. €	Milch im Wert von 90 Mio. €	oder	Getreide im Wert von 60 Mio. €	Äpfel im Wert von 80 Mio. €	oder	Trauben im Wert von 100 Mio. €	Äpfel im Wert von 100 Mio. €	oder	Trauben im Wert von 150 Mio. €

produzieren. Land A kann effektiver Getreide produzieren als Land B, Land B Milch besser als Land A. Land D ist bei der Herstellung beider Güter nicht nur „absolut" erfolgreicher als Land C, sondern gleichzeitig bei Trauben auch noch relativ effektiver: Es kann bei gleichem Mitteleinsatz 1 1/2-mal mehr Trauben als Land C ernten, hingegen nur 1 1/4-mal mehr Äpfel.

Müssen in allen Ländern – weil der Bedarf es erfordert – jeweils beide Güter produziert und auf die Produktion dieser Güter jeweils die Hälfte des Arbeitseinsatzes verwandt werden, bedeutet das für das einzelne Land:

| Milch im Wert von 25 Mio. € | und | Getreide im Wert von 50 Mio. € | Milch im Wert von 45 Mio. € | und | Getreide im Wert von 30 Mio. € | Äpfel im Wert von 40 Mio. € | und | Trauben im Wert von 50 Mio. € | Äpfel im Wert von 50 Mio. € | und | Trauben im Wert von 75 Mio. € |

Addiert man das landwirtschaftliche Produktionsergebnis von Land A und B einerseits, Land C und D andererseits, so ergibt sich:

Landwirtschaftliche Produktion im Wert von		Landwirtschaftliche Produktion im Wert von	
75 Mio. € + 75 Mio. € = 150 Mio. €		90 Mio. € + 125 Mio. € = 215 Mio. €	
Land A	Land B	Land C	Land D

Gründen die Länder dagegen eine Wirtschaftsgemeinschaft dergestalt, dass im eigenen Land nur das Gut angebaut wird, bei welchem sich das Land aufgrund der natürlichen Voraussetzungen absolut bzw. relativ besser stellt, und findet dann ein Austausch dieser Güter statt, der nicht durch Zölle oder Ähnliches behindert wird, stellen sich alle beteiligten Länder besser:

Landwirtschaftliche Produktion		Landwirtschaftliche Produktion	
Getreide (Land A) im Wert von 100 Mio. €	+	Milch (Land B) im Wert von 90 Mio. €	Äpfel (Land C) im Wert von 80 Mio. €	+	Trauben (Land D) im Wert von 150 Mio. €
= 190 Mio. €		= 230 Mio. €	

Diese Erkenntnis, die für alle Wirtschaftsgüter gilt, war eine der grundlegenden Überlegungen zur Gründung der EU.

120.1 Die EU und der absolute/komparative Kostenvorteil (schematische Darstellung)

Wirtschaftsstrukturen und Wirtschaftsprozesse

Strukturfonds:
1. Europäischer Sozialfonds (ESF, seit 1958); für Beschäftigungs- und Sozialpolitik; Maßnahmen für erleichterten Zugang zum Arbeitsmarkt, zur Förderung der Chancengleichheit von Frauen und Männern, Verbesserung der beruflichen Qualifikationen, Schaffung neuer Arbeitsplätze; Schwergewicht bei Wiedereingliederung von Langzeitarbeitslosen und beruflicher Integration von Jugendlichen
2. Europäischer Ausrichtungs- und Garantiefonds für die Landwirtschaft (EAGFL, seit 1964); Abteilung Ausrichtung für agrarstrukturelle Verbesserungen und Umstellung der Agrarproduktion, Verbesserung von Infrastruktur, Handwerk und Fremdenverkehr im ländlichen Raum, Dorfentwicklung
3. Europäischer Fonds für Regionale Entwicklung (EFRE, seit 1975); für produktive Investitionen und wirtschaftsnahe Infrastrukturinvestitionen
4. Finanzinstrument zur Ausrichtung der Fischerei (FIAF, seit 1994); für Strukturverbesserung bei Fischerei und Aquakulturen

Weitere strukturpolitische Instrumente:
a) **Europäische Investitionsbank** (EIB, seit 1958); Darlehen für Infrastrukturinvestitionen
b) **Kohäsionsfonds** (seit 1993); zusätzlich zu den Strukturfonds, Unterstützung von Umweltschutz und Ausbau transeuropäischer Netze in wirtschaftsschwachen Mitgliedstaaten (Griechenland, Spanien, Portugal, Irland; Kriterium: nationales BIP/Ew. < 90 % des EU-Durchschnitts)
c) **Europäischer Investitionsfonds** (EIF, seit 1994); langfristige Garantien für große Infrastrukturmaßnahmen und für kleine und mittlere Betriebe

Alle diese EU-Hilfen ergänzen stets nur nationale, regionale oder lokale Programme durch Aufstockung derer Eigenmittel. Von der EU allein getragen werden dagegen die **Gemeinschaftsinitiativen**, z. B.:
INTERREG (Interregionale und transnationale Zusammenarbeit), LEADER (Förderung des ländlichen Raums), URBAN (wirtschaftliche Wiederbelebung der von Krisen betroffenen Städte und Stadtteile), EQUAL (Entwicklung der menschlichen Ressourcen im Sinne der Chancengleichheit)

Strukturelle Hilfen für die Beitrittsländer
ISPA: strukturpolitisches Instrument zur Beitrittsvorbereitung;
SAPARD: Sonderprogramm für Landwirtschaft und ländliche Entwicklung; **PHARE:** Stärkung der staatlichen Verwaltung und Institutionen, Anpassung an Gemeinschaftsrecht, Förderung des wirtschaftlichen und sozialen Zusammenhalts

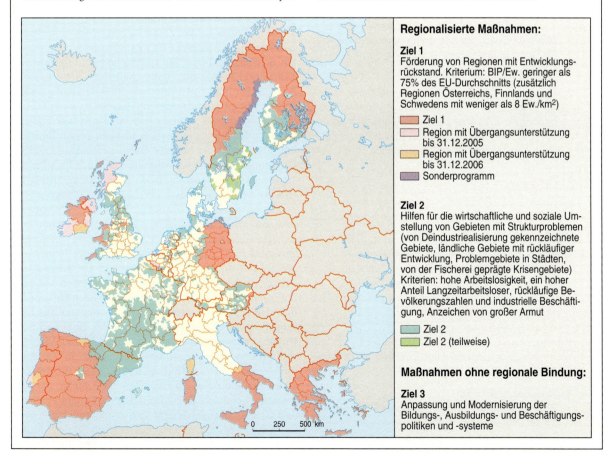

Regionalisierte Maßnahmen:

Ziel 1
Förderung von Regionen mit Entwicklungsrückstand. Kriterium: BIP/Ew. geringer als 75% des EU-Durchschnitts (zusätzlich Regionen Österreichs, Finnlands und Schwedens mit weniger als 8 Ew./km²)

- Ziel 1
- Region mit Übergangsunterstützung bis 31.12.2005
- Region mit Übergangsunterstützung bis 31.12.2006
- Sonderprogramm

Ziel 2
Hilfen für die wirtschaftliche und soziale Umstellung von Gebieten mit Strukturproblemen (von Deindustrialisierung gekennzeichnete Gebiete, ländliche Gebiete mit rückläufiger Entwicklung, Problemgebiete in Städten, von der Fischerei geprägte Krisengebiete) Kriterien: hohe Arbeitslosigkeit, ein hoher Anteil Langzeitarbeitsloser, rückläufige Bevölkerungszahlen und industrielle Beschäftigung, Anzeichen von großer Armut

- Ziel 2
- Ziel 2 (teilweise)

Maßnahmen ohne regionale Bindung:

Ziel 3
Anpassung und Modernisierung der Bildungs-, Ausbildungs- und Beschäftigungspolitiken und -systeme

121.1 Strukturpolitik der EU (Planungsperiode 2002–2006): Ziele, Förderregionen und Fördertöpfe

Raumanalyse

Raumanalysen sind komplexe Untersuchungen und umfassende Darstellungen der in einem bestimmten Raum gegebenen natur- und kulturgeographischen Verhältnisse. Durch die Integration von Struktur-, Prozess- und Wirkungsanalysen wird im Rahmen einer Raumanalyse ein möglichst umfassendes Bild der Individualität eines Raumes angestrebt. Dabei werden neben den derzeit gegebenen Bedingungen und deren Entwicklungsgeschichte auch die Entwicklungspotenziale betrachtet. Fallbeispiele repräsentativer Entwicklungen, Projekte, Standorte oder Unternehmen dienen dabei der Verdeutlichung der jeweiligen regionalen Besonderheiten.

Zum Kennenlernen einer Raumanalyse und Einüben der dazu notwendigen methodischen Verfahren eignen sich besonders Untersuchungen des Nahraums unter nicht zu umfassenden Fragestellungen. Ein v.a. die Wirtschaft eines Raums untersuchendes Beispiel ist auf den folgenden Seiten dargestellt. Eine selbstständige Erarbeitung anderer Raumbeispiele mit vergleichbaren Schwerpunkten kann z.B. nach folgendem Schema erfolgen:

1. **Erfassung des Untersuchungsraums im Überblick**
   - Abgrenzung nach naturgeographischen, politischen oder statistischen Kriterien

2. **Fragestellung und Hypothesenbildung**
   - Eingrenzung der Untersuchungsbereiche und -ziele und Erstellung von Arbeitshypothesen (z.B. Untersuchung der Wirtschaftsstruktur hinsichtlich Branchengliederung, Betriebsgrößen, räumlicher Verteilung, Arbeitsmarkt, Standortpotenziale, Strukturwandel)

3. **Arbeitsplanung**
   - Auswahl der Indikatoren, Hilfsmittel und Methoden
   - Festlegung der Arbeitsgruppen, der Arbeitsschritte, des Zeitrahmens und der Ergebnisdarstellung

4. **Informationsbeschaffung, -analyse, -aufbereitung**
   - „Arbeit vor Ort" im Rahmen von Exkursionen, Befragungen, Kartierungen, Betriebserkundungen
   - Literatur- und Internetrecherche, Datenbanken, hilfreich: www.meineStadt.de; www.ihk.de; www.statistik.baden-wuerttemberg.de
   - Sichtung und Gewichtung des Materials
   - Umsetzung in geeignete textliche und graphische Form

5. **Synthese und Bewertung,**
   - Zusammenfassung der Einzelergebnisse hinsichtlich der Fragestellung,
   - Vergleich mit Fragestellung und Ausgangshypothese

6. **Präsentation des Gesamtergebnisses**

Fallbeispiel: Der IHK-Bezirk Schwarzwald-Baar-Heuberg

Anders als vor wenigen Jahrzehnten gibt es v.a. in den hoch entwickelten Industrieländern heute kaum noch Regionen, die von nur einem Wirtschaftssektor bzw. einer oder wenigen Branchen dominiert werden. Die Ursachen hierfür liegen in dem für marktwirtschaftliche Systeme typischen Strukturwandel, den auch durch Strukturanpassungsprogramme geförderten Neubewertungen von Standorten sowie der zunehmenden internen und externen Verflechtung von Produktionsprozessen, Handel, Dienstleistungen und Kommunikation. Statistisch gesehen gleichen sich daher die Wirtschaftsstrukturen verschiedener Regionen im Laufe der Zeit immer stärker einander an.
Bei großmaßstäblichen, d.h. lokalen oder regionalen Betrachtungen zeigen sich jedoch immer noch markante Unterschiede. Innerhalb Deutschlands eignen sich dafür wegen des leicht verfügbaren Zugriffs auf umfangreiches und differenziertes Datenmaterial besonders die Kammerbezirke der Industrie- und Handelskammern (IHK).

Die Wirtschaftsstruktur der Region

Der IHK-Bezirk Schwarzwald-Baar-Heuberg umfasst drei Landkreise und erstreckt sich naturräumlich vom mittleren Schwarzwald über die Gäuflächen am Oberlauf von Donau und Neckar bis auf den Südteil der Schwäbischen Alb. Im Jahr 2000 waren hier von 1000 Beschäftigten insgesamt 558 im produzierenden Gewerbe tätig (im Dienstleistungssektor 436). Dieser hohe Industrialisierungsgrad weist die Region als Industriegebiet aus, dessen Entwicklung aber fernab der heutigen Ballungsräume stattfand.

Die Industrialisierung der Region wurde bereits Mitte des 19. Jh. im Großherzogtum Baden und im Königreich Württemberg bewusst gefördert, um die Not der ländlichen Bevölkerung zu mildern. Zwischen 1880 und 1910 entstanden die ersten industriellen Großbetriebe. Nach dem Zweiten Weltkrieg entwickelte sich die Region zunehmend zu einem hoch industrialisierten Raum, der Firmen mit Weltruf hervorbrachte: Junghans Uhren aus Schramberg, Kienzle Apparate (Parkuhren, Taxameter) aus Villingen und Kienzle Uhren aus Schwenningen haben einen traditionsreichen Namen. Hohner Musikinstrumente aus Trossingen, Zeyko Küchen aus Mönchweiler, Dual und Saba Unterhaltungselektronik aus St. Georgen und Villingen sind heute noch bekannte Markenprodukte. In Tuttlingen ist mit dem Weltmarktführer Aeskulap fast die gesamte deutsche Produktion chirurgischer Instrumente konzentriert, in Schiltach dominieren BBS (Aluminiumfelgen) und Grohe (Hausarmaturen) und in Oberndorf die Waffenhersteller Mauser und Heckler & Koch. Viele Produkte dieser Unternehmen leben zumindest unter ihrem eingeführten Markennamen bis heute weiter.

Wirtschaftsstrukturen und Wirtschaftsprozesse

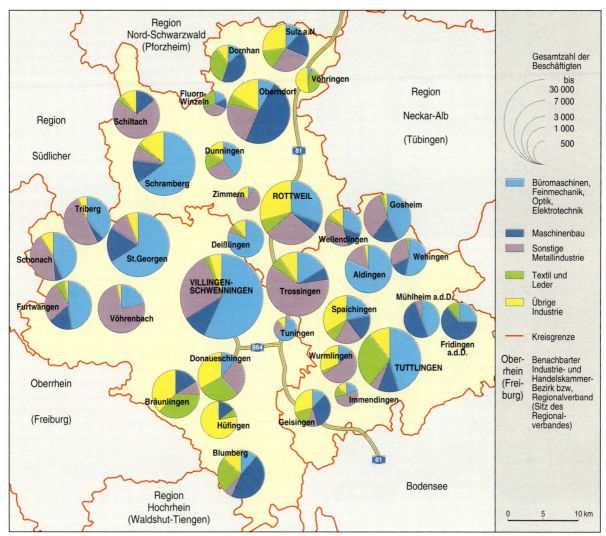

123.1 Region Schwarzwald-Baar-Heuberg: Branchenübersicht produzierendes Gewerbe

	Kreis Rottweil			Kreis Tuttlingen			Schwarzwald-Baar-Kreis		
	1999	2000	2001	1999	2000	2001	1999	2000	2001
Beschäftigte insgesamt	46 302	47 468	48 207	47 294	48 062	48 957	75 156	77 095	79 164
Land- und Forstwirtschaft, Fischerei	270	288	268	186	208	194	457	457	448
Bergbau, Steine und Erden	216	211	194	57	55	44	88	89	86
Verarbeitendes Gewerbe	22 117	22 721	23 301	27 654	28 117	28 810	32 528	32 941	33 783
Energie- und Wasserversorgung	250	186	183	284	296	306	319	337	327
Baugewerbe	3 855	3 880	3 549	2 960	2 905	2 798	4 824	4 646	4 588
Handel	5 402	5 557	5 849	5 472	5 533	5 631	8 479	9 085	9 411
Gastgewerbe	795	799	795	600	586	583	1 832	1 831	1 835
Verkehr und Nachrichtenübermittlung	1 877	1 970	1 991	1 100	1 163	1 248	3 186	3 269	3 262
Kredit- und Versicherungsgewerbe	1 254	1 255	1 267	1 039	1 018	1 031	2 020	2 107	2 114
Grundstückswesen, Vermietung, Dienstleistungen für Unternehmen	1 664	1 712	1 803	1 385	1 463	1 575	6 391	7 042	7 503
Öffentliche Verwaltung u. ä.	2 753	2 808	2 856	1 997	246	252	3 909	4 144	4 276
Öffentliche und private Dienstleistungen	5 856	6 071	6 141	4 557	4 669	4 681	11 102	11 139	11 520

Quelle: Statistisches Landesamt Baden-Württemberg, Angaben jeweils für den 30. Juni des Jahres (Umstellung der Statistik seit 1999)

123.2 Versicherungspflichtig beschäftigte Arbeitnehmer am Arbeitsort nach Wirtschaftsabteilungen

Wirtschaftsstrukturen und Wirtschaftsprozesse

124.1 Uhrmacherwerkstatt um 1850

124.2 Uhrenherstellung um 1900

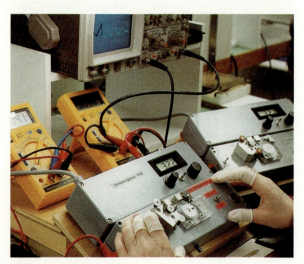

124.3 Moderne Uhrenproduktion

Die Entwicklung der Industrie – Fortführung alter Gewerbetradition

Von den nach dem Zweiten Weltkrieg noch bestehenden 780 Industrieunternehmen im Bereich der heutigen Region Schwarzwald-Baar-Heuberg wurden 16 vor 1800 und weitere 53, insgesamt also 9 %, vor 1850 gegründet. Obwohl abseits der großen Wirtschaftszentren gelegen, hat die Industrie hier also lange Tradition. Sie ist das Ergebnis einer allmählichen Entwicklung von handelsorientiertem, auf Land- und Forstwirtschaft basierendem Gewerbe über zahlreiche Anpassungsprozesse hin zur modernen hoch spezialisierten Industrie. Die Umwälzungen der industriellen Revolution begründeten hier keinen neuen Erwerbszweig, sondern veränderten nur Bestehendes. Zahlreiche Beispiele belegbarer Unternehmenskontinuität vom 18. bis ins 20. Jahrhundert zeigen, dass entscheidende Wachstumsanstöße hier bereits in vorindustrieller Zeit erfolgten.

Der seit dem 18. Jahrhundert steigende Bevölkerungsdruck und das im Schwarzwald vorherrschende Erbrecht, das die Teilung des landwirtschaftlichen Besitzes nicht zuließ, machten es schon früh für Bevölkerungsgruppen bäuerlicher Herkunft notwendig, sich außerhalb von Land- und Forstwirtschaft einen Lebensunterhalt zu suchen.

Das „Schnefeln", d.h. die Herstellung von allerlei Holzgeräten, und die vor 300 Jahren in größerem Umfang aufkommende Glasbläserei waren die ursprünglichen Gewerbe des Schwarzwaldes. Sie basierten noch völlig auf dem heimischen Holzreichtum, produzierten aber bereits nicht mehr ausschließlich für den lokalen Markt. Der meist von Warenträgern betriebene Handel erschloss schon damals weit entfernte Absatzmärkte.

Ein solcher Träger soll aus Böhmen die erste Uhr in den Schwarzwald mitgebracht haben. Sicher ist, dass seit Mitte des 17. Jahrhunderts im Schwarzwald Uhren hergestellt werden, dass sich die Uhrmacherei rasch ausbreitete, dass die anfänglich unbeholfenen hölzernen Zeitmesser zu Präzisionsinstrumenten aus Metall verbessert wurden und dass mit diesen Produkten schließlich der Weltmarkt erreicht wurde. Die Uhrmacherei hat eindeutig die stärksten Impulse für die Industrialisierung der Region gegeben. Eine weitere Grundlage der Industrialisierung waren die Unternehmungen der Landesherren. Die Häuser Fürstenberg, Hohenzollern und Habsburg investierten in zahlreiche Firmengründungen wie z.B. Mühlen und Sägewerke, Ziegeleien, Brauereien und Eisenwerke. Auch die erste Maschinenfabrik der Region in Immendingen (seit 1835) ist eine fürstenbergische Gründung.

Die tragenden Elemente der industriellen Entwicklung waren das aus der Land- und Forstwirtschaft dieses Raumes gewonnene Kapital und der Erfindungsreichtum der ansässigen Bevölkerung. Das Können ausländischer Zuwanderer oder der Zustrom ausländischen Kapitals, die anderswo entscheidende Entwicklungsimpulse gegeben haben, spielten in dieser Region keine Rolle. Kapitalmangel, Verkehrsungunst und noch am Heimgewerbe orientierte Betriebsgrößen führten dann allerdings dazu, dass die Industrie dieses Raumes lange Zeit stagnierte und die Möglichkeiten der Mechanisierung nur verzögert aufnahm. Noch 1869 bezogen 192 Gewerbebetriebe in Donaueschingen, Villingen und Triberg ihre Antriebskraft von 493 Wasserrädern und 4 Wasserturbinen, nur 14 Betriebe verfügten über je eine Dampfmaschine mit durchschnittlich 6 PS Leistung. Die Dampfkraft blieb noch Jahrzehnte von sekundärer Bedeutung.

In der wirtschaftlich schwierigen Zeit vor und nach dem Ersten Weltkrieg bewährte sich die Flexibilität der mittelständischen Industrie, denn gerade damals wurde die Diversifizierung weg von der reinen Uhrenproduktion vorangetrieben. Bezeichnenderweise sind die drei führenden Unternehmen der wichtigen Elektrobranche aus Uhrmacherfamilien oder -betrieben hervorgegangen: Die vor allem als Hersteller von Plattenspielern bekannte Firma Dual in Sankt Georgen wurde 1897 von den Uhrmachern Gebrüder Steidinger gegründet. Die „Schwarzwälder Apparate-Bau-Anstalt" (Saba) geht auf eine alte Triberger Uhrmacherei zurück. Die ehemals weltbekannte Villinger Firma Kienzle Apparate, deren Produktprogramm neben den angestammten Taxametern, Fahrtenschreibern und Parkuhren auch Computersysteme umfasste, entstand aus der Fusion zweier Uhrenfabriken.
Allen drei Firmen gemeinsam ist eine sehr bewegte Entwicklung in jüngerer Zeit. Dual und Saba wurden vom französischen Elektronikkonzern Thomson-Brandt, Kienzle Apparate zunächst von der Mannesmann AG, die Computersparte 1992 vom amerikanischen Computerhersteller Digital Equipment Corporation übernommen. Mehrfacher Besitzerwechsel, Teilverkauf, auch Zusammenbruch mit massivem Belegschaftsabbau und Gründung von Mitarbeitergesellschaften als Nachfolgefirmen sind Begleiterscheinungen eines raschen Strukturwandels, den die Industrie der Region zu bewältigen hat.
Auch heute bewährt sich die große Flexibilität der mittelständischen Betriebe. Vielfach haben Mitarbeiter der größeren Firmen durch Diversifizierung der ehemaligen Produktpalette oder ehemalige Mitarbeiter größerer Firmen durch Spezialisierung auf marktgerechte Nischenprodukte – häufig verbunden mit Neugründung kleinerer Firmen – Antworten auf immer schnellere technische Entwicklungen gefunden und Arbeitsplätze in der Region gehalten (Abb. 127.1). Das mit Landesmitteln in Villingen-Schwenningen gegründete Institut für Mikrotechnik berät und forscht für die mittelständischen Betriebe der Region und schließt auf diese Weise eine Lücke zwischen Forschung und Anwendung im Sinne eines Technologietransfers.

125.1 Taxameter-Montage um 1950

125.2 Serienmontage von Buchungsautomaten 1965

125.3 Moderne Formatierung von Chipkarten

		Anteil an der Bodenfläche	
Nutzungsart	ha	%	Landeswert
Bodenfläche gesamt	252 902	100,0	100,0
Siedlungs- u. Verkehrsfläche[1]	28 098	11,1	13,2
dar. Gebäude- u. Freifläche	14 733	52,4	53,2
Verkehrsfläche	11 483	40,9	40,2
Landwirtschaftsfläche	105 491	41,7	46,8
Waldfläche	115 869	45,8	38,0
Wasserfläche	1 391	0,6	1,0
Übrige Nutzungsarten[2]	2 053	0,8	1,0

[1] Gebäude- u. Frei-, Betriebs-, Erholungs-, Verkehrsfläche, Friedhof
[2] Abbauland u. Flächen anderer Nutzung (ohne Friedhof)

126.1 Flächennutzung der Region (2002)

Landwirtschaftliche Betriebe	1979	1991	1995	1999
Betriebsbereich Landwirtschaft	7234	4693	3866	3426
davon				
Marktfruchtbetriebe	1093	1104	1039	864
Futterbaubetriebe	5485	3162	2371	2182
Veredlungsbetriebe	154	104	153	99
Dauerkulturbetriebe	32	19	17	11
Gemischtbetriebe	470	304	286	270
Betriebsbereich Gartenbau	84	71	69	53
Betriebsbereich Forstwirtschaft	223	292	337	96
Betriebsbereich Kombinationsbetriebe[1]	552	514	542	500

[1] Betriebe mit 2 ha und mehr landwirtschaftlich genutzter Fläche

126.2 Entwicklung der Landwirtschaft in der Region

Arbeitslosenquote (03/2002)		5,3 %
Sozialversicherungsbeschäftigte (06/2000)		35 331
davon Beschäftigte am Arbeitsort		35 331
davon Beschäftigte am Arbeitsort wohnend		28 341
Einpendler (06/2000)		15 361
Auspendler		8 623
Beschäftigte:		
Dienstleistungssektor, Banken, öffentl. Dienst		38,7 %
Verarbeitendes Gewerbe, Bau, Land- u. Forstw.		51,5 %
Handel		9,8 %
Hebesätze	Grundsteuer A	350 v. H.
	Grundsteuer B	350 v. H.
	Gewerbesteuer	350 v. H.
Steuereinnahmen:	Grundsteuer	9,1 Mio. €
	Gewerbesteuer	31,7 Mio. €
	Einkommensteuer	27,8 Mio. €
Haushalt 2002:	Verwaltungshaushalt	160 Mio. €
	Vermögenshaushalt	26 Mio. €
Verschuldung gesamt (31. Dezember 2002)		105 Mio. €
	Pro Kopf	1 294 €

126.3 Daten zu Villingen-Schwenningen

Standortpotenziale

Die Region Schwarzwald-Baar-Heuberg hat nicht nur eine lange Gewerbe- und Industrietradition. Auch **Industriekrisen** sind hier von alters her bekannt. Die Geschichte praktisch aller Unternehmen der Region zeigt, dass immer wieder schmerzhafte Anpassungsprozesse an sich verändernde wirtschaftliche und technologische Rahmenbedingungen notwendig waren.

Andererseits wurden diese Krisen immer wieder erstaunlich gut bewältigt. Nie kam es zu lang anhaltender, die gesamte Industrie betreffende Depression mit dem Niedergang der ganzen Region. Selbst in den 1970er und 1980er Jahren, als nacheinander die Uhren- und die Unterhaltungselektronik-Industrie in tiefe Absatz- und Strukturkrisen gerieten, 7500 Arbeitsplätze verloren gingen und 11 000 Menschen abwanderten, stieg die Arbeitslosenquote nur geringfügig und kurzfristig an. Sie blieb aber stets deutlich unterhalb der von Land oder Bund, denn allein zwischen 1983 und 1988 konnten im verarbeitenden Gewerbe fast 8000, im Dienstleistungsbereich fast 6000 Arbeitsplätze neu geschaffen werden.

Der sich in den 1990ern verschärfende **Strukturwandel** von der Feinmechanik zur Mikroelektronik hat die Feinwerktechnik nicht völlig zurückgedrängt. Wichtiger geworden sind aber Maschinenbauer, Zulieferer der Automobilindustrie und Firmen, die in der Entwicklung von Unterhaltungselektronik und Telekommunikationstechnik tätig sind. Anders als früher dominiert in den hoch spezialisierten Unternehmen auch nicht mehr die gesamte Produktionskette, sondern die Entwicklung und Prototypenfertigung für moderne Zukunftstechnologien. Die damit verbundene **Diversifizierung** der Wirtschaftsstruktur wurde durch verschiedene Faktoren begünstigt:

- durch die Verselbstständigung Erfolg versprechender Abteilungen beim Verkauf oder bei der Schließung einiger der großen Traditionsunternehmen sowie durch viele weitere Existenzgründungen mit Nischenprodukten;
- durch den Ausbau der vorhandenen Bildungseinrichtungen, v.a. auch der Fachhochschulen und Berufsakademien sowie die enge Verzahnung angewandter Forschung mit den Betrieben. Besonders erfolgreich war die Ansiedlung des Instituts für Mikro- und Informationstechnologie in VS, mit dessen Hilfe über industrienahe Entwicklungsdienstleistungen wissenschaftliches Know-how rasch in innovative Produkte umgesetzt werden kann.
- durch eine innerregional anhaltend hohe Vernetzung von Informations- und Produktionswegen (Technologienetze);
- durch eine im Gegensatz zu Ballungsräumen und Großstädten hohe Flexibilität der Kommunen bei der Ausweisung, Erschließung und Förderung immer neuer Wohn-, Industrie- und Gewerbegebiete;

- durch ein Standort-Marketing mit unternehmensorientierten Informationshilfen (z. B. Fördermöglichkeiten, Verfügbarkeit von Flächen) und Dienstleistungen;
- durch die Präsentation der Leistungsfähigkeit der Region im „Schaufenster" der Messen in Villingen;
- durch die Ausnutzung der günstigen überregionalen Verkehrslage für die Ansiedlung von Logistikzentren bedeutender Handelsketten und Transportunternehmen;
- durch die Vermarktung des reichhaltigen Tourismuspotenzials (z. B. vielfältige Landschaft, historische Städte, Solbad Bad Dürrheim, Freizeitanlagen, jährlich stattfindende Großveranstaltungen wie Reiterturnier und Musikfestival in Donaueschingen sowie zahlreiche sonstige kulturelle und sportliche Events).

Tendenziell zeigt sich damit auch in dieser über zwei Jahrhunderte immer stärker industrialisierten Region die Entwicklung zur postindustriell geprägten Wirtschaft. Erhalten geblieben ist aber bis heute die traditionell breite regionale Streuung der Gewerbe- und Industriestandorte auf viele Dörfer und Städte. Deren finanzielle Gestaltungsräume sind jedoch durch die gestiegene Belastung der kommunalen Haushalte durch Personal- und Sozialausgaben, Investitionen zum Erhalt/Ausbau der Infrastruktur und Attraktivität des Standortes sowie durch die Abführungen an das Land im Zuge der „Landesumlage" oft eingeschränkt.

Eindeutiger Schwerpunkt der Region ist die im Zuge der Kommunalreform 1973 aus der badischen Kreisstadt Villingen und dem ursprünglich württembergischen Schwenningen gebildete Doppelstadt Villingen-Schwenningen. Mit ihrer Einstufung im Landesentwicklungsplan als Oberzentrum wurden hier immer mehr hochrangige, für die Gesamtregion wichtige Versorgungsfunktionen konzentriert. In ihrer Nähe liegen die gut ausgestatteten Mittelzentren Donaueschingen, Rottweil, Schramberg und Tuttlingen.

Das Juwel Furtwangen

Schnee von Oktober bis April, 1000 Meter über dem Meeresspiegel, eine Autostunde Fahrt bis nach Freiburg: Das kleine Städtchen Furtwangen liegt im tiefsten Schwarzwald, doch dort lebt es sich alles andere als verschlafen. Mit 3,3 % im März [1998, März 1999 2,1 %] hat Furtwangen eine derart niedrige Arbeitslosenquote, wie sie in ganz Deutschland nicht noch einmal zu finden ist. Die ansässigen Unternehmen bieten der Stadt mit ihren 10 000 Einwohnern rund 5000 Arbeitsplätze – obwohl die traditionelle Uhrenindustrie längst kaputt ist und der Boom der Unterhaltungselektronik der Vergangenheit angehört.

Heute werden in Furtwangen statt Kuckucksuhren Mikrochips, Hauskommunikationsanlagen oder Pumpen für die Automobilindustrie hergestellt, „intelligente Produkte für den Markt der Gegenwart und Zukunft", sagt der Hauptgeschäftsführer der Industrie- und Handelskammer in Villingen-Schwenningen. Die traditionsreichen Unternehmen in Furtwangen seien rechtzeitig auf den Zug der „technischen Innovationen" aufgesprungen und sie seien heimatverbunden genug, um möglichst viel Produktion in Furtwangen zu halten. Die Liebe zur Heimat. Das ist auch für Horst Siedle, Stadtrat und als Kopf der Firma Siedle & Söhne der größte Arbeitgeber in Furtwangen, ein Standortvorteil: „Die Unternehmer identifizieren sich mit ihrer Umgebung." Zudem seien die Familienunternehmen mit etwa 500 Mitarbeitern noch übersichtlich, es sei leichter, flexibel auf den Markt zu reagieren.

Die Anforderungen an die Mitarbeiter sind in den Furtwanger Familienunternehmen hoch. Qualifizierte Facharbeiter und Ingenieure arbeiten dort, weitere sollen eingestellt werden. „Derzeit sind 120 Stellen offen", sagt der Arbeitsamt-Dienststellenleiter. Gesucht werden Fachkräfte für den Metall- und Elektrobereich und – weil der Sommer vor der Tür steht – Hotel- und Restaurantfachleute. Was Bildung und Ausbildung angeht, liegt die Kleinstadt weit vorn. In Furtwangen steht die renommierte Fachhochschule, die aus der früheren Uhrmacherschule hervorging. Nirgendwo sonst in Deutschland beherbergt eine so kleine Stadt eine Hochschule. 2000 Studenten pauken dort Feinwerktechnik, Elektronik oder Medieninformatik. „Die Hochschule bietet ein großes Reservoir für die Firmen", sagt die stellvertretende Stadtkämmerin. Auch über die Fachhochschule hinaus legt die Stadt großen Wert auf Ausbildung. Es gibt drei Gymnasialtypen, drei Grundschulen, eine Haupt-, eine Realschule, ein Skiinternat und sechs kirchliche Kindergärten. Und – auch das ist ungewöhnlich für eine Stadt mit 10 000 Einwohnern – ein Berufsschulzentrum.

Neben der Innovationskraft der mittelständischen Unternehmen und dem hohen Bildungsniveau kommt für die stellvertretende Stadtkämmerin noch ein dritter Aspekt hinzu, der die Kleinstadt auf dem Arbeitsmarkt so erfolgreich macht: „Die Furtwanger sind fleißig, das liegt an der geographischen Lage." Sie hätten sich schon immer durchschlagen müssen. Früher trugen die Handwerker ihre Uhren zu Fuß ins Tal. Heute ist der nächste Intercity-Anschluss 40 km entfernt, die Autobahn ist auch nicht näher. Auch für Horst Siedle ist der Standort kein Nachteil: „Wir arbeiten, wo andere Urlaub machen."

(nach: Badische Zeitung, 25. April 1998)

127.1 Wo Arbeitslosigkeit fast ein Fremdwort ist

Wirtschaftsstrukturen und Wirtschaftsprozesse

Fallbeispiel Ruhrgebiet

Klischee und Wirklichkeit

Der größte deutsche Ballungsraum mit 5,4 Mio. Menschen auf 4400 km² trägt immer noch schwer an seinem industriellen Erbe. Kohle und Stahl haben in wenigen Jahrzehnten die Landschaft völlig überformt und verursachten eine Agglomeration von Städten und Industrieanlagen, wobei bei einem phasenweise atemberaubenden Wachstum an eine planerische Gestaltung des Raumes nicht gedacht wurde. Vor allem der Wildwuchs der so genannten Gründerjahre prägte nachhaltig die Außenwirkung des Begriffs Ruhrgebiet: *„Da riecht es nach Ruß und Geld, nach Hütte und Kohlenstaub, nach den Abgasen der Kokereien, den Dämpfen der Chemie – und es riecht nach Macht ... Zwischen Duisburg und Dortmund ist Weiß nur ein Traum."* So schrieb Heinrich Böll 1958 über das Ruhrgebiet und Herbert Grönemeyer sang über seine Geburtsstadt Bochum:

„tief im westen, wo die sonne verstaubt, ist es besser, viel besser, als man glaubt, tief im westen.
du bist keine schönheit, vor arbeit ganz grau, du liebst dich ohne schminke, bist 'ne ehrliche haut, leider total verbaut, aber grade das macht dich aus
du hast 'n pulsschlag aus stahl. man hört ihn laut in der nacht. du bist einfach zu bescheiden, dein grubengold hat uns wieder hochgeholt, du blume im revier ...
du bist keine weltstadt, auf deiner königsallee finden keine modenschau'n statt, hier, wo das herz noch zählt, nicht das große geld – wer wohnt schon in düsseldorf ...
du bist das himmelbett für tauben und ständig auf koks, hast im schrebergarten deine laube, machst mit 'nem doppelpass jeden gegner nass – du und dein vfl ..."

(Grönland Musikverlag, Berlin)

Dieses Bild von Trostlosigkeit, Maloche und fragwürdiger Idylle hat sich in den Köpfen vieler Menschen festgesetzt, vor allem bei denen, die nicht in der Region leben. Das Ruhrgebiet als „Ruß-Land Europas", als „Staublunge Deutschlands" ...?

Was früher vielerorts der beherrschende Eindruck war, hat sich in der Zwischenzeit stark verändert. Heute ist das Ruhrgebiet mit einem Grünflächenanteil von 70% die grünste Industrieregion Europas – Folge eines umwälzenden Strukturwandels nach den Krisen der Montanindustrie. Die in der ehemaligen Kokerei Zollverein (Essen) 1999/2000 gezeigte Ausstellung „Sonne, Mond und Sterne – die Kohle geht, die Sonne kommt" deutet symbolhaft an, was sich in den letzten 20 Jahren alles geändert hat. Auf den alten Industriebrachen entstehen vielerorts moderne, innovative Betriebe, die eine Schwerpunktverlagerung bei der Beschäftigungsstruktur (Abb. 128.2) bewirken. Das Ruhrgebiet wandelt sich immer mehr zu einem dynamischen, zukunftsfähigen Wirtschaftsraum.

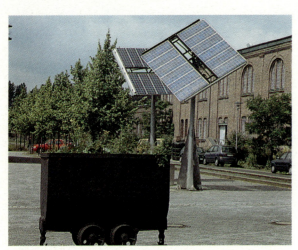

128.1 Die Kohle geht – die Sonne kommt

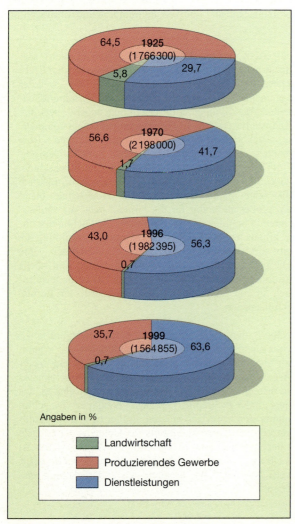

128.2 Beschäftigtenanteile nach Wirtschaftssektoren

Wirtschaftsstrukturen und Wirtschaftsprozesse

Entwicklung zur Werkstatt Deutschlands

Noch zu Beginn des 19. Jh. war das später so genannte „Ruhrgebiet" eine agrarisch geprägte Landschaft mit weniger als 300 000 Einwohnern. Im Vergleich zu England setzte hier die Industrialisierung mit einer Zeitverschiebung von mehreren Jahrzehnten mit dem zweiten Kondratieff-Zyklus ein. Eine wichtige Grundlage waren die Steinkohlevorkommen aus dem Karbon, die im Bereich der Ruhr anstanden. Nach Norden sinken die Kohle führenden Schichten in immer größere Tiefen ab. Erst als es gelang, mithilfe der Dampfmaschine tiefere Kohleschichten zu erschließen sowie Steinkohlenkoks herzustellen, waren die Voraussetzungen für die montanindustrielle Entwicklung des Reviers gegeben.

Da bei den damaligen Verhüttungstechniken gewichtsmäßig mehr Koks als Eisenerz zur Gewinnung von Roheisen benötigt wurde, entstand die Eisenindustrie „auf der Kohle". Anfänglich wurden Eisenerze aus dem Ruhrgebiet (Kohleneisenstein) sowie aus dem Siegerland und dem Lahn-Dill-Gebiet verhüttet. Zeitgleich mit dem Einsatz technischer Innovationen in Bergbau und Eisenindustrie lag der Aufbau des Eisenbahnnetzes, wodurch die **Montanindustrie** einen gewaltigen Auftrieb erhielt. Ein Großteil der Kapazitäten wurde für die Produktion von Schienen, Lokomotiven, Eisenbahnwagen und Brücken benötigt. Die Bahntrasse, die durch das dünn besiedelte Emschergebiet gelegt wurde, diente als Leitlinie für neu entstehende Hüttenwerke und schnell wachsende Industriestädte wie Gelsenkirchen oder Castrop-Rauxel.

Im Bergbau wurden immer mehr und immer größere Maschinen benötigt. So entwickelte sich der Maschinenbau ab der zweiten Hälfte des 19. Jh. zu einer bedeutenden Antriebsquelle für die Wirtschaft des Ruhrgebiets. Die stürmische Entwicklung der Industrie war aber nur möglich durch massive Anwerbung von Arbeitskräften aus anderen Gebieten, v. a. aus Ostpreußen, Schlesien, Pommern und Polen.

Veränderte politische Rahmenbedingungen ermöglichten diese gewaltigen Migrationsbewegungen: Die Bauernbefreiung (1807) und die Gewerbefreiheit sowie das Freizügigkeitsgesetz erleichterten die horizontale Mobilität. Die Liberalisierung des Bergbaus (1851) und die Förderung der Gründung von Aktiengesellschaften (1842) schufen Anreize für private Investoren in der Montanindustrie. Es entstanden Großkonzerne, die oft mit den Namen von Unternehmerpersönlichkeiten verbunden sind (Krupp, Thyssen). Innerhalb weniger Jahrzehnte wurde so das Ruhrgebiet zum größten geschlossenen Industrierevier Europas und zur Werkstatt Deutschlands. Noch in den 30er Jahren des 20. Jh. kamen 80 % der deutschen Eisenerzeugung aus diesem Raum. Die Montanindustrie wurde zum tragenden Pfeiler der wirtschaftlichen Macht der Region und es entstand das Klischee vom schmutzigen „Ruhrpott". Die Monostruktur der Industrie wurde später jedoch auch zur Hauptursache weit reichender Krisen.

Aufgaben

1. Nennen Sie verschiedene Voraussetzungen für die Entstehung des Industrireviers Ruhrgebiet. Berücksichtigen Sie dabei geologische, technische und politisch-soziale Faktoren (Abb. 129.2, 130.1, Text).
2. Begründen Sie die Nordwanderung des Bergbaus und die Gliederung des Ruhrgebiets in verschiedene Zonen.

129.1 Historische Industrielandschaft (Bottrop, 1924)

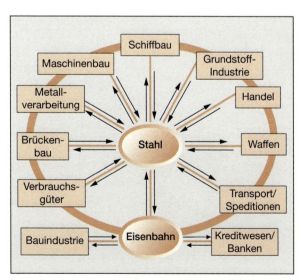

129.2 Das Technologienetz des zweiten Kondratieff-Zyklus

Wirtschaftsstrukturen und Wirtschaftsprozesse

Techniken des Kohlebergbaus:
1. Bis Mitte des 15. Jahrhunderts:
   Primitiver Tagebau in Löchern (Pingen) und Gräben
2. Mitte 15.–Ende des 16. Jahrhunderts:
   Püttenbau: „Pütt" = ein wenige Meter tiefer, brunnenartiger Schacht (lat. puteus = Brunnen)
3. Mitte 16.–1. Hälfte des 19. Jahrhunderts:
   Stollenbau vorherrschend; tunnelartige Gänge in den Berg, wo die Kohle zutage trat.
4. Ab Mitte des 19. Jahrhunderts:
   Tiefbau (Schachtbau) vorherrschend. Voraussetzung für tiefe Schächte: Dampfmaschinen zur Hebung des Grubenwassers und zur Förderung der Kohle.

Wichtige Daten:
- 1298 Erste urkundliche Erwähnung des Kohleabbaus
- 1738 Preußische Regierung errichtet Bergbaubehörde
- 1776 Ausbau der Ruhrschifffahrt
- 1789 Erste Kokserzeugung bei Witten
- 1799 Erste Dampfmaschine auf einer Zeche
- 1839 Franz Haniel erreicht mit einer Bohrung Fettkohleschichten (verkokbare Kohleart)
- 1849 Erster Koksofen in Mülheim
- 1856 Bau des ersten Tübbingschachtes (mit Ringsegmenten aus Eisen, Stahl oder Stahlbeton ausgekleideter Schacht)
- 1968 Gründung der Ruhrkohle AG
- 1999 Gründung der Deutschen Steinkohle AG (DSK) für alle deutschen Bergwerke

Inkohlungsreihe Steinkohle	Flüchtige Bestandteile in %	Kohlenstoffanteil in %	Heizwert in MJ/kg	Verwendung
Flammkohle	45–40	75–82	30	In Kraftwerken und als Beimischung zur Kokskohle.
Gasflammkohle	40–35	82–85	31	Industrielle Wärmeerzeugung.
Gaskohle	35–28	85–87	32	Wie Gasflammkohle. Zus. mit Fettkohle auch Koksherstellung.
Fettkohle	28–19	87–89	32	Vorwiegend zur Koksherstellung.
Esskohle	19–14	89–90	32	Zus. mit Fett- und Gaskohlen vorw. zur Verkokung.
Magerkohle	14–10	90–91,5	34	Nusskohlen vorw. in Hausbrand; Feinkohlen für Brikettherstellung.
Anthrazitkohle	10– 6	über 91,5	36	Nusskohlen für Hausbrand; Feinkohlen für Briketts und zur Stromerzeugung. Für chem. Industrie zu Reduktionszwecken und zur Herstellung von Elektroden.

1 Deckgebirge: Hangendes (kohlefreie Schichten)
2 Dorstener Schicht: Flammkohle (Chemie und Energiegewinnung)
3 Horster Schicht: Gasflammkohle (Chemie und Energiegewinnung)
4 Essener Schicht: Gaskohle (Chemie und Energiegewinnung)
5 Bochumer Schicht: Fettkohle (Verkokung in der Hüttenindustrie)
6 Wittener Schicht: Esskohle (Hausbrand- und Schmiedekohle)
7 Sprockhöveler Schicht: Magerkohle (Hausbrand)
8 Flözleeres: Liegendes (kohlefreie Schichten)

A Lippezone
  Kohle (Zechen), (Kohle-)Chemie
B Emscherzone
  Kohle (Energie), (Kohle-)Chemie, Kokereien
C Hellwegzone
  Kohle (Energie), Stahlherstellung und -verformung, Schwermaschinen, Bleche, Glas, Buntmetalle, (Kohle-)Chemie
D Ruhrzone (ältestes Abbaugebiet)
  Kohle (Energie), Stahlverformung, Maschinen.

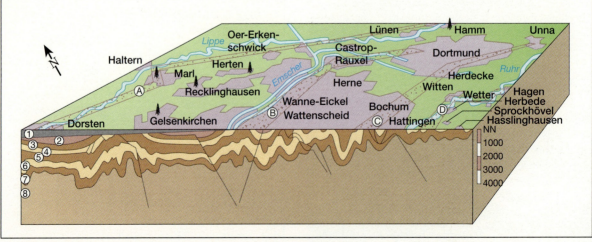

130.1 Ruhrgebiet: Industriestruktur der Teilregionen/Schichtenfolge/Kohlenarten und Verwendungszwecke

Die Kohlekrise

Bis Ende der 1950er Jahre war die Steinkohle der weitaus wichtigste Energieträger in Westdeutschland. Aufgrund der starken Nachfrage vor allem in der Wiederaufbauphase nach dem 2.Weltkrieg wurden weiterhin neue Schächte abgeteuft, da man glaubte, der Nachfrageboom würde weiter anhalten. 1957 zeigten sich aber schon die ersten Anzeichen einer Wirtschaftskrise, die mit der Kohlekrise begann. Aus verschiedenen Gründen war die Ruhrkohle nicht mehr wettbewerbsfähig. Importkohle aus Übersee konnte im Ruhrgebiet billiger angeboten werden als die Kohle aus dem eigenen Revier, da die Ruhrkohle in großen Tiefen abgebaut werden muss, die Flöze relativ dünn und außerdem gefaltet oder an Verwerfungen gegeneinander versetzt sind, was den Abbau erheblich verteuert. Hinzu kam das hohe Lohnniveau in Deutschland. Durch billiges Erdöl und Erdgas wurde die Kohle immer mehr vom Wärmemarkt verdrängt. Die Nachfrage ging auch zurück durch den Einsatz neuer Technologien in Kraftwerken, in der Stahlindustrie und durch die Elektrifizierung der Eisenbahn.

Die Bergbaugesellschaften reagierten mit Rationalisierungsmaßnahmen, die mit Zechenschließungen und Massenentlassungen verbunden waren (Abb. 131.3). Um die Kohle als einzige langfristig sicher verfügbare Energiereserve Deutschlands nicht gänzlich vom Markt verschwinden zu lassen, wurden eine Neuordnung des Bergbaus (Gründung der Ruhrkohle AG, 1968) sowie staatliche Subventionen notwendig. Die Kokskohlenbeihilfe und der so genannte Jahrhundertvertrag garantierten den Absatz einer festgesetzten Koksmenge in der Stahlindustrie; durch den sog. Kohlepfennig (1975) subventionierte der Verbraucher mit einem bestimmten Prozentsatz der Stromrechnung den Kohleeinsatz bei der Stromerzeugung.

Diese Finanzierungsquellen sind seit 1995 versiegt. Um die sozialen Folgen eines weiteren Schrumpfungsprozesses im Bergbau abzufedern, haben sich Bund, Kohleländer sowie Bergbauunternehmen und IG Bergbau 1997 im „Kohlekonzept 2005" auf einen Kompromiss bei den Kohlesubventionen geeinigt: Bis zum Jahr 2005 werden die öffentlichen Hilfen von ca. 5 Mrd. €/Jahr (1998) schrittweise bis auf 2,8 Mrd. € gesenkt. Zurzeit wird jeder Arbeitsplatz im Bergbau mit etwa 66000 €/Jahr öffentlich gefördert. Der Kohlekompromiss sieht vor, dass sechs bis sieben weitere Zechen bis 2005 stillgelegt werden und die Kohleförderung auf 30 Mio. t/Jahr herabgefahren wird. Als Folge dieser Maßnahmen arbeiteten Ende 2000 nur noch 58000 Bergleute in den verbleibenden neun Bergwerken. Bis 2005 werden weitere 28000 Arbeitsplätze abgebaut werden.

Vierzig Jahre Krise und kein Ende. Wenn diese Entwicklung anhält, wird es den „Kohlekumpel", einst Symbolfigur des Ruhrgebiets, im Revier bald nicht mehr geben.

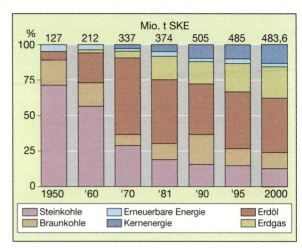

131.1 Primärenergieverbrauch in Deutschland

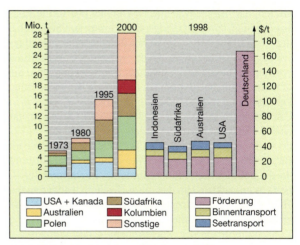

131.2 Steinkohlenimporte und Kostenvergleich

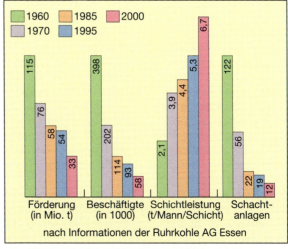

131.3 Strukturwandel im Steinkohlenbergbau

Die Stahlkrise

Die Folgen der ersten Kohlekrise waren noch nicht überwunden, als Mitte der 1970er Jahre auch die Eisen- und Stahlindustrie in Bedrängnis geriet. Der wirtschaftliche Einbruch ab 1975 hatte (wie beim Bergbau) vielfältige Ursachen. Die Nachfrage nach deutschem Stahl ging im Inland wie im Ausland zurück. Traditionelle Märkte in den sog. Entwicklungsländern brachen weg, da viele dieser Länder eigene Hütten- und Stahlwerke errichteten. Aufgrund des hohen Lohnniveaus in Deutschland entstand auch bei der Inlandsnachfrage eine starke Konkurrenz durch billige Importstähle, die z.T. zu Dumpingpreisen angeboten wurden. Außerdem wurde Stahl immer stärker durch andere Materialien wie Kunststoff, Keramik oder Aluminium ersetzt.

Neben den hohen Lohnkosten erwiesen sich auch die Standorte der Hütten als Wettbewerbsnachteil. Durch den immer geringer werdenden spezifischen Koksbedarf der Hütten, der heute etwas mehr als 400 kg pro Tonne Roheisen beträgt, sowie den steigenden Einsatz von Schrott bei der Verhüttung, verlor der früher dominante Standortfaktor Kohle an Bedeutung. Heute werden zur Verhüttung vorwiegend hochwertige Erze aus Übersee eingesetzt, die oftmals schon im Herkunftsland aufbereitet (Sinterung, Pelletisierung) und als hoch konzentriertes Massengut in Großfrachtern mit bis zu 100 000 Tonnen Ladekapazität nach Europa transportiert werden.

Da weder die deutschen Häfen noch die Flüsse/Kanäle im Ruhrgebiet für diese Großfrachter geeignet sind, entstand für die traditionellen Hüttenstandorte ein enormer Transportkostennachteil. Um dies auszugleichen, wanderten die Hütten „dem Erz entgegen", da Küstenstandorte (**Nasse Hütten**) als optimal galten. Im Ruhrgebiet vollzog sich eine Konzentration an der Rheinschiene. Hier können die Überseeerze mit Schubschiffen vom Erzhafen Rotterdam direkt an die Hochöfen (z.B. in Duisburg) gelangen.

Viele Hochöfen an traditionellen Standorten wurden aufgegeben, die Roheisenproduktion konzentrierte sich immer mehr auf nur wenige, leistungsfähige Produktionseinheiten. Dieser Schrumpfungs- und Konzentrationsprozess (Fusion Krupp-Klöckner 1984, Krupp-Hoesch 1991, Krupp-Thyssen 1998) bei gleichzeitig umfassender Modernisierung und Rationalisierung bedeutete auch in dieser Branche einen großen Verlust an Arbeitsplätzen. Allein im Zeitraum zwischen 1970 und 1990 wurden in der Stahlindustrie über 2/3 der Arbeitsplätze abgebaut. Um international wettbewerbsfähig zu bleiben, haben sich die deutschen Stahlwerke auf die Erzeugung hochwertiger Stähle spezialisiert.

Trotz dieser Anpassungsmaßnahmen ist die Stahlindustrie im Ruhrgebiet weiterhin gefährdet, da die Produktionskosten immer noch zu hoch sind. So kostet die Erzeugung einer Tonne Rohstahl im Westen des Ruhrgebiets (Rheinschiene) derzeit 182 €, im Osten des Reviers 200 €, in Großbritannien dagegen nur 152 €. Durch die andauernden Krisen, die beide Säulen der Montanindustrie, Kohle und Stahl, arg in Mitleidenschaft zogen, drohte das Ruhrgebiet, einst „Werkstatt Deutschlands", zum „Armenhaus der Nation" zu werden.

Aufgaben

1. Beschreiben und begründen Sie den Wertwandel der Kohle sowie die Veränderungen im Kohlebergbau (Abb. 131.1–3, Text).
2. Diskutieren Sie über die weit reichenden sozialen Folgen der anhaltenden Kohlekrise und die Frage, ob staatliche Subventionen angebracht sind.
3. Nennen Sie Ursachen und Auswirkungen der Stahlkrise in Deutschland sowie die Reaktionen der Stahlindustrie (Abb. 133.1, 133.2, Text).

4. Rheinschiene: Zechen ab Anfang 20. Jh.
– Aufschwung v.a. im Ruhrmündungsraum
– Import hochwertiger Übersee-Erze + Kohleim
– Verkehrsorientiert (Import-Export): Wasserweg Rhein
– **1950: 1t Koks für 1t Roheisen benötigt** (+1,5t Erz (66 %)), Hütten „wandern dem Erz entgegen"

5. Lippezone: Seit ca. 1890, v.a. nach 1. Weltkrieg
– jüngstes Bergbaugebiet, geplante Zone
– Industrieinseln: Verdichtungskerne mit Bergbau und Folgeindustrien, moderne Bergwerke/Anschlussbergwerke
– Verhüttung an alten Standorten im Süden (Persistenz)
– Behutsamer Eingriff in das Ökosystem

6. Nasse Hütten: vor allem nach dem 2. Weltkrieg
– Küstenstandorte, Industrieinseln
– verkehrsortientiert, Im- und Export auf dem Wasserweg
– häufige Standortnachteile: Marktferne (Binnenmarkt); geringes Arbeiterpotenzial, mangelnde Infrastruktur

7. Ballungsraum (Rheinschiene): Konzentration ab etwa Mitte der 70er Jahre des 20. Jh.
– Rohstoffimport (Schubschiffe)
– Erz: Massengut + Gewichtsverlustmaterial: im Herkunftsland aufbereitet und angereichert (Sinterung/Pelletisierung)
– **1990: < 0,5t Koks für 1t Roheisen benötigt (411 kg)**
– bei modernsten Produktionsverfahren z.T. überhaupt kein Koks mehr nötig, dafür hoher Schrottbedarf
– Standortvorteil: Arbeitspotenzial, Marktnähe, ausgebaute Infrastruktur, Know-how, Fühlungsvorteile

132.1 Standortfaktorenwechsel

Wirtschaftsstrukturen und Wirtschaftsprozesse

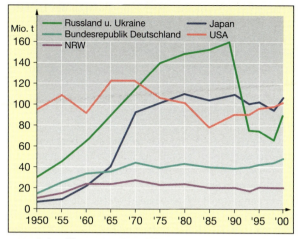

133.1 Rohstahlerzeugung im Vergleich

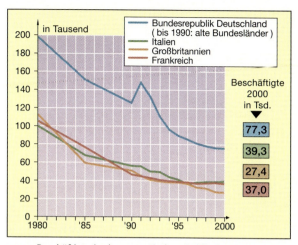

133.2 Beschäftigte in der europäischen Stahlindustrie

3. Emscherzone: Bergbau nach 1850
– v.a. ca. 1870–1900: planloses, unorganisches Wachstum von Industrie und Städten (v.a. in sog. Gründerjahren), massiver Eingriff in die Landschaft; Emscher als zentraler Abwasserkanal
– auch Abbau von Kohlearten mit hohem Anteil an flüchtigen Bestandteilen, Folge: Werke der Kohlechemie
– **1900: 2t Koks für 1t Roheisen benötigt**
  Eisenhütten weiterhin „auf der Kohle"
– Emscher Süd: Nordgrenze Bergbau 1870:
  Linie Oberhausen-Gelsenkirchen-Castrop
– Emscher Nord: Nordgrenze Bergbau im mittleren Teil bei Recklinghausen

2. Ruhrzone + Hellwegzone: Bergbau Ruhrzone ab Mittelalter
– Süden: Karbon anstehend. Früher Kleinzechen,
  Stollenbau: Magerkohle (Hausbrand) + Esskohle (Schmiedefeuer, Name von „Esse")
– ab ca. 1850 Entwicklung zum Industrierevier. Tiefbau/Schachtbau, kapitalintensiv: Großzechen
– Abbau verkokbarer Fettkohle. Massenproduktion von Eisen (Bessemer-, Thomas- und Siemens-Martin-Verfahren)
– lokale Erzvorkommen (Kohleneisenstein, Verwendung ab 1854) sowie Erz aus dem Siegerland, später aus Lothringen (Minette) und Schweden
– **1850: 4t Koks für 1t Roheisen benötigt**
  Hütten „auf der Kohle"
– Zechennordgrenze:
  Mitte 19. Jh.: ca. Linie Mülheim-Essen-Bochum-Dortmund

1. Mittelgebirge (z.B. Siegerland): ab Mittelalter bis gegen Mitte 19. Jh.
– Erzvorkommen + Holzkohle (Wald) + Wasserkraft
– Industriegassen an Wasserläufen (Hütten und Hammerwerke)
– Standorte der Eisenindustrie z.T. noch heute: Beharrungsvermögen, Persistenz

134.1 Standorte der Bergwerke sowie der Eisen- und Stahlindustrie

Wege aus der Krise: Strukturwandel

Innovationen und Ausrichtung der Produktion auf Knappheitsfelder der Gesellschaft waren bis einschließlich des dritten Kondratieff-Zyklus die Motoren des wirtschaftlichen Aufschwungs des Ruhrgebiets. Großkonzerne der Montanindustrie waren die Träger dieser Entwicklung.

Die strukturellen Krisen, die die ganze Region erschütterten, entstanden unter anderem, weil im Vertrauen auf die bestehende Wirtschaftskraft versäumt wurde, sich auf neue Bedürfnisfelder der Gesellschaft umzustellen. Der technologische Aufbruch in das Chip-Zeitalter wurde zunächst verschlafen. Die tief greifenden Strukturkrisen konnten daher nur durch einen umfassenden Strukturwandel überwunden werden, in dem einerseits die traditionellen Industriezweige den veränderten Marktbedingungen angepasst und andererseits neue, zukunftsträchtige Branchen angesiedelt wurden. Eine wichtige Voraussetzung für diese Neuorientierung waren infrastrukturelle Verbesserungen. Schon während der Kohlenkrise setzte sich die Erkenntnis durch, dass der Bildungssektor eine äußerst wichtige Rolle bei der Überwindung altindustrieller Strukturen spielt. In diesem Bereich bestanden große Defizite. Bis in die 60er Jahre gab es im Ruhrgebiet nicht eine einzige Hochschule.

Die junge Tradition des Ruhrgebiets als Hochschullandschaft begann erst 1965 mit der Eröffnung der Ruhr-Universität in Bochum. Heute stellt das Ruhrgebiet mit sechs Universitäten und bedeutenden Forschungsinstituten die dichteste Hochschul- und Forschungsregion Europas dar. Der Schwerpunkt liegt in den technisch-ingenieurwissenschaftlichen Disziplinen. Über Einrichtungen des Innovationstransfers, durch Technologiezentren und Technologieparks besteht inzwischen eine enge Verflechtung zwischen Wissenschaft und Wirtschaft (Abb. 135.1).

Schon seit den 1970er Jahren begannen auch die Ruhrkonzerne, ihre vormals einseitige Betriebsstruktur durch den Ausbau der Technologieabteilungen zu verändern. Der Erfolg dieser Maßnahmen stellte sich rasch ein. Die deutsche Bergbautechnologie z. B. wurde zu einem Exportschlager: Etwa die Hälfte der weltweit gehandelten Bergwerksmaschinen werden in Deutschland hergestellt. Heute erzielen die Großkonzerne nur noch weit weniger als die Hälfte ihres Umsatzes im traditionellen Montanbereich.

Die Organisationsform der Großkonzerne mit Zehntausenden von Arbeitnehmern und einer großen Produktionstiefe (z. B. von den Rohstoffen Kohle und Erz über Hüttenwerke bis hin zum Maschinenbau) oder weit reichenden horizontalen Verflechtungen führte zu starken Abhängigkeiten vieler Revierstädte von den Konzernen. Vor allem in Krisenzeiten zeigten sich die entsprechenden negativen Auswirkungen, zumal die Großkonzerne oft nicht flexibel genug auf veränderte wirtschaftliche Gegebenheiten reagieren konnten. Es wurde bald deutlich, dass die Umstrukturierung des Reviers mit den Großkonzernen allein nicht zu bewältigen war. Die Ansiedlung von Opel auf einem ehemaligen Zechengelände in Bochum Anfang der 60er Jahre war daher der letzte – geglückte – Versuch, mithilfe eines Großkonzerns eine durch den starken Beschäftigungsrückgang im Bergbau in große Not geratene Stadt vor dem finanziellen Kollaps zu bewahren.

Heute aber sind vor allem Mittel- und Kleinbetriebe die Säulen des sich vollziehenden Strukturwandels. Das Ruhrgebiet ist dabei, von der Stahlschmiede zur „Wissensschmiede" zu werden. Die Produktdiversifizierung innerhalb der Unternehmen sowie die Gründung vieler Hightechfirmen (Mikroelektronik, Mess- und Regeltechnik, Umwelttechnologie) verbesserten die sektorale Struktur der Industrie und führten auch zu Veränderungen in der Industriephysiognomie. Es sind nicht mehr die Fördertürme und Hochöfen, die das Bild der Industrielandschaft bestimmen, die Zeit der „1000 qualmenden Schornsteine" ist Vergangenheit. Das Ruhrgebiet besteht heute aus etwa 70 % Grünflächen, die modernen Klein- und Mittelbetriebe dominieren nicht die Stadtsilhouetten.

Früher als in anderen Regionen hat man im Ruhrgebiet die Notwendigkeit einer Raumplanung über die Gemeindegrenzen hinweg erkannt. Schon seit 1920 bemüht sich der „Siedlungsverband Ruhrkohlenbezirk", der 1979 in „Kommunalverband Ruhrgebiet" (KVR) umbenannt wurde, industriebedingte Landschaftsschäden zu beseitigen sowie Freiflächen als ökologische Ausgleichs- und Erholungsräume zu sichern oder zurückzugewinnen.

Wirtschaftsstrukturen und Wirtschaftsprozesse

Die Voraussetzungen für eine Neuorientierung des Ruhrgebiets waren günstig. Die Region liegt im Schnittpunkt wichtiger europäischer Agglomerationsachsen, ist verkehrsmäßig gut erschlossen, hat ein großes, qualifiziertes Arbeitskräftepotenzial und stellt einen riesigen Markt mit über 5 Millionen Menschen dar.

Das traditionsreiche Revier ist inzwischen auf dem besten Weg, zu einem modernen Industrie- und vor allem Dienstleistungszentrum zu werden (Abb. 128.2). Mit dem ehrgeizigen, auf 10 Jahre (1989–99) angelegten Projekt „**Internationale Bauausstellung Emscherpark**" (IBA) sollte ein äußeres Zeichen für den Erneuerungswillen und die Innovationskraft der Region gesetzt werden. Das Programmgebiet umfasst etwa 800 km² mit ca. 2 Mio. Einwohnern in der Emscherzone. Dieser Raum war zu Beginn des 20. Jahrhunderts von der Industrialisierungswelle regelrecht überfahren worden; ein unorganisches Nebeneinander von Produktionsstätten der Montanindustrie und schnell wachsenden Industriesiedlungen war die Folge. Das Gebiet mit den stärksten strukturellen Mängeln wie einseitiger Beschäftigtenstruktur, geringem Wohn- und Freizeitwert, industriellen Altlasten und fehlender Urbanität der „geschichtslosen" Städte, deren Zentren meist große Industrieareale bildeten, wurde als Planungsraum für den ökonomischen und ökologischen Umbau ausgewählt.

Die etwa 100 Einzelvorhaben wurden zu 7 Leitprojekten gebündelt, zu denen z. B. folgende Maßnahmen gehören:
- *Errichtung des Emscher Landschaftsparks:* Auf einer Grundfläche von 320 km² sollten die seit den 1960er Jahren bestehenden regionalen Grünzüge, die in N-S-Richtung die einzelnen Stadtlandschaften voneinander trennen, durch einen neuen W-E-Grünzug entlang des Rhein-Herne-Kanals und der Emscher miteinander vernetzt werden. Dabei wurden Industriebrachen entsiegelt und renaturiert, Biotope geschaffen, Rad- und Wanderwege angelegt. Über die Erholungsfunktion hinaus bietet dieses Leitprojekt aber auch den Rahmen für weitere infrastrukturelle Maßnahmen.
- *Ökologischer Umbau des Emschersystems:* Der kleine Tieflandsfluss Emscher war jahrzehntelang der zentrale Abwasserkanal des Ruhrgebiets, eine die Umwelt belastende, biologisch tote, über weite Strecken kanalisierte Kloake. Eine naturnahe Umgestaltung, v. a. auch der Nebenflüsse sowie der Bau mehrerer dezentraler Kläranlagen, verbesserte die Wasserqualität und wertete das Emschersystem ökologisch auf.
- *Erhalt und Nutzung von Industriedenkmälern:* Die Neugestaltung der Region soll auf der bisherigen Identität aufbauen, Zeugen der langen Industriegeschichte sollen erhalten bzw. einer neuen Nutzung zugeführt werden. Eine „Route der Industriekultur" führt heute zu wichtigen Technikdenkmälern, die damit für den Tourismus erschlossen werden (S. 136/137).

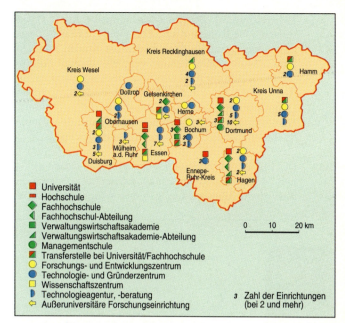

135.1 Forschungs- und Transferlandschaft

- *Arbeiten im Park:* Die vielerorts bereits verbesserte Infrastruktur, die Nähe zu Forschungseinrichtungen sowie günstige Boden- und Mietpreise führten zur Ansiedlung vieler Hightech- und Dienstleistungsbetriebe.
- *Wohnen und integrierte Stadtteilentwicklung:* Ehemalige Arbeitersiedlungen wurden modernisiert, ehemalige Industrieareale in zentraler Lage der Städte wurden zu urbanen Zentren mit Fußgängerzonen, Einkaufsstraßen und kulturellen Angeboten oder zu Grünflächen umgestaltet.

Die bisherigen Erfolge des Strukturwandels nähren die Hoffnung, dass die Region nun gut für den Aufbruch in den sechsten Kondratieff-Zyklus gerüstet ist; sie ist wieder das, was sie lange auszeichnete – „ein starkes Stück Deutschlands". Seit 1999 wirbt das Ruhrgebiet mit dem neuen Slogan „Der Pott kocht" als Ausdruck eines neuen Selbstbewusstseins.

Aufgaben

1. Beschreiben und begründen Sie die Standorte der Montanindustrie (Abb. 134.1). Vergleichen Sie die heutige Situation mit der früherer Entwicklungsphase (Atlas).
2. Erläutern Sie die Maßnahmen zur Umstrukturierung des Ruhrgebiets und ihre Auswirkungen (Abb. 128.2, 135.1, S. 136/137, Text). Zusätzliche Informationen durch: MGG, Essen, Telefon (0201) 3642-0, Telefax (0201) 3642-230; Entwicklungsgesellschaft Mont-Cenis, Herne, Telefon (02323) 9676-0, Telefax (02323) 9676-23; Gründerzentrumsgesellschaft Prosper III, Bottrop, Telefon (0201) 3642248, Telefax (0201) 3642230.

Wirtschaftsstrukturen und Wirtschaftsprozesse

19 herausragende Zeugnisse der Industriekultur (z. B. Gasometer Oberhausen, Zeche Zollverein XII Essen), die so genannten „Ankerpunkte", bilden die Knoten in einem Netz, das den IBA-Planungsraum überspannt. Auf vier Routen: Route der Industriekultur, der Industrienatur, der Architektur, der Landmarkenkunst (weithin sichtbare Orientierungspunkte, z. B. Tetraeder in Bottrop) können Touristen sich die Region erschließen, dabei den Wandel im Revier erleben und Klischeevorstellungen abbauen.

Das IBA-Revitalisierungsprogramm verband ökonomische und ökologische Komponenten miteinander. Gerade die ökologische Umgestaltung gab dem ökonomischen Aufschwung neue Impulse. Das ganze Spektrum der so genannten weichen Standortfaktoren konnte entscheidend verbessert werden. Sie sind ein zunehmend wichtiger werdendes Kriterium bei der Standortentscheidung von Betrieben mit hoch qualifizierten Arbeitskräften.

Viele der Industriebrachen werden von der Montan-Grundstücksgesellschaft (MGG), einer Tochter des RAG-Konzerns, erschlossen und einer neuen Nutzung zugeführt. 3600 ha wurden bereits einer Umnutzung zugeführt, 500 weitere werden derzeit entwickelt. Die Projekte umfassen Gewerbeparks, Gründerzentren (z. B. Prosper III), Technologiezentren, Einzelhandelsbetriebe, Dienstleistungszentren usw.

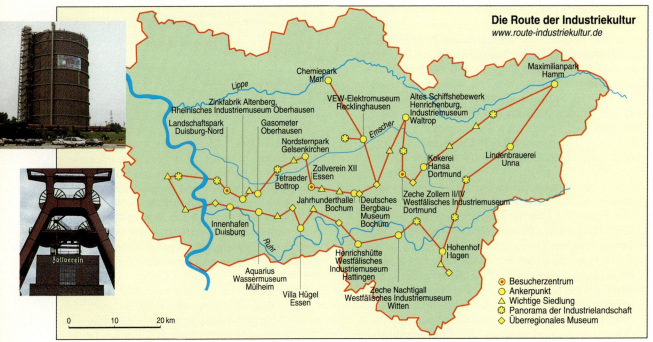

136.1 Route der Industriekultur

Nach Inbetriebnahme des Schachts XII (1932) war die Zeche Zollverein die größte Anlage sowie das erste Verbundwerk im Revier und weltweit einer der leistungsfähigsten Betriebe. Großes Aufsehen erreichte damals die innovative Industriearchitektur (Bauhaus). Nach der Stilllegung 1986 wurde die gesamte Anlage unter Denkmalschutz gestellt. Als Projekt der IBA Emscherpark dient Zollverein als Industriemuseum, im Kesselhaus befindet sich das Design Museum NRW. Die Kokerei Zollverein wurde 1961 in Betrieb genommen und bereits 1993 wieder stillgelegt. Mit einer Koksofenbatterie von 800 m Länge und mit über 300 Öfen zählte sie zu einer der weltweit größten und modernsten Kokereien. Die Zeche Zollverein wurde Ende 2001 von der Unesco zum Weltkulturerbe erklärt. Im Zuge der Umnutzung entsteht auf dem Dach der Kokerei ein 2-MW-Solarkraftwerk – jeder kann Anteile kaufen und somit zur Vollendung des längsten Solardaches der Welt beitragen.
Info: www.solarkraftwerk-zollverein.de, www.sonne-mond-und-sterne.de

136.2 Essen: Zeche Zollverein XII und Kokerei Zollverein

Die 60 m hohe begehbare Stahlskulptur auf einer Halde dient als Orientierungspunkt (Landmarke) sowie als Symbol für den Strukturwandel. Auf einer anderen Bergehalde baute eine Investorengruppe um den ehemaligen Skistar Girardelli in Zusammenarbeit mit der MBB die längste Indoor-Skianlage der Welt (Kosten ca. 56 Mio. €). Die überdachte Skiarena verfügt über eine über 500 m lange und 30 m breite Skipiste. Der Personentransport erfolgt über ein Transportband. Ein „alpines Bergdorf" dient der Versorgung und Unterhaltung der Besucher. Das im Winter 2000 eröffnete Bergsportzentrum mit zahlreichen Freizeitangeboten rechnet mit vielen Besuchern, zumal sich die größte Mitgliedersektion des deutschen Alpenvereins im Ruhrgebiet befindet. **Info:** www.alpincenter.com

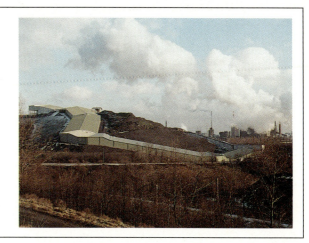

137.1 Bottrop: Tetraeder und Alpin-Center

Kernstück des futuristischen Projekts (Kosten: über 60 Mio. €) auf dem Areal der 1978 stillgelegten Zeche Mont-Cenis ist ein auf der Höhe der Bergehalde gelegener, 1999 fertig gestellter Gebäudekomplex, der vollständig von einer „mikroklimatischen Glashülle" umgeben ist. Durch den so erzeugten Treibhauseffekt herrscht im Inneren ein Mittelmeerklima, wodurch die Energiekosten um 1/4 reduziert werden. 130 Jahre alte Fichten aus dem Sauerland bilden das Tragwerk der Konstruktion. Zwei Gebäude innerhalb der Glashülle beherbergen Teile der Stadtverwaltung (z. B. Sozialamt), eine öffentliche Bibliothek, einen Bürgersaal und ein Hotel mit 180 Zimmern. Zum Gesamtkonzept des Energieparks Mont-Cenis gehören eine 1-MV-Fotovoltaikanlage auf dem Dach (größte dachintegrierte Anlage der Welt) sowie ein Blockheizkraftwerk, das aus den 1 Mio. m² Grubengas/Jahr aus den ehemaligen Kohleschächten mit einem Methananteil von 60 % Strom und Wärme gewinnt. Zum Projekt gehören außerdem ein Landschaftspark, 250 neue Wohnungen sowie Einzelhandelsgeschäfte.

137.2 Herne-Sodingen: Mont-Cenis

Die Stadt Oberhausen entstand 1929 durch Zusammenlegung von Altoberhausen, Sterkrade und Osterfeld. Das Zentrum bildete das Werksgelände der Gutehoffnungshütte, die 1964 noch 14 000 Stahlarbeiter beschäftigte. Nach Stilllegung der Hütte bildete das Werksgelände eine riesige Industriebrache. 1996 eröffnete auf diesem Areal das CentrO Oberhausen, das größte Einkaufszentrum Europas mit 70 000 m² Verkaufsfläche, über 30 Gastronomiebetrieben, Sportarena, Freizeitpark. Das Einzugsgebiet reicht bis Belgien und in die Niederlande. Das CentrO in der so genannten Neuen Mitte Oberhausens zählte 1998 über 23 Mio. Besucher; für den Einzelhandel in Alt-Oberhausen hatte es jedoch verheerende Folgen. Hinzu kommt, dass auch Duisburg und Dortmund riesige Einkaufszentren planen. Der 117 m hohe Gasometer wurde 1928/29 zur Speicherung von Hochofengas errichtet. Seit 1994 dient er als Wahrzeichen Oberhausens, als Aussichtsplattform und v.a. als Ausstellungsraum (1999: The Wall von Christo, 2000: Der Ball ist rund, 100 Jahre DFB). **Info:** www.oberhausen.de (hier auch: Rundblick vom Gasometer)

137.3 Oberhausen: Gasometer und CentrO

Pyramiden für die Halden

Ein Orientierungszeichen wie das Straßburger Münster – weithin sichtbar im westlichen Ruhrgebiet ist der Gasometer von Oberhausen. Er steht in einer Kette von Landmarken entlang der Emscher von Dortmund bis Duisburg. Sie fielen nicht wie Meteore vom Himmel, sondern sind Frucht eines ästhetischen Programms. Das größte öffentliche Unternehmen zur Strukturentwicklung, die Internationale Bauausstellung (IBA) Emscherpark, zog die Region der zusammengebrochenen Montanindustrie mit Erfolg aus der Depression. ...

Die Herausforderung bestand darin, innerhalb des diffusen Siedlungsbreis, wie ihn jede städtische Agglomeration besitzt, Anziehungspunkte zu schaffen. Die Idee: die historischen Reste der großen Industrie dafür zu nutzen. ...

Noch in den 1960er Jahren sollte das ganze Ruhrgebiet nach großflächigem Abriss neu gebaut werden. Das scheiterte. Niemand kann in einem solchen Ausmaß gestalten. Die IBA entwickelte deshalb eine Strategie minimaler Eingriffe. Aus Protest gegen das bis dato vorherrschende „Tabula-rasa-Denken", dem zahlreiche Monumente der Industriezeit zum Opfer fielen, wurden bisher geschmähte „Unorte" produktiv genutzt.

Die entstandenen „Landmarken", auch wenn der Begriff nicht einheitlich geprägt ist, sind unterschiedlichen Ursprungs. Er beinhaltet zum einen die stillgelegten Industriegiganten. Eine zweite basiert auf den Überresten des Bergbaus, den künstlichen Bergen aus Abraumgestein. Die Ruhrkohle AG ließ sich darauf ein, von vornherein das Gestein so zu schütten, dass Kunstformen entstanden. Die IBA nannte sie „Landschaftsbauwerke".

Die dritte Gruppe: Martin Oldengott begann in Castrop-Rauxel damit, auf diese künstlichen Berge Kunstobjekte zu setzen. Die Kriterien der IBA dafür lauteten: Diese Kunst darf nicht beliebig sein, sondern muss etwas mit dem Ort zu tun haben. Mittlerweile durchzieht eine Kette von Landmarken und Kunstorten das Revier. Sie startet in Bänen am „Ost-Pol", einem avantgardistischen, mit einem gelb leuchtenden Marker versehenen Zechenturm. Hoch über Castrop-Rauxel erhebt sich die Halde Schwerin mit einer Sonnenuhr aus blinkenden Stäben. In Essen-Katernberg steht das einst größte Bergwerk der Welt, die „Bauhaus-Zeche" Zollverein. Unweit, in Essen-Karnap, steht auf einem breiten Hügel, dessen Hochfläche als „Wüste" gestaltet wurde, eine schmale, sehr hohe Stahlstele, die „Bramme fürs Revier". Über Bottrop erhebt sich die Halde Beckstraße mit ihrem markanten Tetraeder, einer 40 m hohen Stahlkonstruktion auf der Spitze. Ein weiterer Höhepunkt: die drei Hochöfen des Hüttenwerks im Landschaftspark Duisburg. Den „West-Pol" der Kette von Landmarken bildet der gigantischste Zechenturm: Rossenray in Kamp-Lintfort.

Schrittmacher Logistik

Im Schatten stillgelegter Fördertürme sprießen Start-up-Unternehmen aus dem Boden und an längst erloschenen Hochöfen flitzen Fahrradkuriere vorbei. Auch das kennzeichnet den Strukturwandel des Ruhrgebiets. Ruhrmetropolen und Stahlstandorte werden zu Boomtowns und Dienstleistungszentren. Diese Veränderungen lassen sich auch in einer Branche beobachten, die im Ruhrgebiet seit jeher stark vertreten ist: der Logistik.

Im Revier existiert eine hohe Konzentration leistungsfähiger Logistikunternehmen. Diese ungewöhnliche Ballung bildet die ökonomische Basis für den Wachstumsmarkt Logistik im Ruhrgebiet. Aufgrund seiner hervorragenden geographischen und verkehrlichen Lage besitzt das Ruhrgebiet überdies schon seit langem natürliche Wettbewerbsvorteile. Die einmalige Verkehrsinfrastruktur setzt diese Vorteile in Wert. Und last, but not least wohnen hier im Umkreis von 250 km ca. 60 Millionen Menschen: ein europäisch erstrangiger Absatzmarkt.

Damit diese exzellenten Voraussetzungen auch optimal ausgeschöpft werden, hat sich der NRW-Wirtschaftsminister entschlossen, die unternehmerische Kreativität und Initiative herauszufordern. Unter dem Motto „LOG-IT" schrieb er einen „Wettbewerb für eLogistics im Ruhrgebiet" aus. Das bisher wenig beschriebene neue Marktfeld eLogistics entstand durch die Integration von Logistikfunktionen und eCommerce mit dem Ziel, die gesamte Wertschöpfungskette abdeckende Problemlösungen zu entwickeln. eLogistics umfasst das gesamte Dienstleistungsspektrum – vom Mausklick bis zur letzten Meile. Dazu gehören so unterschiedliche Felder wie die Abwicklung von Business-to-Business-Projekten im Rahmen von Kontraktlogistik, die Verzahnung von Warenmarktplätzen und Transportmarktplätzen in Form von Logistikplattformen – auch auf regionaler Ebene, die Logistik für den Online-Handel an den Endkunden oder die Abwicklung des öffentlichen Beschaffungswesens über das Internet (eProcurement). In dem Maße, wie Kunden und Auftraggeber in den Geschäftsprozess eingebunden werden und das Internet als Vertriebskanal genutzt wird, wachsen die Herausforderungen an die Logistik-Branche. Der eLogistics-Sektor wird somit zum Wachstumsmotor. Er kann auch zum Schrittmacher für den Strukturwandel im Ruhrgebiet werden, wenn es gelingt, das dynamische Wachstum der Region zu bündeln und insbesondere die mittelständischen Unternehmen auf ihrem Weg zum modernen Logistik-Dienstleister zu unterstützen. Es geht darum, die traditionellen Stärken des Ruhrgebiets mit innovativen IT-Lösungen zu verbinden ...

138.1 Quellentexte zu Strukturwandel im Ruhrgebiet (nach: FAZ, 21. September 2001, gekürzt)

Schmerzarme Mikrotherapie

Zu den größten Chancen des Strukturwandels im Ruhrgebiet gehört bemerkenswerterweise die Entwicklung besonders kleiner Dinge. Getragen von einer breiten Bildungs-, Forschungs- und Wissenschaftsoffensive haben sich unterschiedliche Innovationsformen im Revier zu neuen Kompetenzfeldern verdichtet. Nach der Studie einer Unternehmensberatung haben die im Ruhrgebiet stark vertretenen Bereiche Informations- und Kommunikationstechnik, Energie, Logistik und insbesondere neue Werkstoffe, Mikrosystemtechnik und Medizintechnik vor dem Hintergrund weltweiter Absatzmärkte außerordentlich erfolgversprechende Perspektiven.

Rückgrat dieser Entwicklung ist eine Konzentration von Hochschulen, Forschungsinstituten und innovativen Unternehmen, die in dieser Form in Europa Maßstäbe setzt. In unmittelbarer Nachbarschaft befinden sich in Bochum, Witten/Herdecke und Essen drei medizinische Fakultäten mit klinischer Ausbildung. An fünf Universitäten des Reviers bestehen Lehrstühle für Ingenieurwissenschaften und Informatik. Eine Vielzahl von Fachhochschulen sowie die hochschulnahen Technologiezentren haben in der Medizintechnik neue Akzente gesetzt. Infolge dieser Entwicklung haben sich zahlreiche kleinere und mittlere Unternehmen an der Ruhr angesiedelt.

Als Markt mit herausragenden Wachstumschancen – selbst im globalen Maßstab – stellt sich die Medizintechnik dar. Deutschland nimmt im therapeutischen Bereich im internationalen Wettbewerb eine Spitzenposition ein. Auch unter volkswirtschaftlichem Aspekt hat Deutschland die Möglichkeit, aus dem im Ruhrgebiet vorhandenen Wissen enormen Gewinn zu ziehen. Die Volkskrankheit der Wirbelsäulenerkrankungen beispielsweise verursacht bei Betrieben allein durch Arbeitsausfall jährlich 45 Mrd. Euro Kosten. Die Mikrotherapie hat Methoden entwickelt, Menschen mit diesem Leiden gezielt und ambulant zu helfen. Biologisierte Implantate, Mikrozangen, Kernspin- und CT-taugliche Operationsinstrumente, Mikrosensoren, winzige Lasersonden sowie Medizinprodukte im Nanometerbereich sind innovative Entwicklungen – sie kommen beispielsweise aus Bochum, Essen, Gelsenkirchen, Duisburg Dortmund und Witten und verleihen dem Standort Deutschland schon heute weltweites Spitzenformat.

Diese hervorragende Ausgangsposition für die Medizintechnik darf nicht verspielt werden. Der Schlüssel, um die Chance dieser Technik optimal zu nutzen, ist die Vernetzung von Lehre, Forschung, Wirtschaft, Handwerk, Entwicklung und praktischer Anwendung. Richtungweisend sind daher Synergien, wie sie beispielsweise der Zusammenschluss kompetenter Partner in der Geschäftsstelle BioMedTecRuhr in Bochum erzeugen.

Reportage

Eine Reportage ist mehr als eine Nachricht. Sie enthält neben Sachinformation auch persönliche Eindrücke des Reporters, wodurch eine Atmosphäre erzeugt wird, die den Leser, Hörer, Zuschauer auch emotional einbindet. Eine Reportage soll anschaulich sein, Bildmaterial enthalten, evtl. Zitate und Augenzeugenberichte. Als Mischform zwischen Nachricht und Erlebnisbericht beinhaltet eine Reportage Informationen über das Besondere (anhand eines Beispiels) und allgemeine Hintergrundinformationen sowie einen Wechsel von sachlichem und subjektivem Schreibstil. Die Route der Industriekultur im Ruhrgebiet eignet sich sehr gut als Thema einer Reportage.

- Entscheiden Sie sich für die Vorgehensweise (Einzel-, Partner-, Gruppenarbeit).
- Wählen Sie auf der *Route der Industriekultur* (www.route-industriekultur.de) bestimmte Teilthemen aus (z.B. Industriekultur, Industrienatur, Landmarkenkunst).
- Erstellen Sie zu den gewählten Themen eine Reportage. Benutzen Sie dazu die angegebenen Internetadressen sowie Texte und Abbildungen im Lehrbuch und besorgen Sie sich Materialien vom Gesamtverband des deutschen Steinkohlenbergbaus.
- Präsentieren Sie die Ergebnisse, z.B. als Reisemagazin einer Zeitung.

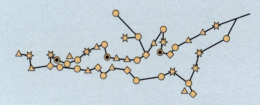

Internetadressen/Anschriften:
Gesamtverband des deutschen Steinkohlenbergbaus (Öffentlichkeitsarbeit), Rellinghauser Straße 1, 45128 Essen, E-Mail: kommunikation@gvst.de (Medienangebot zu Steinkohle anfordern)
Kommunalverband Ruhrgebiet: www.kvr.de
Ruhrkohle AG: www.rag.de
Kohlenstatistik: www.kohlenstatistik.de; www.steinkohle.de
Ruhr-Tour: www.tour-de-ruhr.de
Deutsche Gesellschaft für Industriekultur: www.industriekultur.de
European Route of Industrial Heritage (ERIH): www.erih.de
Das neue Ruhrgebiet: www.Derpottkocht.de
Webseiten einzelner Städte, z.B.: www.oberhausen.de

Wirtschaftsstrukturen und Wirtschaftsprozesse

Fallbeispiel: Großbritannien

Midlands 1 – Wiege und traditionelles Kernland der Industrie

Versteckt im tiefen Tal des River Severn nordwestlich von Birmingham liegt der Ort Ironbridge, seit 1967 Zentrum eines industriehistorischen Museums mit vielen Industriedenkmälern entlang des Severn. Er war vor ca. 250–300 Jahren die Geburtsstätte der Industriellen Revolution.

Von Ironbridge ausgehende Innovationen, v.a. in den Bereichen Eisenverhüttung und -verarbeitung, ermöglichten erstmals die Massenproduktion von Gütern. Die Dampfkraft wurde zum Motor für die drei Basisindustrien Kohlebergbau, Eisenindustrie, Textilindustrie. Die Midlands entwickelten sich rasch zum „industrial heartland" und das Gebiet westlich von Birmingham zum so genannten „Black Country".

Hier lag, anders als z. B. im Ruhrgebiet, ein etwa 10 m mächtiges Flöz mit verkokbarer Kohle direkt an der Erdoberfläche. Die lokalen Rohstoffe Kohle und Eisenerz bildeten somit die Grundlage für das früh entstandene Industriegebiet.

Das Verkehrsnetz war ein weiterer wichtiger Standortfaktor für die Industrie und erzeugte zugleich eine steigende Nachfrage nach Produkten der Eisenindustrie. Bereits um 1800 gab es eine Reihe von Kanälen, die die an den Flanken der Pennninen liegenden Kohlenfelder mit schiffbaren Flüssen oder dem Meer verbanden. In der Mitte des 19. Jahrhunderts war der ganze industrielle Kernraum mit einem dichten Kanal- und Eisenbahnnetz überzogen.

Auch in der Textilherstellung (Abb. 52.1) markierten technische Innovationen in den Midlands den Übergang vom Heimgewerbe zur industriellen Massenfertigung. Zentren der Textilindustrie entwickelten sich in den Randbereichen der Pennninen, v.a. nördlich von Manchester. Hier gab es schon in vorindustrieller Zeit Textilbetriebe auf der Basis heimischer Schafswolle. Noch zu Beginn der Industrialisierung war die Wasserkraft die wichtigste Energie zum Antrieb der Maschinen; das Wasser der gefällereichen Flüsse eignete sich überdies sehr gut zum Färben und Bleichen der Textilien und der Wolle. In den Tälern entstanden lang gestreckte „milltowns" (spinning-mill = Spinnerei). Mit dem Übergang von Wasser- zu Dampfkraft verlagerten sich viele Textilbetriebe hin zu den Kohlelagerstätten, andere wiederum verblieben an den traditionellen Standorten **(Persistenz)**.

Schon früh entstanden spezialisierte Textilindustriebereiche. Die Baumwollindustrie konzentrierte sich vor allem im Westen der Pennninen. Der Rohstoff wurde zunächst aus Ägypten, später aus den Plantagen der amerikanischen Südstaaten importiert. Für die Baumwoll-

140.1 Ironbridge

1709	1. Kokshochofen (Abraham Derby I)
1729	1. Eisenräder für Eisenbahn
1767	1. Eisenschienen für Eisenbahn
1781	1. Eisenbrücke (erbaut von Abraham Derby III, Enkel von A. Derby I)
1787	1. Schiff aus Eisen
1802	1. Dampflokomotive der Welt (12 Jahre vor Stephenson!)

140.2 Technische Innovationen in Ironbridge

140.3 Die Midlands

Wirtschaftsstrukturen und Wirtschaftsprozesse

industrie waren daher Standorte mit Verbindung zur Irischen See von Vorteil. Aufgrund der Verbindung mit dem Baumwolleinfuhrhafen Liverpool über den River Mersey und die Kanäle entwickelte sich Manchester zu einem wichtigen Zentrum der Baumwollverarbeitung.

Die dynamische Entwicklung führte dazu, dass die Midlands v. a. in der 2. Hälfte des 19. Jh. zum dominierenden industriellen Kernraum Großbritanniens wurden. Wie in anderen altindustrialisierten Industrieregionen folgte dem Jahrzehnte dauernden Aufschwung im 20. Jahrhundert jedoch ein rapider wirtschaftlicher Niedergang in den vormaligen **Schlüsselindustrien**.

In der Textilindustrie brachen schon früh wichtige Absatzmärkte weg, als z. B. Indien und Japan verstärkt eigene Produktionsstätten errichteten. Der Kohlebergbau und die Eisen- und Stahlindustrie litten unter der Konkurrenz v. a. der USA und Deutschlands. 1913 produzierte Deutschland doppelt so viel Eisen und Stahl wie Großbritannien – 40 Jahre zuvor war GB noch Weltmarktführer. Im gleichen Jahr erreichte auch der Kohlebergbau mit 292 Mio. t die höchste Fördermenge (mit ca. 2700 Zechen und über 1 Mio. Beschäftigten).

Wie in Deutschland war die Kohle bis zur Mitte des 20. Jh. der wichtigste Energieträger. Die kurz danach einsetzende Kohlekrise hatte verschiedene Ursachen. Billiges Erdöl verdrängte zunehmend die Kohle vom Wärmemarkt. Obwohl in England Steinkohle zum Teil im Tagebau gewonnen werden konnte, war sie im Vergleich zu Importkohle aus Übersee nicht konkurrenzfähig. Die Elektrifizierung der britischen Eisenbahn bzw. die Umstellung von Dampf- auf Diesellokomotiven sowie der Einsatz neuer Technologien mit geringerem Kohlebedarf in Kraftwerken und in der Eisen- und Stahlindustrie waren weitere Gründe für die sinkende Nachfrage.

Die mit einer Phasenverschiebung von etwa einem Jahrzehnt beginnende Stahlkrise wurde u. a. verursacht durch weltweite Überkapazitäten sowie die Substitution von Stahl durch andere Materialien wie Kunststoff, Keramik oder Aluminium.

Da wegen der industriellen **Monostruktur** in weiten Bereichen der Midlands für die aufgrund von Betriebsstilllegungen entlassenen Arbeiter kaum Arbeitsplätze in anderen Industriezweigen vorhanden waren, führte die Massenarbeitslosigkeit zu einer Massenverelendung. Durch Verstaatlichung des Kohlebergbaus (1946–94), des größten Teils der Eisen- und Stahlindustrie (1949–53; 1967–88) sowie eine hohe staatliche Subventionierung wurde versucht, den weiteren Niedergang aufzuhalten. Diese Maßnahmen verlängerten aber nur die so genannte „englische Krankheit", sie beseitigten nicht die eigentliche Ursache, die Monostruktur.

Der Einbruch der traditionellen Industriezweige hatte auch weit reichende soziale und städtebauliche Folgen. Die Region erlitt hohe Wanderungsverluste, wobei vorwiegend die mobileren Bevölkerungsschichten in andere Landesteile abwanderten und die Armen, Alten, auch viele Ausländer zurückblieben **(soziale Erosion)**. Ganze Stadtbereiche verfielen und wurden zu Slums, viele Industriebrachen verschandelten die Landschaft.

So drohte z. B. Birmingham, in dessen Nähe einst „das Herz Englands" schlug, zum „Aschenputtel unter den englischen Städten" zu werden.

Aufgaben

1. Nennen Sie Gründe für die Entwicklung der Midlands zum frühen Kernland der Industrie.
2. Beschreiben Sie die Entwicklung von Bergbau und Stahlindustrie (Abb. 141.1, 2). Erstellen Sie eine Liste mit Ursachen für den Niedergang der drei alten Schlüsselindustrien.

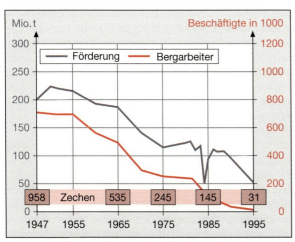

141.1 Entwicklung des Steinkohlenbergbaus

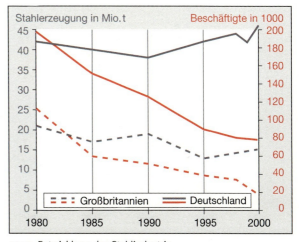

141.2 Entwicklung der Stahlindustrie

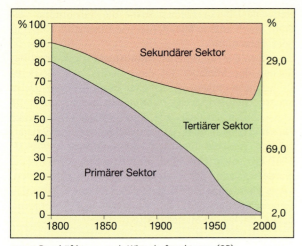

142.1 Beschäftigung nach Wirtschaftssektoren (GB)

Midlands 2 – Strukturwandel

Die strukturell bedingten Krisen konnten nur durch einen umfassenden Strukturwandel überwunden werden, bei dem einerseits die traditionellen Industriezweige den veränderten Marktbedingungen angepasst und andererseits neue, zukunftsträchtige Branchen angesiedelt wurden.

Die brancheninternen Umstrukturierungen waren mit einem enormen Verlust an Arbeitsplätzen verbunden. Allein in der Textilindustrie ging zwischen 1960 und 1995 die Zahl der Beschäftigten um über 80 % zurück. Heute spielt die Textilindustrie zwar immer noch eine bedeutende Rolle, die Produktionsstätten sind jedoch auf wenige Standorte konzentriert. Nur durch Rationalisierung der Produktionsabläufe (Automatisierung), Spezialisierung (z. B. auf Kunstfaserprodukte) und mit Produkten mit hohem Qualitätsstandard konnten Marktanteile im globalen Wettbewerb, v. a. mit den so genannten Billiglohnländern, gehalten werden.

Ähnliche Reorganisationsprozesse erfolgten auch im Kohlebergbau und in der Stahlindustrie. Heute ist British Steel (1988 privatisiert) ein hoch produktiver Konzern. Durch die im Sommer 1999 angekündigte Fusion mit dem niederländischen Hoogovens-Konzern ist der größte europäische und weltweit drittgrößte Stahlkonzern entstanden. Die beim Zusammenschluss erwarteten positiven Synergieeffekte führen zu günstigeren Wettbewerbsbedingungen auf dem weltweit heiß umkämpften Stahlmarkt, der durch Überkapazitäten, Verfall des Stahlpreises, Konkurrenz durch Billiglieferländer (z. B. Osteuropa, Fernost) gekennzeichnet ist und im Falle Großbritanniens durch den hohen Pfundkurs zu Wettbewerbsnachteilen führt.

Der Schrumpfungs- und Konzentrationsprozess wurde vor allem unter der Regierung Thatcher (1979–1990) beschleunigt. Die als **Thatcherismus** bekannt gewordene Politik setzte auf das freie Spiel der Marktkräfte. Sie beinhaltete einen starken Abbau staatlicher Subventionen und staatlicher Einflussnahme auf die Wirtschaft **(Deregulierung)** und eine Entmachtung der einst sehr mächtigen Gewerkschaften.

Die radikale Umorientierung führte zu einem zunächst für viele Regionen schmerzhaften Transformationsprozess, gekennzeichnet durch eine oft flächenhafte Deindustrialisierung. Im Zeitraum von 1975–1995 ging die Zahl der Industriebeschäftigten in GB um fast die Hälfte zurück – in den Midlands waren es sogar fast 60 %. Auch Birmingham hatte unter der Deindustrialisierung sehr zu leiden, obwohl sich in der Stadt schon früh eine stark differenzierte Industriestruktur mit Betrieben der Metallverarbeitung, des Maschinenbaus, der Elektroindustrie und der Autoproduktion ausgebildet hatte. Aufgrund dieser Vielfältigkeit wurde Birmingham auch „city of a thousand trades" genannt.

Zu Beginn der Massenmotorisierung Anfang der 1960er Jahre waren Birmingham und das Umland die wichtigsten Standorte der Autoproduktion in Großbritannien. Die enge räumliche und strukturelle Vernetzung von Eisen- und Stahlerzeugung, Maschinenbau und Metallverarbeitung erleichterte die Kooperation zwischen Stammwerk und Zulieferfirmen. Trotz dieser Fühlungsvorteile geriet aber auch die Autoindustrie in den Sog

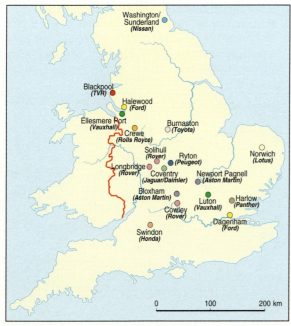

142.2 Standorte der Autoindustrie (1993)

der Wirtschaftskrisen, u.a. aufgrund veralteter Produktionsanlagen, fehlender Innovationskraft und zu geringer Investitionen. Eine Sanierung der Betriebe aus eigener Kraft war nicht möglich.

Schon ab den 1980er Jahren investierten ausländische Autohersteller in GB. Vor allem für die Japaner war es wichtig, durch Kooperation mit britischen Firmen bzw. durch Übernahme oder Neugründungen im EU-Raum vertreten zu sein. Da viele der traditionellen Produktionsstätten in strukturschwachen Regionen lagen, zu denen auch große Teile der Midlands gehören, konnten die Investoren Finanzmittel aus den Europäischen Strukturfonds für Regionale Fördergebiete erhalten.

Der Raum Birmingham weist auch heute noch die größte Konzentration von Autofabriken auf (Abb. 142.2); alle einst britischen Automarken sind aber inzwischen in der Hand ausländischer Konzerne. Für die Briten besonders schmerzlich war die Übernahme von Rolls Royce, des einstigen „Flaggschiffs" britischer Automarken und Symbols für Großbritannien durch VW (1998). Das Beispiel Birmingham zeigt deutlich, dass Reorganisationsmaßnahmen im sekundären Sektor allein die Strukturprobleme nicht lösen können. Strukturelle Defizite können nur durch ein entsprechendes Arbeitsplatzangebot im tertiären Sektor bzw. in Wachstumsbranchen ausgeglichen werden. Für Betriebe in diesen Bereichen sind aber oft die so genannten weichen Standortfaktoren entscheidend für die Standortwahl; für die Beschäftigten spielen diese Faktoren auch eine wichtige Rolle.

Durch Stadterneuerungsmaßnahmen wurde in Birmingham versucht, ein entsprechendes Umfeld zu schaffen. Herausragendes Symbol für das „neue Gesicht" der Stadt ist das 1991 errichtete International Convention Centre (ICC), das größte Kongresszentrum Europas. Im Zuge der erwünschten und zum Teil schon realisierten stärkeren Tertiärisierung der Wirtschaftstruktur soll das ICC als Impulsgeber dienen; gleichzeitig wurden über 2000 neue Arbeitsplätze geschaffen. Weitere markante Neubauten sind die Symphony Hall (über 2000 Plätze) und die National Indoor Arena, eine Mehrzweckhalle mit 12 000 Plätzen. Dieses räumlich konzentrierte Angebot für Kongresse, kulturelle und sportliche Ereignisse am Rand des Stadtzentrums erhöhte die Attraktivität der Stadt erheblich.

Auch in anderen Städten der Midlands (z.B. in Manchester oder Sheffield) erfolgte eine Umnutzung vormals trister **Industriebrachen** durch den Bau von Wohn- oder Bürogebäuden.

In Birmingham zeigten sich bald erste Erfolge; der Beschäftigtenanteil im tertiären Sektor steigt ständig an. Das Ziel der Stadtverwaltung ist es, Birmingham, die zweitgrößte Stadt in Großbritannien (ca. 1 Mio. Einwohner) zu einer europäischen Metropole und einem internationalen „business centre" umzugestalten.

Aufgabe

Fassen Sie die wesentlichen Merkmale des Strukturwandels in den Midlands zusammen.

„Northern Cities of Culture" titulieren sich die britischen Metropolen des Nordens, Liverpool, Manchester und Leeds, heute selbstbewusst. Zu Recht. Denn aus diesen Regionen ist nicht nur schon immer hervorragende Musik gekommen, der Strukturwandel der vergangenen Jahre war stets auch einer zugunsten von Kunst und Lebensart. In Nordengland nahm die industrielle Revolution ihren Ausgangspunkt; im 19.Jahrhundert schwelgten Städte wie Liverpool, Manchester oder Leeds in sagenhaftem Reichtum – was natürlich nicht für die Arbeiter galt, die diesen Aufschwung mit ihrer Gesundheit bezahlen mussten. Das Erbe dessen stellte sich im 20. Jahrhundert so dar: prunkvolle, aber heruntergekommene Gebäude und Arbeitslosigkeit allerorten …
Nach London hat Liverpool die meisten Museen und Galerien sowie denkmalgeschützten Gebäude, Manchester die meisten Einträge im „Good Food Guide", dem britischen Restaurantführer. Aber es gibt auch das Absolute:
Die unglaublich prunkvolle Leeds Tower Hall ist das größte erhaltene viktorianische Gebäude in England; in dem ursprünglich als Verwaltungsgebäude konzipierten Prachtbau finden heute 200 Konzerte im Jahr statt – „Weltklassekonzerte".
Oder „Baltic": In Newcastle-Gateshead, nur wenig südlich der Grenze nach Schottland gelegen, waren ehemals große Schiffswerften zu Hause. An den Handel mit dem „Kontinent" erinnern noch etliche Gebäude – darunter ein gigantischer Kornspeicher. „Baltic" steht in verwaschenen Lettern auf dem roten Backstein; hier wurde das Getreide für die baltischen Staaten zwischengelagert. In diesem Gebäude wird in Kürze das größte europäische Museum für zeitgenössische Kunst eröffnet. Neben der „Baltic" entsteht unter der Regie des Stararchitekten Norman Foster eine moderne Konzerthalle an der ehemals rein industriellen Flussseite Gatesheads.
(Nach: Badische Zeitung, 23. Februar 2002)

143.1 Als im Norden noch die Schornsteine qualmten

Wirtschaftsstrukturen und Wirtschaftsprozesse

144.1 Die englische Megalopolis

London und der Südosten – wirtschaftlicher Kernraum heute

Die beiden größten Städte Großbritanniens, London (7 Mio. Ew.) und Birmingham (1 Mio. Ew.) liegen in den zwei Teilbereichen der englischen Megalopolis (Raum größter Städteballung), die die Midlands und den Südosten Englands umfasst. An der schmalsten Stelle der Megalopolis verläuft in SW-NO-Richtung von der Severn-Mündung bis zum Wash eine unsichtbare Trennlinie zwischen dem frühen industriellen Kernland und dem traditionellen politischen und neuen wirtschaftlichen Kernraum – die so genannte North-South Divide (Abb. 144.1).

Das ganze 19. Jh. hindurch war London die größte Stadt der Welt. Aufgrund der seit Jahrhunderten bestehenden herausragenden Bedeutung der Hauptstadt innerhalb Großbritanniens (Abb. 145.3) bildete sich hier eine räumlich immer stärker ausufernde monozentrische Stadtregion, die viele vormals selbstständige Orte mit einschloss – bei ständig steigenden Bevölkerungszahlen. Die enorme Bevölkerungskonzentration sowie die Bündelung nationaler und internationaler Institutionen vor allem im tertiären Sektor (z. B. Banken, Versicherungen) in der inneren Quadratmeile der City of London bei gleichzeitiger Verdrängung der ursprünglichen Wohnbevölkerung führten zu gewaltigen Pendlerbewegungen. Hunderttausende strömten während der „rush hours" morgens zur Arbeit in die City und abends wieder hinaus in die Wohngebiete.

London drohte am eigenen Wachstum zu ersticken. Nur raumplanerische Maßnahmen konnten den Kollaps verhindern. Ein schon 1944 erstellter Plan hatte zum Ziel, die Überbelastung der Londoner Kernstadt durch Dezentralisierungsmaßnahmen zu verringern. Diese Konzeption der konzentrischen Ringe (Abb. 145.1) wurde in den 1960er Jahren ergänzt durch die Planung einer mehr polyzentrischen Stadtregion in Südostengland, wobei die auszubauenden bzw. neu zu gründenden Städte (z. B. Milton Keynes ab Anfang der 1970er Jahre) als, wenn auch untergeordnete, Gegenpole zu London dienen sollten. In der weiteren Entwicklung der Raumplanung wurden kurze Zeit später so genannte Wachstumskorridore jenseits des Londoner Grüngürtels entlang der Hauptverkehrslinien ausgewiesen, wodurch eine flächensparende Konzentration von Arbeitsstätten und Wohnplätzen erreicht werden sollte.

Der wirtschaftliche Niedergang der altindustrialisierten Midlands führte zu großen Wanderungsverlusten in dieser Region und entsprechenden Wanderungsgewinnen südlich der North-South Divide (Sanduhr-Effekt). Der Südosten Englands war aber nicht nur das Hauptziel der innerbritischen Migration. Auch die vom Ausland kommenden Zuwanderer kamen vorzugsweise in diese Region, zumal seit Inkrafttreten des Europäischen Binnenmarktes (1. Januar 1993) für EU-Bürger das Recht auf freie Wahl des Arbeits- und Wohnortes besteht.

Aufgrund der unterschiedlichen Qualifikationsansprüche in Berufen des traditionellen sekundären Sektors im Vergleich zu Berufen des vor allem seit den 1980er Jahren stark zunehmenden tertiären Sektors (Dienstleistungen) und der Hightech-Branchen konnte allerdings nur ein Teil der Zuwanderer aus den Midlands im Arbeitsmarkt Südostenglands integriert werden.

Der Strukturwandel schuf auch in London innerstädtische Problemgebiete. So wurden z. B. die im 19. Jh. erbauten Hafenanlagen der Docklands (östlich des Towers), die zwischen 1960 und 1980 stillgelegt wurden, zu einer heruntergekommenen Brachfläche und zu einem sozialen Brennpunkt. Im Zeitraum von 1981 bis 1998 wurde dieses Gebiet im Rahmen eines Urban Renewal Programms saniert (S. 146–147). Als jüngste Planungsmaßnahme wurde Mitte der 1990er Jahre ein Wachstumskorridor (Thames-Gateway-Gebiet) entlang der Themse zwischen den Docklands und der Nordsee ausgewiesen.

In Südostengland lebt heute fast 1/3 der Gesamtbevölkerung des Landes. Auf die Region entfallen auch über die Hälfte aller Arbeitsplätze in Betrieben der Informationstechnologie (IT).

Wirtschaftsstrukturen und Wirtschaftsprozesse

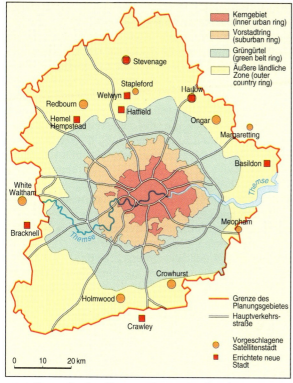

145.1 Greater London Plan von Abercrombie (1944)

145.2 Strategic Plan for the South East 1978

Der Raum südlich der North-South Divide wurde durch den hohen Anteil von Wachstumsindustrien (Hightech) somit zum dominierenden wirtschaftlichen Kernraum Großbritanniens. Die Dynamik dieses Wachstumspols spiegelt sich in den ständig zunehmenden Auslandsdirektinvestitionen (ADI) wider. So investierten z. B. 1998 ausländische Firmen, vor allem aus den USA, aus Japan und Deutschland, etwa 120 Mrd. DM in Großbritannien, fast das Vierfache der ADI in Deutschland, wobei die meisten Investitionen im Hightech-Bereich vorgenommen wurden und daher zum großen Teil in Südostengland.

Aufgaben

1. Finden Sie heraus, welche Teile der Erde zum British Empire gehörten und welche Länder heute im Commonwealth of Nations zusammengeschlossen sind (Atlas, auch Geschichtsatlas, Englisch-Lehrbücher, Lexikon, Internet).
2. Nennen Sie Ursachen und Folgen des Sanduhr-Effekts für die Räume beiderseits der North-South Divide (Abb. 144.1).
3. Erläutern Sie die Raumplanungskonzepte für den Großraum London (Abb. 145.1, 145.2, Text) und vergleichen Sie sie mit Raumordnungskonzepten in Deutschland (Atlas).

43 n. Chr.: römische Besetzung Englands und Gründung einer Siedlung (Londinium) an der Stelle einer früheren keltischen Siedlung (Llyn Din) beim heutigen Tower
ab 12. Jh.: Londoner Hanse (bedeutender Kaufmannsbund)
15. Jh.: Aufschwung Londons zu einer der größten und mächtigsten Städte Europas, v. a. durch die mächtigen Zünfte und den Handel
1566: Royal Exchange (Börse)
1666: Feuersbrunst zerstört die City of London
1694: Bank of England
1773: London Stock Exchange (Wertpapierbörse)
1800: 1. Millionenstadt der Welt (ca. 1 Mio. Ew.)
19. Jh.: Regierungszeit Queen Victorias 1837–1901 (Viktorianisches Zeitalter);
Blütezeit des British Empire: Queen Victoria herrscht über 1/4 der Landmasse der Erde und 1/4 der Weltbevölkerung;
rapides Wachstum Londons als Machtzentrum des Empire und Zentrum der Weltwirtschaft;
Großbritannien als bedeutendstes Industrieland der Erde
1851 und 1862: die beiden ersten Weltausstellungen finden in London statt
Ab ca. Mitte des 20. Jh.: das Commonwealth of Nations (über 50 unabhängige Staaten, Gesamtbevölkerung ca. 1,5 Mrd.) ersetzt das British Empire; Sitz der wichtigsten Commonwealth-Organisationen in London

Bevölkerungsentwicklung Londons:
1800: 1 Mio. 1835: 2 Mio. 1859: 3 Mio.
1875: 4 Mio. 1885: 5 Mio. 1895: 6 Mio.

145.3 Daten zu London

Wirtschaftsstrukturen und Wirtschaftsprozesse

Die Londoner Docklands, der Gegenpol aus Stahl, Glas und Hochtechnologie zum historischen Stadtzentrum Londons sind das größte innerstädtische Stadterneuerungsprojekt Europas. Sie sind aus den London Docks entstanden, die im 19 Jh. das Handelszentrum des Britischen Königreiches waren. Während früher Tee aus Indien, Gewürze und internationale Hafenatmosphäre diesen Teil Londons bestimmten, sind es heute die Finanzgeschäfte von Banken, wie z. B. der Union Bank of Switzerland und der Citybank, welche die Docklands zum Finanzzentrum gemacht haben.

Die Docklands im Osten Londons gehörten immer zum armen Teil der Hauptstadt, in den durch die vorherrschenden Westwinde der Schmutz der Großstadt getragen wurde. Im 19. Jh. wurde in den beiden östlichen Themsebögen ein riesiges Netz von Hafenanlagen geschaffen, die vom Fluss durch Schleusen abgetrennt und damit tideunabhängig waren, da die Hafenbereiche in der Londoner City dem zunehmenden Überseehandel des Empire nicht mehr gewachsen waren. In den 60er Jahren des 20. Jh. kam es zu Schließungen der Docks, weil sie gegenüber modernen Hafenanlagen wie Hamburg und Rotterdam nicht mehr konkurrenzfähig waren. Themseabwärts wurde daher in den 70er Jahren in Tilbury ein neuer Containerhafen angelegt. Außerdem waren die Docklands für den Verkehr schlecht erschlossen, sodass neue Industrie- und Gewerbeansiedlungen in den steuerlich begünstigten und besser erschlossenen New Towns um London entstanden. In den 70er Jahren war das East End durch überdurchschnittlichen Gewerbe- und Bevölkerungsrückgang, hohe Arbeitslosigkeit, schlechte Wohnverhältnisse und einen hohen Anteil von Sozialhilfeempfängern gekennzeichnet.

146.1 Londoner Docklands

1981	Foundation of the LDDC (London Docklands Development Corporation), Royal Victoria and Royal Albert Docks closed
1982	Enterprise Zone created on the Isle of Dogs
1984	Thames Flood Barrier opened
1987	Docklands Light Railway (DLR) opened, London City Airport opened, Daily Telegraph and Guardian moved from Fleet Street to the Isle of Dogs
1997	Start of the construction of the Millennium Dome on the Royal Docks
1998	Completion of the Jubilee-Line (Underground) to Canary Wharf, closing of the LDDC
1999	31.12.99 Millennium-party in the new Dome

146.2 History of the Docklands

London Docklands – vom Hafen zum Dienstleistungszentrum

Die London Docklands Development Corporation (LDDC) wurde 1981 als planende, vermarktende und verwaltende Urban Development Corporation (UDC) eingesetzt. Ihre Aufgabe war es, die notwendige Infrastruktur zu schaffen und die Erschließung und Nutzung der Docklands zu vermarkten, ohne Nutzungspläne, städtebauliche Konzepte oder demokratische Planungsverfahren beachten zu müssen.

Dafür stellte sie folgende Planungsziele auf:
- Errichtung von Wohnkomplexen gehobenen Standards mit verschiedenartiger Gestaltung
- Bau von Bürohochhäusern für die Ansiedlung von Banken und Geschäftszentralen
- Ansiedlung „sauberer" Gewerbebetriebe (z. B. Verlage, Druckereien, Elektronikindustrie)
- Bau eines großflächigen Messegeländes
- optimale Verkehrsanbindung durch neue U-Bahn-Strecken, Straßen und Tunnel sowie den Bau eines City-Airports
- Anlage von Hochwasserschutzeinrichtungen

Die LDDC achtete auf eine möglichst profitable Nutzung des Docklandsgeländes. Die Teilprojekte wurden ausschließlich durch private Investoren durchgeführt. Auf die ansässige Bevölkerung wurde kaum Rücksicht genommen. Durch Spekulanten wurden die Bodenpreise z. T. um das 40fache in die Höhe getrieben. Finanzkräftige Bewohner, sog. Yuppies (young urban professionals) oder Dinks (double income no kids), verdrängten die Alteinwohner. Herzstück der baulichen und wirtschaftlichen Veränderungen wurde die Errichtung von Canary Wharf auf der Isle of Dogs durch die kanadische Entwicklungsgesellschaft „Olympia & York", dominiert durch Cesar Pellis 244 Meter hohen „Canada Tower".

Seit 1982 sind fast 30 000 neue Wohnungen gebaut worden und inzwischen arbeiten über 70 000 Menschen in den Docklands (1981: 27 000). Die Verkehrswege wurden stark verbessert, z. B. durch den Bau der Docklands Light Railway (DLR), von über 100 km Straßen, der 16 km langen Verlängerung der U-Bahn und des Londoner City Airports, der 1995 schon über 500 000 Passagiere abfertigte. Die LDDC hat sich 1998 laut Statut aufgelöst und ihre Vermögenswerte, Schulden und Aufgaben den Gemeinden in den Docklands übertragen.

Mit dem Bau des zum Jahrtausendwechsel eingeweihten Millennium Dome, einer 320 m breiten und 50 m hohen zirkuszeltartigen Konstruktion, erhielten die Docklands ein weiteres markantes städtebauliches Wahrzeichen, das als Symbol für die Stadt des 21. Jahrhunderts gelten soll. Bei der jüngsten Maßnahme zur Revitalisierung des

Wirtschaftsstrukturen und Wirtschaftsprozesse

ehemaligen Hafengebiets werden auch Prinzipien des nachhaltigen Städtebaus verwirklicht. So ist z. B. für Millennium Village eine flächenschonende dichte Bebauung mit Energie sparenden Gebäuden, eine gute Anbindung an den Öffentlichen Nahverkehr (neue U-Bahn Station) sowie ein zentral gelegener ökologischer Park vorgesehen.

Aufgaben

1. Beschreiben Sie den Aufstieg, den Fall und die Revitalisierung der Docklands (Abb. 146.1, 146.2).
2. Charakterisieren Sie die Rolle und Ziele der LDDC. Beschreiben Sie dabei die Flächennutzung auf der Isle of Dogs (Abb. 147.1).
3. Erkundigen Sie sich über die neuesten Entwicklungen in den Docklands. Nutzen Sie das Internet.

Bis in die 2. Hälfte des 20. Jahrhunderts war das schottische Tiefland eine Region, deren Wirtschaftskraft auf Kohle, Stahl und Schiffbau basierte. Glasgow nahm dabei die Rolle des wirtschaftlichen Zentrums, Edinburgh dagegen die des kulturellen Mittelpunkts Schottlands ein. Der Zusammenbruch der traditionellen Branchen führte v. a. in den 1980er Jahren zu hohen Arbeitsplatzverlusten mit allen negativen Folgen für diesen innerhalb Europas peripher gelegenen Raum.

Inzwischen präsentieren sich die Lowlands als eine führende Hightech-Region namens Silicon Glen (Glen = schottisch: Tal; Abb. 144.1). Hier leben 80 % der schottischen Bevölkerung, über 500 Unternehmen der Elektronik- und Informationstechnologie bieten Zehntausende von Arbeitsplätzen. Im Silicon Glen werden pro Kopf der Bevölkerung mehr PCs produziert als sonst wo auf der Erde und über die Hälfte der europäischen Produktionskapazitäten im Halbleiterbereich sind hier konzentriert.

Die Grundlagen für diesen umfassenden Strukturwandel wurden bereits in den Jahren des beginnenden Niedergangs der Montanindustrie gelegt. Schon Mitte der 1950er Jahre wurden in Greenock bei Glasgow Produktionsanlagen für IBM errichtet. Um diesen Kern herum ließen sich, v. a. in den 1980er Jahren, viele internationale Elektronikfirmen nieder. Der eigentliche Aufschwung von Silicon Glen erfolgte dann im letzten Jahrzehnt des 20. Jh. als Ergebnis einer offensiven Technologie- und Wirtschaftspolitik, flankiert durch entsprechende Bildungsförderung. Mit dem Wahlsieg von New Labour (1997) wurden regionale Entwicklungsprogramme Bestandteil dieser Politik und Schottland erhielt eine größere Eigenständigkeit. Das unternehmerfreundliche schottische Arbeitsrecht stellt einen bedeutenden Standortvorteil dar. Es kennt keine Einschränkungen bzgl. Wochenarbeitszeit, Sonntags- und Nachtarbeit und schreibt die Einrichtung von Betriebsräten nicht vor. Niedrige Steuern und geringe Lohn- und Arbeitskosten (1/3 unter dem Niveau Deutschlands) erhöhen die Attraktivität des Standorts. Weitere Gunstfaktoren ergeben sich durch qualifizierte Arbeitskräfte aus der schon länger ansässigen Elektronikindustrie sowie dem gezielten Ausbau entsprechender Bildungseinrichtungen. Viele Firmengründungen (start-ups) erfolgen aus den Universitäten oder Technischen Hochschulen heraus (spin-offs); sie werden in der Startphase stark von der öffentlichen Hand unterstützt.

Da vor allem die IT-Branche in hohem Maße globalisiert ist – viele Betriebe im Silicon Glen sind Zweigbetriebe ausländischer, oft international operierender Unternehmen – wirken sich politische oder konjunkturbedingte Krisen in anderen Teilen der Erde allerdings auch innerhalb der Region aus.

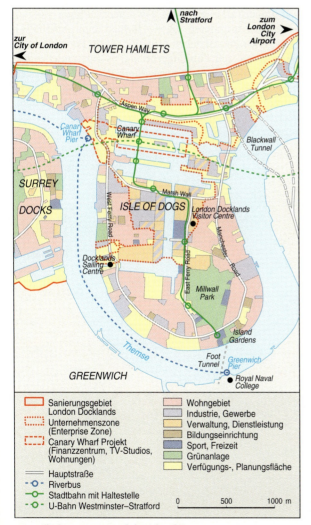

147.1 Flächennutzung auf der Isle of Dogs

147.2 Schottland: Silicon Glen

Hightech-Region Südengland

Zu den **Hightech-Industrien** zählen vor allem Branchen der Mikroelektronik (Computerindustrie, Informationstechnologie, Luftfahrtindustrie), der Biotechnologie sowie F&E-Betriebe (Forschung und Entwicklung).

Die frühesten Konzentrationen von Hightech-Industrien entwickelten sich in einem halbkreisförmigen Gebiet westlich von London (Western Crescent) und mehr punktuell bei Bristol. Die wichtigsten Impulse gingen dabei von der Rüstungsindustrie aus. Der Hauptsitz von British Aerospace, einem der bedeutendsten Rüstungsunternehmen, befindet sich in Hertfordshire nördlich von London, ein weiteres Zentrum in Bristol (Abb. 148.1). Die räumliche Nähe von Industrie und Forschungseinrichtungen des Verteidigungsministeriums ermöglichte einen intensiven Informationsaustausch. Aufgrund der sich daraus ergebenden Fühlungsvorteile ließen sich in der Folgezeit immer mehr Betriebe in diesem Raum nieder.

Die heutigen Schwerpunktgebiete liegen entlang der Achse London-Bristol (M4-Korridor) und in Cambridgeshire (Abb. 148.1).

Für Hightech-Betriebe gelten ganz andere Kriterien bei der Standortwahl als z. B. bei den traditionellen Industrien in den Midlands. Der grundlegende Unterschied besteht darin, dass sie von Rohstoffen unabhängig sind; ein entscheidender Standortfaktor ist dagegen die Verfügbarkeit hoch qualifizierter Fachkräfte.

In Südostengland hat sich der Raum Cambridge in kürzester Zeit zum dynamischsten Hightech-Wachstumspol entwickelt. Kristallisationspunkt und Motor war dabei die naturwissenschaftlich orientierte Universität Cambridge (gegr. im 13. Jh.). Auf Initiative des Trinity College (Abb. 149.3) wurde schon in den 1970er Jahren einer der ersten Wissenschafts- oder Technologieparks in Großbritannien errichtet. Der Cambridge Science Park beherbergt heute auf einer Fläche von über 50 ha etwa 70 Betriebe mit stark diversifiziertem Branchenspektrum – allerdings mit deutlichem Schwerpunkt im F&E-Bereich. Die enge Zusammenarbeit der Betriebe mit der Universität zeigt sich auch darin, dass ein Großteil der Firmengründer in Cambridge studierte bzw. dort in F&E-Einrichtungen arbeitete. Das erworbene Wissen nutzten viele und gründeten eigene Firmen (spin-off-Effekt). Durch den intensiven Informations- und Personaltransfer ergaben sich Fühlungsvorteile, es entstanden informelle Netzwerke (z. B. auch durch die in GB weit verbreitete Mitgliedschaft in Clubs wie Rotary, Lions, Round Table). Darüber hinaus ermöglichte die räumliche Nähe von unterschiedlichen Infrastruktureinrichtungen deren gemeinsame Nutzung (Synergieeffekte).

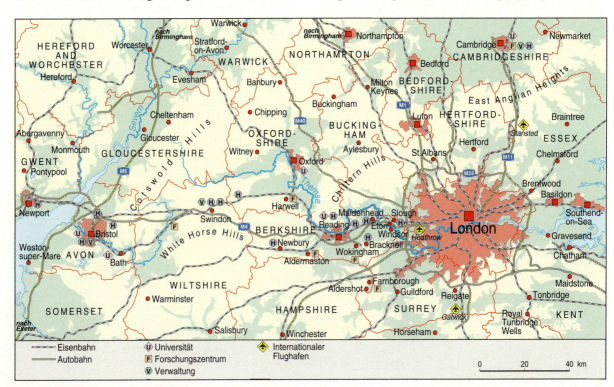

148.1 Hightech-Region Südwestengland

Wirtschaftsstrukturen und Wirtschaftsprozesse

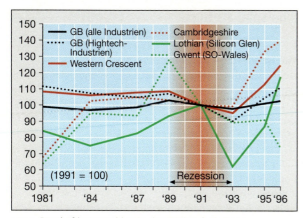

149.1 Beschäftigungszahlen in den Hightech-Regionen

149.3 Trinity College, Cambridge

Hoch qualifizierte Arbeitskräfte haben meist auch hohe Ansprüche bezüglich der Arbeits- und Wohnbedingungen. Wie der Name Science Park schon andeutet, liegen die dortigen Betriebe in einem locker bebauten, parkähnlichen Gelände. Cambridge selbst ist eine kleine Großstadt (ca. 100 000 Ew.) mit historischem Stadtbild und einem ländlich geprägten, landschaftlich reizvollen Umland. Hier bestehen optimale Lebensbedingungen: Die Menschen können sowohl die Vorteile des ländlichen Raums als auch das vielfältige Angebot der nur 80 km entfernten Weltstadt London nutzen, die mit der Eisenbahn oder über die M11 schnell erreichbar ist.

Noch wächst die Attraktivität von Cambridge, unter anderem durch die Universität, die 1998 bei einem europaweiten Universitäts-Vergleich (Ranking) den 1. Platz einnahm. Doch wenn immer mehr Betriebe und Menschen dem Trend der so genannten „counterurbanization" – der Abwanderung aus städtischen Ballungsgebieten in den ländlichen Raum – folgen, werden sich auch hier vielleicht bald die bekannten Agglomerationsnachteile einstellen.

Aufgaben

1. Definieren Sie den Begriff „Hightech-Industrien" und ordnen Sie diese den Kondratieff-Zyklen zu (Abb. 53.1).
2. Lokalisieren Sie die britischen Hightech-Regionen (Atlas, Abb. 148.1) und versuchen Sie, die regionale Verteilung zu begründen (Atlas, Abb. 144.1, 148.1, 149.1).
3. Erläutern Sie die Eigendynamik von wirtschaftlichen Zentren (Abb. 149.2).

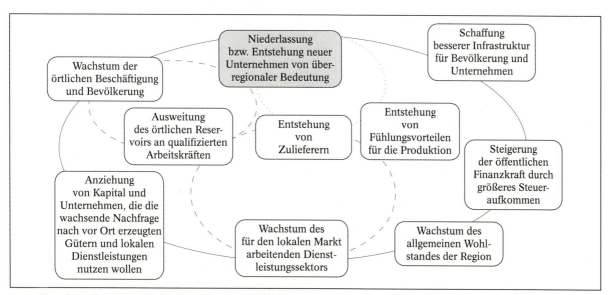

149.2 Eigendynamik von Wirtschaftszentren (nach MYRDAL, ergänzt)

Wirtschaftsstrukturen und Wirtschaftsprozesse

150.1 Städte und Verkehrsinfrastruktur

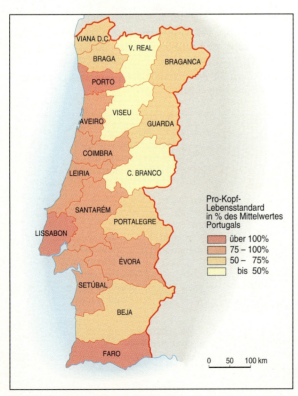

150.2 Lebensstandard nach Regionen

Fallbeispiel Portugal

Viel ist erreicht – Vieles bleibt zu tun

Kein Land der heutigen EU hat sich in den letzten 30 Jahren sozioökonomisch so sehr gewandelt wie das an der Peripherie Europas gelegene Portugal. Vorbei sind die Zeiten ökonomischer und politischer Agonie, in denen Portwein, Kork, Ölsardinen und Algarve-Tourismus die Wirtschaft eines Landes bestimmten, das jahrhundertelang mehr seinen Überseegebieten als Europa zugewandt war und das selbst mit dem spanischen Nachbarn nur „Rücken an Rücken" lebte.

Einen ersten Wendepunkt brachte 1974 die unblutige „Nelkenrevolution", welche die seit 1926 anhaltende faschistische Diktatur beseitigte. Innenpolitische Auseinandersetzungen über den weiteren Weg Portugals prägten die Folgejahre: In zehn Jahren wechselte 16-mal die Regierung. Kommunisten forderten eine „Diktatur des Proletariats" nach sowjetischem Vorbild, Sozialisten und die bürgerliche Mehrheit strebten eine parlamentarische Demokratie und Marktwirtschaft an. Sie setzten sich zuletzt durch.

Mit gewendeter Blickrichtung und politischer Zielsetzung – Aufnahme in die Europäische Gemeinschaft – wurde die Verstaatlichung vieler Betriebe ebenso zurückgenommen wie die Bodenreform, die v. a. im Alentejo (= jenseits des Tejo) die extensiv bewirtschafteten Latifundien enteignet und zu Genossenschaften umgewandelt hatte. Bis heute ist die Landwirtschaft aber unproduktiv geblieben, im Süden wegen schlechter Böden, häufigen Dürren und geringen Bewässerungsmöglichkeiten, im Norden wegen des Vorherrschens kleiner, kapitalschwacher Betriebe. Mehr als die Hälfte seines Nahrungsmittelbedarfs muss Portugal daher noch importieren.

Die Verfassungsänderungen ermöglichten 1986 Portugal die Aufnahme in die EG. Das Land gewann politische und finanzielle Stabilität und arbeitete sich mit einem strikten Kurs marktwirtschaftlicher Öffnung und Liberalisierung in wenigen Jahren weitgehend ohne soziale Spannungen vom rückständigen Agrarland zum industriell expandierenden Schwellenland und schließlich zum Industrieland empor. Der Aufstieg wurde getragen durch jahrelang weit über dem EU-Durchschnitt liegende Wachstumsraten, sinkende Haushaltsdefizite und niedrige Arbeitslosigkeit. Er wurde besonders in den 1990ern beschleunigt durch die Erhöhung der **EU-Hilfen** aus den Strukturfonds sowie aus dem 1992 geschaffenen Kohäsionsfonds: Bis zur Jahrtausendwende erhielt Portugal insgesamt mehr als 20 Mrd. € aus Brüssel, für Projekte der technischen und sozialen Infrastruktur, für Investitionsbeihilfen, Umweltschutzprogramme und die Modernisierung der Landwirtschaft.

Günstig für den Staatshaushalt waren außerdem neben kräftigen Erhöhungen der Löhne und der Mehrwertsteuer

Wirtschaftsstrukturen und Wirtschaftsprozesse

die Privatisierungen, die den Anteil der Staatsbetriebe am BIP (1988 noch 20 %) bis 2000 auf unter 5 % drückten und mehr als 15 Mrd. € in die Staatskasse spülten. Der Großteil der dadurch möglichen öffentlichen Investitionen – und der EU-Mittel – konzentrierte sich auf den Alentejo und v. a. auf den Distrikt Lissabon.

Die in dieser Boom-Phase ständig angestiegenen **ausländischen Investitionen** kamen dagegen auch dem traditionellen Industrie- und Handelszentrum um Porto zugute. Sie bilden bis heute einen entscheidenden Motor des portugiesischen Wirtschaftswunders. Zunächst entstanden zwar nur „ausgelagerte Werkbänke Mitteleuropas", Zweigbetriebe oder Beteiligungen in arbeits- und lohnkostenintensiven Branchen. Seit dem EG-Beitritt gelang es aber immer mehr im internationalen Standort-Marketing auch Knowhow und kapitalkräftige Investoren aus zukunftsträchtigen Branchen zu gewinnen und so die Wirtschaft stärker zu diversifizieren. Dazu zählen u.a.:

Niedrige Lohn- und Lohnnebenkosten; große sektorale Lohndifferenzierungen; die längsten Jahresarbeits- (1900 Stunden; D: 1600) und Maschinenlaufzeiten in der EU durch Feiertags- und Wochenendarbeit; wenig einflussreiche Gewerkschaften und Betriebsräte und seltene, nur kurze Streiks; ein lang tradiertes bürgerliches Arbeitsethos der fleißigen und im Zweifel auch verzichtbereiten Belegschaften; niedrige Energiepreise (1/3 von D.); hohe Investitionshilfen; ein fortwährender Ausbau der Infrastruktur; ein reibungsloser Kapitalverkehr und ein hoher Freizeitwert.

Rund 500 Unternehmen, darunter gut 300 reine Industrie-Unternehmen allein aus Deutschland haben zwischenzeitlich in Portugal investiert, VW und Ford („Auto-Europa"), Hoechst, Grundig, Leica, Siemens, Continental, Grohe, Rohde, Bosch u. a. Bosch hat sogar die Autoradioproduktion aus Malaysia zurückgeholt – Portugal war günstiger. Nach anfänglich reinen Montagebetrieben wurden neben Produktions- auch Entwicklungsabteilungen nach Portugal verlegt. Zehntausende von Arbeitsplätzen entstanden direkt oder bei den regionalen Zulieferern und in der Bauindustrie. Hinzu kommen die durch Innovationen und den Binnenmarkt ermöglichten Expansionen portugiesischer Betriebe (z. B. Edelkollektionen oder Geschirr) sowie v. a. die Investitionen zurückgekehrter Gastarbeiter.

Aber trotz teilweiser Vollbeschäftigung in einigen Produktivitäts- und relativen Wohlstandsinseln: Rund 1/4 der Portugiesen lebt mit weniger als 250 € noch weiterhin unterhalb der EU-Armutsgrenze; nach wie vor hat Portugal pro Kopf die wenigsten Autos, die meisten Analphabeten und die wenigsten berufstätigen Frauen; bei Bildung, Gesundheit, Lebenserwartung bildet Portugal zusammen mit Griechenland das EU-Schlusslicht; die räumlichen Disparitäten zwischen prosperierenden Ballungsgebieten, Küstenregion und Norden einerseits und Umland, Landesinnerem und dem Süden andererseits werden selbst von Portugiesen empfunden wie die Gegensätze in einem Dritte-Welt-Land.

Bevölkerung (2001, Mio.)			10,0
Erwerbspersonen (Mio.)			5,2
Beschäftigte (2000, %) – Landwirtschaft			12,6
– Industrie			23,1
– Bauwirtschaft			12,2
– Dienstleistungen			52,1
	1999	**2000**	**2001**
BIP (Mrd. €)	130,6	120,7	123,5
Pro-Kopf-Einkommen (€)	13 088	12 072	12 312
Reales Wachstum (%)			
– Bruttoinlandsprodukt	3,4	3,4	1,6
– Privater Verbrauch	4,9	2,6	1,0
– Staatsverbrauch	4,5	2,6	2,0
– Bruttokapitalbildung	7,8	3,7	– 0,2
Leistungsbilanzen (Mrd. €)	– 10,8	– 12,0	– 11,6
– Handelsbilanz	– 15,6	– 16,0	– 15,0
– Dienstleistungsbilanz	1967,0	2009,0	2809,0
– Erwerbs- u. Vermögensb.	– 1682,9	– 1870,4	– 3400,0
– Übertragungsbilanz	4453,4	3876,1	3693,1
Export (Mrd. €)	28,903	28,129	29,839
Import (Mrd. €)	44,528	44,182	44,194
Staatshaushalt (% des BIP)	– 2,0	– 1,4	– 2,2
Arbeitslosenquote (%)	4,4	4,0	4,2
Inflationsrate (%)	2,2	2,8	4,4

151.1 Wirtschaftsdaten Portugal 2001 (FAZ 11. März 2002)

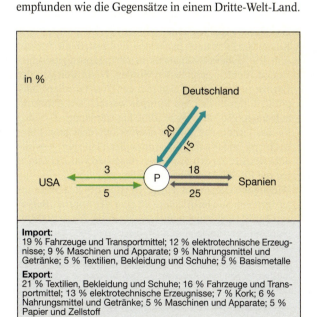

Import:
19 % Fahrzeuge und Transportmittel; 12 % elektrotechnische Erzeugnisse; 9 % Maschinen und Apparate; 9 % Nahrungsmittel und Getränke; 5 % Textilien, Bekleidung und Schuhe; 5 % Basismetalle

Export:
21 % Textilien, Bekleidung und Schuhe; 16 % Fahrzeuge und Transportmittel; 13 % elektrotechnische Erzeugnisse; 7 % Kork; 6 % Nahrungsmittel und Getränke; 5 % Maschinen und Apparate; 5 % Papier und Zellstoff

Sonstiges:
Tourismus 1998; 26,6 Mio. Auslandsgäste, davon 77 % aus Spanien; 5327 Mio. $ Einnahmen

151.2 Außenhandelsstruktur Portugal (2001)

Wirtschaftsstrukturen und Wirtschaftsprozesse

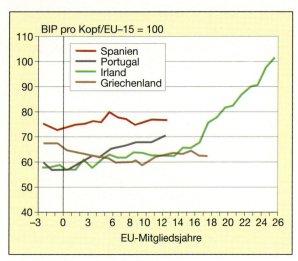

152.1 Entwicklung der Kohäsionsländer

Staat	Ziel 1 (s. Abb. 121.1)	ÜH	Ziel 2	ÜH	Ziel 3	FIAF
B	0	625	368	65	737	34
DK	0	0	156	27	365	197
D	19229	729	2984	526	4581	107
GR	20961	0	0	0	0	0
E	37744	352	2553	98	2140	200
F	3254	551	5437	613	4540	225
IRL	1315	1773	0	0	0	0
I	21935	187	2145	377	3744	96
L	0	0	34	6	38	0
NL	0	123	676	119	1686	31
A	261	0	578	102	528	4
P	16124	2905	0	0	0	0
FIN	913	0	459	30	403	31
S	722	0	354	52	720	60
GB	5085	1166	3989	706	4568	121

152.3 EU-Fördermittel 2002–2006 (in Mio €, ÜH = Übergangshilfen)

Aufgaben

1. Erläutern Sie die Vorteile, die das Land durch den raschen EU-Beitritt erhalten hat (Text, Abb. 152.1, 2).
2. Begründen Sie, weshalb EU-Mittel nie zur vollständigen Finanzierung eines Vorhabens, sondern nur zur Finanzaufstockung vergeben werden.
3. Charakterisieren Sie die sozioökonomische Situation des Landes um die Jahrtausendwende (Abb. 151.1, 2).
4. Begründen Sie, weshalb Portugal nach wie vor hohe Attraktivität für Investoren besitzt.
5. Recherchieren Sie die Aktivitäten der z.B. im Text genannten deutschen Unternehmen in Portugal (Internet) und stellen Sie diese in einem Kurzreferat dar.

Eine Mauer gegen die Dürre

Knapp vier Jahre nach Baubeginn sind gestern die Schleusen des Alqueva-Staudamms in der südportugiesischen Region Alentejo geschlossen worden. Nicht weit von der Grenze zu Spanien soll sich nun der Fluss Guadiana zum größten künstlichen See Europas westlich von Russland aufstauen (250 km² Fläche, 1000 km Uferlänge). Die Idee für das gigantische Projekt stammt aus dem Jahr 1957, doch erst mithilfe der EU konnte der Plan nun verwirklicht werden. Zu den bisherigen Ausgaben von 250 Mio. € hat die EU 200 Mio. € beigetragen.

Widerspruch gegen das Vorhaben ist in der Region kaum zu vernehmen. Der Alentejo ist eine der ärmsten Regionen der EU und leidet immer wieder unter Wassermangel. Nun soll in zwanzig Jahren ein insgesamt 5000 km langes Leitungssystem aus offenen Kanälen und Tunneln etwa 110000 ha Agrarland bewässern, das bisher in Trockenlandwirtschaft genutzt wurde. Das könnte – zusammen mit dem Strom aus dem Kraftwerk des Damms – der Gegend den lang ersehnten wirtschaftlichen Aufschwung bringen.

Zu den Verlierern am Alqueva-Staudamm gehören die 400 Einwohner des Dorfes Aldeira da Luz. Sie müssen in den kommenden Monaten den ansteigenden Fluten weichen und in ein 45 Mio. € teures Neudorf umziehen.

Weitere Umsiedlungen sind nicht nötig. Allerdings wird auch eine alte römische Burganlage – das zum Nationalerbe erklärte Castelo da Lousa – im Wasser untergehen. (…)

Die schärfsten Kritiker des Stausees sind die Umweltschützer. Der Unterlauf des Guadiana auf seinem Weg durch Portugal war bisher einer der wenigen großen Flüsse Europas, die noch halbwegs natürlich erhalten waren. Nun verschwinden Auwälder und Steppenland, die biologische Vielfalt in der Region geht zurück, manche bedrohte Art wird wahrscheinlich ganz aus Portugal vertrieben. José Paulo Martins, Präsident des Umweltverbandes Quercus, nennt Alqueva „das größte ökologische und ökonomische Desaster aller Zeiten in Portugal". Martins bezweifelt wie alle Kritiker des Projekts dessen wirtschaftlichen Nutzen. Wenn der Stausee seinen Zweck erreichen soll, müsse er sich seinem Fassungsvermögen von mehr als 4 Mrd. m³ Wasser nähern. Doch das wird schwer. Der Guardiana versorgt schon in seinem Oberlauf in der trockenen spanischen Extremadura mehrere Staubecken. Deswegen können die Spanier nur einen jährlichen Zulauf von 300–600 Mio. m³ versprechen – mehr ist in normalen Jahren nicht drin. Doch für die ehrgeizigen Bewässerungspläne des Alentejo wären mehr als 1,7 Mrd. m³ Wasserzufuhr im Jahr notwendig.

152.2 Ein Jahrhundertprojekt für den Alentejo (Badische Zeitung, 9. Februar 2002)

Wirtschaftsstrukturen und Wirtschaftsprozesse

Vor einem Jahr erlebte Portugal den folgenreichsten Verkehrsunfall seiner Geschichte: Bei Entre-os-Rios brach eine Brücke, 59 Menschen starben in einem Reisebus, der in den Duoro stürzte. Viele Portugiesen fragten sich, wie es kommen konnte, dass eine mehr als 100 Jahre alte Brücke, ursprünglich gebaut für Eselskarren und Fußgänger, trotz offensichtlicher Baufälligkeit nicht gesperrt wurde. Für viele ist der Einsturz zum Symbol für die Vernachlässigung der Infrastruktur, die zunehmende Ungleichbehandlung der Regionen und die Unfähigkeit von Politik und Verwaltung geworden.

Die Hauptstadt Lissabon stellt heute eine modern anmutende Metropole dar, deren Altstadt Zug um Zug saniert wird und die zuletzt von der Weltausstellung 1998 neue Anstöße für die Stadtentwicklung erhalten hat. Das Einkommen der Lissabonner liegt inzwischen über dem EU-Durchschnitt. Trotzdem erreicht das Einkommensniveau des ganzen Landes nur 3/4 des EU-Mittelwertes. Denn die Regionen jenseits der Metropolen Lissabon und Porto haben von den Modernisierungen weniger profitiert. Das fällt noch am wenigsten beim Straßenverkehr auf. Wer mit dem Auto über Land fährt, entdeckt hochmoderne, z.T. sogar überdimensionierte Fahrbahnen mit aufwändigen Überführungen, wo auch einfache Kreuzungen genügen würden. Portugal hat einen guten Teil der Mittel aus Brüssel, die jährlich 2 % zum BIP beitragen, in den Straßenbau gesteckt. Das wird von den meisten Einwohnern durchaus begrüßt. Kritischer wird die Wartung der Infrastruktur beurteilt. So stellte sich nach dem Einsturz der Brücke heraus, dass sich nur 19 Techniker um den gesamten Brückenbestand des Landes (3500) kümmerten. Gleichwohl konzentriert sich die Führung Portugals bis heute offensichtlich lieber auf spektakuläre Neubauten als auf die Pflege des Vorhandenen. Die Regierung plant eine neue Großbrücke über den Tejo bei Lissabon, dazu ehrgeizige Projekte wie einen Großflughafen bei Lissabon und Schnellbahnverbindungen nach Spanien. Beim großen Nachbarn hat man mit Erstaunen aufgenommen, dass Portugal vier neue Trassen für Hochgeschwindigkeitszüge anlegen will, davon gleich zwei nach Madrid und je eine durch den Süden nach Andalusien und in den Norden nach Galicien.

Ein weiteres Beispiel dafür, dass Portugal gegenwärtig Gefahr läuft, sich in zu ehrgeizige Projekte zu stürzen, ist die Fußball-Europameisterschaft 2004. Als das Land 1999 den Zuschlag erhielt, herrschte Begeisterung, inzwischen ist Katerstimmung eingekehrt. Portugal versprach damals Infrastrukturausgaben von 5 Mrd. €, darunter 3,4 Mrd. € für neue Straßen, 500 Mio. € für Krankenhäuser und 475 Mio. € für Flughafenausbauten. Für den eigentlichen Wettbewerb war für 600 Mio. € der Neubau von sechs Stadien und die Renovierung weiterer vier Arenen vorgesehen. Erst jetzt fragt man sich vermehrt in Portugal, was das kleine Land mit zehn europameisterschaftstauglichen Stadien anfangen soll, wenn das Großereignis vorbei ist.

Nach Jahren des soliden Aufschwungs wird jetzt immer deutlicher, dass Portugal zumindest vorerst am Ende seiner wirtschaftlichen Kräfte ist. Bereits Anfang 2001 erwog die Europäische Kommission wegen der nachlassenden Haushaltsdisziplin einen blauen Brief nach Lissabon zu schicken. Eine Erklärung für die Zunahme des Haushaltsdefizits liegt in der Abschwächung des Wirtschaftswachstums wegen der schwachen Konjunktur im europäischen Ausland. So produziert das Volkswagenwerk Autoeuropa, das mit seinen Großraumlimousinen 10 % der portugiesischen Exporte trägt, wegen der mäßigen Nachfrage deutlich unterhalb der Kapazitätsgrenze. Auch die Nachfrage nach Schuhen und Textilien ist gesunken. Damit fallen Steuereinnahmen weg. Kritiker fragen sich aber, warum Portugal sich so wenig einfallen lässt, um die Erfassung zu verbessern. Von den rund 240 000 Unternehmen des Landes bezahlt nur gut 1/3 Körperschaftssteuern. Spötter behaupten, dass die meisten Handwerksmeister die Formulare für die Steuererklärung noch nie gesehen hätten.

Auf dem Prüfstand steht seit langem auch das Gesundheitssystem. 90 000 Portugiesen sind auf der Warteliste für medizinisch notwendige Operationen. Besondere Aufmerksamkeit findet derzeit das Erziehungswesen, nachdem jüngste Analysen bestätigt haben, dass es mit der Lese-, Schreib- und Rechenfähigkeit der jungen Portugiesen nicht zum Besten steht. Auf der langen Liste der Reformprojekte steht auch die Justiz, die für die Abwicklung ihrer Fälle zu viel Zeit benötigt. Als eines der drängendsten Probleme gilt indes die niedrige Produktivität. Nach jüngsten Vergleichen erreicht die Arbeitsproduktivität der Portugiesen nur 2/3 des EU-Durchschnitts und der Abstand wächst. Besonders unproduktiv ist die Landwirtschaft, die zwar 12,5 % der portugiesischen Arbeitskräfte beschäftigt, aber nur knapp 4 % zum BIP beiträgt. Doch auch die Industrie zeigt Rückstände im europäischen Vergleich. Offensichtlich zählt das Argument der Billiglöhne – die portugiesischen Arbeitskosten betragen nur ein Drittel des EU-Niveaus – immer weniger. Man ist sich durchaus bewusst, dass sich der gegenwärtige Verlust der portugiesischen Wettbewerbsfähigkeit mit der Aufnahme der osteuropäischen Kandidaten in die EU, die noch geringere Lohnkosten aufweisen, noch verschärfen wird. Der ehemalige Musterknabe, der die Aufnahme in die Währungsunion noch mit Bravour geschafft hatte, läuft inzwischen Gefahr, innerhalb der EU den Anschluss zu verlieren. (FAZ, 11. März 2002, S. 16, gekürzt)

153.1 Kritik am ehemaligen „Beitrittsmusterkandidaten"

Fallbeispiel: Elsass und TriRhena

Grenzregion im Wandel

Ada, Adira und Cahr sind im Elsass jedem Unternehmer, jedem Politiker und jedem Kommunalbeamten bekannt. Denn die „Agence de Developpement de l'Alsace", die „Association de Developpement du Bas-Rhin" und das „Comité d'Action pour le progres économique et social Haut-Rhinois" sind die regionalen Instrumente der Wirtschaftsförderung, die sich in der peripheren Nordostregion Frankreichs als außerordentlich schlagkräftig erwiesen haben. Ihrem Engagement ist es wesentlich zu verdanken, dass das Elsass, dem in der französischen Raumordnungs- und Wirtschaftspolitik nie Prioritäten eingeräumt wurden und das bis heute kaum im Blickpunkt französischer Investoren steht, in der Bruttowertschöpfung nach der Ile-de-France an zweiter Stelle liegt. Dank Ada, Adira und Cahr konnte das Elsass, das wie Lothringen oder die Region Nord-Pas-de-Calais v.a. in den 70er Jahren zur problembeladenen „Altindustrieregion" wurde, seine Standortattraktivität steigern und vermarkten und so dem aufgezwungenen Strukturwandel schneller und effektiver begegnen.

Einer der traditionellen industriellen Kerne des Elsass, die Kali-Industrie, wird bald völlig verschwinden. Der Abbau der umfangreichen Salzvorkommen, 1904 bei Bohrungen anstelle des erhofften Erdöls entdeckt, hatte jahrzehntelang dem Bergbaurevier bei Mulhouse Arbeit und Wohlstand gebracht. Die Lohnkostenentwicklung und die hohen, zur Stabilisierung des bröckeligen Salzgebirges notwendigen Investitionen machten die Minengesellschaft MDPA jedoch international immer weniger konkurrenzfähig. Neue Standbeine der MDPA, aus der Bergbautechnik abgeleitete Unternehmen in den Bereichen Elektro, Mechanik und Informatik, konnten zur Lösung des Beschäftigungsproblems im „Bassin Potassique" bislang nur wenig beitragen. Kommunen und regionale Wirtschaftsförderer bemühen sich daher intensiv um Neuinvestoren auf den umfangreichen, erst teilweise sanierten, aber infrastrukturell meist gut ausgestatteten Altindustrieflächen.

Die älteste Industriebranche des Elsass, die Textil- und Bekleidungsindustrie, hat innerhalb der letzten 30 Jahre mehr als 1/4 ihrer Beschäftigten verloren, stellt aber z.B. in Haut-Rhin nach Maschinenbau und Chemie mit 7000 immer noch die dritthöchste Zahl der Arbeitsplätze. Doch die Produktionskosten, die Abgaben und Steuern sind fortwährend angestiegen und die Rationalisierungs- und Kostensenkungspotenziale weit gehend ausgeschöpft. Von dem ehemals breiten Firmenspektrum mit großer Fertigungstiefe sind nur noch die Baumwollbearbeitung und die Textilveredlung übrig geblieben, denn die noch verblie-

40 000 t Giftmüll pro Jahr waren für das Elsass lange Zeit kein Problem: 35 000 t Schlacken aus elsässischen Müllverbrennungsanlagen konnten im benachbarten Lothringen oberirdisch gelagert werden, der Rest – Abfall aus Labors und Chemiefabriken – wurde nach Deutschland exportiert und z.B. in den Minen von Herfa Neurode deponiert. Seit 1992 schreibt das französische Gesetz jedoch vor, dass Müll in der Region zu entsorgen ist, in der er produziert wird, und dass er so zu lagern ist, dass er theoretisch nach 25 Jahren wieder aufgeschlossen werden kann. Schneller als zunächst erwartet, hat man im Elsass einen Ausweg gefunden. Seit Ende 1998 lagert die Firma Stocamine den Giftmüll in die 1966 stillgelegte Kalimine Joseph Else bei Wittelsheim nahe Mulhouse ein. Das ganze Lager hat eine Aufnahmekapazität von etwa 320 000 Tonnen. Nach einem Gutachten des Nationalen Instituts für Risikostudien ist die Mine für die Giftmülleinlagerung gut geeignet. Umweltschützer fordern aber weitere Untersuchungen durch unabhängige Gutachter. Insgesamt gibt es jedoch im Elsass wenig Protest gegen die Giftmülleinlagerung. Auch die Gewerkschaften stehen hinter dem Projekt. Sie hoffen, dass ein Teil der Arbeiter bei Stocamine unterkommt, wenn die letzte Mine im „Bassin Potassique", dem oberelsässischen Kalibecken, im Jahr 2004 geschlossen wird. Bis dahin kämpft die MDPA, die Gesellschaft der Kaliminen, weiter gegen die Konkurrenz des Weltmarkts und gegen die Altlasten. Jährlich versickern von den 17 „Kalimandscharos", den Abraumhalden, jeweils bis zu 5000 Tonnen Salz, ausgewaschen durch Regenwasser. Die Salzzungen im Grundwasser reichen schon bis Straßburg und sind auch – unter dem Rhein hindurch – auf die deutsche Seite vorgedrungen, obwohl zahlreiche Brunnen rings um die salzhaltigen Berge die Salzlache heben und sie über den 1932 gebauten „Salzwasserkanal" dem Rhein zuführen, 115 kg Salz pro Sekunde. Um die zuckerhutförmigen Altlasten noch rascher zu entsalzen und zu verkleinern, werden einige von ihnen künstlich berieselt. Mehr als die von den Rhein-Anrainern als Abwassermarge ausgehandelten 190 kg Salz pro Sek. dürfen jedoch nicht in den Rhein gelangen.

154.1 Das Ende des Kalireviers

Wirtschaftsstrukturen und Wirtschaftsprozesse

Firma	CS Interglas	Behr France	E.C.I.A	Le Profil Industries	Autocable	Ricoh Industrie France	Sharp Manufacturing France	Sony France
Standort	Malmerspach	Rouffach	Cernay	Orbey	Masevaux	Wettolsheim	Soultz	Ribeauville
Mitarbeiter	240	990	230	200	240	700	320	1600
Kapital	deutsch	deutsch	französisch	französisch	deutsch	japanisch	japanisch	japanisch

Dank der elsässischen Gesellschaften zur Wirtschaftsförderung haben sich die genannten Unternehmen mit über 200 Mitarbeitern in den vergangenen 40 Jahren im Elsass angesiedelt.

Nach dem Sterben neue Blüte

Der Kontrast könnte größer nicht sein: Wer vom Vogesendörfchen Malmerspach nach Saint Amarin fährt, kommt an gelbgrauen Industrieruinen vorbei: eingestürzte Dächer, eingeschlagene Scheiben. Schutthaufen schimmern silbern im Sonnenlicht, Gestrüpp wuchert darauf, verrostete Blechtonnen. Nur eine Autominute weiter, am Ortsausgang von Saint Amarin, boomt die Industrie: graue, beige Metallklötze stehen auf grünen Wiesen, umzäunt von Maschendraht.

Wo heute die Ruinen stehen, herrschte in den 70er Jahren Hochbetrieb. 500 Menschen arbeiteten in der Wollspinnerei der Gebrüder Schlumpf in Malmerspach, 1000 weitere in den Textilfabriken von Saint Amarin. Die Arbeiter lebten in den grauen Häuschen, die die Straße im engen Thurtal säumen. Die Gebrüder machten 1977 bankrott, weil ihre Produkte immer schlechter liefen. Und weil sie alles Geld in die Oldtimer steckten, die heute im Automobilmuseum in Mulhouse stehen.

Auch in anderen elsässischen Regionen stirbt die alte Industrie und neue kommt. Wie in Saint Amarin sind in vielen Städten im und ums Kalibecken neue Industriezonen entstanden. „Als wir vor acht Jahren hier in der Industriezone gebaut haben, gab's außer uns kaum einen", sagt Cansimag-Chef Albin Mazenauer, ein Schweizer, der Snack-Stangen produziert. 16 Franc (5 Mark) hat er für den Quadratmeter erschlossenes Bauland bezahlt. Auch im Raum Freiburg und Lörrach hatte er nach einem günstigen Platz für seine Fabrik gesucht. „Als Schweizer Unternehmer wollte ich unbedingt einen Fuß auf dem EU-Markt haben." Doch in Baden kostet der billigste Boden in Industriegebieten 40 Mark pro Quadratmeter (1 € = 1,95583 DM).

Zudem lockte die oberelsässische Wirtschaftsförderung Cahr mit Geschenken. Das Vogesental mit seiner sterbenden Textilindustrie zählt zu den Zonen in Frankreich, die einen Anspruch auf besondere Förderung haben. Für jeden der 30 Arbeitsplätze, die Mazenauer in Saint Amarin geschaffen hat, erhielt er 40 000 Franc von der Region Alsace. Im Krisengebiet Kalibecken hätte er sogar noch höhere Prämien für Arbeitsplätze kassieren können: Mitsui erhielt pro Arbeitsplatz 100 000 Franc. Da die meisten Gegenden Badens nicht als Krisengebiete gelten, gibt es dort keine ähnlichen Hilfen. Auch der

Kredit im Elsass war günstig. Der Bau der Fabrik hat Mazenauer insgesamt 6,6 Mio. Mark gekostet. Für 40 % der Summe erhielt er ein zinsloses Darlehen. In Baden gibt es allenfalls zinsvergünstigte Kredite. Es gefiel Mazenauer auch, dass der Bauantrag so schnell genehmigt wurde. Von der Entscheidung für das Elsass bis zum ersten Spatenstich vergingen nur drei Monate.

Einer, der noch mehr Vergünstigungen herauszuholen wusste, ist Jean-Claude Rebischung. Vor fünf Jahren gründete der Elsässer in Vieux-Thann das Unternehmen Europe Environment. 25 Mitarbeiter beschäftigt er, vom Facharbeiter bis zum Ingenieur. Sie stellen Filter für Industrieanlagen her. Neben der Prämie von 40 000 Franc pro Mitarbeiter und dem kostengünstigen Kredit befreite ihn die Gemeinde für fünf Jahre von der Gewerbesteuer. In Deutschland ist dies verboten. Zudem half ihm die EU beim Kauf seiner drei Maschinen. Jeweils 150 000 Franc schoss sie zum Kaufpreis von 485 000 Franc bei. „Insgesamt habe ich eine Million Mark gespart", sagt er grinsend. Rebischung hätte sein Unternehmen auch gegründet, wenn ihm keiner geholfen hätte. „Nur dann hätte ich nicht so schnell vergrößern können."

Was dem Elsass gut tut, sehen deutsche Politiker mit Argwohn. So wollte der Freiburger Europaabgeordnete von der EU-Kommission wissen, ob die Fördermethoden im Elsass nicht gegen den freien Wettbewerb verstoßen. Die EU meinte „nein". Schon bald könnte der günstige Wirtschaftsstandort Elsass allerdings Einbußen erleiden. Bis zum Jahr 2000 muss in Frankreich die Arbeitszeit von 39 auf 35 Stunden verkürzt werden und das bei vollem Lohnausgleich. (Badische Zeitung, 2. Oktober 1998, gekürzt)

155.1 Wirtschaftsförderung im Elsass: Subventionen

Wirtschaftsstrukturen und Wirtschaftsprozesse

Firma	Vossloh Schwabe France	G.P.V.	Paul Hartmann	Wifor	Du Pont de Nemour	Mitsui Advanced Media	Gunther et Saparat & Cie	Ateliers Reunis
Standort	Colmar	St. Amarin	Liepvre	Roppentzwiller	Cernay	Ensisheim	Soultz-sous-Forets	Drusenheim
Mitarbeiter	205	340	215	215	280	250	364	261
Kapital	dänisch	französisch	französisch	französisch	US-amerikanisch	japanisch	deutsch	französisch

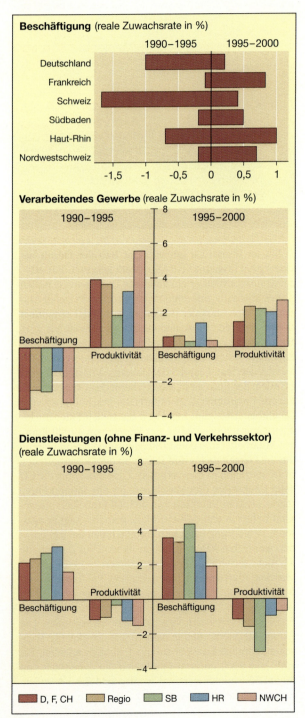

156.1 Das Elsass im Vergleich

benen Firmen haben große Teile der Produktion, v. a. arbeitsintensive Herstellungsbereiche zur „passiven Lohnveredlung" ins Ausland verlagert: Sie kaufen Rohmaterialien innerhalb der EU, geben die Stoffe zollfrei zum Nähen an Kontraktfirmen in Billiglohnländer, denen die EU Handelsvergünstigungen gewährt, und müssen daher auch beim Re-Import keinen Zoll bezahlen. Da dies seit 1996 auch mit der Türkei möglich ist, hat sich die Konkurrenzsituation im Elsass weiter verschärft. Andere Firmen der Textilbranche versuchen ihre Wettbewerbsfähigkeit durch Diversifikation oder durch Spezialisierung auf Nischenprodukte im oberen Preissegment aufrechtzuerhalten.

Ada, Adira und Cahr helfen bei Bedarf und nach Möglichkeit zwar auch bei der Um- und Restrukturierung in Schwierigkeiten gekommener Firmen. Ihr Hauptarbeitsgebiet ist jedoch die **Akquisition** (= Anwerbung) neuer Unternehmen. Sie werben mit den vorhandenen Standortqualitäten, locken mit der Vermittlung umfangreicher Subventionen und bieten einen Komplettservice, der Standortkonkurrenten erblassen lässt. Ihre bisherige Bilanz ist bemerkenswert. Mehr als 500 Unternehmen gründeten im Elsass in den vergangenen 25 Jahren eine Niederlassung, 42 % der Investoren sind Ausländer, die meisten davon Deutsche. Mehr als 40 % der im Privatsektor beschäftigten Arbeitnehmer sind damit heute in Unternehmen tätig, die sich mehrheitlich in ausländischem Besitz befinden. Das umfangreiche Engagement ausländischer Investoren hat so – zusammen mit den mehr als 60 000 elsässischen Grenzgängern nach Deutschland und in die Nordschweiz – dazu beigetragen, dass die Arbeitslosenquote im Elsass 2001 mit knapp 5 % um ein Drittel niedriger lag als im nationalen Durchschnitt und dass die durch den Strukturwandel verloren gegangenen Arbeitsplätze zumindest teilweise ersetzt werden konnten. Die sehr diversifizierte Wirtschaftsstruktur des Elsass hat sich dabei als vorteilhaft erwiesen.

Allerdings: Die im Elsass zahlenmäßig relativ große und rasch ansteigende junge Bevölkerung ist immer noch überdurchschnittlich stark von Arbeitslosigkeit betroffen.

Aufgaben

1. Beschreiben Sie Abb. 156.1.
2. Charakterisieren Sie die Standortqualität des Elsass aus der Sicht von Neuinvestoren (Abb. 157.1).
3. Erläutern Sie die Aktivitäten der regionalen Wirtschaftsförderdienste (Text, S. 158/159).

Wirtschaftsstrukturen und Wirtschaftsprozesse

Firma	BASF Magnetics France	Burstner	C.P.C. France	Doveurope	Duravit	Eiffel Construction Metallique	Eurofarad	Generel Motors France
Standort	Obenheim	Wissembourg	Duppigheim	Steinbourg	Bischwiller	Lauterbourg	Marmoutier	Strasbourg
Mitarbeiter	343	336	474	400	387	201	249	1831
Kapital	britisch	deutsch	US-amerikanisch	US-amerikanisch	deutsch	französisch	französisch	US-amerikanisch

Die Stärken und Schwächen der Regio als Wirtschaftsstandort

Die Regio am südlichen Oberrhein verfügt über eine im internationalen Vergleich sehr gute Infrastruktur und kann sich auf eine im Großen und Ganzen gut ausgebildete, leistungsfähige und -willige Bevölkerung stützen. Die beschäftigungs- und wertschöpfungsmäßig wichtigsten Schlüsselbranchen (Chemie, Maschinen/Apparate- und Fahrzeugbau, Finanzdienstleistungen, Verkehrswirtschaft) sind im internationalen Wettbewerb absolut konkurrenzfähig, was sich nicht zuletzt in den hohen und selbst unter ungünstiger werdenden Bedingungen noch steigenden Exportquoten der drei Teilräume zeigt. Das Zusammentreffen von drei unterschiedlichen nationalen Märkten hat spezifische Vorteile sowohl für die Konsumenten als auch für Unternehmungen. Es ist daher kein Zufall, dass die Regio im Schnitt ein Pro-Kopf-Einkommen erzielt, welches deutlich über jenem der meisten europäischen Länder liegt, und dass zwei von drei Teilräumen im jeweiligen nationalen Kontext an zweiter Stelle bezüglich des regionalen Pro-Kopf-Einkommens liegen. Wesentliche Stärken im Einzelnen sind:

- Die Region ist ein homogenes Gebilde mit etlichen wirtschaftlichen und kulturellen Verflechtungen. Die einzelnen Teilregionen ergänzen sich in vorteilhafter Weise, sodass in der Regio insgesamt die Produktionsfaktoren Arbeit, Boden und Kapital in ausreichender Menge und Qualität vorhanden sind, wenn auch nicht gleichmäßig verteilt.
- Die zentrale geographische Lage ist ein weiterer Vorteil. Die Regio ist ein wichtiger Verkehrsknoten, dessen Verbindungen im Bahn-, Straßen-, Flug- und Schiffverkehr zu den übrigen Wirtschaftszentren des Kontinents überdurchschnittlich gut sind.
- Die Infrastruktur im Verkehr und in der Telekommunikation ist qualitativ hochstehend.
- Das Ausbildungsniveau, die Motivation und die Produktivität der Beschäftigten sind hoch.
- Die Arbeitslosigkeit ist im nationalen Vergleich unterdurchschnittlich, die Arbeitszufriedenheit überdurchschnittlich und die Inflation niedrig.
- Es existiert ein breites kulturelles Angebot.
- Die Regio verfügt trotz ihrer Prägung durch multinationale Konzerne, die hier ihren Hauptsitz haben, über einen hohen Anteil an mittelständischen Unternehmen. Das bedeutet, dass viele Investitionsentscheide in der Regio getroffen werden, was dank der emotionalen Bindung der Entscheidungsträger an die Regio dazu führt, dass konjunkturelle Schwankungen weniger stark sind als anderswo.

Von den Unternehmungen wurden in einer kürzlich durchgeführten Befragung als wichtigste Standortfaktoren „Aufwand und Dauer von Bewilligungsverfahren", „Wirtschaftsfreundlichkeit und Akzeptanz neuer Technologien", die „Verfügbarkeit und das Preis-/Leistungs-Verhältnis qualifizierter Arbeitskräfte" und die „Steuerbelastung der Unternehmungen" genannt.

Diesen Stärken der Regio stehen aber ganz entschiedene Schwächen gegenüber. Zum einen leidet die Regio nach wie vor an ihrer Grenzlage. Viele ihrer Potenziale können infolge der weiterhin bestehenden Grenzen nicht umfassend genutzt werden (Arbeitsmarkt, Beschaffungs- und Absatzmärkte in der Ver- und Entsorgung etc.) oder führen zu suboptimalen Angeboten (z.B. in der Verkehrs- oder Telekommunikationsinfrastruktur). Zudem führt die durch die Regio verlaufende EU-Außengrenze immer noch dazu, dass den Unternehmen zusätzliche Kosten beim Waren- und Dienstleistungsverkehr entstehen. Andere Standortnachteile sind weniger „regio-spezifisch":

- hohe Produktionskosten (Lohnkosten, Steuern und Abgaben, Bodenpreise), welche die überdurchschnittliche Produktivität zum Teil wieder wettmachen;
- einschneidende staatliche Auflagen für Bau und Betrieb von Gebäuden und Anlagen;
- Kapazitätsengpässe in der Infrastruktur;
- fehlendes Risikokapital für Unternehmungsgründungen und geringe Risikobereitschaft der Bevölkerung.

Diese Nachteile betreffen zwar die Regio als Ganzes, bewirken aber in ihrer unterschiedlichen Ausprägung zwischen den Teilräumen ein Gefälle zugunsten des Oberelsasses. Dank besserer Bedingungen und zusätzlichem massivem Einsatz von Wirtschaftsfördermitteln hat das Oberelsass in der Vergangenheit beträchtliche Erfolge bei der Ansiedlung ausländischer Betriebe erzielt und dabei die Nordwestschweiz, aber auch Südbaden, in den Schatten gestellt. Die Kehrseite liegt allerdings darin, dass ein Drittel des oberelsässischen Industriesektors von außerregionalen Entscheidungszentren abhängig ist.

(Regio Wirtschaftsstudie, Pratteln 1995; die Studie bezieht sich auf die als Regio zusammengefassten Gebiete Nordwestschweiz, Südbaden und Oberelsass)

157.1 Standortbewertung

Wirtschaftsstrukturen und Wirtschaftsprozesse

Firma	Rossmann	Hero Vergers d'Alsace	Hager Electro	Paul Hartmann S.A.	Ina-Rouelements	Schroff	Kronenbourg	Lilly France
Standort	Kintzuheim	Sarre-Union	Obernai	Chatenois	Haguenau	Betschdorf	Obernai	Fegersheim
Mitarbeiter	213	237	1930	213	1718	239	799	750
Kapital	französisch	schweizerisch	deutsch	deutsch	deutsch	US-amerikanisch	französisch	US-amerikanisch

Die Sony-Boys

Den Bauplatz für die geplante Fabrik hatte Horie Shogi schon besichtigt, er hatte auch die Gegend angeschaut und mit den Wirtschaftsförderern diskutiert. So weit war alles in Ordnung. Dem aus Japan angereisten Sony-Direktor gefiel es gut im Elsass. Doch eine wichtige Frage musste er noch klären: Gibt es in Colmar guten frischen Fisch? Shogi ließ sich die kleinen Geschäfte am „Quai de la Poissonnerie" zeigen. Er ging hinein, roch und befühlte die Rotbarsch-Filets, den aufgeschnittenen Tunfisch, die Seezungen, Doraden und Lachse. Dann kaufte er ein und zog sich zurück, um Sashimi zuzubereiten, eine japanische Spezialität aus rohem Fisch. Sein Urteil: Der Fisch in Colmar ist einwandfrei. Die Wirtschaftsförderer konnten den Champagner entkorken. Natürlich hat der Fisch nicht allein den Ausschlag dafür gegeben, dass sich der Elektronik-Multi in der Nähe des Dorfes Ribeauvillé ansiedelte. Aber die Geschichte zeigt, so André Klein, „dass es bei der Standortwahl oft auf Kleinigkeiten ankommt".

Klein ist im Elsass „Monsieur Japon". Der von ihm lange Zeit geleitete Förderdienst Cahr begann Anfang der 80er Jahre in Japan auf Firmenfang zu gehen. Eines war den Elsässern von vornherein klar: Um japanische Firmen in die Region zu locken, würde es nicht ausreichen, Werbebroschüren zu verschicken und ein paar Beratungsgespräche in Fernost zu führen. Schließlich war das Elsass damals im Land der aufgehenden Sonne völlig unbekannt. Der erste Schritt war die Gründung eines Büros in Tokio. Dafür engagierte Cahr einen Japaner mit Europaerfahrung, Masayuki Tominaga. „Franzosen hätten keine Chancen gehabt, die richtigen Kontakte zu knüpfen." Tominaga hatte v. a. einen Trumpf: seine exzellenten Verbindungen zu den japanischen Medien. Die nutzte er voll aus. Im Fernsehen und in Zeitungen gab es plötzlich ständig Reportagen über das Elsass. Sogar ein typisches Winzerhaus wurde abgebaut, verschifft und in einem Freizeitpark bei Nagoya ausgestellt. Höhepunkt der Kampagne war jedoch eine dreizehnteilige Serie beim Fernsehsender „Fuji Television", dem größten Privatkanal. Titel der Seifenoper: „Der blaue Himmel im Elsass". Die Geschichte ist ebenso banal wie rührselig. Ein Japaner, der bei einer Düsseldorfer Bank arbeitet, hat Probleme mit Beruf und Familie. Verzweifelt steigt er am Wochenende ins Auto und fährt Richtung Süden. Sein Wagen hat eine Panne. Doch halb so schlimm, denn das Auto ist im Elsass liegen geblieben. Die Leute sind hilfsbereit, der Wagen wird repariert, der verwirrte Banker von urigen Winzern aufgenommen und verpflegt. Zwischen Riesling, Reben und Gugelhupf findet er sein Glück wieder. Zufrieden und ausgeglichen kehrt er nach Düsseldorf zurück. Sein Fazit: Das Elsass ist ein idealer Kurort für Seele und Körper. Und vor allem sind die Leute dort freundlich, fleißig, liebenswert. Die Geschichte zündete. Das Elsass war in Nippon auf einmal ein Begriff. „Japaner haben oft Angst abgelehnt zu werden. Genau diese Furcht haben wir ihnen genommen."

Nach Sony folgten rasch andere Firmen. Die Unternehmen aus Fernost können mit ihren „Transplants" die Einfuhrbestimmungen der EU umgehen. Deswegen, und weil befürchtet wurde, die Japaner würden im Elsass nur primitive Arbeitsplätze an Montagebändern anbieten, wurde Cahr zeitweise scharf kritisiert. Inzwischen ist die Kritik verstummt. Zum einen, weil die Firmen nach und nach Entwicklungsabteilungen aufgebaut haben. Zum andern, weil in Zeiten hoher Arbeitslosigkeit selbst Jobs am Fließband gefragt sind. Heute beschäftigen 13 japanische Unternehmen im Elsass 3400 Personen. Etliche Milliarden Franc wurden investiert und Dutzende Millionen fließen jährlich in die Gemeindekassen. Sony ist nach Peugeot der zweitgrößte industrielle Arbeitgeber im Elsass. Die Japaner haben dazu beigetragen, dass das Elsass die französische Region mit der niedrigsten Arbeitslosenquote ist.

Neben ihren Fabriken haben die Japaner auch ein Kulturzentrum in Colmar eröffnet; wenige Kilometer westlich davon, in Kintzheim, feierte neulich eines der wichtigsten japanischen Internate in Europa seinen 10. Geburtstag. Dass es überhaupt zur Eröffnung des Seijo kam, ging auf das Konto der gewitzten Wirtschaftsförderer. Nachdem das Projekt eines Internats in

158.1 Japan im Elsass

Firma	Lohr	Mars Allmentaire	Mercedes-Benz France	Millipore	Shell	Rohm et Haas France S.A.	Roth Freres	Sadis
Standort	Hangenbieten	Haguenau	Molsheim	Molsheim	Reichstett	Lauterbourg	Schweighouse	Wissembourg
Mitarbeiter	641	702	300	348	357	735	1536	267
Kapital	französisch	US-amerikanisch	deutsch	US-amerikanisch	international	US-amerikanisch	US-amerikanisch	deutsch

Heidelberg scheiterte („Die Heidelberger haben ein Hotelprojekt vorgezogen"), alarmierte Tominaga Journalisten der großen Tageszeitung „Nihon Keizai". In dem Blatt erschien eine Reportage mit der Überschrift: „Im Elsass stehen Gebäude für eine japanische Schule leer." „Wir haben daraufhin sofort Kontakt mit Tominaga aufgenommen", erinnert sich Tsutoma Hata, damals japanischer Premierminister. Schnell entstand Vertrauen. „Erst am Tag der Einweihung wurde der Vertrag unterzeichnet. Bis dahin hatten wir alles nur mündlich vereinbart", sagt Klein. Finanziert wurde das Geschäft mit öffentlichen Mitteln. Das Departement Haut-Rhin hatte das ehemalige Kloster gekauft und an die Japaner verschenkt. Die mussten nur den Umbau bezahlen. Die Schule ist wichtig. „Sonst können unsere Kinder nicht die japanischen Schriftzeichen lernen. Wenn sie zurück nach Japan kommen, haben sie Schwierigkeiten in der Schule." Heute schicken Führungskräfte aus Fernost, die in Paris, Düsseldorf, Hamburg, Budapest oder Moskau beschäftigt sind, ihre Kids ins „Lycée Seijo", für einen Jahresbeitrag von etwa 100 000 Franc. 180 Jugendliche werden zurzeit nach strengen japanischen Regeln erzogen.

Die Leistung der elsässischen Wirtschaftsförderer ist beachtlich, denn die Konkurrenz war groß. Auch deutsche Städte bemühten sich um Sony und die anderen Firmen. Doch das Elsass hatte die besseren Argumente. Zum Beispiel den Cahr-Komplettservice. Ob Bauplatz, Baugenehmigung, Personalbeschaffung, Büro, Wohnung oder Schulen für die Kinder, die Wirtschaftsförderer kümmerten sich um alles. Wenn es sein musste, wurde auch ein Bebauungsplan geändert. „Die Japaner haben eine ganzheitliche Sicht der Dinge", meint der frühere Cahr-Chef. Das heißt: Nach Feierabend wurde zusammen gegessen und getrunken, der Sonntag im Kreis der Familien verbracht. Einmal lud Klein die Investoren sogar an Heiligabend zu sich nach Hause ein. Und noch etwas sprach für das Elsass: „Wir bieten hier deutsche Arbeitsmentalität und -qualität zu französischen Preisen". Die Kosten für die Unternehmer sind etwa 25 % niedriger als in Deutschland. Ein Billigland ist das Elsass damit aber noch lange nicht. In England, Spanien, Portugal oder Italien kann für weniger Geld produziert werden, aber nur schwerlich in gleicher Qualität wie im Elsass. Das Sony-Werk in Ribeauvillé gehörte zeitweise zu den produktivsten des Weltkonzerns. „Wir Japaner arbeiten gern, und die Elsässer auch. Das passt gut. Die Franzosen können sehr kreativ sein und sind alleine stark. Gruppenarbeit liegt ihnen dagegen weniger", so Yokichi Makino, Chef des Todenco-Werks in Sélestat. Die Firma kam 1989 im Sog von Sony ins Elsass. Für die baut Todenco Kabelbündel,

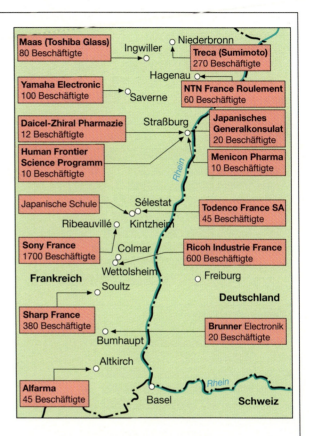

die in Videorecorder, CD-Spieler und Autoradios montiert werden. Um zu verhindern, dass es mit der Lieferung Probleme gibt, und um zu gewährleisten, dass der Kontakt mit den Zulieferern stimmt, forderte Sony Todenco auf, im Elsass eine Filiale zu eröffnen. „Ein Wunsch, den wir nicht abschlagen konnten. Die Stadt Sélestat hat uns mit offenen Armen empfangen. Eine schöne Stadt. Meine Frau kann problemlos alleine einkaufen gehen. Das Klima ist viel angenehmer als in Japan. Im Sommer ist es nicht so schwül. Zudem ist das Land groß und weit." Obwohl das Elsass die kleinste französische Region ist, die stressgewohnten und großstadterfahrenen Japaner schätzen die Weite, die Wälder, die Berge. Und die Ruhe. „In Tokio ist alles hektisch", so Yoichi Usuku, Geschäftsführer des „Seijo"-Internats. „Hier ist der Lebensrhythmus viel langsamer." Nur manchmal fehlt ihm etwas: „In Colmar gibt es kein richtiges Amüsierviertel."

(nach: Badische Zeitung, Magazin, 24. August 1996, S. 1–3)

Wirtschaftsstrukturen und Wirtschaftsprozesse

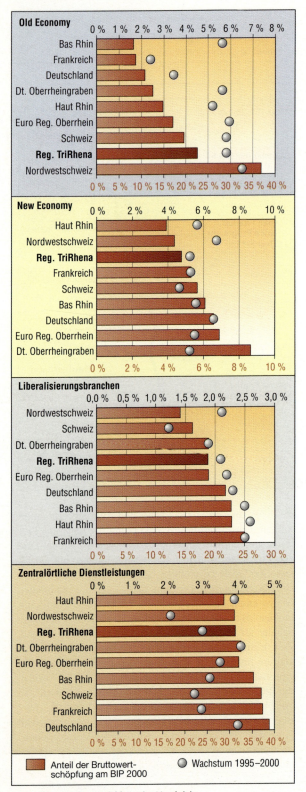

160.1 Wirtschaftsentwicklung im Vergleich

Die Regio-Wirtschaft beim Jahrtausendwechsel

Die ab Mitte der 1990er Jahre abflauende (Welt-)Konjunktur ist auch in der Grenzregion TriRhena nicht spurlos geblieben. Dennoch konnte das bisher in weiten Bereichen schon erreichte überdurchschnittliche Wohlstandsniveau gehalten werden, denn im Gegensatz zu den jeweiligen Mutterländern haben sich in den drei zu TriRhena zählenden Gebieten nahezu alle Wirtschaftsbranchen in den letzten Jahren überdurchschnittlich entwickelt. Selbst die von der schlechten Konjunktur besonders betroffenen, v.a. binnenmarktorientierten Branchen wie die Schweizer Textilindustrie, das Baugewerbe, unternehmensbezogene Dienstleistungen, das Gaststättengewerbe und der Fremdenverkehr, mussten nur vorübergehend Wachstumsrückgänge hinnehmen.

Die traditionellen Zugpferde der insgesamt stark exportorientierten Region, die chemische, v.a. die pharmazeutische Industrie der Nordwestschweiz, die Automobilindustrie mit ihren Zulieferern im Elsass und weitere Branchen der Investitionsgüterindustrie zeigten im letzten Jahrzehnt sogar ein ausgesprochen antizyklisches Verhalten. Diese Vertreter des Branchenaggregats der **Old Economy** profitierten einerseits von ihrer fortgesetzt guten Kapazitätsauslastung wegen einer auf hohem Niveau anhaltenden Auslandsnachfrage, andererseits von den positiven Auswirkungen der technologischen Innovationen der **New Economy** auf die Wertschöpfungsprozesse anderer Branchen. Das immer enger werdende Netz kooperierender Bildungseinrichtungen (u.a. trinationale Studien- und Ausbildungsgänge) hat sich dabei als besonders günstig erwiesen. Aber auch die New Economy selbst (Informations-, Bio- und Nanotechnologien) zeigte wegen ihrer innovationsanregenden Querschnittstechnologien eine überdurchschnittliche Performance, v.a. im deutschen Teilraum.

Der Erfolg der in der Region neu gegründeten oder aus der Privatisierung von Staatsbetrieben hervorgegangenen Unternehmen in den so genannten **Liberalisierungsbranchen** liegt dagegen im europäischen Mittelfeld. Ihr Beitrag zur überdurchschnittlichen Leistungsfähigkeit der Region ist noch gering. Die zunehmende Marktöffnung in bisher staatlich geschützten und regulierten Bereichen (z.B. bei kommunalen Dienstleistungen, Energie, Bahn, Post, Telekommunikation) hatte bisher in erster Linie positive Rückwirkungen auf die Betriebe in anderen Branchen. Diese profitieren nun von Marktpreisen und einem breiteren Anbieterspektrum, drängen z.T. selbst in die einst von staatlichen Monopolunternehmen beherrschten Bereiche.

Die **zentralörtlichen Dienstleistungen** sind im Vergleich zum westeuropäischen Durchschnitt in der Region dagegen deutlich unterrepräsentiert.

Wirtschaftsstrukturen und Wirtschaftsprozesse

Interreg-III-Gelder:
32 EU-Millionen für multinationale Projekte
Die Europäische Kommission fördert weiterhin die grenzüberschreitende Zusammenarbeit im Dreiländereck Deutschland-Schweiz-Frankreich. Bis zum Jahr 2006 werden 22 Projekte mit einem Zuschuss von 31,6 Mio. € aus Brüssel unterstützt. Das Gesamtprogramm umfasst 70,6 Mio. €, das zusätzliche Geld kommt aus nationalen und regionalen Kassen. Die Schweiz als Nicht-EU-Mitglied muss die Projekte auf eigenem Gebiet ganz aus eigener Tasche bezahlen.
Nach dem Wunsch der Beteiligten sollen 1,6 Mio. € in den Bereichen Sicherheit, Gesundheitsschutz und Zusammenarbeit der Verwaltungsbehörden investiert werden. Weitaus mehr soll für den grenzüberschreitenden Straßen-, Bahn- und Schiffsverkehr ausgegeben werden, für eine nachhaltige und ausgewogene Raumentwicklung sowie für Natur- und Landschaftsschutz (7,9 Mio. €). Den dicksten Batzen stellt Brüssel für die wirtschaftliche Weiterentwicklung der Region zur Verfügung. Das schließt die Förderung der grenzüberschreitenden Arbeitnehmermobilität durch gezielte Vorbereitungskurse ebenso ein wie die Bündelung von Forschungs- und Technologie-Kapazitäten der dreigeteilten Region (12,9 Mio. €). Auch die Bemühungen, den Fremdenverkehr am Oberrhein nicht gegeneinander, sondern miteinander zu fördern – etwa durch gemeinsame Werbung von Südbaden, Elsass und Nordwestschweiz – und das Verständnis vom gemeinsamen kulturellen Erbe zu erweitern, sind der Brüsseler Behörde selbst in den Zeiten der Osterweiterung 7,9 Mio. € aus der Interreg-Kasse wert. Insgesamt erhöht sich die EU-Förderung gegenüber dem Vorläufer Programm Interreg II um 5 Mio. €. Neu gegenüber Interreg II ist, dass erstmals ein trinationaler Fonds für kleine, aber innovative Bürgerbeteiligungsprojekte mit einem Fördervolumen von 400 000 € geschaffen wurde. „Wir wollen einen Beitrag leisten, dass Europa nicht nur in Form neuen Bargelds, sondern auch durch Bürgerbegegnungen am Oberrhein greifbar wird" (von Ungern-Sternberg, Freiburger Regierungspräsident). Diesem Ziel dient auch die Förderung von zwei Fußgänger- und Radfahrerbrücken über den Rhein.
(nach: Badische Zeitung, 25. Februar 2002, S. 4)

161.1 Hilfe aus Brüssel

Aufgaben

1. Wie sinnvoll ist die Brancheneinteilung in Abbildung 160.1?
2. Vergleichen Sie die Bedeutung der Branchenaggregate für die regionale Wirtschaft (Abb. 160.1).
3. Erklären Sie den Begriff „Querschnittstechnologie".
4. Bewerten Sie die Förderung der Region durch das Interreg-III-Programm (Abb. 161.1).
5. Erstellen Sie aufgrund einer eigenen (Internet)-Recherche eine Charakterisierung einer der in Abb. 161.2 gezeigten Grenzregionen.

Euroregionen sind Zusammenschlüsse von Grenzgebieten, die durch ihre periphere Lage im Hoheitsgebiet benachbarter Staaten meist deutliche Entwicklungsrückstände besitzen. Zielsetzung aller Euroregionen ist das Bemühen um gute Nachbarschaft, eine gemeinsame friedliche Zukunft und die Stärkung ihrer Wettbewerbsfähigkeit. Die grenzüberschreitende Kooperation auf kultureller, wirtschaftlicher oder politischer Ebene ist jedoch in sehr unterschiedlichem Umfang institutionalisiert. Die Regiokooperation innerhalb der TriRhena gilt dabei häufig als Vorbild. Besondere Schwierigkeiten bereiten aber auch hier neben Sprachbarrieren und Ressentiments immer noch die verschiedenen Rechtssysteme und die unterschiedlichen Rechtsstellungen der Kooperationsträger. Auch das „Karlsruher Abkommen" (1996), das nach dem EU-Prinzip der Subsidiarität grenznahen Kommunen erstmals eine gemeinsame Lokalpolitik durch Gründung grenzüberschreitender Zweckverbände ohne vorherige Zustimmung aus Paris, Berlin und Bern erlaubt, ist daher sehr schwierig umzusetzen.
Internet: www.aebr.net

161.2 Euroregionen

Der europäische Einigungsprozess hat sich bisher als entscheidender „Stabilitätsanker", als Garant für Frieden, sozialen Ausgleich und wachsenden Wohlstand in Westeuropa erwiesen. Er ist daher auch für die Staaten Mittel- und Osteuropas, die mit Ausnahme der Jahrzehnte des Sozialismus und damit des „Kalten Krieges" politisch, wirtschaftlich und kulturell immer ein Teil Europas gewesen sind, von hoher Attraktivität. Aus genau diesen Gründen ist es auch aus der Sicht der EU zwingend notwendig, dass der Aussöhnung und Zusammenarbeit im Westen die Integration des Ostens folgen muss.

Der Vertrag über die EU erlaubt es jedem europäischen Staat, die Mitgliedschaft zu beantragen. Eine offizielle Begriffsbestimmung des Wortes „europäisch" gibt es darin jedoch nicht. 1997 wählte der Europäische Rat aus der Bewerbergruppe Polen, Tschechien, Ungarn, Slowenien, Estland und Zypern aus und begann bereits im folgenden Jahr mit den Beitrittsverhandlungen. Im Dezember 1999 beschloss die EU beim Ratstreffen in Helsinki schließlich die umfassendste Erweiterung ihrer 50-jährigen Geschichte: Der Kreis der Beitrittskandidaten, mit denen verhandelt wird, wurde um weitere sechs osteuropäische Länder sowie die Türkei vergrößert. Die EU selbst wird nach dem Beschluss von Nizza (Dezember 2000) die institutionellen und finanziellen Voraussetzungen schaffen, um 2004 neue Mitglieder aufnehmen zu können. Als Voraussetzung für eine Aufnahme gilt für jeden Beitrittskandidaten jedoch die Erfüllung der bereits 1993 in Kopenhagen formulierten politischen, wirtschaftlichen und rechtlichen Bedingungen (Abb. 163.1). Entsprechend seinen Fähigkeiten und Anstrengungen, diese Voraussetzungen zu erfüllen, bestimmt jeder der 13 Kandidaten daher den Termin seines EU-Beitritts i. W. selbst. Als aussichtsreichste Kandidaten der ersten Beitrittsgruppe gelten die mittel-osteuropäischen Länder (MOE) PL, CZ, SK, SLO, H, EST, LV, LT sowie Malta und Zypern.

Vor der Türkei liegt dagegen ein langer und schwieriger Weg. Ihr Beitrittsgesuch war noch 1997 abgelehnt worden, da sie wegen der noch geltenden Todesstrafe und des ungelösten Problems mit ihrer kurdischen Minderheit den politischen Kriterien eines Beitritts nicht genügte. Seit der Verleihung des Kandidatenstatus in Helsinki kann die Türkei sich aber an Programmen und Einrichtungen der Gemeinschaft beteiligen. Generell ist damit jedoch kein Automatismus für eine spätere Mitgliedschaft in der EU verbunden. Beitrittsverhandlungen werden mit dem Land erst geführt werden, wenn es die politischen Kriterien erfüllt hat. Mit der Aufnahme des islamisch geprägten Landes in den Kreis der Kandidaten hat die EU jedoch deutlich unterstrichen, dass sie sich nicht als „Klub des christlichen Abendlandes" betrachtet und Bewerber aus religiösen Gründen daher nicht diskriminiert oder ausschließt.

162.1 EU-Erweiterung

Fallbeispiel Tschechien

Umbruch und Wandel

Der Anstoß zum Zusammenbruch des vom US-Präsidenten Reagan einst als „Reich der Finsternis" bezeichneten, weil kommunistisch beherrschten Ostblocks kam unerwartet und direkt aus der Zentrale des Systems. „Wir hatten keine Vorstellung, was passieren wird, wir kamen einfach zu dem Schluss, dass man so nicht weiterleben kann" charakterisierte 1991 der sowjetische Außenminister im Rückblick die Situation zwei Jahre zuvor.

Am 27. Oktober 1989 bekräftigten die Außenminister der Warschauer-Pakt-Staaten das vom letzten sowjetischen Staatspräsidenten M. Gorbatschow in den Monaten zuvor immer wieder betonte Recht jedes Volkes auf „freie Wahl seines gesellschaftlichen, politischen und wirtschaftlichen Entwicklungsweges". Sie traten damit eine Lawine los, die innerhalb weniger Monate zum Zusammenbruch des einst von Moskau aus politisch gesteuerten kommunistischen Lagers (Ostblock), des östlichen Militärbündnisses (Warschauer Pakt) und des Rats für gegenseitige Wirtschaftshilfe (RGW) führte:

Aus Anlass des 50. Jahrestags des Hitler-Stalin-Pakts hatten bereits im August eine Million Menschen in den baltischen Staaten für erneute Eigenstaatlichkeit demonstriert. Am Tag darauf wurde in Polen der erste nicht-kommunistische Präsident des Landes nach dem Zweiten Weltkrieg gewählt. Am 11. September öffnete Ungarn durch die Ausreiseerlaubnis für DDR-Bürger „in ein Land ihrer Wahl" den bis dahin geschlossenen „Eisernen Vorhang" und im November ging es Schlag auf Schlag weiter: Am 9. fiel die Berliner Mauer, am 10. trat die bulgarische, am 24. die Prager Regierung ab und am 22. Dezember wurde das kommunistische Regime in Rumänien gestürzt. Mit Ausnahme Rumäniens erfolgte der Umbruch unblutig und wird daher als die „friedliche", in Tschechien sogar als die „samtene Revolution" bezeichnet.

Zum zweiten Male innerhalb eines halben Jahrhunderts mussten sich die Menschen in den betroffenen Ländern umorientieren, weil die Weichen für die politische, gesellschaftliche und wirtschaftliche Entwicklung neu gestellt wurden. Demokratie und Marktwirtschaft galten dabei als Leitbilder, die Aufnahme in die EU – am besten noch unter dem Schutz der NATO – als Zielvorstellung.

Einen „Königsweg" für den komplexen und alle Ebenen umfassenden Vorgang der Transformation gab es jedoch nicht. Die ehemalige Tschechoslowakei entschied sich dabei wie Polen für rasche und tief greifende Veränderungen, in Ungarn z. B. wurde erst Mitte der 1990er Jahre ein radikalerer Kurs eingeschlagen.

Wirtschaftsstrukturen und Wirtschaftsprozesse

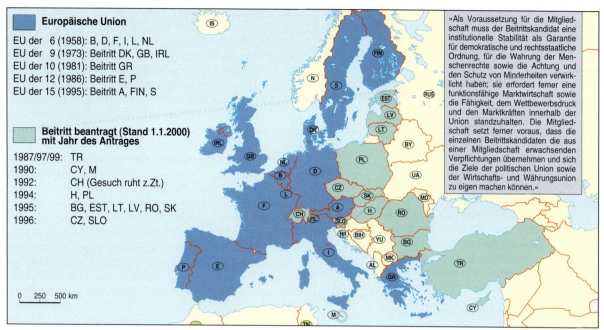

Europäische Union
- EU der 6 (1958): B, D, F, I, L, NL
- EU der 9 (1973): Beitritt DK, GB, IRL
- EU der 10 (1981): Beitritt GR
- EU der 12 (1986): Beitritt E, P
- EU der 15 (1995): Beitritt A, FIN, S

Beitritt beantragt (Stand 1.1.2000) mit Jahr des Antrages
- 1987/97/99: TR
- 1990: CY, M
- 1992: CH (Gesuch ruht z.Zt.)
- 1994: H, PL
- 1995: BG, EST, LT, LV, RO, SK
- 1996: CZ, SLO

»Als Voraussetzung für die Mitgliedschaft muss der Beitrittskandidat eine institutionelle Stabilität als Garantie für demokratische und rechtsstaatliche Ordnung, für die Wahrung der Menschenrechte sowie die Achtung und den Schutz von Minderheiten verwirklicht haben; sie erfordert ferner eine funktionsfähige Marktwirtschaft sowie die Fähigkeit, dem Wettbewerbsdruck und den Marktkräften innerhalb der Union standzuhalten. Die Mitgliedschaft setzt ferner voraus, dass die einzelnen Beitrittskandidaten die aus einer Mitgliedschaft erwachsenden Verpflichtungen übernehmen und sich die Ziele der politischen Union sowie der Wirtschafts- und Währungsunion zu eigen machen können.«

163.1 Erweiterung und Bedingungen

1948 hatte die Kommunistische Partei der Tschechoslowakei nach einem Staatsstreich die alleinige Macht übernommen. Die danach eingeleitete Verstaatlichung der Industrie und die Zwangskollektivierung der Landwirtschaft erfolgte rascher und umfassender als sonst wo im Ostblock. Die Abschottung vom Weltmarkt, die zentral verwaltete Planwirtschaft und die arbeitsteilige Produktionsweise innerhalb des RGW prägten über 40 Jahre hinweg die Struktur der Volkswirtschaft.

Nach der „samtenen Revolution" wurde das Land 1990 in eine Föderation umgewandelt und ein strikter Kurswandel des politischen und ökonomischen Systems eingeleitet. Dabei hatte der erst nach 1945 v.a. mit großen Rüstungsbetrieben industrialisierte slowakische Teil mit weit größeren Transformationsproblemen zu kämpfen als der tschechische, denn die neue Regierung hatte 1990 Waffenproduktion und -export verboten. Da der slowakische Teil zudem erneut starken Prager Zentralismus befürchtete, kam es auf Betreiben der Slowakei am 1. Januar 1993 zur Teilung in zwei Staaten. Tschechien entwickelte sich in der Folgezeit durch eine anhaltend positive, stabile und relativ sozialverträgliche Wirtschaftsentwicklung für etliche Jahre zum viel beachteten und gelobten „Musterschüler" des Transformationsprozesses. Dieser Prozess wurde begünstigt durch die rasche Aufnahme des Landes in wichtige supranationale Organisationen, den Internationalen Währungsfonds (IWF), die Weltbank, die World Trade Organisation (WTO), die Organisation für wirtschaftliche Zusammenarbeit und Entwicklung (OECD) sowie durch das Assoziationsabkommen mit der EU.

	Gesamt	I	II	III	IV	**I Realwirtschaftliche Konvergenz** BIP je Einwohner Anteil Agarsektor am BIP Arbeitslosenquote Handel mit der EU (Anteil des Gesamthandels)	**II Institutionelle Konvergenz** Wirtschaftspolitik Finanzsystem Gesetzlicher Rahmen Geschlossene Kapitel (Verhandlungspakete)
Tschechien	78	85	70	95	65		
Estland	77	70	80	75	85		
Ungarn	77	80	80	70	80		
Slowenien	76	95	85	65	65		
Polen	72	60	75	80	75		
Lettland	70	60	75	80	75	**III Monetäre Konvergenz** Inflation Kapitalmarktzinsen Wechselkurs Kreditwachstum	**IV Fiskalische Konvergenz** (% des BIP) Haushaltssaldo Öffentliche Schulden Auslandsschulden Privater Sektor
Slowakische Republik	67	45	75	80	75		
Litauen	66	35	70	90	85		
Bulgarien	51	30	55	70	60		
Rumänien	40	45	50	15	75		
(100 = Konvergenz mit EU-Durchschnitt; Maßstab DCEI = Deka Converging Europe Indikator)							

163.2 Konvergenz ausgewählter EU-Beitrittskandidaten (FAZ, 6. Februar 2002)

Während der Ära des Sozialismus war es erklärtes Ziel aller Ostblockstaaten, die Überlegenheit ihres Systems gegenüber dem kapitalistischen Westen zu beweisen. Als Strategie wurde dabei der Weg einer forcierten Industrialisierung v. a. der Basisindustrien verfolgt, gekoppelt mit einer möglichst umfassenden Absicherung der Grundbedürfnisse der Bevölkerung.

Für den Einzelnen bedeutete dies in der Praxis
- einerseits Arbeitsplatz- und Wohnraumgarantie, staatliche Bildungs-, Gesundheits- und Altersvorsorge usw. ohne markante gesellschaftliche Ungleichheiten,
- andererseits gesellschaftspolitische Bevormundung durch die staatstragende kommunistische Partei, Einordnung in die Vorstellung des Arbeitskollektivs als der „Keimzelle des sozialistischen Staatswesens" und starke Lenkung des beruflichen Lebenslaufs.

In der ökonomischen Praxis bedeutete dies
- die Verstaatlichung aller materiellen Produktionsfaktoren (Boden, Gebäude, Einrichtungen, Kapital), in der Landwirtschaft die (zwangsweise) Zusammenlegung einzelner Bauernhöfe zu Genossenschaften,
- eine zentral gesteuerte Planung aller Produktions- und Entwicklungsprozesse durch verbindliche Jahrespläne,
- die Förderung leicht lenkbarer Großbetriebe oder kooperierender Großbetriebe (= Kombinate), die in ihrer Branche meist eine Monopolstellung hatten,
- eine personelle Überbesetzung der Betriebe sowie ein hoher Anteil der Industrie an der Gesamtwirtschaft,
- staatliche Regulierung des Binnenhandels durch Preisfestsetzungen und Verteilerorganisationen sowie
- ein umfassendes Außenhandelsmonopol des Staates.

Alle Betriebe hatten eine Vielzahl sozialer Verpflichtungen gegenüber ihren Angehörigen (Betriebsverpflegung, Kinderbetreuung, Wohnraum, Ferienheime usw.), meist auch noch gegenüber der jeweiligen Kommune (z. B. Unterstützung bei Bauvorhaben, bei der Abfallentsorgung usw.). Wichtigstes Betriebsziel war die quantitative Erfüllung des Plansolls. Qualitative Mängel der Produkte, Versorgungsengpässe, geringe Innovationskraft und fehlende Kundenorientierung waren damit systembedingt. Wie der Einzelbetrieb innerhalb der tschechischen Wirtschaft hatte diese innerhalb des RGWs auch nur geringe Entscheidungsspielräume. Die RGW-Arbeitsteilung schrieb der Tschechoslowakei aufgrund ihrer industriellen Entwicklung und ihres Wirtschaftspotenzials bestimmte Produktionsschwerpunkte zu, v. a. im Maschinenbau: Die CSSR belieferte den gesamten Ostblock mit Werkzeugmaschinen, Kraftfahrzeugen, Dieselloks, Waggons, Druckmaschinen, elektrischen Ausrüstungen sowie Anlagen für Zement- und Zuckerproduktion.

164.1 Kennzeichen des früheren Systems

Zwischenbilanz: Gute zehn Jahre nach der Wende

Anders als Polen oder Ungarn besaß Tschechien keine „Reste" privater Landwirtschaft oder Gewerbebetriebe und erhielt auch keine massive Hilfe vom „großen Bruder" wie etwa Ostdeutschland. Hinzu kam der Verlust des ehemals slowakischen Landesteils, der zahlreiche Vorprodukte und Halbfertigwaren für die tschechische Industrie lieferte, sowie das Wegbrechen der traditionellen Produktions- und Lieferverflechtungen mit den ehemaligen RGW-Partnern.

Anfängliche Befürchtungen einer mit Massenarbeitslosigkeit verbundenen Deindustrialisierung, einer Abkopplung vom Weltmarkt und Abwanderung der Eliten haben sich nicht bestätigt. Die rasche Privatisierung hat dazu ebenso beigetragen wie die Auslandshilfe durch Kapital- und Know-how-Transfer in einigen Branchen und die Abwertung der Währung, die tschechische Waren konkurrenzfähiger machte. Bereits 1994 wuchs die Gesamtwirtschaft wieder, getragen v. a. von erfolgreichen Exportbranchen, dem florierenden Städte- und Bädertourismus (Karlsbad, Marienbad, Franzensbad) und einer effizienten Landwirtschaft. Der reprivatisierte Agrarbereich besitzt wegen der durchschnittlichen Betriebsgröße von 135 ha auch innerhalb der EU gute Zukunftschancen.

Im industriellen Sektor haben sich jedoch nicht alle Hoffnungen erfüllt. Viele, v. a. große Unternehmen der strategischen Sektoren (Bergbau, Eisen- und Stahlindustrie, Energiewirtschaft, Chemie, Transportwesen) wurden aus beschäftigungspolitischen Gründen zunächst nicht privatisiert. Bei anderen reichten die ausgegebenen Aktien zur Kapitalaufstockung für notwendige Umstrukturierungsmaßnahmen nicht aus. Häufig gelangten diese auch in die Hände großer Investmentfonds, die i. d. R. staatlichen Großbanken gehörten, jedoch keine tragfähigen Unternehmenskonzepte besaßen oder durch starke Gewerkschaften an umfassenden Sanierungen behindert wurden. Vielfach sind die Gewinnerwartungen daher noch zu gering für den Kauf neuer Produktionsanlagen, die Entwicklung marktgängiger Produkte und die Erschließung neuer Märkte.

Bis heute zeigt der immer noch geringe Anteil humankapital- und forschungsintensiver Exportgüter den anhaltend hohen Sanierungs- und Umstrukturierungsbedarf (Abb. 165.2). Hinzu kommt, dass tschechische Produkte z. B. des Maschinenbaus oder der Elektrotechnik oft qualitativ noch Defizite besitzen und nur etwa die Hälfte des Preises vergleichbarer Güter aus EU-Ländern erzielen. Wirtschaftliche Erfolge tschechischer Unternehmen beruhen daher in erster Linie auf der Steigerung ihrer Wettbewerbsfähigkeit als Folge niedriger Lohnkosten und günstiger Wechselkurse. Die Produktivität ist dagegen erst in Einzelfällen konkurrenzfähig. Erschwerend kommt hinzu, dass in dem EU-Assoziierungsabkommen der Handel gerade bei den

Die tschechische „Schocktherapie" wurde durch die nach 1989 in Kraft getretenen Transformationsgesetze ausgelöst. Zu den wichtigsten Maßnahmen zählten dabei drei massive Abwertungen der Krone im Jahr 1990, die erstmals freie Konvertierbarkeit der Währung, die Abschaffung aller Handelshemmnisse für Auslandsinvestoren, die Freigabe der Preise sowie die Privatisierung bisher staatseigener Gebäude und Betriebe.

Große Bedeutung hatte dabei die Restitution, die Rückgabe ehemals verstaatlichter Betriebe bzw. Immobilien an die früheren Eigentümer bzw. deren Erben. Unter anderem dadurch wurden bereits Ende 1996 z. B. fast 1/3 der Prager Firmen vom Ausland kontrolliert oder waren als Jointventures gemeinsam in in- und ausländischem Besitz.

Im Zuge der so genannten kleinen Privatisierung wurden zwischen 1991 und 1993 etwa 30 000 ehemals kommunale Gewerbe- und Dienstleistungsbetriebe (Werkstätten, Restaurants, Hotels, Handelsbetriebe) versteigert. Alle neuen Kleinunternehmer konnten ihre Betriebe schuldenfrei übernehmen. Restitution und die kleine Privatisierung veränderten das Gewerbeangebot und die Einzelhandelsstruktur rasch tief greifend, besonders in den touristisch interessanten historischen Stadtkernen.

Etwa 1000 Betriebe v. a. der Bereiche Kohle und Stahl, der Energiewirtschaft, der Petrochemie, aber auch der Telekommunikation sowie einige Banken und Versicherungen, wurden jeweils 1992 und 1994 durch die so genannte Große Privatisierung entstaatlicht. Im Zuge dieser „Gutschein-Privatisierung" wurden etwa 80 % der Tschechen zu Aktienbesitzern: Die in Aktiengesellschaften umgewandelten ehemaligen Staatsbetriebe vergaben zu Vorzugspreisen Coupons (im Wert von ca. 1/4 Monatslohn), die direkt bei ihnen oder über Investmentfonds in Aktien umgetauscht werden konnten. Dabei wurden bereits profitable und daher aus den früheren Großunternehmen ausgegliederte Betriebsteile begünstigt.

165.1 Die tschechische Strategie der ökonomischen Transformationen

Produkten, die Tschechien günstig anbieten kann, erheblich eingeschränkt ist: Agrarprodukte, Kohle, Stahl und Stahlerzeugnisse, Textilien und lohnveredelte Produkte.

Der Anteil ausländischer Direktinvestitionen ist im letzten Jahrzehnt aber wegen der attraktiven Standortbedingungen gestiegen: Ein Facharbeiter kostet bei Lohn- und Lohnnebenkosten nur etwa 1/8 so viel wie in Deutschland, Investitionen sind durch Kostenvorteile bei Bankgebühren, Grundstückspreisen, Energiekosten und Arbeitsschutzregelungen um 1/3 billiger. Hinzu kommen qualifizierte Arbeitskräfte, kurze Transportwege, ein aufnahmebereiter Binnenmarkt und eine günstige Sprungbrettposition für andere Märkte in Mittelost- und Osteuropa.

Dem von Beginn an politisch angestrebten Ziel einer Mitgliedschaft in der EU ist die junge tschechische Republik inzwischen näher als andere Kandidaten (Abb. 163.2). Die letzte Phase ist aber durch harte Verhandlungen gekennzeichnet: Wegen der festgeschriebenen Finanzplanung für die EU-Osterweiterung (Agenda 2000) befürchten v. a. die Länder Südeuropas rückläufige Mittel aus den Struktur- und Kohäsionsfonds; Tschechien und die anderen Beitrittskandidaten wünschen sich dagegen mehr Mittel für die Landwirtschaft, für die Stärkung des ländlichen Raums, der Infrastruktur der Ballungsräume und der Verwaltung.

Parallel hierzu gibt es noch Dissens auf ganz anderen Gebieten: Das Problem der durch die so genannten Benesch-Dekrete enteigneten und vertriebenen Sudetendeutschen belastet das deutsch-tschechische Verhältnis; Umweltschützer aus Österreich und Deutschland, aber auch Energiemanager kritisieren das nach russischem Muster gebaute Kernkraftwerk Temelin als zu unsicher und zu teuer.

Aufgaben

1. Beschreiben Sie die Abb. 163.2.
2. Stellen Sie die Schwierigkeiten dar, die beim Umbau des früheren Systems auftreten mussten (Abb. 164.1).
3. Diskutieren Sie die verschiedenen Formen der Privatisierung (Abb. 165.1).
4. Die EU stellt für die Osterweiterung von 2004 bis 2006 ein Finanzpaket von ca. 40 Mrd. € bereit. Entwerfen Sie ein Konzept für die Verwendung dieser Mittel.

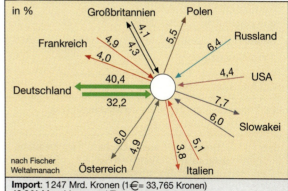

Import: 1 247 Mrd. Kronen (1€ = 33,765 Kronen)
40,2 % Maschinen- und Transportausrüstungen;
20,7 % Halbfabrikate, 11,2 % chemische Erzeugnisse;
10,3 % verschiedene Erzeugnisse; 9,6 % mineralische Brennstoffe;
5,8 % Nahrungsmittel; 3,9 % Rohstoffe.
Export: 1 120 Mrd. Kronen
44,4 % Maschinen- und Transportausrüstungen;
25,5 % Halbfabrikate, 7,1 % chemische Erzeugnisse;
12,6 % verschiedene Erzeugnisse; 3,1 % mineralische Brennstoffe;
3,7 % Nahrungsmittel; 3,5 % Rohstoffe.
Quelle: Fischer Weltalmanach (2002)

165.2 Außenhandel

Prag – Spiegel des Transformationsprozesses

Seit der „samtenen Revolution" hat sich das Gesicht der Stadt gewandelt. Die damit einhergehenden Probleme sind unübersehbar, gleichen jedoch zumindest äußerlich den Entwicklungen, wie sie Besucher auch aus westeuropäischen Metropolen kennen. In Schlagworten: endlose Touristenströme, Verkehrschaos, rasante Citybildung mit Verdrängung der angestammten Bevölkerung durch Luxussanierung und Ausbreitung von Dienstleistungsangeboten, „McDonaldisierung" durch Fastfood-Ketten, Allerwelts- und Schnickschnackläden, Entindustrialisierung, drohende Verarmung großer Bevölkerungsteile, zunehmende Wohnungsnot und Abwanderung zahlungskräftiger, in Prag meist ausländischer Bevölkerung und einzelner Gewerbe ins Umland (Suburbanisierung).

Im Zuge der tschechischen Transformationsgesetze entstand 1990 auch das speziell auf Prag zugeschnittene „Hauptstadt-Prag-Gesetz", durch das viele ehemals staatliche Kompetenzen z.B. bei Einrichtungen der Verkehrsinfrastruktur, der Sozialfürsorge sowie besonders die Wohnungsmarktpolitik der städtischen Verwaltung übertragen und ihr damit eine schwere Last aufgebürdet wurden.

Etwa 50 % der Einzelhandelsumsätze und ca. 1/3 der 200 000 Arbeitsplätze konzentrieren sich heute auf die historische Altstadt. Städtische Mietpreisregelungen zur Erhaltung preiswerten Wohnraumes im Zentrum waren wenig erfolgreich, da sie für gewerblich genutzte Flächen nicht gelten. Diese erbringen jedoch bis zum 50fachen einer Wohnungsmiete. In attraktiven Lagen des bis zu 70 % rückübereigneten Altbaubestandes verschärfen sich die Verdrängungsprozesse daher zunehmend.

Etwa 40 % der Einwohner Prags, v.a. Angehörige der Mittelschicht, wohnen in dem Mosaik aus Industriegebieten und Plattenbau-Hochhaussiedlungen, das während des Sozialismus räumlich und architektonisch scharf abgegrenzt gegenüber der herrschaftlichen und bürgerlichen Stadt und dem Umland errichtet wurde. Hier lag das Auffangbecken für die Menschen, die wegen der in allen Staaten des ehemaligen Ostblocks üblichen besonderen Förderung der Hauptstadt zuzogen oder aus der Kernstadt auszogen.

Der Zustrom in die Plattenbausiedlungen hält weiterhin an, doch der städtische Wohnungsneubau ist rückgängig. Verantwortlich hierfür sind neben der Rücknahme der staatlichen Förderung die Liberalisierung der Preise und die Konkurrenz: Die Baukosten und die Preise für neue Wohnungen sind weit stärker als Löhne und Kaufkraft angestiegen. Wohnungsbau beschränkt sich daher heute v.a. auf Einfamilienhäuser im suburbanen Raum, auf Errichtung innenstadtnaher Eigentumswohnungen sowie auf Renovierungen in Lagen mit hoher Wohnqualität.

Freie Bereiche zwischen den Plattenbauten und entlang bedeutender Verkehrslinien werden dagegen zunehmend in Anspruch genommen von Bau- und Heimwerkermärkten, Möbelhäusern und Großmärkten für Haushaltsgeräte und Unterhaltungselektronik.

Insgesamt hat die rasante Stadtentwicklung seit der Wende zu einer bis dahin nicht gekannten Fragmentierung der Stadt geführt, bei der nur bestimmte Gebiete, ein sehr kleiner Bevölkerungsteil sowie ausländische Finanziers profitiert haben. Und trotz der Verschlankung des Verwaltungsapparats wird die Administration der Stadt und ihre Planung immer noch als zu stark zentralistisch kritisiert.

Wirtschaftsbereich[1]	1993 in %	1996 in %
Land- und Forstwirtschaft	0,5	0,1
Industrie	22,1	16,2
Baugewerbe	8,7	8,5
Handel[2]	6,4	6,1
Gastgewerbe	1,6	2,6
Verkehr, Lagerhaltung und Nachrichtenübermittlung	13,0	13,0
Kredit- und Versicherungsgewerbe	4,8	7,5
Grundstücks- und Wohnungswesen	10,1	12,4
öffentliche Verwaltung, Verteidigung und soziale Sicherheit	6,4	8,2
Bildungswesen	10,9	10,7
Gesundheits- und Sozialwesen	8,5	7,7
sonstige öffentliche, soziale und persönliche Dienstleistungen	7,0	7,0
Beschäftigte insgesamt	100,0	100,0
Arbeitslosenquote	0,34	0,43

[1] Jahresdurchschnitt; [2] einschließlich Reparaturen von Kraftfahrzeugen und Haushaltsgegenständen

166.1 Veränderung der Beschäftigungsstruktur in Prag

Jahr	Firmen insgesamt	ausländische Firmen (in %)	Jointventures (in %)
1990	993	5,9	15,6
1991	7 396	15,7	20,2
1992	14 169	15,8	17,5
1993	22 021	15,5	16,9
1994	28 525	15,0	16,3
1995	34 618	15,1	16,1
1996	38 957	15,6	15,8

166.2 Internationalisierung der Prager Wirtschaft

Aufgabe

Inwiefern spiegeln die Abb. 166.1–2 die Transformationsprobleme Prags wider? Stellen Sie diese Ergebnisse in einer Mind-map dar.

Prag sprudelt

Das zur Wendezeit fahl wirkende Prag schien nur darauf gewartet zu haben, endlich die Fesseln der sozialistischen Planwirtschaft abwerfen und beweisen zu können, dass ihm die Lust am Luxus, die unternehmerische Unruhe, das Profitstreben nicht auszutreiben waren. An keinem Ort der Tschechischen Republik zog der Kapitalismus mit solch ungebremster und kaum kanalisierter Wucht ein wie in der Hauptstadt und in keiner anderen Kommune hat er das Gesicht so schnell verändert wie in ihr.

Prag ist das politische, wirtschaftliche, kulturelle und mediale (Super-) Zentrum des Landes. Dass Prag so schnell das graue Kleid abstreifen und sich die grellbunte Uniform der westlichen Konsumwelt anziehen konnte, hängt v. a. mit dem Boom des vor 1989 nur schwach entwickelten Dienstleistungssektors zusammen. Inzwischen dominiert er gemeinsam mit dem traditionell starken Handel die Wirtschaft der Hauptstadt. Seine agilsten Branchen, Tourismus und Finanzwirtschaft, prägen das Erscheinungsbild der Stadt. Mit Leichtigkeit absorbierte das Dienstleistungsgeschäft jene Arbeitskräfte, die in schrumpfenden Sparten wie etwa der Maschinenbauindustrie ihre Arbeit aufgegeben oder verloren hatten, weil sich als Kellner, Taxifahrer oder selbst noch als Schuhputzer auf dem Wenzelsplatz mehr Geld verdienen lässt. Die Arbeitslosenquote der Stadt liegt unter einem Prozent.

Dass auf Prag eine Touristenwelle zurollen würde, war abzusehen gewesen, denn keine der natürlichen Ressourcen des Landes hatten die Kommunisten so lächerlich schlecht genutzt wie seine einträglichste: die weltweit gerühmte Schönheit der Goldenen Stadt. 1997 überschritten 108 Mio. Reisende die Grenzen Tschechiens und gaben dort fast 7 Mrd. DM aus. 60–80 % der Besucher zieht es nach Prag. Allerdings besteht der polyglotte Lindwurm, der sich im Sommer von Sonnenaufgang bis tief in die Nacht durch die Altstadt windet, noch immer aus überdurchschnittlich vielen Rucksacktouristen, die nur wenig Geld ausgeben können oder wollen. Die meisten Besucher aus den Nachbarländern übernachten nicht einmal in der Stadt. Gleichwohl ließ der zumindest in den ersten Jahren stetig anschwellende Besucher- und Devisenstrom alle Zweige der Tourismusindustrie von der Frittenbude und dem muffigen Vorstadt-Privatquartier bis zum Gourmet-Tempel und dem 5-Sterne-Hotel aufblühen. Nicht ganz so spektakulär, aber nicht weniger rasant entwickelte sich der Finanzplatz Prag. Durch die Privatisierung der Staatsbetriebe und die Restitution der von den ehemals verstaatlichten Privathäuser entstand ein riesiger Bedarf an Finanz-Know-how. Investitionsfonds, Unternehmensberatungen, Versicherungsagenturen, Steuerkanzleien und Leasinggesellschaften, alle bis 1989 nicht existent, schossen wie Pilze aus dem Boden. Rund 50 Banken sitzen inzwischen in Prag, die Hälfte davon Ableger der großen westeuropäischen oder japanischen Bankhäuser. Sie strömten an die Moldau, weil dort ein gewaltiger Finanzbedarf besteht und weil sie ihren Stammkunden das Engagement in einer langfristig vielversprechenden Volkswirtschaft erleichtern wollten. Dutzende international agierende Konzerne wie Boss, Siemens, Pepsi Cola, Nestle und VW engagierten sich in Tschechien, das dank der erstklassigen PR-Arbeit des früheren Regierungschefs Vaclav Klaus und seines chromblitzenden Schaufensters Prag jahrelang den Ruf genoss, ein „Musterreformland" zu sein.

Der Großraum Prag gehört immer noch zu den wichtigsten Industrieregionen des Landes. Der früher dominierende Maschinenbau verlor zwar nach der Wende an Bedeutung, doch andere Branchen wie z. B. die Genussmittel- und Glasindustrie erlebten einen neuen Frühling. Das erhebliche Käuferpotenzial der konsumfreudigen Hauptstadt lässt zwischen den Plattenbauten der Vorstädte Shopping-Center und Baumärkte emporsprießen, die ihren amerikanischen Vorbildern in nichts nachstehen. Auch der Bauwirtschaft geht es daher besser als in der Provinz. Seit der Wende kamen in Prag mehrere 100 000 m² neuer oder renovierter Bürofläche auf den Markt. Nur 3 % der angebotenen Räume stehen leer, weniger als in jeder anderen Hauptstadt Mittelosteuropas. Ordentliche Gewinnspannen versprechen sich einheimische und ausländische „Immobilienentwickler" aller Größenordnungen und Seriositätsgrade auch von der Renovierung der unzähligen Mietshäuser aus dem 19. Jahrhundert.

Obwohl die Löhne in Prag im Durchschnitt um 1/4 höher liegen als im Rest der Republik, muss sich der größte Teil der Einwohnerschaft wegen der ebenfalls höheren Lebenshaltungskosten ganz erheblich strecken, um über die Runden zu kommen. Ähnlich geht es dem Magistrat, dem das hohe Lohnniveau und die Vollbeschäftigung in der Stadt einerseits zu Steuereinnahmen verhelfen, die pro Kopf doppelt so hoch sind wie im Landesdurchschnitt – andererseits hat die Hauptstadt jedoch auch die höchsten Kosten aller Kommunen zu tragen. Das Bewahren der historischen Bausubstanz, die, abgesehen von einer Reihe Vorzeigefassaden, im Kommunismus vollkommen heruntergekommen war, dazu das Erneuern der maroden Versorgungseinrichtungen und der Ausbau des veralteten Verkehrsnetzes erfordern Investitionen in astronomischer Höhe. Schon lange fordert die Stadt daher, dass ein größerer Prozentsatz der in Prag eingenommenen Steuern in der Stadtkasse verbleiben müsste. Bisher fließt der Löwenanteil dem Finanzminister zu, der sie zwar dankbar entgegennimmt, bei der Vergabe von Subventionen aber immer knauseriger wird. (gekürzt nach: Merian 10/1998)

167.1 Eine Hauptgeldquelle der Republik

168.1 Der „Neue" im Konzernverbund

Erfolgsstory – das Jointventure VW-Škoda

Škoda ist die drittälteste aller noch existierenden Automarken. Das traditionsreiche Renommierunternehmen der tschechischen Industrie galt beim Systemwechsel auch aus westlicher Sicht als die „Perle des RGW-Automobilbaus". Trotz der bis zuletzt und bis in Regierungskreise gehegten Befürchtung „Die Deutschen kommen wieder" konnte sich VW beim Wettkampf um Škoda gegen die Mitbewerber General Motors, Citroën, BMW und v. a. gegen Renault durchsetzen. Dass es letztlich zur wirtschaftlichen Vernunftehe mit VW und nicht zur politischen Liebesheirat mit Renault kam hatte verschiedene Gründe:

Renault verhandelte stets auf höchster, meist politischer Ebene direkt in Prag und bot Škoda innerhalb der geplanten, später aber doch gescheiterten Allianz mit Volvo (Oberklasse) und Renault (Mittelklasse) nur den Einstieg in die untere Klasse. VW konnte dagegen mit SEAT ein Modell vorweisen, bei dem es den Wolfsburgern innerhalb weniger Jahre gelungen war, einen maroden Staatsbetrieb erfolgreich umzustrukturieren, ihn trotz der Eingliederung in den Gesamtkonzern nachhaltig zu stärken und seine nationale Identität zu bewahren.

Auch die Informations- und Verhandlungsstrategie waren anders angelegt: VW warb bei Managern, Belegschaft und Gewerkschaften von Škoda mit den konzerntypischen Lohn- und Gehaltsstrukturen, Sozialleistungen, Arbeitsbedingungen und der Mitbestimmung. Renault plante dagegen den Standort Mladá Boleslav v. a. für die Montage seiner Kleinwagen (Twingo), evtl. noch des R19, zu nutzen, sodass viele hoch qualifizierte Konstrukteure und Ingenieure bei Škoda um ihre Arbeitsplätze fürchteten. Die Škoda-Belegschaft votierte schließlich nahezu einstimmig für ein Jointventure mit VW.

In dem am 16. April 1991 in Kraft getretenen Vertragswerk des Jointventures VW-Škoda übernahm die tschechische Regierung die Altlasten (Umweltfragen, Schulden, Rückgabeansprüche), brachte die Hauptaktiva (Gebäude und Produktionseinrichtungen) des ehemaligen Staatsbetriebs ein und sicherte die Weiterexistenz des Namens Škoda und des Škoda-Logos ab. Im Gegenzug verpflichtete sich VW zu einem gestaffelten Investitionsprogramm und garantierte, Škoda mit jeweils eigener Entwicklung, Fahrzeug- und Aggregatfertigung sowie Vertriebs- und Serviceorganisation neben VW, AUDI und SEAT als vierte eigenständige Marke im VW-Konzern zu positionieren sowie keinen der Škoda-Mitarbeiter zu entlassen. Seit Ende 1995 ist VW wie vereinbart mit 1,4 Mrd. DM Aufwand in Besitz von 70 % der Škoda-Aktien. Wegen der Mitte der 90er Jahre weltweit rückläufigen Automobilproduktion wurde das zunächst vorgesehene Gesamtinvestitionsvolumen von 8,2 Mrd. auf 3,7 Mrd. DM reduziert. Im Jahr 2000 übernahm VW 100 % der Aktien von Škoda.

> Vielen Unternehmen in den Transformationsländern ist im Zuge ihrer notwendig gewordenen Umstrukturierung klar geworden, dass sie diese nicht allein aus eigener Kraft bewältigen können. Die Formen möglicher Kooperation sind jedoch sehr verschieden und für die beteiligten Partner unterschiedlich risikobehaftet.
>
> Organisatorisch einfach sind die Lizenzproduktion und die Lohnveredelung. Bei der Lohnveredlung werden Rohstoffe und Halbfabrikate z. B. aus Deutschland zu einer Zwischenbearbeitung ins Ausland gebracht und nach Reimport im Herkunftsland verkaufsfertig gemacht. Meist handelt es sich um arbeitsintensive, aber wertschöpfungsarme Produktionsvorgänge, z. B. der Bekleidungsindustrie in Ungarn, des Maschinenbaus und der Elektrotechnik in Tschechien oder des Möbelbaus in Polen. Obwohl der größte Teil des deutschen Außenhandels mit den Transformationsländern mittlerweile an die Lohnveredlung gekoppelt ist, wird diese Kooperationsform oft sehr kritisch gesehen: die Fertigungsstätten im Osten seien nur „verlängerte Werkbänke", meist nur vorübergehend zur Ausnutzung niedriger Löhne, geringerer Steuersätze, Sicherheitsbestimmungen oder Umweltauflagen usw. eingerichtet. Dabei wird jedoch übersehen, dass die Eigenprodukte dieser Betriebe westliche Qualitätsstandards nicht erfüllen können. Vielen sichert die Übernahme von Lohnarbeit zunächst einmal das Überleben. Sie bietet aber auch Chancen, denn die Subunternehmen erhalten neben Material häufig auch moderne Maschinen, Fertigungs- und Management-Know-how sowie Kapital, können gelegentlich auch eigene Zulieferer aus der Region rekrutieren. Die Lohnveredlung ist damit oftmals die Vorstufe zu einer gleichwertigeren und komplexeren Form der Kooperation, einem Jointventure.
>
> Dies ist ein internationales Gemeinschaftsunternehmen, an dessen Kapitalstock selbstständige Partner beteiligt sind, die sich vertraglich auf ein dauerhaftes Engagement sowie eine gemeinsame Führungsverantwortung und -kontrolle verpflichtet haben.

168.2 Kooperationsformen

Aus Verärgerung über die Filiale eines deutschen Zweiradproduzenten, die mit ihm wegen der Reparatur seines Fahrrads keinen Briefwechsel in tschechischer Sprache führen wollte, entschloss sich der Buchhändler Václav Klement 1895, zusammen mit dem Mechaniker Václav Laurin, ein rein tschechisches Unternehmen zu gründen. Bereits 1898 begann in Mladá Boleslav die Serienfertigung eines motorisierten Zweirades, einer verbesserten Version einer „Werner-Motorcyclette", die Klement während einer Geschäftsreise in Paris erworben hatte. Die ersten 150 Exemplare, eine seinerzeit geradezu unerhörte Menge, erwarb die englische Firma Hewetson. Mit der Erweiterung der Produktionskapazität und der -palette um Motordrei- und Motorvierräder (ab 1901), denen Lkws, Omnibusse, Landmaschinen und Traktoren folgten, erlebte L&K eine stürmische Entwicklung. Die wegen ihrer günstigen Preise, sportlicher Karosserieformen und hervorragender Fahrzeugqualität bereits nach ganz Europa und Übersee expandierte Firma konnte nach dem Ersten Weltkrieg, während dessen sie v.a. Rüstungsgüter produzierte, trotz allgemeiner Wirtschaftsdepression rasch wieder an ihre Vorkriegserfolge anschließen.

1925 wurde jedoch der Zusammenschluss des Unternehmens aus Mladá Boleslav mit Škoda in Pilsen, dem damals größten Maschinenbaukonzern Böhmens, erforderlich, um den Kapitalbedarf zur Einführung modernerer Massenfertigung abzudecken. Die Nachfolgemarke mit dem geflügelten Pfeil konnte die Erfolgsgeschichte von L&K fortsetzen, doch im Zweiten Weltkrieg wurde Škoda erneut auf Rüstungsproduktion für das deutsche Reich umgestellt. Obwohl die meisten Werkseinrichtungen bei einem der letzten Luftangriffe im Mai 1945 vernichtet wurden, konnte die Škoda-Mannschaft noch im Herbst desselben Jahres ein neues Auto auf den Markt bringen. 1946 wurde der Automobilsektor aus den Škoda-Werken Pilsen ausgegliedert und nach der Verstaatlichung als „Automobilwerke, volkseigener Betrieb" weitergeführt. Der Markenname Škoda blieb erhalten. 1954 wurde ein neues Werk mit einer Jahreskapazität von 120000 Fahrzeugen in Betrieb genommen. In den 60er Jahren entstand mit dem *Škoda 1000 MB* die Basisform eines Fahrzeugtyps mit selbsttragender, 4-türiger Karosserie und Heckmotor, die zusammen mit ihren Nachfolgemodellen durch Millionenauflagen zu einem der erfolgreichsten Autos des Ostblocks wurde. Ab 1982 entwickelte Škoda mit dem Grundmodell des frontgetriebenen *Favorit* einen völlig neuen Typ. Er besaß bereits einen Aluminiummotor, ein italienisches Design von Bertone und wurde zuletzt auf technologisch hohem Niveau gefertigt, auf einer Montagestraße aus Italien mit Robotern aus Deutschland, einer Steuerungszentrale aus Großbritannien. 1991 gingen etwa 30 % der Produktion in den Westen.

169.1 Firmengeschichte eines erfolgreichen Traditionsunternehmens

Bereits 1994 konnte Škoda die auf 220000 Fahrzeuge jährlich gesteigerte Produktion des bis dahin gebauten, mit Bauteilen aus dem Gesamtkonzern technisch verbesserten *Favorits* durch den *Felicia* ersetzen. Dieser Typ und seine Varianten wurden erstmalig bei Škoda auch mit 1,6-l-Benzin- und 1,9-l-Dieselmotoren aus der Aggregatfamilie des Konzerns angeboten. Mit dem *Octavia* erfolgte ab 1996 eine Erhöhung der Jahresproduktion auf 340000 Einheiten und der Einstieg in eine zweite Produktreihe, die Mittelklasse. Für deren Fertigung wurde eine den neuesten Produktions- und Technologiekonzepten angepasste Montagehalle errichtet. Zur Optimierung der Just-in-time-Produktion konnten sich dabei auch einige der fast 200 in- und ausländischen Zulieferer direkt auf dem Werksgelände ansiedeln. Nebenan stellt ein neues Aggregatwerk seit 2001 bis zu 500000 Motoren und Getriebe jährlich her.

Škoda ist zum Transformationsvorbild für viele Unternehmen in Tschechien und den anderen Reformstaaten geworden. Seine günstige Wettbewerbsposition, die wesentlich auf den bislang noch niedrigen Personalkosten beruht, konnte durch umfangreiche Investitionen in Produktqualität, Fertigungstechnologie, Arbeitsorganisation und Dienstleistungen kontinuierlich verbessert werden. Als zweite Marke des VW-Konzerns hat Škoda nach AUDI die international anerkannte Zertifizierung nach Norm ISO 9002 erhalten, Bestätigung für Fertigungs- und Führungsprozesse auf internationalem Standard. Robustheit, Zuverlässigkeit, Sicherheit, Wirtschaftlichkeit sowie zeitloses Design galten seit jeher als typische Škoda-Attribute, technische Perfektion und kundennaher Service sind dazugekommen. Zur Steigerung des Bekanntheitsgrads und zur Profilierung des Markenimages dienen ausgereifte Messepräsentationen und Imagekampagnen wie z. B. der Einstieg ins Rallye-Geschäft, Sponsoring von Sport- und Kultureinrichtungen und -veranstaltungen usw. Insgesamt ist das sich und seine Produkte völlig neu darstellende Unternehmen seinem selbst gesteckten ehrgeizigen Ziel, gegen scharfe Konkurrenz bereits etablierter Marken auch auf dem Weltmarkt in seinen Pkw-Kategorien „Klassenbester" zu werden, ein großes Stück näher gekommen. Mit dem Kleinwagen *Fabia* wurde dieses Ziel 1999 erstmals erreicht.

Wirtschaftsstrukturen und Wirtschaftsprozesse

Innerbetriebliche Umstrukturierung

Während des Sozialismus war das Škoda-Werk das wirtschaftliche und soziale Herz der 45000 Einwohner zählenden Stadt Mladá Boleslav 60 km nordöstlich von Prag. Das Werk bot seinen Angehörigen Betriebsverpflegung, Werkswohnungen und -heime, Erholungseinrichtungen, Kindergärten, eine eigene Poliklinik sowie Freizeit- und Sporteinrichtungen.

Nach Herauslösung des Automobilwerks aus dem verzweigten Industriekonglomerat Škoda wurden auch diese „unproduktiven" Bereiche aus der Firma ausgegliedert. Direkt nach dem Systemwechsel hatte die neue Regierung zudem die Auflösung der Kaderabteilung als dem verlängerten Arm der KPC im Werk verfügt, die Entlassung der 1500 im Werk beschäftigten Strafgefangenen angeordnet sowie die Rückführung von Angehörigen ehemals sozialistischer Bruderländer, v. a. Kubaner und Vietnamesen, in ihre Heimatländer eingeleitet.

Allen von Beginn am Jointventure Beteiligten war klar, dass die Umstrukturierung mehr als eine durchgreifende Neugestaltung der Produkt- und Produktionstechnik umfassen musste. Sie machte auch den Aufbau von Bereichen notwendig, die es vorher bei Škoda nicht gab: Marketing, Vertrieb, Service, Einkauf, Controlling, Public Relations usw. Sie erforderte außerdem die Entwicklung einer von allen Mitarbeitern getragenen neuen Unternehmenskultur und damit die Veränderung bisheriger Wertgefüge, Denk- und Verhaltensmuster (Abb. 171.1).

Der dafür insgesamt notwendige Know-how-Transfer wurde durch etwa 140 VW-Mitarbeiter („Expatriates"), ehemalige VW-Bedienstete sowie einige externe Fachkräfte geleistet. Er war i. W. Ende 1995 abgeschlossen. Von Beginn an wurden strategische Schlüsselpositionen bei Qualitätsmanagement, Vertrieb und Controlling durch Expatriates besetzt. In anderen Bereichen wurden vorübergehend Tandems aus je einem VW- und einem gleichberechtigten Škoda-Mitarbeiter eingesetzt oder projektbezogene Arbeitsgruppen etabliert. Die konzeptionelle Gestaltung des Know-how-Transfers erfolgte damit als „training on the job", in Seminaren und Fortbildungskursen außerhalb der Arbeitszeit, teilweise auch bei AUDI in Ingolstadt. Parallel hierzu wurde die Eignung der Betriebsangehörigen, vom Meister bis zu den Sekretärinnen, überprüft, die Anforderungsprofile der Stellen präzisiert, das betriebliche Vorschlagswesen durch ein ergebnisorientiertes Prämiensystem verbessert und v. a. ein leistungsbezogenes Entgeltsystem entwickelt. Es führt einzelne Elemente des früheren Systems weiter und beinhaltet den Tariflohn, Leistungszulagen, einen Unternehmensbonus, Sonderzulagen aus dem Fonds der Firmenleitung sowie Arbeitsmarktzulagen zur Gewinnung hoch qualifizierter Fachkräfte aus dem national inzwischen sehr eng gewordenen Angebot. Im Durchschnitt liegt der Verdienst bei Škoda heute ca. 15 % über dem der übrigen tschechischen Industrie.

Im Zuge des Know-how-Transfers und der damit beginnenden Auseinandersetzung der Werksangehörigen mit ihrer neuen Situation wurden überwiegend einvernehmliche, wenn auch nicht immer optimale Lösungen erarbeitet. Das „Modell" Škoda hat sich in der Zwischenzeit zu einem bedeutenden Motor der tschechischen Wirtschaft entwickelt. Inzwischen lässt Škoda bereits in Polen und Weißrussland Fahrzeuge montieren, um auch in den anderen Reformstaaten vorhandene Märkte auszubauen und neue Märkte zu erschließen, v. a. aber um Zoll- und Steuerbarrieren zu umgehen. 1999 hat Škoda erstmals mehr als 400 000 Autos/Jahr gebaut und ist mittlerweile mit Vertriebs- und Servicediensten in 70 Ländern vertreten.

Personalstruktur	1990	1994
Anzahl der Mitarbeiter	19882	15985
Anteil der Angestellten	4873	5148
Anteil der Arbeiter	15009	10837
Anteil der männlichen Mitarbeiter	13460	11317
Anteil der weiblichen Mitarbeiter	6422	4668
Anteil der ausländ. Mitarbeiter	2150	168
Anzahl der Auszubildenden	2341	1039
Durchschnittsalter in Jahren	39,4	38,1
∅ Betriebszugehörigkeit in Jahren	14,2	18,1
∅ monatliche Fluktuation in %	0,6	0,9
Arbeitszeit und Abwesenheitszeit		
Wochenarbeitszeit in Std.	40–42,5	40
∅ Mehrarbeit je Mitarbeiter in Std.	148	122
∅ krankheitsbedingte Abwesenheit in %	5,1	6,6
Arbeitsentgelt und Sozialleistungen		
∅ Monatsverdienst		
Arbeiter in Kronen	3245	7086
in DM	180	395
Angestellte in Kronen	3562	10489
in DM	200	585
Sozialfonds p.a. in Mio. DM	1,45	4,4
Werkswohnungen	2134	49
Kindergartenplätze	1340	0
Fortbildung und Ideenmanagement		
∅ Fortbildungsdauer je Mitarbeiter in Tagen	0,14	5,78
Verbesserungsvorschläge p.a.	919	4092
Verbesserungsvorschläge je 1000 Mitarbeiter p.a.	46,2	256,0

170.1 Personaldaten von Škoda in der Umbruchphase

Aufgaben

1. Vergleichen Sie die verschiedenen Formen von Betriebskooperationen (Abb. 168.2).
2. Charakterisieren Sie die Firmengeschichte von Škoda im Überblick.
3. Erläutern Sie die Vorteile, die sich aus dem Jointventure für die beiden Partner ergeben.
4. Beschreiben Sie die in Abb. 170.1 dargestellten Veränderungen.
5. Erläutern Sie den Wandel in der Unternehmenskultur.

- Škoda-Mitarbeiter sind stolz auf die 100-jährige Tradition ihres Unternehmens, das viele hervorragende Automobile hervorgebracht hat.
- Die Liebe zum Auto ist eine wichtige Motivation für die Tätigkeit bei Škoda.
- Lange Lieferzeiten für unsere Autos sind nun mal nicht zu vermeiden. Die Käufer sollen ruhig warten, bis sie an der Reihe sind.
- Die Parallelhierarchie von Betriebsleitung und externen/internen Parteigremien schafft für Arbeitnehmer Orientierungsprobleme, da häufig konkurrierende Erwartungen auftreten.
- Starke Bürokratisierung ist (auch) für Škoda typisch.
- Die Informationspolitik der Firmenleitung ist deutlich restriktiv.
- Der Führungsstil ist autoritär-anweisungsorientiert.
- Vorgesetzte folgen durchaus dem Lenin'schen Motto „Vertrauen ist gut, Kontrolle ist besser".
- Die Übernahme von Risiken und Verantwortung zu vermeiden gilt selbst für untere und mittlere Führungskräfte. Wichtige Entscheidungen werden auf die lange Bank geschoben oder „nach oben" weitergegeben.
- Eigene Meinungen, die von der „sozialistischen Norm" abweichen, sollten im Betrieb nicht geäußert werden.
- Škoda bietet sichere Arbeitsplätze für eine lebenslange Beschäftigung.
- Selbstständigkeit und Eigeninitiative werden nicht erwartet und auch nicht honoriert.
- Gebremstes Leistungsverhalten sichert Energie für private Vorhaben.
- Das Produktionsvolumen, d.h. die Planerfüllung, hat Vorrang vor Qualität.
- Überstunden sind kein Problem, sie sind gut für das Portemonnaie und helfen, Planvorgaben zu erfüllen.
- Mängel/Fehler sind kein großes Thema, es herrscht eine „Nachbesserungsmentalität" vor.
- Das Verantwortungsbewusstsein ist auch bei Führungskräften deutlich unterentwickelt; „man muss ja nur die im Ministerium festgelegten Ziele erfüllen, über deren Sinn sollte man sich keine Gedanken machen".
- Abwesenheit während der Arbeitszeit z. B. zur Beschaffung knapper Güter wird in der Regel toleriert.
- In bestimmten Fällen hilft passiver Widerstand weiter.

- Die Arbeitnehmer sehen nicht die Notwendigkeit und sind es nicht gewohnt, sich selbst „ins rechte Licht" zu rücken.
- Karriere ist selbst für qualifizierte Fach- und Führungskräfte kein bedeutsamer Wert und – weder unter materiellem noch immateriellem Vorzeichen – kein Lebensziel.
- Titel sind wichtig, sie sind Teil der Identität.
- Risiken sind zu vermeiden, es geht darum, den Status quo zu halten.
- Gesundheitsschutz und Arbeitsplatzsicherheit erscheinen zwar wünschenswert, ihre Verbesserung hat aber keinen hohen Stellenwert.

- Wir wollen nicht nur gut sein, wir wollen mit innovativen Konzepten Klassenbester werden.
- Wir sind nun weltweiter Konkurrenz ausgesetzt, können dafür aber auch weltweit auf neuen Märkten operieren.
- Wir gehören zu Europa, wir wollen in die EU, dort liegen für uns wichtige Märkte der Zukunft.
- Der Dialog mit und die Unterstützung von VW helfen uns, einen erfolgreichen eigenständigen Weg zu finden.
- Hierarchisches Denken soll reduziert werden, wir wollen uns der Philosophie „no ranks – no titles" annähern.
- Wir verfolgen eine Kundenorientierung, alles Denken und Tun ist an der Nutzenmaximierung unserer internen und externen Kunden ausgerichtet.
- Wir sind ein „lernendes Unternehmen", individuelle Aus- und Fortbildung sind genauso wesentlich wie umfassende Aktivitäten der Organisationsentwicklung.
- Wichtige Änderungs- bzw. Innovationsprozesse bewältigen wir mit den Konzepten einer flexiblen Projektorganisation.
- Mitarbeiter erhalten erweiterte Verantwortungsbereiche, sie werden in Prozesse der Entscheidungsfindung weitgehend eingebunden.
- Die Firma verlangt unseren vollen Einsatz. Da müssen dann auch mal private Interessen zurückgestellt werden.
- Nur mit ausgeprägter Leistungsorientierung können wir die Wettbewerbsfähigkeit der Marke Škoda sichern.
- Es lohnt sich, Karriere zu machen. Diese ist allerdings an objektive Qualifikationsnachweise gebunden.
- Wir wollen in Tschechien in punkto „ökologisches Handeln" eine Vorbildfunktion übernehmen.

nach: Groenewald/Leblanc: Personalarbeit auf Marktwirtschaftskurs; Transformationsprozesse im Jointventure Škoda-VW

171.1 Fragmente der Unternehmenskultur Ende der 1980er Jahre sowie der von Škoda angestrebten Unternehmenskultur

2 Wirtschaftsregionen außerhalb von Europa

Fallbeispiel: Singapur – ein kleiner Tiger

Als die kleine, vor der Spitze der malaiischen Halbinsel gelegene Insel Singapur 1963 nach fast 150-jähriger britischer Kolonialherrschaft die Unabhängigkeit erhielt, standen ihre Chancen schlecht: 20 % der auf der dschungelüberwucherten und malariaverseuchten Sumpfinsel lebenden Bevölkerung waren arbeitslos, ein Großteil lebte in Slums, die als die schlimmsten ganz Asiens galten. Streiks und politische Unruhen schreckten Investoren ab. Als der Nachbar Malaysia 1965 die kurz zuvor gegründete Staatengemeinschaft aufkündigte, hatte Singapur plötzlich kein Hinterland mehr und als die Briten schließlich auch noch ihre Militärbasen, den wichtigsten Arbeitgeber, schlossen, verlor Singapur seine wichtigsten wirtschaftlichen Fundamente.

Doch Singapur hat es geschafft, sich gewissermaßen an den eigenen Haaren aus dem Sumpf von Elend und Rückständigkeit herauszuziehen und sich „wie ein Tiger mit einem gewaltigen Sprung" nach vorne zunächst als Schwellen-, dann als Industriestaat zu etablieren. Singapur besitzt heute eines der höchsten Pro-Kopf-Einkommen der Welt und ist eines der bedeutendsten Handels-, Banken- und Industriezentren Asiens. Die Produktivität seiner Arbeitskräfte ist Spitzenklasse, sein Hafen steht – am Umschlag gemessen – nach Rotterdam weltweit an zweiter Stelle, seine Raffineriekapazität an dritter. Doch der Stadtstaat besitzt keinerlei Bodenschätze, selbst Trinkwasser und Nahrungsmittel müssen importiert werden.

Singapur ist seit seiner Unabhängigkeit eine Hochburg des Kapitalismus, aber seine Regierung nennt sich sozialistisch. Nach Singapurer Vorstellung umfasst Sozialismus alles, was der Mehrheit der Bevölkerung Nutzen bringt. Diesem Ziel sind nach den Vorstellungen der seit 1965 ununterbrochen mit großer Mehrheit regierenden PAP (People's Action Party) alle Maßnahmen der Wirtschafts- und Sozialpolitik unterzuordnen. Staatlich eingesetzte Körperschaften und Staatsunternehmen betreiben als Werkzeuge der Politik – aber auf eigene Rechnung – das

Landesfläche: 647,5 km²;
Bevölkerung: 4 Mio. (77,3 % Chinesen, 14,1 % Malaien, 7,3 % Inder, 1,3 % Pakistani, Sri Lanker und andere);
Bevölkerungswachstum: 1,7 % (1990–1997);
Lebenserwartung: 77 J.;
Anteil < 15 J.: 23 %; > 65 J.: 7 %;

Amtssprachen: Malaiisch, Chinesisch, Tamilisch, Englisch;
Analphabeten: 1 %;
Besuch einer weiterführenden Schule: männlich 69 %, weiblich 71 %;
Religion: 31,9 % Buddhisten, 21,9 % Daoisten, 14,9 % Muslime, 12,9 % Christen, 3,3 % Hindus; Minderheiten

172.1 Skyline von Singapur und Bevölkerungsdaten des Stadtstaates

Wirtschaftsstrukturen und Wirtschaftsprozesse

Bereits seit den 60er Jahren betreibt der Kleinstaat eine Wohnungsbaupolitik, die weltweit als vorbildlich gilt. Ein „Landerwerbsgesetz" erlaubt es der Regierung, jedes Grundstück zu übernehmen und so Landspekulationen vorzubeugen. Trabantenstädte, mit staatlichen Subventionen von privaten Unternehmern gebaut und anschließend vom Staat nach Bedürftigkeit vermietet, belebten die Bauwirtschaft und überziehen heute die grünen Hügel. Nur 15 % der jeweils verfügbaren Fläche wurden bebaut, der Rest für Parks, Spiel- und Sportstätten, Schwimmbäder und Gemeinschaftszentren reserviert. Die meisten Wohnblocks sind nicht höher als zwölf Stockwerke, versetzt gebaut und stehen auf Stelzen, um den Eindruck von Weiträumigkeit zu vermitteln. Seit den 70er Jahren ist es zudem möglich, die Wohneinheiten privat zu erwerben. Das notwendige Kapital konnte dem ursprünglich nur zur Rentenfinanzierung gedachten Sozialversicherungssystem entnommen werden, in das von Arbeitnehmern und Arbeitgebern gemeinsam etwa 40 % des monatlichen Lohns zwangsweise eingezahlt werden muss. Neun von zehn Familien sind so zu Besitzern von Ein- bis Fünf-Zimmer-Wohnungen geworden. Staatliche Zuweisung und der Zuschnitt der Wohnungen haben bislang eine gesunde soziale Mischung der Bewohner gewährleistet und einer Ghettoisierung vorgebeugt. Einer drohenden Verödung des Stadtzentrums durch Banken und Büropaläste wurde mit dem Bau von über 150 000 Wohnungen in der Innenstadt begegnet. Auch der Verkehrsinfarkt der City wurde erfolgreich verhindert, indem die Innenstadt zum Sperrgebiet erklärt wurde: Wer morgens mit dem eigenen Auto in die City fährt, muss „Eintritt" bezahlen. Hohe Benzinpreise, Importsteuern und Zulassungsgebühren machen Privatautos zudem nahezu unerschwinglich und nach zehn Jahren muss jedes Auto verschrottet sein.

Um Straßen, Plätze und Grünanlagen sauber zu halten, beschäftigt die Stadt mehr als 13 000 Arbeiter, denn Sauberkeit ist überlebenswichtig. Stehendes Wasser in Blumentopfuntersätzen, weggeworfene Konservendosen oder Vasen mit Schnittblumen auf Friedhöfen sind untersagt, weil sich darin in kürzester Zeit Moskitolarven entwickeln könnten. Weltweit einzigartig ist auch das Kaugummiverbot. Verbote und Gebote sind allgegenwärtig, die Strafen drastisch. Singapur gilt seit langem als die sauberste und sicherste Großstadt der Welt. Seit den Rassenunruhen der 60er Jahre hat die Regierung den sozialen Frieden und die Harmonie zwischen den drei Hauptbevölkerungsgruppen des multikulturellen Staats zum obersten politischen Prinzip erhoben.

Auch die Kampagnen zur Familienplanung – für den Kleinstaat ein Überlebensproblem – waren erfolgreich. Durch die staatliche Altersversorgung, die Reduzierung der Steuerermäßigungen ab dem dritten Kind, die Propagierung von Verhütungsmethoden und den ungehinderten Zugang zu Sterilisation und Abtreibungen, aber auch wegen der hohen Aufwendungen für die Ausbildung der Kinder hat die Zahl der Ein-Kind-Familien stark zugenommen. Immer häufiger werden die Probleme einer Überalterung der Bevölkerung und des Arbeitskräftemangels diskutiert, aber die Lösungsstrategien sind wiederum pragmatisch. Singapur wirbt weltweit um Fachkräfte und fremdes Know-how und investiert zugleich in die Ausbildung der nächsten Generation wie nie zuvor und kaum ein anderes Land: Bis zum Jahr 2000 sind die 360 Schulen des Stadtstaats mit neuen Computern im Wert von 2 Mrd. Dollar ausgerüstet worden. Auf je 2,2 Schüler kommt inzwischen ein Computer mit Internetanschluss. Bildung ist Pflicht und höhere Bildung fast ein gesellschaftlicher Zwang.

Doch der im „Modell Singapur" erreichte Wohlstand hat seinen Preis: Kritik ist nicht erwünscht. Die politische Opposition wird mit Verleumdungsklagen vor Gericht mundtot gemacht oder ins Exil gedrängt. Wer für die Opposition stimme, brauche nicht damit zu rechnen, dass sein Häuserblock renoviert würde, wurde vor den 1997er Wahlen gedroht. Der Internal Security Act erlaubt es, Personen ohne Gerichtsverfahren für unbegrenzte Zeit in Haft zu halten. Die Macht der Gewerkschaften ist beschnitten, die Bevölkerung depolitisiert – sie soll arbeiten und konsumieren. Selbst eine „Kultur der Selbstzensur" wurde bislang erfolgreich in der Bevölkerung verankert. Nicht einmal der im Sommer 2000 nach britischem Vorbild eingerichtete „Speakers Corner" wird daher genutzt. Reden über Religion oder rassistische Töne sind dort sowieso nicht erlaubt und außerdem schneidet die Polizei die Reden mit. Die staatlich gelenkten Medien lassen der Opposition kaum eine Chance und der Staatspräsident hat zahlreiche Veto-Rechte gegenüber dem Parlament. Die politische Elite führt – zusammen mit einer kontrollierten Bürokratie – den Staat mit seinem konfliktträchtigen ethnischen Gemisch streng autoritär und zentralisiert, nicht nach demokratischen Prinzipien im westlichen Sinn, sondern allein nach Effizienzkriterien. Politische Macht wird weniger durch das Volk als für das Volk ausgeübt. Singapur soll im 21. Jahrhundert ein Staat sein, in der nicht die Politik, sondern die erfolgreiche Wirtschaft die Menschen glücklich macht. „Singapur wird eine große, kosmopolitische Stadt sein, mit einer florierenden Wirtschaft, guten Arbeitsmöglichkeiten, kultureller Lebendigkeit, künstlerischer Kreativität und sozialer Innovation" (Regierungschef Goh Chok Tong 1997).

Für diese Vision – aber auch unter dem Eindruck von Asienkrise, Afghanistankrieg und der 2001 einsetzenden Krise in einigen Branchen – hat Goh bereits vor seiner Wiederwahl Ende 2001 wichtige Weichen gestellt. Gesellschaft und Wirtschaft werden ausgerichtet auf ein neues Ziel: KBE, Knowledge-Based Economy, die Wissensgesellschaft.

173.1 Singapur – der saubere Law-and-Order-Staat

Wirtschaftsstrukturen und Wirtschaftsprozesse

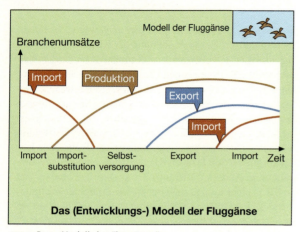

174.1 Das „Modell der Fluggänse"

Bev.: 4 Mio.; **Erwerbstätige:** 2 Mio.; **Anteil am BIP (%):** Industrie 21,9; Bauwirtschaft 9,4; Handel 16,6; Transport/Kommunikation 10,5; Finanz- und Dienstleistungen 29,2

BIP (Mrd. $)	1997	1998	1999
	94 603	82 773	84 945
Pro-Kopf-Eink. $	25 295	21 388	21 505
Wachstum (%) BIP	8,4	0,4	5,4
Wachstum Privatverbr.	6,8	–2,4	6,2
Export (fob; Mrd. $)	125 746	110 379	115 194
Import (fob; Mrd. $)	124 628	95 702	101 497
Arbeitslosenquote (%)	1,7	2,3	3,3
Auslandsverschuldung	16,5	14,7	15,0

174.3 Wirtschaftsdaten (1999)

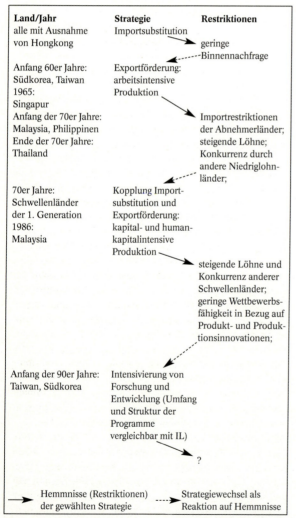

174.2 Industrialisierungsphasen in asiatischen Entwicklungs- und Schwellenländern

sozio-ökonomische „engineering" des Stadtstaats, planen und lenken alles. Nichts bleibt dem Zufall überlassen. Doch die extreme Weltmarktabhängigkeit, die Gefahr einer Deindustrialisierung sowie die Überalterung und die negativen Auswirkungen des gestiegenen Wohlstands auf die Arbeitsethik bereiten auch in Singapur zunehmend Sorgen. Hinzu kommen latent vorhandene soziale Spannungen. Besonders die ca. 450 000 muslimischen Malaien, die zweitgrößte Bevölkerungsgruppe, sehen sich diskriminiert, weil sie nicht in „sensiblen" Bereichen der Streitkräfte dienen dürfen, weniger wohlhabend sind als die Chinesen und meist ein unterdurchschnittliches Bildungsniveau besitzen. Heftig umstritten ist auch, dass muslimische Schülerinnen an Singapurs Staatsschulen kein Kopftuch tragen dürfen, weil eine einheitliche Uniform vorgeschrieben ist – eine Folge der Rassenunruhen in den 1960er Jahren. Damals beschloss die Regierung bei der Abwägung zwischen religiöser Freiheit und „sozialer Harmonie" Letzterer den Vorzug zu geben.

Eine ökonomische Herausforderung bildet zudem ein „Angriff" auf ein Herzstück des Stadtstaats. Dem in Logistik und Dienstleistungsangebot effizientesten Hafen der Welt erwächst seit 2000 in Sichtweite auf dem Festland ein billigerer Konkurrent, der malaiische Containerhafen Port of Tanjung Pelepas (PTP). Die beiden größten Containerlinien der Welt haben bereits die Seite gewechselt.

Aufgaben

1. Beschreiben Sie die geographische Lage Singapurs.
2. „Singapur ist ein ‚Unternehmerstaat'." Erklären Sie.
3. Erläutern Sie die Entwicklungskonzeption Singapurs vor dem Hintergrund des so genannten Modells der Fluggänse (Abb. 174.1, 2; 175.1).
4. Diskutieren Sie die Übertragbarkeit des „Modells Singapur" auf andere Länder der Dritten Welt.

Wirtschaftsstrukturen und Wirtschaftsprozesse

„Gesellschaften müssen so beweglich sein, ihr Wirtschaftssystem immer wieder neu zu erfinden und zu verfeinern" (Lee Kuan Yew, ehemaliger Premierminister)
Singapurs wirtschaftlicher Erfolg und damit der Wohlstand seiner Bevölkerung hängt am Export. Seine Trumpfkarten im internationalen Spiel der Wirtschaft heißen „optimale Bedingungen durch politische und geldwirtschaftliche Stabilität, Zuverlässigkeit und Integrität sowie sozial abgesicherte und hoch motivierte Arbeitskräfte". Anders als viele junge Staaten der Dritten Welt hat Singapur von Anfang an nicht die „imperialistische Ausbeutung durch multinationale Konzerne" verteufelt, sondern Multis und alle anderen Interessenten eingeladen, seine Arbeitskräfte für ihre Investitionen gewinnbringend einzusetzen. Von Verstaatlichung oder von obligatorischer Beteiligung Einheimischer an ausländischen Unternehmen war in Singapur nie die Rede. Nicht die Förderung und Stützung einheimischer Unternehmen wie in Japan oder den anderen Tiger-Staaten standen im Mittelpunkt, sondern die Förderung ausländischer Direktinvestitionen. Mit fremdem Geld, Know-how und einheimischen Arbeitskräften begann Singapur aus importierten Rohstoffen und Vorprodukten seine Exportwaren zu fertigen – um eigene Investitionen und die Versorgung der Bevölkerung bezahlen zu können. Anders als die Nachbarn oder die anderen Tiger-Staaten hat Singapur auch nie den Konsum seiner Bevölkerung wegen „vorübergehend notwendiger Investitionen" eingeschränkt oder den Binnenmarkt vor ausländischer Konkurrenz geschützt.

Der bisherige strukturelle Wandel der Wirtschaft Singapurs passt gut zu dem so genannten „Modell der fliegenden Gänse", das für die Länder Südostasiens geprägt wurde: Danach kommen diese Länder – der industriepolitischen Leitgans Japan hinterhereilend – nach ihrem Start (take-off) nacheinander in Flugpositionen, in denen im stetigen Wechsel der jeweilige Nachfolger mit seinen niedrigeren Arbeitskosten jene Güter zu produzieren beginnt, mit denen der teurer und technisch fortschrittlicher gewordene Nachbar nicht mehr konkurrenzfähig ist. Bei dieser regionalen, zeitlich gestaffelten Arbeitsteilung ist Singapur längst über das Stadium der Plastiktöpfe und Billighemden, der einfachen Montage- und Verpackungsprozesse hinausgewachsen. Die Zeichen wurden früh erkannt und die Weichen rasch und pragmatisch gestellt: Von 1979 an wurden in Singapur drei Jahre lang die Löhne um jeweils 20% (!) erhöht – mit der erklärten, auch von den Gewerkschaften mit unterstützten Absicht, die zunächst erwünschte Billiglohnindustrie wieder aus dem Land zu verdrängen.
Wegen einsetzender Vollbeschäftigung und sinkenden ausländischen Investitionen steuerte die Regierung zunächst um auf technologieintensive Bereiche wie den Maschinenbau und die Petrochemie, seit den 80er Jahren dann zunehmend auf wertschöpfungsintensive, innovative Industriezweige. Die Elektronikindustrie ist heute einer der wichtigsten Industriezweige. Doch auch die Weichen für die weitere Zukunft sind schon gestellt, die Wirtschaftsstruktur wird weiter umgebaut und dabei zunehmend die „Wissensgesellschaft" etabliert. Die Petrochemie wird ausgebaut und diversifiziert, um hochwertige Raffinerieprodukte exportieren und von ihrer Wertschöpfung profitieren zu können. Investitionen in die Bio- und Medizintechnologie (4 Mrd. $) und zunehmend auch in die Produktentwicklung, in Design und Forschung sollen den regionalen Wettbewerbsvorsprung des kleinen, an Arbeitskräften armen Landes sichern. Zudem will sich Singapur – heute bereits viertgrößtes Devisenhandelszentrum der Welt – verstärkt als Dienstleistungs-, Messe- und Kongresszentrum etablieren und mit dem Ausbau des Flughafens seine Rolle als eine der wichtigsten Drehscheiben des internationalen Flugverkehrs stärken. Mehr als 6000 ausländische Firmen betreuen inzwischen von Singapur aus ihre Niederlassungen und Kunden in Südost- und Ostasien.

Mit diesem zukunftsgerichteten „Management des Unternehmerstaats" hat Singapur die über die Länder Asiens Ende der 1990er Jahre hereingebrochene Krise schneller bewältigt als die regionalen Konkurrenten. Der Stadtstaat konnte flexibler reagieren als große und bevölkerungsreiche Länder, die bis heute mit starken Regional-, Entwicklungs- und Einkommensdisparitäten zu kämpfen haben. Der ökonomische Rahmen ist weiterhin günstig: Der Ertrag aus Investitionen (return of investment) ist mit 29% der höchste der gesamten Region, die Steuerbelastungsquote für ansiedlungswillige Firmen liegt bei 25,5% (Durchschnitt Europa 34%), der Spitzensteuersatz der Einkommensteuer bei 28% (USA 38%, Australien 58%).

Aber der Absatz auf den Hauptmärkten Amerika und Südostasien ist rückläufig, die eigene Angebotspalette noch zu gering, das Lohnniveau zu hoch, viele Firmen – v.a. ausländische – erwägen Verlagerungen an billigere Produktionsstandorte in China, die Hersteller von Computerlaufwerken sind schon weg. Die 2001 wieder gewählte Regierung steuert kräftig dagegen, versucht Direktinvestitionen weiterhin anzulocken. Bilaterale Freihandelsabkommen sollen wirtschaftliche Kooperationen mit Ländern der Region fördern; die Staatsunternehmen, die noch immer 40% zum BIP beitragen, werden – noch zögernd – privatisiert und versuchen gleichzeitig ins Ausland zu expandieren. Nur so lassen sich noch Renditen erwirtschaften, da der kleine Heimatmarkt mehr und mehr für internationale Konkurrenz geöffnet wird.

175.1 Wirtschaftsentwicklung Singapurs

176.1 Werbetafeln in Vietnam

Globalisierung – Wirtschaft ohne Grenzen

„Was die Weltwirtschaft angeht, so ist sie verflochten."
(Kurt Tucholsky)

Seit dem Jahr 1900 ist das Weltsozialprodukt um das 17fache, der Welthandel sogar um das 38fache gestiegen. Selbst in den entlegensten Winkeln der Welt sind daher heute die meisten der international gehandelten Waren und Dienstleistungen verfügbar. Damit sind die einst national oder regional begrenzten Wirtschaftsräume innerhalb weniger Jahrzehnte zu einem weltumspannenden System zusammengewachsen, in dem nahezu alles überall und jederzeit produziert, verkauft und konsumiert werden kann. Der Kapitalismus war immer weltmarktorientiert. Aber erst die weltpolitischen Veränderungen ab Ende der 1980er Jahre (Ende des Kalten Krieges und der planwirtschaftlichen Wirtschaftssysteme) machten den Weg wirklich frei für die Ausweitung und Intensivierung der wissenschaftlich-technischen, ökonomischen, politischen, sozialen und kulturellen Beziehungen zwischen den Ländern und Menschen der „Einen Welt". Inzwischen ist dieser Prozess der Globalisierung praktisch unumkehrbar geworden.

Wichtige Voraussetzungen der wirtschaftlichen Globalisierung waren die Senkung der internationalen Transportkosten durch neue bzw. optimierte Transporttechnologien (Container, Großraumflugzeuge), eine verbesserte Logistik sowie die modernen Informations- und Telekommunikationstechniken. Erst diese ermöglichen die notwendige Vernetzung entfernt liegender Standorte und Märkte. Sinkende Nachfrage auf den Binnenmärkten und zunehmender Wettbewerbsdruck bei kürzer werdenden Innovationszyklen beschleunigen die Globalisierung. Marktöffnungen durch Deregulierungen, liberalisierte Finanzmärkte und Privatisierungen ehemals staatlicher Unternehmen bieten ausländischen Firmen immer mehr Chancen für grenzüberschreitende Aktivitäten. Damit steigt auch die internationale Arbeitsteilung. Die Standorte zur Kapitalbeschaffung, Entwicklung, Produktion und Vermarktung können weltweit gestreut, der Mitarbeiterstamm internationalisiert werden.

Als „global players" entziehen sich transnationale Unternehmen dabei zunehmend einzelstaatlichen Kontrollen, spielen Standorte und Staaten, Umwelt- und Sozialnormen, Subventionen und Zolltarife gegeneinander aus. Inzwischen gibt es über 50000 weltweit operieren-

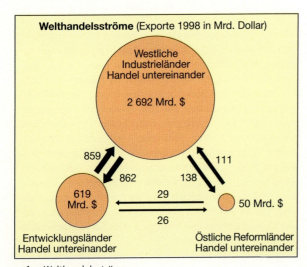

176.2 Welthandelsströme

Wirtschaftsstrukturen und Wirtschaftsprozesse

177.1 Unternehmen so groß wie Volkswirtschaften

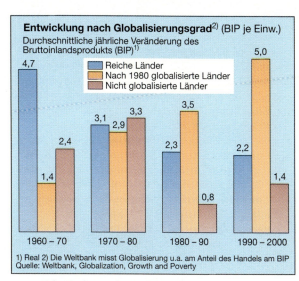

177.2 Mehr Wachstum durch Globalisierung

de Konzerne mit 250 000 Tochterfirmen. Sie bestreiten den größten Teil des Welthandels, 1/3 aller Weltexporte findet sogar innerhalb dieser Unternehmen selbst statt. Allein die 20 größten Multis setzen insgesamt mehr um als die 80 ärmsten Länder der Erde zusammen. Im Jahr 2001 waren unter den hundert größten Wirtschaftseinheiten erstmals mehr Unternehmen als Nationalstaaten vertreten. Aber auch zahlreiche mittelständische Unternehmen sind an der zunehmenden Verflechtung von Waren- und Kapitalströmen beteiligt.

Die gängige Vorstellung, dass bei der globalen Lokalisierung von Betriebsstandorten v. a. diejenigen mit geringen Löhnen und Lohnnebenkosten sowie niedrigen Umweltstandards bevorzugt wären, ist aber irreführend. Jede längerfristige Bindung von Kapital als dem wichtigsten mobilen Produktionsfaktor an einen Standort erfordert eine von den Akteuren zumindest mittelfristig als ausreichend eingeschätzte politische, ökonomische und soziale Stabilität. Selbst das „globale Dorf" hat daher Knotenpunkte: Während im industriellen Produktionsbereich eine gewisse Dezentralisierung stattgefunden hat, konzentrieren sich der Finanzsektor und die unternehmensbezogenen Dienstleistungen immer mehr auf wenige Zentren, die Global Cities.

Im Bereich der Informations- und Kapitalströme ist die Globalisierung am weitesten fortgeschritten, denn das Internet hat die Räume „geschrumpft". Doch große Mengen vagabundierenden Kapitals bergen auch Gefahren: Milliardenschwere Devisen- oder Aktientransfers, die ohne Bindung an Realinvestitionen zu Spekulationszwecken unkontrolliert und blitzschnell über die Computernetze abgewickelt werden, können in kurzer Zeit ganze Volkswirtschaften aus dem Gleichgewicht bringen, indem sie Währungskurse und Zinssätze beeinflussen. Die ab 1997 sich ausweitende Asienkrise hat z. B. deutlich gezeigt, dass ein dadurch zusammenbrechendes nationales Finanzsystem sich wie beim „Dominoeffekt" rasant ausbreiten kann. Die Recherchen nach den Terroranschlägen vom 11. September 2001 haben aber auch ergeben, dass die lange Zeit wegen ihrer Verschwiegenheit geschätzten „offshore-Bankplätze" nicht nur Steuerhinterziehung und Geldwäsche begünstigen, sondern auch die Finanzierung des internationalen Terrorismus.

Nach wie vor ist die Entwicklung und die Struktur des Welthandels stark abhängig von der Konjunktur in den Industrieländern. Die „Triade" aus USA-EU-Japan domi-

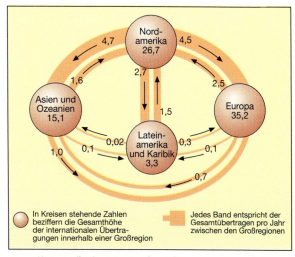

177.3 Kommunikationsströme der Erde

Auslandsinvestitionen (= Portfolio- und Direktinvestitionen; beide nur von Privaten – Kreditinstituten, Unternehmen, Privatpersonen – getätigt). **Portfolioinvestitionen** verfolgen keine unternehmerischen Ziele, sondern nur Renditegesichtspunkte. Internationale Finanzmarkttitel (i. d. R. Aktien) werden dabei nach einem Risiko- und Renditevergleich in einem optimalen Portfolio („Anlagepaket") zusammengestellt. **Direktinvestitionen** sind dagegen Gründungen von Zweigniederlassungen zur teilweisen bzw. völligen Auslandsfertigung von Produkten oder die Beteiligungen an ausländischen Unternehmen. In beiden Fällen entstehen **transnationale Unternehmen** (= Multinationale Unternehmen = Multis).

Strategische Allianzen sind Kooperationen rechtlich selbstständiger Unternehmen derselben Branche, d. h. direkter oder potenzieller Konkurrenten, eingegangen zur gegenseitigen Stärkung der Wettbewerbsfähigkeit gegenüber Dritten (häufig z. B. Zusammenarbeit bei Forschung und Entwicklung bzw. Nutzung des jeweils anderen Vertriebs- und Servicenetzes). Die Partner stellen Kapital-, Personal und Sachmittel bereit, die sie in Konsortien, Jointventures o. a. Formen der Kooperation einbringen. Auch die durch Betriebsübernahmen zu einem **Konzern** kapitalmäßig verflochtenen Unternehmen bleiben rechtlich selbstständig, haben ihre wirtschaftliche Selbstständigkeit jedoch zugunsten einer gemeinsamen Leitung aufgegeben. Die einzelnen Unternehmen können dabei auf dem gleichen Markt konkurrieren (horizontaler Konzern), auf verschiedenen Produktionsstufen eines Produktes arbeiten (vertikaler Konzern) oder in einem Mischkonzern beide Ausrichtungen abdecken. Bei einer **Fusion** gibt es dagegen nach der Verschmelzung verschiedener Unternehmen nur noch eine rechtliche Einheit.

Enterprise Zones (= Unternehmenszonen, Sonderwirtschaftszonen, z. B. Freihandels- oder freie Produktionszonen): einzelne, meist transportgünstig gelegene Standorte, in denen besondere staatliche Fördermaßnahmen (z. B. Steuerbefreiungen …) gekoppelt sind mit Reduktionen sonst geltender planungs-, umweltschutz- und arbeitsrechtlicher Auflagen. **Freihandelszonen** können auch mehrere Staaten umfassen, die Binnenzölle und andere Handelshemmnisse abschaffen. Im Gegensatz zur **Zollunion** wird gegenüber Drittländern kein einheitlicher Außenzolltarif erhoben. Während in einer Zollunion nur der Handel mit Gütern und Dienstleistungen völlig liberalisiert ist, herrscht in einem **gemeinsamen Markt** auch freier Kapital- und Personenverkehr. In einer **Wirtschaftsunion** betreiben die beteiligten Länder darüber hinaus eine mehr oder weniger harmonisierte Wirtschaftspolitik. Dies erfordert die Schaffung supranationaler Institutionen mit eigenen Kompetenzen.

178.1 Begriffserklärungen

niert mit einem Anteil von etwa 2/3 bei realen Gütern zwar immer noch, doch die bisherige Konzentration des Welthandels auf wenige Wirtschaftsblöcke hat sich in den letzten Jahren merklich abgeschwächt. Bedingt durch die internationale Verflechtung sowie durch Konjunkturverläufe und Währungssituationen ändert sich die regionale Struktur des Welthandels zudem rascher als jemals zuvor. Aber nicht alle Unternehmen, Volkswirtschaften und Gesellschaften profitieren davon in gleichem Maße. Überschüttet von den Segnungen der 3-M-Welt (MTV, Microsoft, McDonald's) und schlecht vorbereitet, sehen sich viele einem Wettbewerb ausgesetzt, dem sie sich bislang ganz oder teilweise durch Schutzmechanismen entziehen konnten. Investoren und Finanzmärkte strafen jedoch jeden, der sich dem freien Fluss von Kapital und Produkten widersetzt: Eine Untersuchung von 41 Entwicklungsländern durch die Weltbank ergab 1998 z. B., dass diejenigen die höchsten Zuwachsraten beim Pro-Kopf-Einkommen besaßen, die sich am stärksten dem Welthandel geöffnet hatten (Abb. 177.2).

Dennoch: Im Bestreben, die volkswirtschaftliche Zielkombination des „Magischen Vierecks" (Vollbeschäftigung, stabiles Preisniveau, angemessenes Wirtschaftswachstum, außenwirtschaftliches Gleichgewicht) möglichst optimal erfüllen zu können, pendelt die nationale und internationale Wirtschaftspolitik immer wieder zwischen Liberalismus und Protektionismus hin und her. Als Gegenströmung zur scheinbar ungehemmten Globalisierung ergibt sich daraus eine wachsende Fragmentierung der Weltwirtschaft, denn regionale Wirtschaftsbündnisse wie NAFTA, EWR, ASEAN, MERCOSUR, APEC oder der Andenpakt u. a. gewinnen derzeit immer mehr an Bedeutung.

Hinzu kommen wachsende Kritik und Widerstände gegen die Praxis, die Begleiterscheinungen und negativen Folgen der liberalisierten Weltwirtschaft durch ein Netzwerk von Globalisierungsgegnern. Ihre Kritik richtet sich v. a. gegen den Primat der Ökonomie und den Funktionsverlust der Politik, die ungerechte Verteilung der erwirtschafteten Güter und Reichtümer, die durch die „Amerikanisierung" der Gesellschaften entstehenden sozialen Verwerfungen sowie gegen eine nicht auf Nachhaltigkeit ausgerichtete Nutzung der Natur- und Humanressourcen.

Aufgaben

1. Beschreiben Sie die Abb. 176.2 und 177.1–3.
2. Nennen Sie Ursachen und Merkmale der Globalisierung.
3. Erläutern Sie die Bedeutung der WTO (Abb. 179.2).
4. Konkretisieren Sie die Kritik der Globalisierungsgegner: www.attac-netzwerk.de; www.forumue.de; www.weedbonn.org.

Wirtschaftsstrukturen und Wirtschaftsprozesse

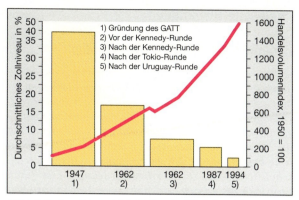

179.1 Zollschranken und internationaler Warenhandel

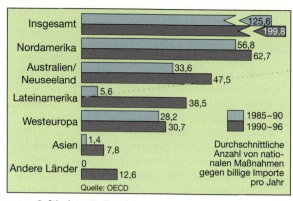

179.3 Gefährdeter Freihandel

Das **GATT** (General Agreement on Tariffs and Trade) ist ein 1948 abgeschlossener multilateraler Vertrag, der einvernehmlich beschlossene Regeln für den Welthandel festlegt. Ziel der so genannten Verhandlungsrunden war stets der Abbau von Hemmnissen des internationalen Handels. Die wichtigsten im GATT verankerten Regeln sind
- **das Prinzip der Liberalisierung:** Abbau von Zöllen und Verbot mengenmäßiger Importbeschränkungen für bestimmte Güter aus bestimmten Ländern;
- **das Prinzip der Meistbegünstigung:** Zollvergünstigungen, die sich zwei Mitglieder gegenseitig einräumen, müssen auch anderen Mitgliedern gewährt werden;
- **das Prinzip der Nichtdiskriminierung:** erlaubte Ausnahmen vom Verbot mengenmäßiger Beschränkungen müssen allen Mitgliedern gewährt werden.

Im Zuge der letzten GATT-Verhandlung wurde das Welthandelssystem grundlegend reformiert. Die wichtigsten, seit dem 1. Januar 1995 geltenden Regeln der **„Neuen Welthandelsordnung"** betreffen folgende Bereiche:

„Neue Welthandelsorganisation" (WTO): Mit dieser als Nachfolgerin der GATT-Runden neu geschaffenen Behörde wurde erstmals eine international rechtsfähige Institution für den Handel geschaffen. Als einzige legitimierte UN-Sonderorganisation regelt und überwacht sie den internationalen Handel, vermittelt in Streitfällen und ist Verhandlungsforum für weitere Regelungen. Sie verwaltet zwischenzeitlich über 60 multilaterale Verträge ihrer 144 Vertragspartner (Stand 2002), kann aber keine Kredite vergeben oder politische Auflagen machen, wohl aber bei Vertragsverletzungen Geldstrafen verhängen.
Zollabbau: Die Industriestaaten senken ihre Zölle um über 1/3, die Entwicklungsländer frieren ihre Zölle auf 35–40 % der bisherigen Höhe ein. Auch Art und Umfang nichttarifärer Handelshemmnisse werden reduziert (z. B. Einfuhr- oder Zulassungsbestimmungen wie technische Normen oder Hygienevorschriften; Subventionsmöglichkeiten einzelner Branchen).
Agrarhandel: Für diesen erstmals in ein GATT-Abkommen aufgenommenen Handelsbereich wurden der Abbau von Handelshemmnissen und Zollsenkungen um rund 1/3 im Verlauf von sechs Jahren vereinbart. Gleichzeitig müssen die Agrarsubventionen der Industrieländer um 1/5 sinken, eine direkte Finanzierung der Bauern über z. B. Flächenstilllegungen bleibt jedoch erlaubt.
Textilien und Bekleidung: Hierfür wurden der Abbau von Handelsquoten und die Einarbeitung weiterer Regelungen innerhalb von 10 Jahren in das GATT vereinbart.
Dienstleistungen: Erstmals wurden auch Finanzleistungen, Lufttransport, Tourismus u. ä. multilateralen Regeln unterworfen. Die Entwicklungsländer sollen an entsprechenden Geschäften stärker teilhaben können.
Geistiges Eigentum: Das Abkommen sieht den Schutz geistigen Eigentums (Patente, Computerprogramme, Tonaufnahmen, Warenzeichen und Copyright) vor.
Handelsregeln: Alle Regeln gegen Preis-Dumping und für die Gewährung von Subventionen wurden verschärft.
Im Januar 2002 startete eine neue, auf drei Jahre angelegte Welthandelsrunde. Dabei geht es um weitere Marktliberalisierungen im Textilhandel und Dienstleistungsbereich, um die bisher in der US-Stahlindustrie geltenden Anti-Dumping-Gesetze, um schnelleren und effektiveren Abbau der Handelshemmnisse im Agrarbereich, v. a. der Importbeschränkungen in den Industriestaaten und der EU-Exportsubventionen. Mit Zugeständnissen im Agrarbereich hat es die EU erreicht, dass auch über Umwelt- und Investitionsschutz verhandelt werden kann. Verhandlungen über Öko-Kennzeichen wurden von den Entwicklungsländern jedoch als „grüner Protektionismus der Reichen" ebenso zurückgewiesen wie die von der EU gewünschten Verhandlungen über Standards von Arbeitsrecht- und Sozialnormen.

179.2 Vom GATT zum WTO

3 Weltweite Disparitäten

Indikatoren des Entwicklungsstandes

„Entwicklung ist ein Prozess, der es den Menschen ermöglicht, ihre Fähigkeiten zu entfalten, Selbstvertrauen zu gewinnen und ein erfülltes und menschenwürdiges Leben zu führen. Entwicklung ist ein Prozess, der die Menschen von der Angst vor Armut und Ausbeutung befreit. Sie ist der Ausweg aus politischer, wirtschaftlicher oder sozialer Unterdrückung. Erst durch Entwicklung erlangt die politische Unabhängigkeit ihre eigentliche Bedeutung. Entwicklung ist daher gleichbedeutend mit wachsender individueller und kollektiver Eigenständigkeit." (Nyerere-Bericht 1991)

Alle der etwa 200 Länder der Welt wollen sich entwickeln, sind in diesem „Prozess ohne Ende" jedoch unterschiedlich weit fortgeschritten. Eine objektive und daher allseits akzeptierte Gruppierung aller Länder nach ihrem Entwicklungsstand gibt es jedoch wegen der Fülle möglicher Entwicklungsindikatoren und ihrer Gewichtung naturgemäß nicht.

Gut 3/4 aller Länder werden heute der Gruppe zugerechnet, die als so genannte Entwicklungsländer, unterentwickelte Länder, Schwellenländer, Dritte Welt, der Süden o. ä. bezeichnet wird. Historisch gesehen handelt es sich dabei um junge Begriffe, die erst nach dem Zweiten Weltkrieg und mit dem Ende der Kolonialzeit auftauchten. Davor gab es – aus eurozentrischer Sicht – als Folge der Entdeckungsgeschichte der Erde nur zwei „Welten": die Alte und die Neue Welt. Nach dem Zweiten Weltkrieg gewann dann eine Ländergruppierung aufgrund ideologisch begründeter, gegensätzlicher Wirtschafts- und Gesellschaftssysteme in eine „Erste Welt" (westlich-kapitalistische Länder) und eine „Zweite Welt" (östlich-sozialistische Länder) zunehmend an Bedeutung; nicht zu diesen Machtblöcken zählende Länder bildeten die „Dritte Welt". Neben dieser politisch begründeten Zuordnung waren weitere Merkmale der Dritten Welt ihr geringer, am Industrialisierungsgrad gemessener Entwicklungsstand sowie ein unterdurchschnittliches Pro-Kopf-Einkommen. Mit dem Zerfall des ehemaligen Ostblocks hat diese Länderklassifikation im Grunde ihre Berechtigung verloren. Doch der Begriff „Dritte Welt" wird weiterhin synonym für „Entwicklungsländer" verwendet.

Die Bezeichnung „underdeveloped countries" („unterentwickelte Länder") erschien erstmals im UNO-Programm von 1949, wurde aber wegen seines abwertenden und verletzenden Beiklangs rasch durch „less developed countries" oder „developing countries" („wenig entwickelte Länder" oder „sich entwickelnde Länder"; LDC oder DC) abgelöst.

---

1. Lage meist in den Subtropen und Tropen;
2. starkes Bevölkerungswachstum mit anhaltendem Hunger und Unterernährung weiter Bevölkerungskreise, weit verbreitete Armut und armutsbedingte Umweltzerstörung, rasche Verstädterung;
3. mangelnde Grundversorgung mit Wasser und Nahrung, Kleidung, Wohnmöglichkeiten und Energie;
4. unzureichende Infrastruktur in den Bereichen Gesundheits-, (Aus-)Bildungs- und Sozialwesen, Verkehr und Kommunikation; ineffizientes Verwaltungswesen;
5. weitgehendes Fehlen gesetzlich geregelter sozialer Auffangnetze (z. B. Arbeitslosenunterstützung, Krankenhilfe, Sozialhilfe) sowie arbeitsrechtlicher Bestimmungen und kinderunabhängiger Altersvorsorge;
6. vielfach wirtschaftlich, sozial, rechtlich und politisch benachteiligte Stellung der Frauen;
7. hohe Agrarquote (= Beschäftigung des größten Teils der Erwerbspersonen in der Landwirtschaft);
8. niedrige Investitionen mit entsprechend wenigen Arbeitsplätzen in Industrie und Gewerbe; nicht ausreichende einheimische Produktion von Produktionsmitteln, Massenkonsum- und Luxusgütern;
9. wegen niedrigem Lohnniveau und fehlender Massenkaufkraft gering entwickelte Binnenmärkte;
10. geringe Produktivität aller Wirtschaftsbereiche mit geringer Diversifizierung der Produktions- und Exportstruktur und daher geringe Belastbarkeit der Wirtschaft gegenüber Entwicklungen auf dem Weltmarkt;
11. hoher Exportanteil von Rohstoffen auf niedriger Verarbeitungsstufe und dementsprechend geringe eigenständige Kapitalbildung sowie niedriger Industrialisierungsgrad;
12. weite Verbreitung des illegalen bis halblegalen, aber geduldeten und statistisch und steuerlich nicht erfassten so genannten „informellen Sektors" (= Schatten-, Parallelwirtschaft);
13. hohe Verschuldung bzw. sogar Überschuldung (= Unfähigkeit, erhaltene Kredite zurückzuzahlen);
14. unzulängliche Integration von Gesellschaft und Volkswirtschaft („desintegrierte Gesellschaften") mit großen internen Disparitäten (= Unterschieden) in regionaler, sozialer und ökonomischer Hinsicht (zwischen Stadt und Land, Arm und Reich, Gebildeten und Analphabeten, modernen produktiven und traditionellen ineffektiveren Produktionsweisen);
15. mangelnde Partizipation, d.h. mangelnde Beteiligung der Bevölkerung an politischen, wirtschaftlichen und soziokulturellen Entscheidungen;
16. häufiges Fehlen einer nachhaltig auf soziale Gerechtigkeit, Rechtsstaatlichkeit, Demokratie und Achtung der Menschenrechte gerichteten „good governance".

180.1 Merkmale von Entwicklungsländern

Wirtschaftsstrukturen und Wirtschaftsprozesse

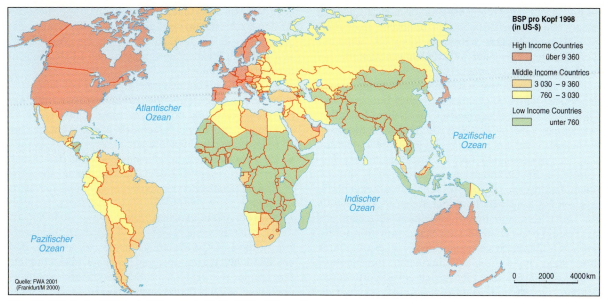

181.1 Einteilung der Welt nach Einkommen (Weltbankklassifikation)

Die UN, die Weltbank und die OECD (Organisation for Economic Cooperation and Development) verwenden bei ihren Länderklassifizierungen ähnliche Kriterien, bewerten diese jedoch unterschiedlich. Als wichtigen Schlüsselindikator enthalten alle Kriterienkataloge die Höhe des aus dem Bruttosozialprodukt (BSP) abgeleiteten Pro-Kopf-Einkommens und seiner Wachstumsraten (Abb. 181.1). Diese Daten sind zwar meist verfügbar und ermöglichen quantifizierte Vergleiche, als Maß für menschliches Wohlergehen sind sie jedoch wenig geeignet. Das BSP gibt ja nur die geldmäßig erfassten Waren und Dienstleistungen an, sagt aber nichts aus über die Kaufkraft der jeweiligen Währungen und verdeckt Unterschiede bei Einkommen und Lebensverhältnissen. Es misst weder das Potenzial an natürlichen und menschlichen Ressourcen noch ihre Erschöpfung oder die Missachtung politischer und sozialer Menschenrechte. Subsistenz- und Schattenwirtschaft werden vom BSP ebenso wenig erfasst wie Familien- und Nachbarschaftsdienste oder ehrenamtliche Tätigkeiten, Alkoholismus zählt dagegen doppelt: Der Kauf der Droge, aber auch die Entziehungskur steigern das BSP.

Besonders deutlich zeigen die OPEC-Länder die Fragwürdigkeit des Pro-Kopf-Einkommens als Schlüsselindikator. Sie sind zwar durch einen Glücksfall der Natur und den Einsatz ihrer Kartellmacht rasch in die Spitzen-

	Städt. Bev. (2000, %)	Lebenserwartung M/W (J, 2000)	Pkw je 1000 Ew. (1997)	Fernseher je 1000 Ew. (1997)	Zugang zu sauberem Trinkwasser (1999, %)	Emission CO_2/Ew. (1997 in t)	Energieverbrauch kW/Ew. (1998)	Bev.-anteil mit weniger als 1 $/Tag (Ø 83–99)	Frauenanteil im Parlament (1998, %)	Ew. pro Arzt (1997)
USA	75	74/79	471	806	100	20,1	11 832	–	13,8	286
Deutschland	86	74/80	509	567	100	10,2	5 681	–	30,4	286
Indien	28	60/61	4	65	88	1,1	384	44,2	k.A.	2 443
Bangladesh	20	59/58	0,4	6	97	0,1	81	29,1	9,1	5 120
Indonesien	39	62/66	13	68	76	1,2	320	7,7	8,0	6 838
Brasilien	78	64/71	169	223	83	1,8	1 793	9,0	5,9	445
Georgien	56	69/76	80	502	76	0,9	1 257	–	7,2	190
Türkei	66	67/71	58	330	83	3,1	1 353	2,4	4,2	867
Mali	26	55/52	3	4	65	< 0,1	k.A.	72,8	12,2	23 188
Ghana	37	56/59	5	93	64	0,2	289	38,8	9,0	22 970
Tansania	20	52/54	0,6	3	54	< 0,1	54	19,9	22,2	25 641
Mexiko	74	69/75	87	272	86	3,9	1 513	12,2	15,9	645

181.2 Ländervergleich

gruppe der Welteinkommenspyramide aufgestiegen und haben hohe wirtschaftliche und politische Bedeutung gewonnen, doch ihre Wirtschaft kann bis heute die Gesellschaften nicht mit lebenswichtigen Gütern und Dienstleistungen versorgen.

Echte „Aufsteiger in die Erste Welt" sind dagegen die seit den 1970er Jahren so genannten „Newly Industrializing Countries" (NIC). Diese deutsch als „Schwellenländer" bezeichnete Gruppe hat typische ökonomische Strukturmerkmale der Entwicklungsländer überwunden und sich dem so genannten Take-off, dem Beginn der ökonomischen Eigenständigkeit, weit angenähert, ihn z.T. sogar erreicht: Die NIC haben bereits verarbeitende Industrien mit großer Breiten- und Tiefenstruktur bis hin zur Herstellung von Investitionsgütern aufgebaut und sich dadurch zunehmend vom Status von Rohstoffexporteuren und Fertigwarenimporteuren entfernt. Durch ihre relativ hohe Arbeitsproduktivität, ihr niedriges Lohnkostenniveau und eine gezielt auf Exporte ausgerichtete „nachholende Industrialisierung" konnten die Schwellenländer den Industrieländern in einigen Branchen (z.B. Textilien, Elektronik, Massenstahl, Schiffsbau) schon erhebliche Marktanteile abnehmen. Häufig hat jedoch die gesellschaftliche und soziale Entwicklung mit der wirtschaftlichen nicht Schritt gehalten. Neben den vier „kleinen Tigern" (Südkorea, Taiwan, Singapur, Hongkong bis 1997) wurden bislang meist Brasilien, Mexiko, Argentinien sowie Griechenland, Portugal und Ungarn zur Kerngruppe der etwa 30 Schwellenländer gezählt. Südkorea, Singapur und Taiwan wurden aber bereits 1997 zusammen mit Israel vom Internationalen Währungsfonds (IWF) vom Schwellen- zum Industrieland hochgestuft.

Für die „Ärmsten der Armen", die am wenigsten entwickelten Länder, wurde 1971 von den Vereinten Nationen der Begriff der „least developed countries" (LLDC) geprägt. Ihre Anzahl hat sich bis 2001 von 25 auf 49 Länder fast verdoppelt. Die meisten Länder dieser insgesamt etwa 580 Mio. Menschen umfassenden Gruppe liegen in Afrika. Gemessen an der Länderzahl ist die Gruppe der „Absteiger" damit deutlich größer als die „Aufsteiger". Seit 1991 gilt für die Zuordnung zu den LLDCs folgender Kriterienkatalog:

- Pro-Kopf-Einkommen unter 699 US-$ pro Jahr;
- ein erster Index, errechnet aus Lebenserwartung, Kalorienversorgung pro Kopf, Einschulungsquote in Primar- und Sekundarschulen sowie Alphabetisierungsquote der Erwachsenen;
- ein zweiter Index, zusammengesetzt aus dem Anteil der Industrie am BIP, dem Anteil der in der Industrie Beschäftigten und der Exportorientierung der Wirtschaft;
- Einwohnerzahl maximal 75 Mio.

Um in die LLDC-Liste aufgenommen zu werden, darf ein Land festgelegte Obergrenzen nicht überschreiten. Für Länder mit besonderen Schwierigkeiten gelten jedoch vereinfachte Bedingungen. Hierzu zählen Länder ohne direkten Zugang zum Meer (landlocked Countries = LLC) sowie die vom Anstieg des Meeresspiegels besonders bedrohten Inselstaaten.

Viele Industrieländer und die meisten Länder der Dritten Welt sind hoch verschuldet. Solange den Schulden genügend Reserven, Sachwerte oder Investitionen entgegenstehen, ist dies relativ problemlos, weil Zins und Tilgung aus Verkäufen bzw. aus Renditen bedient werden können. Für viele Volkswirtschaften von Dritte-Welt-Ländern trifft das jedoch nicht zu. Sie können ihren Schuldenberg aus eigener Kraft kaum mehr abtragen und die Schuldenlast schnürt ihren finanziellen Spielraum fortgesetzt ein. Die Weltbank hat daher bereits 1994 zusätzlich zu ihrer Staatenlistung (Abb. 181.1) nach dem BSP die Kategorien der so genannten Severely Indebted Low Income Countries bzw. Middle Income Countries eingeführt. SILIC und SIMIC sind Länder, bei

182.1 Die Waren der Armen

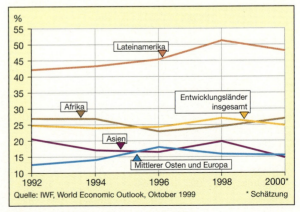

182.2 Schuldendienstquote nach Regionen

Wirtschaftsstrukturen und Wirtschaftsprozesse

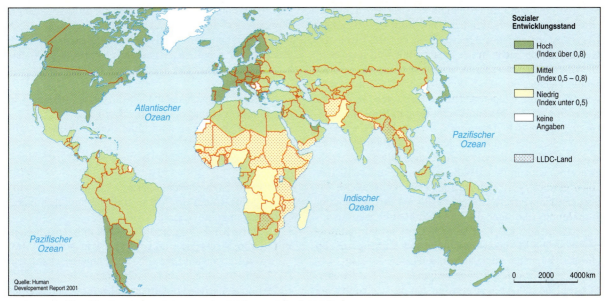

183.1 Länderklassifikation: Das HDI-Konzept der UN (ergänzt durch LLDC)

denen drei von vier Schuldenkennzahlen bestimmte Schwellenwerte überschreiten:
- Verhältnis der Auslandsschulden zum BSP: 50 %
- Verhältnis der Auslandsschulden zu Exporterlösen: 275 %
- Verhältnis von Zinsleistungen zu Exporterlösen: 20 %
- Verhältnis von Schuldendienst (Zins und Tilgung) zu Exporterlösen (= Schuldendienstquote): 30 %

Die Schuldendienstquote gilt als die wichtigste Kennziffer für die Liquidität eines Schuldners. Ihre kritische Grenze liegt bei 20 % und wird von der so genannten HIPC-Gruppe (= Heavely Indebted Poor Countries) meist überschritten. In dieser Gruppe sind seit Mitte der 1990er Jahre besonders arme Länder zusammengefasst, die aus eigener Kraft wirtschaftlich weder gesunden noch jemals ihre Schulden werden zurückzahlen können.

„Entwicklung" umfasst weitaus mehr als den reinen ökonomischen Fortschritt. Daher müssen Indikatoren des Entwicklungsstands auch noch andere Dimensionen widerspiegeln. In dem von den Vereinten Nationen seit 1990 jährlich veröffentlichen „Human Development Report" dient der so genannte HDI (Human Development Index) als generalisierter Maßstab zur Beschreibung der Lebensverhältnisse und als räumlich-zeitlicher Vergleichswert. Der HDI errechnet sich aus den vier Variablen Lebenserwartung, durchschnittliche Dauer

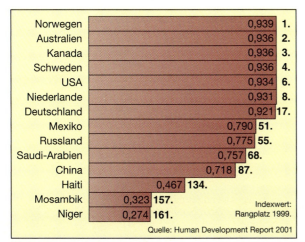

183.2 Rangfolge beim HDI-Index

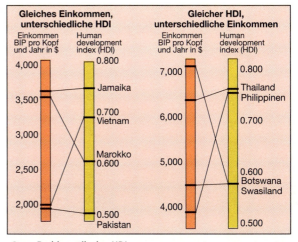

183.3 Problematik des HDI

des Schulbesuchs, Anteil alphabetisierter Erwachsener sowie der realen Kaufkraft des Pro-Kopf-Einkommens. Unterste Grenze jedes Kriteriums ist der 1987 weltweit registrierte niedrigste Wert. Er wird mit null angesetzt. Als obere Grenze – eins – wird ein wünschenswerter Wert festgelegt. Der Durchschnitt aller Kriterien ergibt den HDI. Trotz einiger Bedenken (z. B. Abb. 183.3) hat der HDI aber rasch weite Verbreitung in Statistik, Politik und Wissenschaft gefunden, v. a. auch, weil er rasch mit geschlechtsspezifischen Kriterien verfeinert wurde (Gender sensitive Development Index, GDI).

Seit 1997 wird in den UN-Berichten zur menschlichen Entwicklung zusätzlich ein Index für menschliche Armut (Human Poverty Index = HPI) geführt. Er enthält Indikatoren, die über die reine Einkommensarmut hinausgehen, also z. B. den Anteil der unterernährten Kinder bzw. die Bevölkerungsanteile mit Zugang zu Gesundheitsdiensten oder sauberem Wasser.

Unabhängig von solchen Bemühungen, die weltweiten Disparitäten statistisch zu erfassen, hat die Weltbank 1995 den Versuch unternommen, den so genannten Reichtum der Nationen generell zu ermitteln (Abb. 184.1, 2). Die Konzeption beruht auf einer Unterteilung des Volksvermögens in vier Formen von Kapital: dem nach Produktions- oder Verkaufswert bewerteten Naturkapital, dem wertmäßig am einfachsten erfassbaren Sachkapital (Güter, Infrastruktur usw.), dem nach Investitionen in Bildung, Gesundheit, Ernährung bewerteten Humankapital sowie dem Sozialkapital (institutionelle und kulturelle Grundlagen einer Gesellschaft). Eine Bewertung des Sozialkapitals erwies sich jedoch als unmöglich. Dennoch konnten mit den drei restlichen Parametern aussagekräftige und damit entwicklungspolitisch bedeutsame Unterschiede ermittelt werden. Als wichtigstes Ergebnis dieser Untersuchung ergab sich, dass dem Humankapital überragende Bedeutung zukommt: weltweit werden fast 2/3 des Volksvermögens vom Humankapital, aber nur 20 % vom Naturvermögen und nur 16 % vom Sachkapital gebildet.

Global gesehen vernachlässigt die Menschheit jedoch ihre Humanressourcen auf geradezu katastrophale Weise:
- 2,5 Mrd. Menschen haben keinen Zugang zu Sanitäreinrichtungen,
- 1,2 Mrd. Menschen leben in absoluter Armut, d. h. von einem Dollar oder weniger pro Tag,
- 1,2 Mrd. Menschen sind ohne sichere Wasserversorgung,
- 850 Mio. Menschen können weder lesen noch schreiben,
- 840 Mio. Menschen hungern,
- 260 Mio. Kinder im Primar- und Sekundarschulalter besuchen keine Schule,
- 250 Mio. Kinder in der Dritten Welt müssen arbeiten,
- 150 Mio. Menschen sind arbeitslos, von den ca. 3 Mrd. Erwerbstätigen sind etwa 25–30 % unterbeschäftigt,
- 12 Mio. Menschen sind Flüchtlinge,
- 5 Mio. Menschen sterben pro Jahr durch verseuchtes Wasser, 3 Mio. durch Luftverschmutzung.

Aufgaben

1. Definieren Sie die Begriffe Dritte Welt, Schwellenland, LDC, LLDC, LLC und nennen Sie Beispiele.
2. Schlagen Sie Indikatoren für Unter-/Entwicklung vor und zeigen Sie die damit verbundenen Probleme auf (Text, 180.1, 181.2).
3. Vergleichen Sie die Abb. 181.1 und 183.1.
4. Erläutern Sie den Begriff „HDI" (Text, Abb. 183.2, 3).
5. „Entwicklung ist nicht gleich Wachstum, aber Entwicklung ohne Wachstum gibt es nicht." Interpretieren Sie diese Aussage.
6. Beschreiben Sie die Abb. 184.1. Welche entwicklungspolitischen Schlussfolgerungen ergeben sich daraus?

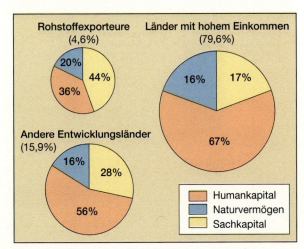

184.1 Globaler Reichtum (in % des Gesamtreichtums)

Zusammensetzung des Reichtums nach Regionen (Prozentsatz vom gesamten Volksvermögen)			
	Humankapital	Naturkapital	Sachkapital
Welt	64	20	16
„High-income"-Länder	67	17	16
Entwicklungsländer			
Afrika südlich der Sahara	31	52	17
Ost- und Südafrika	33	52	14
Westafrika	25	50	25
Indien und China	73	9	18
Übriges Asien	75	12	13
Ostasien und Pazifik	75	12	13
Südasien	76	9	16
Lateinamerika und Karibik	50	35	15
Mittlerer Osten und Nordafrika	39	32	29
Osteuropa	41	34	16

184.2 Regionaler Reichtum (nach Weltbank 1995)

Wirtschaftsstrukturen und Wirtschaftsprozesse

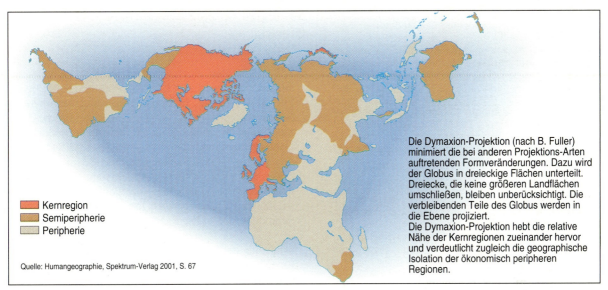

Die Dymaxion-Projektion (nach B. Fuller) minimiert die bei anderen Projektions-Arten auftretenden Formveränderungen. Dazu wird der Globus in dreieckige Flächen unterteilt. Dreiecke, die keine größeren Landflächen umschließen, bleiben unberücksichtigt. Die verbleibenden Teile des Globus werden in die Ebene projiziert.
Die Dymaxion-Projektion hebt die relative Nähe der Kernregionen zueinander hervor und verdeutlicht zugleich die geographische Isolation der ökonomisch peripheren Regionen.

- Kernregion
- Semiperipherie
- Peripherie

Quelle: Humangeographie, Spektrum-Verlag 2001, S. 67

185.1 Kernregionen, Semiperipherien, Peripherien des Weltsystems 2000

Stand der Länder im Weltwirtschaftssystem

Orte und Regionen, Unternehmen und Volkswirtschaften können als Elemente eines hierarchisch räumlich gegliederten Systems betrachtet werden. Global gesehen ergibt sich daraus ein **Weltsystem**, d.h. ein vernetztes System von Ländern, die durch ökonomische und politische Konkurrenzbeziehungen miteinander verbunden sind und deren Standortqualitäten einem ständigen Wandel unterliegen. Die Wurzeln des heutigen Weltsystems liegen im Europa des 15. Jahrhunderts. Seit damals bildete sich durch die Erforschung fremder Kontinente, die Ausweitung des Handels und die mit der industriellen Revolution verbundenen technischen Errungenschaften ein globales Wirtschaftssystem heraus, das immer größere Teile der Erde erfasste. Das Wachstum und die innere Erschließung der Kernregionen waren dabei stets abhängig von den Nahrungsmitteln, Rohstoffen und Absatzmärkten der peripheren Regionen, die durch die Kolonialisierung an die Kernregionen angebunden wurden. **Kernregionen** der jeweiligen Zeit sind diejenigen Gebiete, die den Handel dominieren, in denen Wissen und Macht konzentriert sind, die über moderne Technologie verfügen und deren diversifizierte Volkswirtschaften eine hohe Produktivität besitzen. **Periphere Regionen** besitzen dagegen abhängige und nachteilige Handelsbeziehungen, primitive oder veraltete Technologien und wenig entwickelte oder stark spezialisierte Ökonomien mit niedrigen Produktivitätsniveaus. **Semiperiphere Regionen** sind einerseits in der Lage, die Periphere auszubeuten, werden andererseits aber von den Kernregionen dominiert und ausgebeutet (Abb. 185.1). Eine **externe Arena**, d.h. Gebiete, die durch das Weltsystem noch nicht erfasst wurden, gibt es heute nicht mehr.

Das heutige Weltsystem zeigt einerseits Disparitäten in einem noch nie da gewesenen Umfang, ist andererseits aber auch in einem bisher einzigartigen Ausmaß durch die globalen Kommunikationsmöglichkeiten, flexible Kapitalströme und die globale Fertigungsstraße vernetzt. Diese Integration führt zwar zu einer gewissen Verwischung und Nivellierung regionaler und nationaler Unterschiede, insgesamt hat sich aber durch die Globalisierung in den letzten Jahrzehnten der Gegensatz zwischen Zentrum und Peripherien verstärkt (Abb. 185.2).

Parallel hierzu hat eine Spaltung in eine digitalisierte, „**beschleunigte Welt**" der Kernregion (mit ca. 15 % der Weltbevölkerung) und eine „**langsame Welt**" der Peripherie (mit ca. 85 % der Weltbevölkerung) stattgefunden. Die digitale Kluft trennt jedoch nicht nur einzelne Länder, sondern auch Regionen innerhalb dieser Staaten.

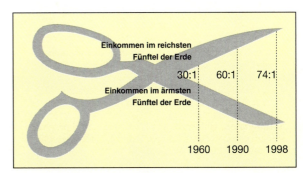

185.2 Kluft zwischen Arm und Reich

Strategien für eine ausgleichsorientierte Entwicklung

Solange Staaten einen Großteil ihrer Wirtschaftskraft auf den Schuldendienst konzentrieren und daher Investitionen im Sozial-, Bildungs- und Infrastrukturbereich reduzieren müssen, ist eine nachhaltige Entwicklung nicht möglich. 2002 betrug die Staatsverschuldung der Entwicklungsländer bereits 2,2 Billionen $. Allein für den Schuldendienst fließen jährlich 200 Mrd. $ aus dem Süden nach Norden. Jede wie auch immer geartete Strategie, die globale Schieflage von Wohlergehen und Entwicklungschancen zu verringern, muss daher mit dem Schuldenproblem beginnen.

Minderung der Schuldenlast

Einen häufig geforderten generellen Schuldenerlass lehnen Geberländer und Banken allerdings bis heute ab. Er würde die Länder, die ihren Zahlungsverpflichtungen nachgekommen sind, gegenüber jenen diskriminieren, die bislang zu geringe Eigenanstrengungen unternommen haben. Sehr arme Länder mit geringen wirtschaftlichen Chancen benötigen jedoch rasche und spürbare Schuldenerleichterungen. Den HIPC-Ländern wurden daher seit 1996 öffentliche Schulden ganz oder teilweise erlassen. Die Gruppe der wichtigsten westlichen Industrienationen (G 8) hat dazu die Schuldendienstleistungen um 2/3 gesenkt und allein beim Schuldengipfel 2000 zusammen mit IWF und Weltbank auf die Rückzahlung von 42 Mrd. $ verzichtet. Im Gegenzug verpflichteten sich die 22 davon profitierenden Länder zu nationalen Investitionen in Umweltschutz und Armutsbekämpfung, z. B. im Rahmen von Gegenwertfonds. Ein Vorteil solcher, vom Staat oder von NGOs (Non-Governmental-Organizations) überwachten Fonds liegt darin, dass das Schuldnerland zur Schuldentilgung keine Devisen erwirtschaften muss.

Seit Mitte der 1990er haben auch einzelne Geschäftsbanken ihre Kreditforderungen reduziert. Bei Argentinien, Costa Rica, Mexiko, Nigeria, Philippinen, Venezuela, Uruguay und Brasilien wurde z. B. die Hälfte aller Forderungen umgeschuldet und ca. 1/3 abgeschrieben. Für Banken in den USA und in Deutschland ist dies immer noch ein Geschäft, da sie Verlustabschreibungen steuerlich geltend machen können. Um wenigstens einen Teil des verliehenen Geldes zurückzuerhalten, verkaufen viele Banken inzwischen auch ihre Schuldscheine verbilligt auf dem so genannten Sekundärmarkt. Investoren können die erworbenen Schuldtitel in die Währung des Schuldnerlandes umtauschen und das Geld dann dort in attraktive Unternehmen investieren. Auch Fluchtkapital kann auf diese Weise legal und nutzbringend „in die Heimat" zurückgeholt werden. Schuldnerland, Bank und Investor profitieren damit von dieser Regelung gleichermaßen.

Nachholende Industrialisierung und Modernisierung
Grundidee: Entwicklung ist gleichzusetzen mit wirtschaftlichem Wachstum, Unterentwicklung ist nur Ausdruck eines technisch-wirtschaftlichen Rückstands.
Ziel: Rasch zu den Industrieländern aufschließen.
Maßnahmen: Industrialisierung, Agrarreformen, Ausbau der materiellen (Verkehr, Kommunikation, Energie) und sozialen Infrastruktur (Bildungs-, Gesundheitswesen, Familienplanung); finanzielle und technische Hilfe (big push) durch die Industrieländer; Einkommenszuwächse sickern zu den Ärmsten durch (trickle-down-Effekt).

Grundbedürfnisbefriedigung
Grundidee: Erst die Befriedigung der materiellen und immateriellen Grundbedürfnisse schafft die Voraussetzung für wirtschaftliches Wachstum.
Ziel: Bekämpfung der Massenarmut; Partizipation.
Maßnahmen: Auf Zielgruppen zugeschnittene materielle Hilfe und Beratung; Stärkung von Selbsthilfe und Selbstverantwortung; Förderung arbeitsintensiver Produktionsweisen v. a. im Kleingewerbe; Kleinkredite; Bodenreform; gerechtere Verteilung des Volkseinkommens; Hauptverantwortung für die Umsetzung bei landeseigener Machtelite; Zugang zu den Märkten der Industrieländer.

Abkopplung vom Weltmarkt (Dissoziation)
Grundidee: Wirtschaftlicher Aufbau geschützt vor den negativen Folgen einer Weltmarktintegration.
Ziel: Eigenständige, unabhängige („autozentrierte"), binnenmarktorientierte Wirtschaft zur Versorgung armer, wenig entwickelter Gesellschaften.
Maßnahmen: Zeitweiliges Abkoppeln vom Weltmarkt durch hohe Schutzzölle; Nutzung einheimischer materieller und menschlicher Ressourcen; Leistungssteigerung der Landwirtschaft; Aufbau einer Industrie, deren Produkte zur Befriedigung der Grundbedürfnisse geeignet sind.

Angepasste Entwicklung durch Hilfe zur Selbsthilfe
Grundidee: Entwicklungskonzepte sind nur erfolgreich, wenn sie den lokalen Gegebenheiten angepasst sind und von den Beteiligten mit getragen werden.
Ziel: Stärkung des Selbstvertrauens und der Eigeninitiative, um Lebensbedingungen aus eigener Kraft zu verbessern.
Maßnahmen: Einsatz Kapital sparender und arbeitsintensiver Technologien; Anknüpfung aller Vorhaben an vorhandene Traditionen und Werte; Stärkung von Eigeninitiativen.

Nachhaltige Entwicklung (sustainable development)
Grundidee: Menschheit als globale Verantwortungsgemeinschaft.
Ziel: Herstellung menschenwürdiger Lebensgrundlagen für alle Menschen und Sicherung der Grundlagen für zukünftige Generationen.
Maßnahmen: Unterordnung aller Aktivitäten unter das Primat ökologische Verträglichkeit, soziale Gerechtigkeit, wirtschaftlicher Wohlstand.

186.1 Strategien im Überblick

Bei Umschuldungen werden fällige Tilgungen, z. T. auch Zinszahlungen, zeitlich hinausgeschoben und in ihrem Umfang reduziert. Die zur Wiederherstellung und Sicherung der Kreditwürdigkeit notwendigen Anschlussfinanzierungen der privaten oder öffentlichen Schulden werden meist über die Weltbank und den IWF abgewickelt. Die Mitgliedschaft im IWF ist daher für jedes Land vorteilhaft, seine Inanspruchnahme kann aber auch erhebliche Belastungen nach sich ziehen (Abb. 188.1).

Kurzfristige „Notoperationen" wie Schuldenerlass, Umschuldungen und die vom IWF verordneten Strukturanpassungen können zwar meist relativ rasch die Zahlungsbilanzdefizite eines Landes reduzieren und seine finanziellen Handlungsspielräume verbessern. Dauerhafte Lösungen für die Entschärfung des Schuldenproblems erfordern aber weiter gehende Konzepte. Sie setzen eine auf nachhaltiges Wirtschaftswachstum gerichtete Wirtschafts- und Finanzpolitik des jeweiligen Landes voraus, aber auch eine Veränderung der weltwirtschaftlichen Rahmenbedingungen.

Öffnung der Märkte und fairer Handel

Trotz des WTO–Reglements benachteiligt das Welthandelssystem immer noch die Entwicklungsländer: Durch die Handelsbarrieren der reichen entgehen den armen Staaten jährlich 100 Mrd. Dollar – doppelt so viel, wie sie an Entwicklungshilfe erhalten. Für die so genannten AKP-Staaten, ehemals europäische Kolonien im Bereich Afrika, Karibik und Pazifik, hat z. B. die EU jedoch schon seit 1975 Sonderregelungen getroffen (Abb. 189.1).

Die Hälfte der 77 AKP-Staaten sind LDC-Länder. Diesen besonders armen Ländern hat die EU im Abkommen von Cotonou noch weiter gehende Handelserleichterungen zugesichert: Ab 2004 entfallen für alle Exporte dieser Länder in die EU alle Abgaben, Quoten und Zölle. Waffen sind ausdrücklich ausgenommen (everything-but-arms-Initiative), für Bananen, Zucker und Reis gelten Übergangsfristen bis maximal 2009. Bis dahin werden die Zölle für diese Produkte aber jährlich um 20 % gesenkt. Es ist jedoch noch unklar, ob diese international beispielhafte Marktöffnung nicht doch z. B. durch europäische Gesundheits- und Hygienestandards unterlaufen wird.

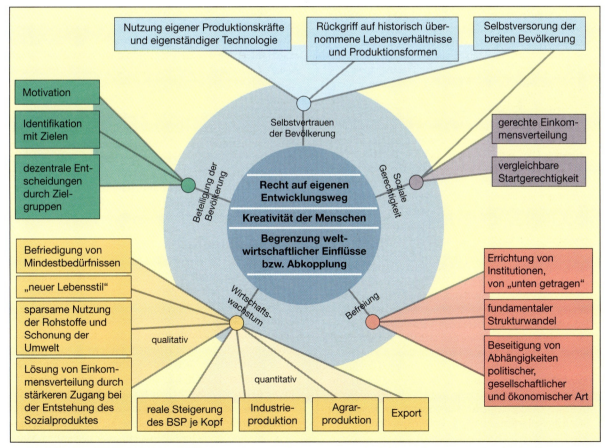

187.1 Oberstes Ziel einer neuen Entwicklung

Der Internationale Währungsfonds (IWF) ist wie die Weltbank eine Sonderorganisation der UN und wurde 1944 in Bretton Woods gegründet. Seine wichtigsten Aufgaben bestehen darin, durch die Sicherung der Stabilität der Währungen den Welthandel zu fördern und seinen Mitgliedsländern (derzeit 182) bei Zahlungsschwierigkeiten Überbrückungshilfen in Form von Krediten zu gewähren. Seit dem Zusammenbruch des bis 1973 gültigen Systems fester Wechselkurse ist den IWF-Mitgliedern freigestellt, welche Wechselkursregelung sie dabei wählen wollen – ob Bindung an eine Leitwährung bzw. einen Währungskorb oder flexible Wechselkurse.

Der Kreditumfang, aber auch das Stimmrecht im IWF, richtet sich nach einer Quote, die jedem Mitglied nach seiner wirtschaftlichen und finanziellen Leistungsfähigkeit zugewiesen wird. Die Mitgliedsbeiträge in Höhe der Quote werden zu einem Viertel in „Sonderziehungsrechten", der Reservewährung des IWF, und zu drei Vierteln in der jeweiligen Landeswährung geleistet. Die Umrechnung der Sonderziehungsrechte in nationale Währungen erfolgt auf der Grundlage eines Währungskorbs, der die wichtigsten Handelswährungen (US-Dollar, Euro, Yen, Pfund Sterling) umfasst. Kredite in Höhe der Sonderziehungsrechte werden den Mitgliedern ohne Gegenleistung erteilt. Umfangreichere Kreditvergaben erfolgen dagegen nur, wenn das Empfängerland bereit ist, die wirtschafts- und finanzpolitischen Auflagen des Fonds zu akzeptieren. Von dieser Zusage hängt meist auch die häufig notwendige zusätzliche Kreditvergabe anderer Organisationen wie z. B. der Weltbank ab.

Das „Standardprogramm" des IWF zur Gesundung der Staatsfinanzen und Wiedergewinnung der Zahlungsfähigkeit umfasst meist zunächst eine Abwertung der Inlandswährung. Dies verbilligt die Exporte und verteuert die Importe, allerdings auf Kosten eines schrumpfenden Binnenmarkts. Hinzu kommt ein Bündel weiterer Maßnahmen, das einerseits die Einnahmen erhöhen, andererseits die Ausgaben reduzieren soll. Zur ersten Gruppe gehören Investitionsanreize für ausländische Unternehmen, die Förderung des Exports durch niedrigere Steuern und Lohnkosten, Privatisierungen von Staatsbetrieben, Erhöhung von Verbrauchssteuern, Preissteigerungen für staatliche Leistungen sowie die Bekämpfung der Schattenwirtschaft. Andererseits soll das Empfängerland für „fresh money" vom IWF zur Bekämpfung der Inflation öffentliche Ausgaben in den Bereichen Verwaltung, Infrastruktur, Sozialleistungen, Löhne und Gehälter sowie Subventionen kürzen. Da die vom IWF verordneten Programme zur Liberalisierung des Marktes, zur Sanierung des Staatshaushalts und zur Stabilisierung der Währung schockartig und tief in das wirtschaftliche und soziale Leben der betroffenen Länder eingreifen, führen sie in der Anfangszeit oft zu großen sozialen und politischen Spannungen.

188.1 Der IWF – ein umstrittener Krisenmanager

Letztlich muss jedes Land seinen Wohlstand aus eigener Kraft aufbauen. Nach der Theorie des komparativen Kostenvorteils (Abb. 120.1) fährt jede Volkswirtschaft dabei am besten, wenn sie sich auf die Produkte spezialisiert, die sie unter allen Produkten am besten herstellen kann. Alle anderen benötigten Güter werden im Ausland gekauft. Daher müssen Handelsbarrieren abgebaut werden. Entwicklungsländer müssten demnach v.a. Agrarprodukte und Rohstoffe exportieren, Industrieländer dagegen Industrieprodukte. Ghana z. B. exportiert Kakao nach England, importiert von dort Schokolade – und ist immer noch ein Entwicklungsland. Handel allein ist auf Dauer also nicht ausreichend, entscheidend ist die Industrialisierung.

Industrialisierung

Länder wie Taiwan, Thailand, Südkorea, Malaysia oder Singapur strebten stets eine Modernisierung im Sinne einer nachholenden Entwicklung an. Sie förderten ihre Industrialisierung gezielt durch hohe Staatsquoten und ausländische Direktinvestitionen. Importzölle schützten zunächst den Konsum inländischer Produkte und den Aufbau einheimischer Industrien. Die Subventionierung der Exporte half Märkte zu erweitern und Devisen zu erwirtschaften. Staatsbetriebe wurden lange Zeit nicht privatisiert, die Finanzmärkte nur langsam liberalisiert. Ausgerechnet die Länder, die so gegen alle Regeln der Liberalisierung verstießen, sind zu relativem Wohlstand gelangt. Sie folgten dem Entwicklungspfad Europas und Nordamerikas, die ebenfalls erst mit wachsendem Wohlstand dem Markt mehr Raum einräumten. Auch Indien und China besitzen noch stark regulierte Ökonomien, erzielen aber außergewöhnlich hohe und relativ stabile Wachstumsraten. Mit Marktkräften allein scheint demnach kein Land zu Wohlstand zu gelangen. Vielen armen Ländern sind heute aber die gerade in der Anfangsphase einer Industrialisierung so nützlichen Schutzinstrumente durch die WTO-Regeln oder die Kreditauflagen des IWF bzw. der Weltbank untersagt.

Grundbedürfnisstrategie

In den 1970er Jahren wurde zunehmend infrage gestellt, ob Entwicklung überwiegend auf Industrialisierung beruhen muss. Nach den Analysen des Internationalen Arbeitsamts kann das Wachstum einer Volkswirtschaft erst beginnen, wenn Armut zurückgedrängt und die Grundversorgung der Bevölkerung gesichert ist. Neben den lebensnotwendigen materiellen Gütern gehören dazu auch immaterielle Güter wie Bildung, persönliche Freiheit, Chancengleichheit, Rechtssicherheit, Mitbestimmung bei gesellschaftlichen Entscheidungen sowie kulturelle Identität. Dabei kommt v.a. der Förderung von Frauen große Bedeutung zu, denn sie sind meist besonders belastet, in vielerlei Hinsicht aber gegenüber Männern benachteiligt.

Etwa 70 % der Bevölkerung in den Entwicklungsländern leben noch auf dem Land. Hier zielt die Grundbedürfnisstrategie – neben dem Ausbau der sozialen und technischen Infrastruktur – in erster Linie auf Reformen im Agrarsektor. Diese umfassen neben der Erschließung von Landreserven v.a. Landbesitzreformen, Veränderungen der Bodenbewirtschaftung (Bewässerung, Dünger, Pestizide, optimiertes Saatgut, verbesserte Anbausysteme und Nutztierhaltung) sowie den Aufbau regionaler Märkte und Verteilungssysteme. Dabei soll so weit als möglich auf lokale Traditionen und Kenntnisse, Rohstoffe und Arbeitskräfte, zurückgegriffen werden. Fehlende Kenntnisse technologischer Möglichkeiten, medizinischer sowie ökonomischer und ökologischer Zusammenhänge sollten durch respektvolle Beratung behoben werden, notwendige Eingriffe in den Naturhaushalt schonend erfolgen. Oberstes ökonomisches Ziel einer solchen integrierten ländlichen Entwicklung ist es, zunächst die Selbstversorgung mit Nahrungsmitteln zu sichern, dann die Ausfuhr von traditionellen Exportgütern des Agrarbereichs auszuweiten und schließlich neue exportorientierte Wirtschaftszweige aufzubauen. Parallel dazu muss die Ausweitung der Produktions- und Exportpalette (Exportdiversifikation) auch im Industrie- und Dienstleistungsbereich helfen, Abhängigkeiten bei einseitiger Wirtschaftsausrichtung zu vermindern.

Zur Schaffung von Arbeitsplätzen, aber auch zum Kapital- und Know-how-Transfer ist es sinnvoll, staatliche Betriebe und Beteiligungen allmählich zu privatisieren und die Märkte zu öffnen. Viele Entwicklungsländer ermöglichen daher zunehmend Lizenzproduktionen oder Produktionsstätten zur Lohnveredelung oder Jointventures, teilweise in durch Zollbestimmungen nicht eingeschränkten Freihandels- oder freien Produktionszonen.

Da je nach Land zwischen 20 und 50 % der Bevölkerung im informellen Sektor arbeiten und dort auf arbeitsintensive Weise an den Massenbedarf angepasste Produkte herstellen, ist die Förderung dieses Bereichs ein unverzichtbarer Bestandteil der Grundbedürfnisstrategie.

Nachhaltige Entwicklung
Seit die Grenzen der Belastbarkeit des Ökosystems Erde erkennbar sind, ist eine nachhaltige Entwicklung die gemeinsame Herausforderung der Menschheit. Die Schwerpunktaufgaben sind dabei unterschiedlich: Der Norden muss seinen Ressourcenverbrauch und seine Umweltbelastung drastisch vermindern, der Süden muss Armut und Bevölkerungswachstum reduzieren und die ehemals sozialistischen Länder, v.a. die GUS-Staaten, müssen die wachsende Armut und die Umweltprobleme bekämpfen. Armutsbekämpfung, eine sozial gerechte Gestaltung der Globalisierung, eine effiziente und nachhaltige Nutzung der Naturressourcen sowie die Sicherung des Friedens gelten heute als Eckpfeiler einer globalen Strukturpolitik.

Die in der Hauptstadt Togos 1975 erstmals abgeschlossenen Lomé-Abkommen zwischen EU und AKP-Staaten sind Teil der europäischen Entwicklungspolitik. Die mehrfach fortgeschriebenen Abkommen umfassen i.W. drei Bereiche.
1. Die EU gewährt nahezu allen Produkten (99,5 %) aus AKP-Ländern zollfreien Zugang zum EU-Markt, ohne ihrerseits diesen Vorteil zu verlangen. Importbeschränkungen bestehen jedoch bei Agrarprodukten, für die die EU Marktordnungen hat bzw. bei Agrarprodukten, die auch innerhalb der EU erzeugt werden (Rindfleisch, Bananen, Zucker, Rum).
2. Kernstück im Rohstoffbereich ist das System zur Stabilisierung der Exporterlöse (STABEX) von 51 Agrarrohstoffen. Der STABEX-Fonds gewährt bei sinkenden Weltmarktpreisen den AKP-Ländern Ausgleichszahlungen. Eine vergleichbare Regelung besteht für sieben mineralische Rohstoffe (MINEX).
3. Über den Europäischen Entwicklungsfonds (EEF) wird die finanzielle, technische und wissenschaftliche Zusammenarbeit abgewickelt.
Die oft als Modell partnerschaftlicher Nord-Süd-Beziehungen gepriesenen Abkommen wurden jedoch zunehmend kritisiert: weil STABEX keine Diversifizierung der Exportstruktur förderte, wegen fehlender Haushaltskontrolle durch das EU-Parlament, v.a. aber weil das einseitige Präferenzsystem gegen die WTO-Prinzipien verstieß.
Im Jahr 2000 hat die EU daher mit dem auf 20 Jahre angelegten Abkommen von Cotonou eine völlige Neuausrichtung ihrer Entwicklungszusammenarbeit eingeleitet. Diese basiert nun auf fünf Säulen:
1. Die EU-Hilfe wird von der Erfüllung politischer und ökonomischer Auflagen abhängig gemacht, d.h. von der Verwirklichung von Menschenrechten, demokratischen Prinzipien (Pluralismus, freie Wahlen) und „good governance" (verantwortlicher, entwicklungsorientierter und transparenter Umgang mit den Ressourcen).
2. Wichtigstes Kooperationsziel ist die Verringerung von Armut.
3. Einbeziehung nichtstaatlicher Akteure, d.h. der Zivilgesellschaft, von NGOs und privaten Unternehmen (Public-Private-Partnership, PPP).
4. Mit einer Ausnahmegenehmigung der WTO können die einseitigen Handelspräferenzen sowie STABEX und MINEX bis Ende 2007 angewandt werden. Bis dahin müssen WTO-kompatible Wirtschaftsabkommen ausgehandelt werden. Hierzu sollen die AKP-Staaten untereinander regionale Wirtschaftskooperationen bilden, mit denen die EU dann Freihandelsabkommen schließt.
5. Reform der Finanzierung (bis 2007 ca. 25,1 Mrd. €), zielgerichtete Mittelvergabe, regelmäßige Evaluation der Projekte, finanzielle Belohnung erfolgreicher Länder.

189.1 Vom Lomé- zum Cotonou-Abkommen

Der Weltöffentlichkeit erscheint es wie ein Wunder. Spitzenpolitiker, Weltbank- und Entwicklungsexperten geben sich bei Professor Muhammad Yunus in Dhaka, der Hauptstadt von Bangladesch, die Klinke in die Hand. Auf der Weltfrauenkonferenz in Peking wurde er – als Mann – gefeiert wie ein Star: Yunus ist der Mann, der Armut vernichten kann. Seine Grameen Bank (Dorfbank) vergibt Kleinkredite auf dem Lande an die Ärmsten der Armen, an Landlose – und v. a. Frauen. Ihre Rückzahlungsmoral liegt – trotz banküblicher Zinssätze von 20 % – mit 95 % weit über der der Männer und sie investieren klüger.

Als Belly Begum vor zwölf Jahren in die Bank eintrat, stand sie vor dem Nichts. Sie hatte keinen Sari zum Wechseln, keine Seife, kein Kokosöl für die Haare. Nachts schliefen sie, ihr kranker Mann und die drei kleinen Kinder in einer winzigen Hütte aus Bananen- und Zuckerrohrblättern. Sie aß nicht zu Mittag und das Kilo Reis, das sie als Magd verdiente, teilte sie abends mit der Familie. Nach langem Zögern – ein Mullah hatte ihr drohend verkündet, dass sie als Grameen Bankmitglied in die Hölle käme – ließ sie sich das Bankprinzip erklären: „Jedes Mitglied muss seinen Namen schreiben, etwas lesen, von eins bis zwanzig zählen und ein wenig rechnen können. Jeweils fünf Mitglieder schließen sich zu einer Gruppe zusammen und bürgen gegenseitig für ihre Kredite. Die Rückzahlungen erfolgen öffentlich. Wenn ein Mitglied nicht zahlen kann, müssen die anderen für die Raten zusammenlegen." Die Frauen versprechen sich auch, ihre Familien klein zu halten, auf ihre Gesundheit zu achten, das ganze Jahr über Gemüse anzubauen, die Umwelt und ihre Kinder sauber zu halten, ihre Hütten zu reparieren, Wasser vor dem Trinken abzukochen. Sie verlangen oder zahlen keine Mitgift bei der Heirat ihrer Söhne oder Töchter; Kinderheirat ist tabu.

Belly bekam ihren ersten Kredit, 1500 Taka, damals rund 160 Mark, kaufte sich ein Kalb und Reisähren. Die Reisähren drosch, kochte und enthülste sie, wie sie es als Magd getan hatte, und ließ sie auf dem Markt verkaufen. Plötzlich verdiente sie Geld, früher hatte sie für die Arbeit eines Tages nur etwas Reis bekommen. Innerhalb eines Jahres konnte sie in wöchentlichen Raten ihren Kredit tilgen. Mit einem zweiten Kredit blieb sie bei ihrer Investitionsstrategie: Ein Teil floss in den Reishandel, den Rest investierte sie in Vieh, Land und ihre Unterkunft. Heute besitzt sie 0,2 ha Ackerland, zwei Lehmhäuser, davon eines mit Wellblechdach, eine Kuh, Hühner, Obstbäume, einen Rohrbrunnen, eine Latrine, Kleidung und viele Hausutensilien. Sie ist eine respektierte Frau. Man grüßt sie und fragt sie um Rat. „Die gleichen Leute, die früher die Haustür zumachten, wenn ich vorbeikam, laden mich heute zur Hochzeit ihrer Kinder ein." (nach: Das Parlament, 8. November 1996)

190.1 Überwindung von Armut

Einen „Königsweg" für eine zukunftsfähige Entwicklung gibt es aber nicht. Sicher ist, dass die Hauptarbeit auf der lokalen Ebene von den Kommunen geleistet werden muss („Global denken, lokal handeln"). Doch selbst Multis können zu einer gerechteren Welt beitragen. Der VW-Konzern hat 2002 z. B. für seine weltweit 320 000 Beschäftigten eine Sozialcharta aufgelegt: Danach sind Zwangs-, Pflicht- und Kinderarbeit verboten; die Bildung von Gewerkschaften und Betriebsräten ist als Grundrecht festgeschrieben; Löhne, Arbeitszeiten, Arbeits- und Gesundheitsschutz müssen zumindest den Anforderungen der jeweiligen nationalen Gesetze entsprechen.

In ähnlicher Weise unterstützen z. B. Vereine wie „Transfair" und „Rugmark" vorbildhaft mit ihren Sozialsiegeln Produzenten im Süden. Diese Beispiele, oder das Modell der Grameen Bank (Abb. 190.1), zeigen, dass bereits mit geringen Geldmengen Fortschritte möglich sind.

Für die Armutsbekämpfung insgesamt müssen aber noch lange Zeit große Geldmengen aufgewendet werden. Der private Kapitalfluss nach Süden ist jedoch in den letzten Jahren ebenso rückläufig wie die offizielle Entwicklungshilfe. Nur wenige Industrieländer erreichen das einstmals vereinbarte Ziel von 0,7 % am BSP. Globalisierungskritiker, Kirchen, Gewerkschaften, NGOs und teilweise auch die politische Seite sehen daher in der Erhebung der so genannten Tobin-Steuer eine neue, ergiebige Geldquelle. Der Wirtschaftswissenschaftler hatte bereits in den 70er Jahren die Besteuerung von kurzfristigen Devisentransaktionen vorgeschlagen, um heiße Spekulationen zu verhindern und ökonomisch sinnvolle Investitionen frei von Störungen zu halten. Die Einnahmen sollten an die unterfinanzierte Weltbank gehen.

Aufgaben

1. Schuldenabbau ist keine Strategie, aber notwendig. Nennen Sie Einzelmaßnahmen, die dabei helfen (Text).
2. Charakterisieren Sie die einzelnen Strategien mit eigenen Worten (Abb. 186.1, Text).
3. Begründen Sie, weshalb IWF, Weltbank und WTO vielfach als „Hindernisse" einer gerechten Entwicklung betrachtet werden (Text, Abb. 188.1).
4. Das Abkommen von Cotonou, ein fairer Vertrag? Diskutieren Sie (Abb. 189.1).

www.transfair.org/der-globale-alltag/

Globale Problemfelder und Strategien

zu einer nachhaltigen Entwicklung

Das Phänomen des gekochten Froschs
Frösche, die in einer Pfanne voll Wasser langsam erhitzt werden, sind unfähig, den allmählichen, aber tödlichen Trend zu erkennen. Und wir? Wie steht es mit den allmählichen Trends der Bodenerosion, der Entwaldung, der Klimaveränderung und des Artensterbens?

1 Merkmale des globalen Wandels

Das Syndromkonzept

Die Weltkonferenz „United Nations Conference on Environment and Development" (UNCED) fand 1992 in Rio de Janeiro unter Beteiligung von Politikern, Diplomaten, Wissenschaftlern, Medienfachleuten und Vertretern von Nicht-Regierungsorganisationen (NGOs) aus 179 Staaten statt. Sie gilt als Wegbereiter einer offensiven Beschäftigung mit globalen Problemfeldern. Der Haupterfolg dieses so genannten „Earth Summit", der 2002 seine Fortsetzung in Johannesburg fand, war die Verabschiedung der Agenda 21, eines weltweiten Aktionsprogramms für das 21. Jahrhundert („think globally, act locally"). Ihr Kern ist das Leitbild einer nachhaltigen Entwicklung („sustainable development"). In der Präambel zur Agenda 21 wird dieses neue Leitbild definiert als „globale Partnerschaft für eine ökonomisch machbare, sozial gerechte, ökologisch gesunde Entwicklung, nicht nur heute, sondern auch in Zukunft".

Federführend in Deutschland bei der Analyse, Bewertung und Entwicklung von Lösungsstrategien für globale Problemfelder ist der „Wissenschaftliche Beirat der Bundesregierung Globale Umweltveränderungen" (WBGU). Er dokumentiert in seinen Jahresgutachten globale Umweltveränderungen und berät politische Entscheidungsträger.

Der WBGU verwendet in seinen Dokumentationen dabei die Methodik des Syndromkonzepts. Ausgehend vom medizinischen Begriff des Syndroms als der charakteristischen Kombination von Krankheitssymptomen (Merkmalen), die global erfasst werden (Abb. 194.1), werden typische weltweite Umweltschadensbilder klassifiziert und Ursachenmuster identifiziert. So kommt der WBGU zu einer Einteilung in Übernutzungs-, Entwicklungs- und Entsorgungssyndrome (Abb. 192.1), die Industrie-, Schwellen- und Entwicklungsländer in unterschiedlichem Ausmaß betreffen (Abb. 193.1). Diese Syndrome bilden dabei den Kern sechs drängender globaler Umweltprobleme:

- Klimawandel,
- globale Umweltwirkungen von Chemikalien: stratosphärischer Ozonabbau und persistente organische Schadstoffe,
- Gefährdung der Weltmeere,
- Verlust biologischer Vielfalt und Entwaldung,
- Bodendegradation
- Süßwasserverknappung und Verschmutzung.

Aufgaben

1. Informieren Sie sich mithilfe des Internets über die Ergebnisse des Weltgipfels 2002 in Johannesburg. www.johannesburgsummit.org, www.weltgipfel2002.de.
2. Erstellen Sie mithilfe www.wbgu.de eine kurze Charakteristik der in Abb. 195.1 genannten Syndrome.

Übernutzungssyndrome

1. Landwirtschaftliche Übernutzung marginaler Standorte: *Sahel-Syndrom*
2. Raubbau an natürlichen Ökosystemen: *Raubbau-Syndrom*
3. Umweltdegradation durch Strukturwandel traditioneller Anbaumethoden: *Landflucht-Syndrom*
4. Nichtnachhaltige industrielle Bewirtschaftung von Böden und Gewässern: *Dust-Bowl-Syndrom*
5. Umweltdegradation infolge Extraktion nichterneuerbarer Ressourcen: *Katanga-Syndrom*
6. Umweltdegradation durch Erschließung und Umgestaltung von Naturregionen für Tourismus: *Tourismus-Syndrom*
7. Umweltdegradation durch militärische Nutzung: *Verbrannte-Erde-Syndrom*

Entwicklungssyndrome

8. Fehlgeleitete oder gescheiterte Großprojekte mit zielgerichteter Umgestaltung der Umwelt: *Aralsee-Syndrom*
9. Umweltdegradation durch Transfer standortfremder landwirtschaftlicher Produktionsmethoden: *Grüne-Revolution-Syndrom*
10. Umweltdegradation durch Wirtschaftswachstum mit hoher Eigendynamik: *Kleine-Tiger-Syndrom*
11. Urbanisierung und umweltgefährdendes Verhalten in menschlichen Siedlungen: *Favela-Syndrom*
12. Zersiedlung und Ausweitung von Infrastruktur als Kennzeichen umweltbelastender Agglomerationen: *Suburbia-Syndrom*
13. Lokale, singuläre Industriekatastrophen mit längerfristigen Auswirkungen: *Havarie-Syndrom*

Entsorgungssyndrome

14. Umweltdegradation infolge Entsorgung durch Verdünnung von Schadstoffen in Luft und Wasser: *Hohe-Schornstein-Syndrom*
15. Umweltprobleme bei Entsorgung durch Verdichtung und Deponierung von Abfallstoffen: *Müllkippen-Syndrom*
16. Umweltdegradation durch lokale Kontamination. Abfallakkumulation und Altlasten: *Altlasten-Syndrom*

192.1 Übersicht über die Syndrome des globalen Wandels (WBGU Jahresgutachten 1999)

Globale Problemfelder und Strategien

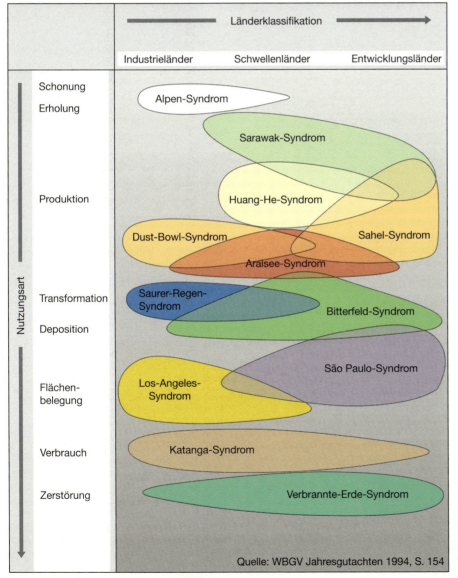

193.1 Beispiel: Hauptsyndrome der anthropogenen Bodendegradation

Quelle: WBGV Jahresgutachten 1994, S. 154

Globale Problemfelder und Strategien

Das Syndromkonzept des WBGU versucht den globalen Wandel durch Bündelung von Einzelsymptomen zu erfassen. Bisher wurden ca. 80 bis 90 Symptome definiert, die den globalen Wandel in entscheidendem Maße beeinflussen (Abb. 195.1). Die Symptome umfassen dabei qualitativ unterschiedliche Entwicklungen. Sie lassen sich in drei Kategorien unterteilen:
- problematische Vorgänge wie „verstärkter Treibhauseffekt", „Bodenverdichtung" oder „Meeresspiegelanstieg";
- ambivalente Trends wie „Globalisierung der Märkte" oder „zunehmender Tourismus";
- positive Entwicklungen wie „Intensivierung von Ausbildung und Qualifikation" oder „Bedeutungszunahme der Nicht-Regierungsorganisationen (NGOs)".

Einige Kernprobleme des globalen Wandels sind identisch mit bestimmten Symptomen, wie z. B. „globaler und regionaler Klimawandel". Andere Hauptphänomene des globalen Wandels wie z. B. die Bodendegradation bestehen aus mehreren Symptomen wie Fertilitätsverlust, Bodenversiegelung, Bodenverdichtung etc.

Um Handlungsstrategien zu entwerfen, die den globalen Wandel im positiven Sinn zu steuern versuchen, ist eine bloße Auflistung der Symptome des globalen Wandels

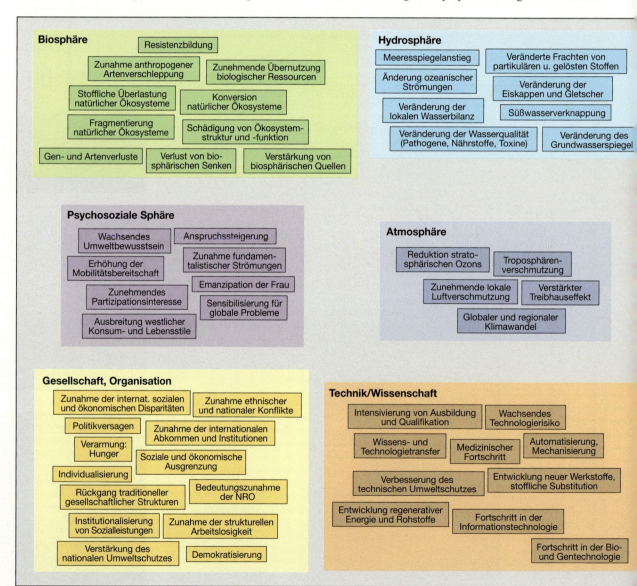

194.1 Symptome des Globalen Wandels

unzureichend. Deshalb müssen auch die Wechselwirkungen zwischen den verschiedenen Symptomen dargestellt werden.

Die besondere Methodik des WBGU liegt nun darin, dass die Symptome unterschiedlichen Sphären (z. B. Hydrosphäre) oder Bereichen (z. B. Wirtschaft, Abb. 194.1) zugeordnet werden. Die Phänomene des globalen Wandels erweisen sich also nicht ausschließlich als Gegenstände der Naturwissenschaften und es wird deutlich, dass nur durch das Zusammenwirken verschiedener Wissenschaftsdisziplinen den Herausforderungen des globalen Wandels mit adäquaten Strategien begegnet werden kann.

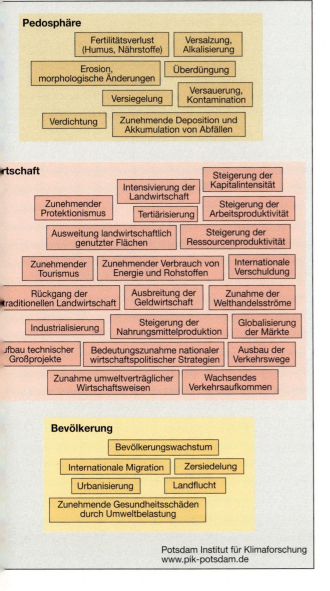

Symptome
- sind die Grundelemente der systemanalytischen Beschreibung der Dynamik des globalen Wandels im Rahmen des Syndromkonzepts;
- geben eine Zusammenschau der wichtigsten Entwicklungen im Rahmen des globalen Wandels aus verschiedenen wissenschaftlichen Disziplinen. Z. B. ist das Symptom „Individualisierung" Gegenstand der Forschung in Psychologie und Soziologie, das Symptom „Globalisierung der Märkte" in erster Linie ein Forschungsgegenstand der Volkswirtschaftslehre oder das Symptom „Veränderung des Grundwasserspiegels" Forschungsgebiet der Hydrologie;
- bezeichnen komplexe natürliche oder anthropogene, dynamische Phänomene, ohne die Vorgänge im Detail zu charakterisieren;
- erhalten zunächst einen einprägsamen Namen ohne Bewertung;
- sind durch Indikatoren messbar.

Wechselwirkungen
- zeigen die Verknüpfungen an bei der systemanalytischen Beschreibung der Dynamik des globalen Wandels im Rahmen des Syndromkonzepts;
- geben genaueren Aufschluss über die Form der Kausalbeziehung zwischen Symptomen unter bestimmten Bedingungen. Es wird deutlich, ob ein Symptom in seinen Auswirkungen auf ein anderes dieses positiv oder negativ verstärkt;
- können zwischen einem einzelnen Symptompaar (z. B. zwischen den Symptomen „Emanzipation der Frau" und „Bevölkerungswachstum") oder zwischen mehreren an einer Kausalbeziehung beteiligten Symptomen bestehen. Z. B. sind mehrere Symptome ursächlich für die Bodenerosion, die ihrerseits wieder zahlreiche Auswirkungen einschließlich der Ausgrenzung und Verarmung von Bevölkerungsgruppen hat.

Syndrome
- sind anthropogen verursachte Schädigungsmuster, die einer nachhaltigen Entwicklung im Wege stehen;
- sind Ergebnis des Zusammenwirkens komplexer Phänomene;
- sind charakteristische Konstellationen von Symptomen und ihren Wechselwirkungen;
- beziehen sich nie nur auf eine einzelne Sphäre des Erdsystems, sondern entstehen durch das Zusammenwirken der Symptome aus mehreren Sphären.

195.1 Definitionen der Grundbegriffe des Syndromkonzepts

Fallbeispiel: Das Bitterfeld-Syndrom

Die Region Bitterfeld-Wolfen (Abb. 196.1) ist ein Wirtschaftsstandort mit einer über einhundertjährigen Industriegeschichte. Braunkohle, Salzvorkommen, ausreichende Wasservorräte und die verkehrsgünstige Lage haben entscheidend dazu beigetragen, dass sich dieser Raum zum Zentrum der Chemieindustrie entwickelte. Weltneuheiten wie der erste Kunststoff wurden durch den Chemieriesen IG Farben ab 1925 hier hergestellt. Den Standort berühmt machten aber auch die Filmfabriken Wolfen und Agfa. Die im Frühjahr 1945 durch die US-Armee eroberte Industrieregion war wenig zerstört worden, sodass die sowjetische Militäradministration die Großbetriebe übernehmen konnte, die sie 1952 an die DDR übergab. Diese forcierte die weitere industrielle Entwicklung durch die Einrichtung von vier Kombinaten:
- das Chemiekombinat Bitterfeld;
- das Fotochemische Kombinat ORWO Wolfen;
- das Braunkohlekombinat Bitterfeld;
- das Kombinat Industrie- und Kraftwerks-Rohrleitungen.

Grenzwert	Schwefeldioxid 150 µg*/m³	Stickoxid 500 µg/m³
9.4.1990	248	600
11.4.1990	97	190
12.4.1990	219	450
13.4.1990	296	530
14.4.1990	205	550
15.4.1990	190	550
17.4.1990	442	1330
18.4.1990	171	1100
19.4.1990	198	900

Messstelle: Bitterfeld, Leninstraße 19
*µg = Mikrogramm = 0,000001 g

196.2 Luftmessdaten Bitterfeld-Wolfen

Die für den Aufbau der DDR so zentrale Industrielandschaft wurde auch zum Inbegriff der Umweltverschmutzung. Die alleinige Fokussierung auf Produktionszahlen ohne Rücksicht auf ökologische Belange führte zu massiven Umweltschäden, die heute als Bitterfeld-Syndrom bezeichnet werden. Kern dieses Syndroms ist neben der Belastung der Hydro- und Atmosphäre vor allem eine Schädigung der Pedosphäre durch kontaminierte (hochgradig belastete) Böden. Die sandigen und humusarmen Böden im Raum Bitterfeld geben dabei die gespeicherten Schadstoffe schnell an das Grundwasser ab.

Welche Schadensdimensionen vorgelegen haben, wird am Beispiel der ausgekohlten Braunkohlegrube Johannes, genannt „der Silbersee", deutlich. Der See diente jahrzehntelang dem Chemie- und Fotochemischen Kombinat als Absatzbecken für Abwässer, die dann in den Fluss Mulde weitergeleitet wurden. Quantitative Erhebungen Anfang der 90er Jahre ergaben eine Einlagerung von 10 000 t Blei, 20 000 t Zink und 13 t Silber. Dazu kam eine unbestimmte Menge weiterer anorganischer und organischer Stoffe. Luftmessdaten im Raum Bitterfeld vom April 1990 (Abb. 196.2) zeigen darüber hinaus eine weit über die Grenzwerte hinausreichende Belastung der Luft mit Schwefeldioxid- und Stickoxidemissionen. Der Wiedereintrag dieser Schadstoffe aus der Atmosphäre in die Pedosphäre führt zur Bodenversauerung.

Kontaminationen dieses Ausmaßes fügen dem Produktionsfaktor Boden einen enormen Wertverlust zu. Nutzungsänderungen und Baumaßnahmen sind nur noch eingeschränkt möglich. Die Kosten für die Trinkwasseraufbereitung steigen erheblich und Dekontaminationsmaßnahmen zur Schadstoffbeseitigung im Erdreich erfordern einen gewaltigen finanziellen und technischen Aufwand. Überdies wirken kontaminierte Böden negativ auf die Biosphäre und über die Nahrungskette ergeben sich Gefährdungen für Mensch und Tier.

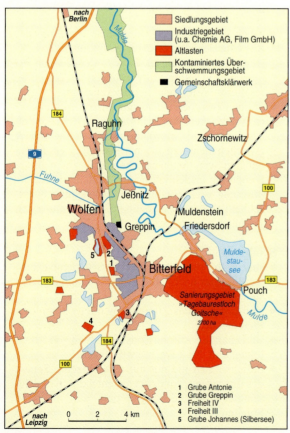

196.1 Altlasten im Raum Bitterfeld-Wolfen

Erstellen von Wirkungsgefügen

Der **Syndromansatz**, mit dem die „Erkrankungen" des Planeten Erde systematisch beschrieben und analysiert werden, eignet sich sehr gut für die grafische Darstellung eines **Wirkungsgefüges**. Dies kann am Beispiel des **Bitterfeld-Syndroms** verdeutlicht werden.

In einem 1. Schritt werden in Anlehnung an Abb. 194.1 die Sphären (z. B. Atmosphäre) und Bereiche (z. B. Wirtschaft) benannt, die vom jeweiligen Syndrom betroffen sind.
In einem 2. Schritt werden die positiven und negativen Prozesse, die in den einzelnen Sphären/Bereichen stattfinden, konkretisiert (z. B. Abfallakkumulation).
Im 3. Schritt wird eine Sphäre bzw. ein Bereich, der in der Syndromgenese eine Hauptrolle spielt, ins Zentrum der Grafik gestellt. Beim Bitterfeld-Syndrom ist das die Pedosphäre. Durch die synoptische (übersichtlich nebeneinander gereihte) Darstellung der einzelnen inhaltlich charakterisierten Sphären und Bereiche ergibt sich nun die Möglichkeit, Wechselwirkungen aufzuzeigen, die wie folgt angezeigt werden:

- A ⟶ B   Trend A verstärkt Trend B
- A •------ B   Trend B schwächt Trend A ab.

Auf diese Weise entsteht eine Struktur, in der bestimmte Sachverhalte nicht als isolierte Fakten zu sehen sind. Aufgrund dieser grafischen Zusammenschau ist es in einem 4. Schritt möglich Lösungsstrategien zu entwerfen.

Erstellen Sie mithilfe der folgenden Fragmente ein Wirkungsgefüge zum Bitterfeld-Syndrom entsprechend der oben beschriebenen Schrittfolge.

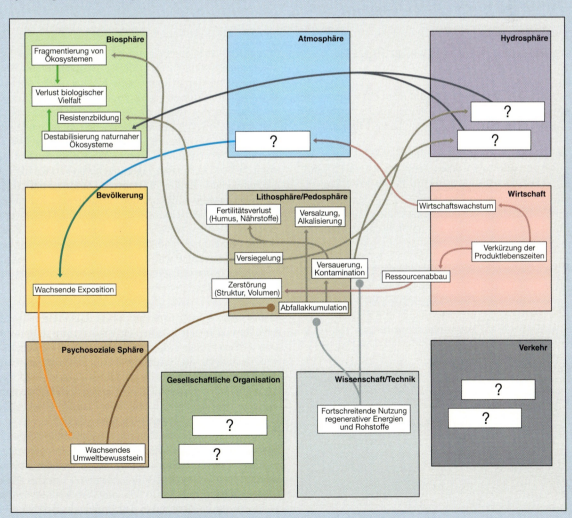

197.1 Syndromspezifisches Beziehungsgeflecht: das Bitterfeld-Syndrom

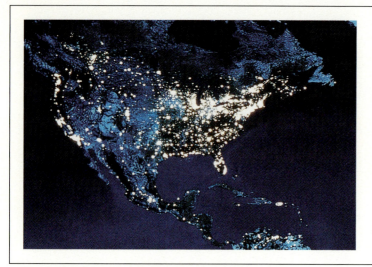

Unter **Verstädterung** versteht man meistens das Wachstum der Städte nach Zahl, Einwohner und Fläche, während **Urbanisierung** darüber hinaus auch die Umwandlung bestehender Siedlungen und die Herausbildung, Ausbreitung und Verstärkung städtischer Lebens-, Wirtschaftsformen und Verhaltensweisen beinhaltet. Der Verstädterungsgrad (= **Verstädterungsquote**) bezeichnet den prozentualen Anteil der Stadtbevölkerung an der Gesamtbevölkerung, die **Verstädterungsrate** gibt dagegen das prozentuale Wachstum der Stadtbevölkerung im Vergleich zur Gesamtbevölkerung an (= Zunahme des Verstädterungsgrades).

198.1 Verstädterung in Nordamerika und Definitionen

2 Verstädterung – ein weltweiter Prozess

„Einst waren Städte wie Babylon, Rom oder Jerusalem das Symbol einer ganzen Welt. Heute ist die ganze Welt im Begriff, eine Stadt zu werden." (Lewis Mumford)

Im 20. Jahrhundert stieg die städtische Bevölkerung von weltweit 200 Mio. auf 3 Milliarden. Um die Jahrtausendwende lebte damit knapp die Hälfte der Weltbevölkerung in Städten. Doch schon im Jahr 2025 werden sich zwei von drei Menschen als Städter bezeichnen können.
Das dritte Jahrtausend wird das „Jahrtausend der Städte".

In den Industrieländern wird sich der bereits hohe Verstädterungsgrad nicht mehr dramatisch verändern. Neue Städte entstehen hier kaum noch. Flächenmäßig wachsen die **Agglomerationen** (= Verdichtungsräume) z. T. zwar noch rapide, v. a. durch die **Suburbanisierung** (S. 102): Die „boom-town" Atlanta verdoppelte z. B. in den 1990er Jahren ihre Ausdehnung. Vielfach schrumpfen jedoch die Bevölkerungszahlen durch die **Counterurbanisierung** (= Bevölkerungsverlagerungen von Großstädten in kleinere oder in ländliche Gebiete). Die Brennpunkte der Bevölkerungsdynamik und der Verstädterung haben sich daher in die Entwicklungs- und Schwellenländer verlagert. Seit 1970 entfallen auf diese Länder rund 90 % des Städtewachstums – und der Trend geht ungebremst weiter: Bis 2025 werden weltweit etwa fünf Milliarden Stadtbewohner prognostiziert. Davon werden vier Milliarden nicht in den Städten der reichen Länder leben.

Die Ursachen für die explosionsartige Zunahme der Stadtbevölkerung liegen z. T. in der Veränderung administrativer Grenzen oder in der statistischen Umklassifizierung von Siedlungen, die bis dato nicht als Städte gezählt wurden. Die Schwellenwerte für eine Einstufung als Stadt sind regional höchst unterschiedlich. Sie liegen in Deutschland und den USA bei 2500, in Italien bei 10 000, in Island bei 200, in Japan dagegen bei 50 000 Einwohnern.
Die bedeutendsten Ursachen für die Zunahme der Stadtbevölkerung sind jedoch das natürliche Bevölkerungswachstum durch Geburtenüberschüsse und die Zuwanderung. In den heutigen Industriestaaten war das starke Städtewachstum im 19. Jh. v. a. auf Wanderungsgewinne zurückzuführen. Obwohl in den Entwicklungsländern insgesamt heute etwa 170 000 Menschen pro Tag in die Städ-

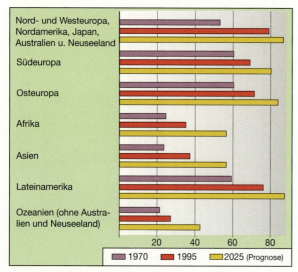

198.2 Verstädterungsgrad in ausgewählten Regionen

Globale Problemfelder und Strategien

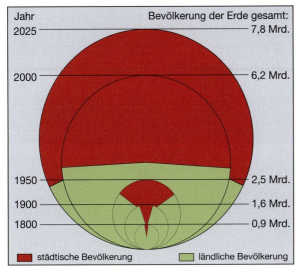

199.1 Anteil der städtischen Bevölkerung

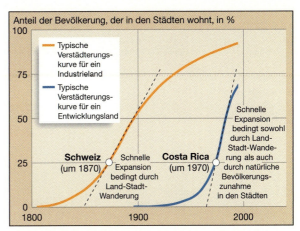

199.2 Verstädterungsvergleich

199.3 Push- und Pull-Faktoren

te zuziehen, bewirken die Migrationsgewinne nur selten mehr als 50 % des städtischen Wachstums. Hier spielen die Geburtenüberschüsse die wichtigste Rolle. Beide Ursachen sind jedoch eng miteinander verwoben, da die Altersgruppe zwischen 15 und 35 Jahren besonders stark an den Migrationen beteiligt sind und damit auch der Anteil der Frauen im gebärfähigen Alter überproportional hoch ist. Insgesamt liegt daher die Wachstumsrate der Stadtbevölkerung (4–7 % pro Jahr) deutlich höher als die ohnehin hohe Zuwachsrate der Gesamtbevölkerung. Die Mehrzahl dieser Länder befindet sich noch mitten in der Wachstumsphase des so genannten demographischen Übergangs. Anders als in den Industriestaaten ist die starke Verstädterung der peripheren Länder damit eine Folge der starken Bevölkerungszunahme, die zudem der wirtschaftlichen Entwicklung vorauseilt. Nur wenige können daher adäquat auf den Bevölkerungsdruck reagieren, der auf ihren Städten lastet.

Für das die Migrationen auslösende Ursachengeflecht wird vereinfachend meist das so genannte **Push- und Pull-Modell** verwendet (Abb. 199.3). Es zeigt auch, dass die Sogwirkung der Städte die vorhandenen Disparitäten verstärkt.
Wie stark die Motivation der von Hoffnung und Verzweiflung in die Städte getriebenen Landbewohner ist, zeigt das Beispiel China: Dort machte die kommunistische Führung jahrzehntelang durch strenge Regeln und Kontrollen Umzüge in die Städte nahezu unmöglich, weil sie dort eine Liberalisierung der Denk- und Verhaltensmuster und politische Unruhen befürchtete. Seit 1985 die Migrationseinschränkungen aufgehoben wurden, erlebt das Land die weltweit stärkste Verstädterung.

1950	Ew.	1980	Ew.	2010	Ew.
1. New York	12,3	1. Tokio	21,9	1. Tokio	28,8
2. London	8,7	2. New York	15,6	2. Mumbai	23,7
3. Tokio	6,9	3. Mexico-City	13,9	3. Lagos	21,0
4. Paris	5,4	4. São Paulo	12,1	4. São Paulo	19,7
5. Moskau	5,4	5. Shanghai	11,7	5. Mexico-City	18,7
6. Shanghai	5,3	6. Osaka	10,0	6. New York	17,2
7. Ruhrgebiet	5,3	7. Buenos Aires	9,9	7. Karachi	16,7
8. Buenos Aires	5,0	8. Los Angeles	9,5	8. Dhaka	16,7
9. Chicago	4,9	9. Kolkata	9,0	9. Shanghai	16,6
10. Kolkata	4,4	10. Beijing	9,8	10. Kolkata	15,6
11. Osaka	4,1	11. Paris	8,7	11. Delhi	15,2
12. Los Angeles	4,0	12. Rio de Janeiro	8,7	12. Beijing	14,3
13. Beijing	3,9	13. Seoul	8,3	13. Los Angeles	13,9
14. Mailand	3,6	14. Moskau	8,2	14. Manila	13,7
15. Berlin	3,3	15. Mumbai	8,0	15. Buenos Aires	13,5
16. Mexico-City	3,1	16. London	7,8	16. Kairo	13,2
17. Philadelphia	2,9	17. Tianjin	7,7	17. Seoul	12,9
18. St. Petersburg	2,9	18. Kairo	6,9	18. Jakarta	12,7
19. Mumbai	2,9	19. Chicago	6,8	19. Tianjin	12,4
20. Rio de Janeiro	2,9	20. Ruhrgebiet	6,7	20. Istanbul	11,7

199.4 Rangfolge großer Städte und Megastädte (Ew. in Mio.)

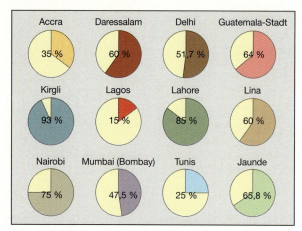

200.1 Anteil Wohnunterkünfte mit mangelhafter Qualität

200.2 Moloch Großstadt

Städte, die innerhalb eines nationalen Siedlungssystems gegenüber der zweit- oder drittgrößten Stadt eine um ein Vielfaches höhere Einwohnerzahl besitzen, werden **Primatstädte** (primate cities) genannt. Sie zeigen meist auch eine **funktionale Dominanz** (functional primacy), d.h., sie besitzen innerhalb eines Städtesystems eine nach ihrer Bevölkerungszahl überproportional starke Konzentration politisch-administrativer, wirtschaftlicher und kultureller Funktionen. Europäische Beispiele solcher **Metropolen** auf nationaler Ebene sind London, Paris oder Madrid.

Die so genannten **Weltstädte** (world cities) besitzen dagegen eine globale Primacy oder beeinflussen zumindest große Teile des Weltsystems. Diese „**global cities**" sind die Motoren und Steuerungszentralen der modernen, globalisierten Weltwirtschaft. In ihnen konzentrieren sich die Zentralen transnationaler Unternehmen und internationaler politischer Organisationen, hier bündeln sich die größten Verkehrs-, Finanz- und Informationsströme. Sie sind die Standorte der international einflussreichsten Medienkonzerne, Nachrichten- und Informationsdienste und von Kultur schaffenden Industrien. New York, London und Tokio sind Weltstädte der höchsten Rangstufe. Auf der zweiten Rangebene der „world cities" liegen neben Brüssel, Chicago, Frankfurt, Los Angeles, Washington D.C. und Zürich mit São Paulo und Singapur bisher erst zwei Städte aus Nicht-Industrieländern.

Ein weiteres besonderes Merkmal des globalen Verstädterungsprozesses ist die „Vergroßstädterung". Anfang des 19. Jh. war London die einzige Millionenstadt der Welt. Um 1900 gab es erst 13 Städte mit über 1 Mio. Einwohner, 1950 bereits 83, im Jahr 2000 schon 370. Bis 2010 werden 475 Millionen und 55 Fünf-Millionenstädte prognostiziert. **Megastädte** sind die nach Bevölkerungszahl und an Fläche größten Städte. Sie haben 10 Mio. und mehr Einwohner und besitzen innerhalb der jeweiligen nationalen Ökonomie eine Primatstellung, sind mit Ausnahme von London und Tokio jedoch keine „global cities". Im Jahr 2000 gab es etwa 20 Megastädte. Jede einzelne von ihnen hatte mehr Einwohner als 100 der Mitgliedstaaten der Vereinten Nationen! Insbesondere die Megastädte der Entwicklungs- und Schwellenländer zeigen, dass die Verstädterung rasanter, chaotischer, unkontrollier- und unplanbarer verläuft als jemals in den Industrieländern.

Auch bei der Verstädterung der reichen Länder gab es „städtische Explosionen", „**shock cities**" wie Manchester oder Chicago, die in einem kurzen Zeitraum einen dramatischen Wandel ihrer ökonomischen, sozialen und kulturellen Verhältnisse erlebten. Chicagos Einwohnerzahl kletterte z.B. von 30000 in 1850 über 0,5 Mio. (1880) und 1,7 Mio. (1900) auf 3,3 Mio. im Jahr 1930. Soziale und hygienische Missstände, Umweltbelastungen und Verkehrschaos waren auch in den Industrieländern lange Zeit die Begleiter der Verstädterung. Daneben gab es aber auch eine schon früh einsetzende Stadtplanung mit der Entwicklung und Realisierung der je nach Epoche als zukunftsweisend angesehenen Lösungen. Insgesamt war das durch die Industrialisierung ausgelöste Städtewachstum begleitet von einem Anstieg der Arbeitsplätze, einem raschen Ausbau der technischen Infrastruktur, der sozialen Versorgungs- und Sicherungssysteme und einer funktionierenden Verwaltung. Steigender Wohlstand, größere Mobilität und das lange vorherrschende Leitbild der Trennung von Arbeit, Wohnen und Erholung in „autogerechten" Städten haben die Ballungsräume jedoch in Entwicklungssackgassen geführt: In US-Städten werden heute 50 % der Fläche vom Autoverkehr beansprucht, doch ihre Zentren sind nachts fast völlig verwaist. Die Stadtfläche, die ein Stadtbewohner in Nordamerika beansprucht, ist zehnmal größer als die eines Städters in Entwicklungsländern; Zersiedlung, Stadtflucht und ausufernde Suburbanisierung bewirken kaum mehr zu bewältigende Verkehrs- und Materialströme, Umweltbelastungen und soziale Fragmentierung der Stadt.

Globale Problemfelder und Strategien

„Irgendwie" – so scheint es – gleichen sich alle Großstädte der Welt: Glaspaläste und Betonburgen, Plätze, Prachtstraßen und Einkaufsboulevards prägen die optisch uniformen Cities und beherrschen zusammen mit quirlenden Menschenmassen und einem mehr oder weniger gut organisierten Verkehrschaos den Stadtkern. Daneben gibt es noch „irgendwo" Wohngebiete unterschiedlicher Qualität, Industrie-, Gewerbe-, Verkehrs- und Freizeitflächen.

Bei genauer Betrachtung ist es in den Entwicklungsländern jedoch „etwas" anders: Hier quillt auch die City nachts noch über von Obdachlosen und Gestrandeten; hier ist das Verkehrschaos größer und die Abschottung der Ober- und Mittelschichtviertel mit Mauern, Stacheldraht und Ordnungshütern gegenüber der Masse der Bevölkerung markanter; hier sind – außerhalb des historischen Kerns – die neueren Stadtteile unorganischer gewachsen; hier liegen heute wie in der Frühphase der industrialisierten Welt selbst emissionsstarke Industriebetriebe oft inmitten von Wohnsiedlungen; fehlende Kläranlagen, die zunehmende Motorisierung, die Industrialisierung sowie Schwelbrände auf Müllkippen schaffen zahllose Umweltprobleme – und am Rande der Stadt staut sich die „Lawine der Landflüchtigen".

Rings um die expandierenden Großstädte entstehen immer mehr und immer weiter ausufernde Hütten- und Elendsviertel. In diesen Marginalsiedlungen (lat.: margo = Rand) und in den innerstädtischen Slumgebieten wohnen heute bereits 40–65 % der großstädtischen Bevölkerung; hier enden meist auch die Hoffnungen der Zuwanderer und der dort Geborenen. Es gibt kaum Arbeitsplätze, dafür aber Massenarmut, Hunger und Fehlernährung. Sie sind Brennpunkte von Drogenkonsum, Kriminalität, Prostitution, HIV-Infektion und familiärem Zerfall. Allein stehende Frauen mit Kindern sind eine besonders gefährdete Gruppe.

Da die Marginalsiedlungen ohne behördliche Genehmigung und Planung entstehen, fehlen zumindest für einen längeren Zeitraum nahezu alle Einrichtungen der technischen und sozialen Infrastruktur. Die unzureichende Wasserversorgung sowie die unkontrollierte Abwasser- und Müllbeseitigung begünstigen die Ausbreitung von Krankheiten. Durchfall-, Typhus- und Choleraepidemien treten daher immer wieder auf, 1994 in Surat/Indien sogar die Pest.

Beschäftigung finden die meisten Bewohner häufig nur im informellen Sektor. Mit unglaublichem Einfallsreichtum kämpfen sie als ambulante Händler, Autowäscher an Ampeln, Botengänger, Zauberer, Musiker oder Müllverwerter usw. ums tägliche Überleben. Weil sie keine Steuern zahlen, verdienen sie u. U. mehr als in einer regulären Stellung – aber ohne behördliche Genehmigung, Arbeitsvertrag, Kündigungsschutz, Kranken-, Unfall- oder Rentenversicherung.

Um wenigstens die Probleme der Wohnungsnot zu mildern, verfolgen die Verwaltungen verschiedene Strategien:

Low-Cost Housing
Die Stadt baut kostengünstige Wohnungen, die an Familien mit geringem, aber festem Einkommen vermietet werden. Für die meisten Stadtbewohner sind die Mieten jedoch unerschwinglich.

Site- and Service-Schemes
Zuwanderern werden Grundstücke mit einer infrastrukturellen Grundausstattung verkauft oder langfristig verpachtet. Die Häuser sollen in Eigenleistung gebaut werden. Oft werden jedoch die Grundstücke über Mittelsmänner von wohlhabenden Städtern gekauft oder gepachtet und mit Mietshäusern bebaut.

Squatter Upgrading
Marginalsiedlungen (engl.: squatter settlements) werden legalisiert und schrittweise mit Unterstützung der Stadtverwaltung aufgewertet, indem z. B. Trinkwasser-, Abwasser- und Stromleitungen sowie befestigte Straßen gebaut werden. Zur Verbesserung der Bausubstanz werden zinsgünstige Kredite vergeben. Oft werden dabei ärmere Einwohner verdrängt, weil sie nicht kreditwürdig sind und die neuen Gebühren nicht bezahlen können.

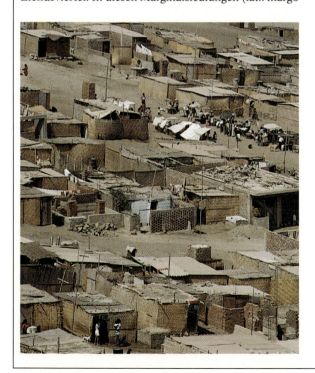

201.1 Lebensumstände in den Bevölkerungsmagneten

Globale Problemfelder und Strategien

Wie ...

- steuert man den unablässigen Strom von Migranten, der täglich 500 neue Zuwanderer in die Stadt spült?
- verwaltet man eine Stadt, deren technische und soziale Infrastruktur seit Jahren überfordert ist, weil ihre Bevölkerung jede Woche um 10 000 Menschen anwächst?
- betreibt man Stadtplanung, wenn jede Planung von Wachstum und Verfall überholt wird?
- schafft und fördert man Bürger-Engagement und -Beteiligung, wenn drei von vier Stadtbewohnern von der Hand in den Mund leben?
- sichert man den sozialen Frieden, wenn die sozialen Ungleichheiten ständig zunehmen?
- erhält man bei chronisch leeren Stadtkassen eine 1987 von der UNESCO zum Weltkulturerbe erklärte baufällige Innenstadt, deren Untergrund wegen Trockenlegung um bis zu 10 m abgesackt ist?
- garantiert man eine funktionierende Notversorgung, wenn die Sand- und Lehmschichten des ehemaligen Seegrunds bei jedem Erdbeben wie ein riesiger Wackelpudding zu schwingen beginnen?
- geht man mit Menschen um, die sich illegal über Nacht aus Brettern, Pappe und Blechen Notunterkünfte basteln, Stromleitungen anzapfen und sich nicht registrieren lassen?
- verschafft man auch den etwa 5 Mio. Stadtbewohnern, die bisher nur mit Tankwagen versorgt werden, eigene Zugänge zu sauberem Trinkwasser?
- sammelt und klärt man Abwässer, wenn an die jetzt bereits hoffnungslos überlastete Kanalisation erst 70 % der Bevölkerung angeschlossen sind und Kläranlagen weitgehend fehlen?
- organisiert man eine funktions- und zukunftsfähige Beseitigung der täglich anfallenden 20 000 t Müll?
- schafft man es, den auch in der Stadt allseits vorhandenen Einfluss der von 1929 bis 2000 ununterbrochen herrschenden PRI (Partido Revolucionario Institutional) zurückzudrängen?
- gewährleistet man mit notorisch unterbezahlten Polizisten Sicherheit in einer Stadt, der keine einzige Erscheinungsform der Kriminalität fremd ist?
- überzeugt man die Bauern in den Umlandgemeinden bei Texcoco, dass sie Land für die Erweiterung des mit jährlich 22 Mio. Passagieren überlasteten internationalen Flughafens abgeben sollen?
- präsentiert man im Tourismusgewerbe noch erfolgreicher eine Stadt, die jetzt schon jährlich von mehr als einer Million Fremden aufgesucht wird?

202.1 Ausgangsfragen bei der Suche nach Strategien

Fallbeispiel: Mexiko-City

Mexiko-City ist die alle anderen Städte Mexikos überstrahlende Hauptstadt, das politische, wirtschaftliche und kulturelle Herz des Landes. Hier erwirtschaften 150 000 Industriebetriebe etwa die Hälfte der Industrieproduktion des Landes, hier sind weit über die Hälfte des Finanzkapitals, 75 % aller höheren Bildungs- und Forschungseinrichtungen und 70 % aller Telefonanschlüsse des Landes konzentriert. Etwa jeder vierte der rund 96 Mio. Mexikaner lebt in dieser Metropole. Mexiko-City ist die Heimat von Generationen von Stadtbewohnern und der Ort, an den die vom Land oder aus anderen Städten Zuwandernden ihre größten Hoffnungen knüpfen.

Niemand weiß, wie viele Einwohner die vermutlich größte Agglomeration der Welt tatsächlich hat und wie groß ihre Fläche ist, denn längst ist das Häusermeer über die Kernstadt (Ciudad de Mexico) und den Bundesdistrikt (Distrito Federal, D. F.) hinaus in weitere Distrikte vorgedrungen. Im Randbereich dieser verstädterten Zone sind dadurch eigenständige Millionenstädte wie z. B. Ecatepec oder Nezahualcoyotl (Kurzform Neza) entstanden, die nach Fläche und Einwohnerzahl mit den größten Städten Deutschlands vergleichbar sind. Zusammengenommen lebten um das Jahr 2000 in diesem etwa 1250 km² großen Konglomerat aus Städten und Stadtteilen mit unterschiedlichem Alter, Aussehen und Funktionen etwa 24 Mio. Einwohner.

Die Kernstadt geht zurück auf Tenochtitlan, die Hauptstadt des Aztekenreichs. Mit der Expansion des Aztekenreichs erblühte die 1325 gegründete Stadt rasch zum Handels- und Machtzentrum. Dämme schützten die Paläste, die Pyramiden und Wohngebäude vor Überschwemmungen, Deichstraßen verbanden die amphibische Stadt mit dem Festland und eine Rohrleitung versorgte sie mit Trinkwasser. Fischfang, Jagd und ein hoch entwickelter Gartenbau auf schwimmenden Gärten bildeten die Ernährungsbasis der etwa 200 000 Stadtbewohner.

Nach der Eroberung durch Cortes (1529) errichteten die Spanier auf den Ruinen der geplünderten und teilweise geschleiften Metropole die Hauptstadt des Neuen Reiches, Ciudad de Mexico. Die für spanische Kolonialstädte geltenden Bauvorschriften bestimmten den Grund- und Aufriss: Rings um die zentrale Plaza gruppierten sich im Schachbrettmuster die dominanten Gebäude der weltlichen und kirchlichen Macht, die großen Handelshäuser und die Paläste der Oberschicht. Gegen den Stadtrand nahmen der soziale Status der Bewohner und damit die Größe und architektonische Ausgestaltung der Gebäude sowie die Besiedlungsdichte kontinuierlich ab.

Um die Überschwemmungsgefahr in der Regenzeit zu mindern und mehr Siedlungs- und Agrarflächen zu ge-

Globale Problemfelder und Strategien

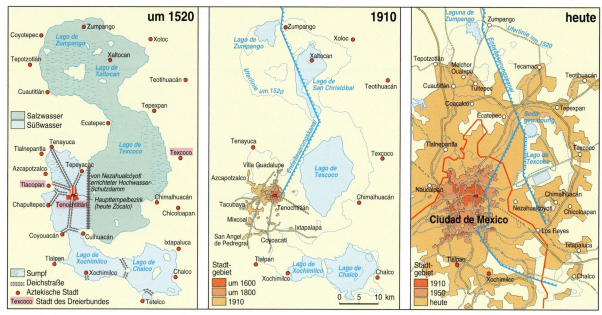

203.1 Flächenentwicklung von Mexiko-City

203.2 Mexiko-City

Globale Problemfelder und Strategien

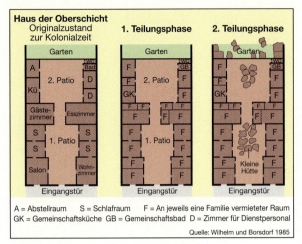

204.1 Entwicklung einer „casa subdividida"

204.2 Blick auf Neza

winnen, legten die Spanier immer größere Teile des Sees trocken. Dies begünstigte die Entstehung von Staubstürmen (Tolvaneros), die bei überwiegend aus Norden kommenden Luftströmungen bis heute einen Staubschleier über die Stadt legen. Durch das Absacken des Untergrunds wurden zudem immer mehr Gebäude im Zentrum beschädigt.

Wohlhabende Familien siedelten sich daher nach der Unabhängigkeit von Spanien bevorzugt im Westen der Stadt an. Die dabei entstandenen, infrastrukturell gut erschlossenen Villenviertel sind bis heute attraktive Wohngebiete. Im Norden, Süden und Osten entstanden dagegen Wohnviertel der Mittel- und Unterschicht sowie die ersten Industrie- und Gewerbegebiete. Nach der Revolution (1910) verstärkte sich die Zuwanderung, doch erst ab etwa 1950 setzte das explosionsartige Wachstum der Stadt ein. Unkontrolliert und ungeplant expandierte die Stadt zunächst in alle Richtungen, dann v. a. entlang der Hauptausfallstraßen und Bahnlinien.

Die Entwicklung der Stadt ist neben dem weiterhin hohen Flächen- und Bevölkerungswachstum durch weitere charakteristische Prozesse gekennzeichnet.

Hyperurbanisierung: Seit gut einem halben Jahrhundert wächst die Stadtbevölkerung schneller als die Zahl der verfügbaren Arbeitsplätze und Unterkünfte.

Citybildung und sozialräumliche Umschichtungen: Der immer bedeutender werdende tertiäre Sektor führt in Zentrumsnähe zur Konzentrierung hochrangiger Einrichtungen privater und öffentlicher Dienstleistungen. Die dadurch verdrängte Wohnbevölkerung siedelt je nach sozialer Schichtung und Einkommen entweder in den Westen oder in den Osten der Stadt um. Zentrumsnahe Häuser werden daher heute überwiegend von den Zurückgebliebenen, sozial Schwachen oder von direkt vom Land Zuwandernden bewohnt. Hohe Wohndichten, verwahrlosende Häuser, Beschäftigungsmöglichkeiten fast nur im informellen Sektor, Kriminalität, fehlende staatliche Kontrollen und Einrichtungen machen diese innerstädtischen Elendsviertel zu so genannten „Slums der Verzweiflung" (Abb. 204.1). Auch in anderen Stadtteilen lässt sich der Prozess der **Segregation**, der räumlichen Entmischung von sozialen Gruppen, beobachten. Generell sinkt in der Ciudad seit Jahren die Bevölkerungszahl, während sie in der D. F. in 2000 um 1,5 %, in der Randzone sogar um 4,7 % anstieg.

Gentrifikation: Das Eindringen besser verdienender Haushalte in Viertel, die wegen ihrer Lage, der niedrigen Preise und eines gewissen Flairs neue Wertschätzung erhalten. Der Stadtteil Condesa ist so z. B. in den 1990er Jahren zum Künstler- und Amüsierviertel geworden.

Umweltbelastung: Staubstürme, Verschmutzung von Böden und Grundwasser kennt Mexiko-City seit der Kolonialzeit. Besonders dramatisch gestiegen ist die Luftverschmutzung, v. a. während langer Schönwetterperioden. An 200 Tagen im Jahr liegt über dem außer im Norden allseits von Gebirgen umgebenen Hochtal eine stabile Inversionsschicht. Diese verhindert eine Luftdurchmischung und führt zu einer steigenden Anreicherung von Schadstoffen aus Auto- und Industrieabgasen. Im Extremfall werden dieser Dunstglocke über der Stadt täglich rund 12 000 t Giftstoffe neu zugeführt. Die Luftqualität wird noch dadurch verschlechtert, dass in rund 2300 m Höhe der Sauerstoffgehalt der Luft um 15 % geringer ist als im Tiefland, die UV-Einstrahlung und damit die Bildung von bodennahem Ozon aber ungleich höher ist. Der „Mexiko-Smog", das einzigartige Gebräu aus Giftstoffen und Staub, oft noch angereichert mit Flugasche aus Brandrodungen an den Vulkanhängen, machten die Metropole jahrelang zur dreckigsten und ungesündesten Stadt der Welt: Studien zeigen, dass Kinder im Kindergartenalter bis zu 25 % ihrer Lungenkapazität verloren haben, dass 20 % der 2,2 Mio. Kinder

Globale Problemfelder und Strategien

205.1 Smog über Mexiko-City

unter 14 Jahren lebensgefährlich hohe Bleikonzentrationen im Blut besitzen, dass die Erkrankungen der Atmungsorgane und die Entzündungen der Bindehaut ständig zugenommen haben und dass die belastete Luft jährlich eine zentrale Rolle beim Tod von mehreren Tausend Menschen spielt. Obwohl in den 1990er Jahren außergewöhnlich starke Winde den Smog zeitweise aus dem Hochtal bliesen, 1999 sogar ein Jahr ohne Smogalarm war – die Ozonbelastung verringerte sich nicht: An 80 % aller Tage wurde der Grenzwert für Ozon überschritten.

Das Flächenwachstum, die überfüllten Metro- und Buslinien und der private Wunsch nach Mobilität haben das Schlüsselproblem der Stadt ständig verschärft: 85 % der Luftverschmutzung ist heute auf den Autoverkehr zurückzuführen. Die Verringerung des Schwefel- und Bleigehalts im Benzin, die Auflage, Neuwagen nur noch mit Katalysator zuzulassen, verschärfte Abgaskontrollen, tagelange Fahr- und Flugverbote haben nur kurzfristig die Situation gemildert. Der Kfz-Bestand der Stadt wächst jährlich um 150 000 Autos; für 2005 werden ca. 5 Mio. Kraftfahrzeuge erwartet. Lasche Kontrollen und die weit verbreitete Korruption werden dazu führen, dass durch unzählige, in den USA ausgemusterte „Dreckschleudern" und veraltete, rußende Diesel-Lkws die Luftbelastung weiter steigen wird.

Legalisierung und Integration „wilder" Ansiedlungen: Seit 1945 durch Regierungsdekret eine weitere Besiedlung des D.F. verboten wurde, stieg die Zahl der Marginalsiedlungen in der Randzone besonders rasch an, v. a. im Osten. Der ehemalige Seegrund dort war überwiegend im Besitz indianischer Landgemeinden und gelangte durch wilde Landnahme oder zweifelhafte Landverkäufer in die Hände der vom Land oder aus der Innenstadt Zuwandernden. Meist verkauften die Vermittler Flächen unter der falschen Angabe, dass alle Transaktionen staatlich gebilligt seien und bald Erschließungsmaßnahmen durchgeführt würden.

So entstand auch Neza, aber nicht als Slum der Verzweiflung, sondern als ein typischer so genannter „Slum der Hoffnung". Eine Unterschichtsiedlung, deren Bewohner stundenlange Fußmärsche und Anfahrten zu ihren Arbeitsplätzen in Kauf nahmen, um ihren Traum vom sozialen und wirtschaftlichen Aufstieg zu verwirklichen. Erst 1958, als die Siedlung bereits 12 000 Einwohner umfasste, wurden Richtlinien für Parzellengrößen und Siedlungsblöcke, öffentliche Einrichtungen, Sanitäreinrichtungen und Verkehrsinfrastruktur erlassen. Aber nur die Asphaltierung der Hauptstraßen für die Gewerbe- und Industrieansiedlung wurde sofort durchgeführt. 1963 erhielt Neza Stadtrecht und 1994 einen Metroanschluss. Heute beherbergt das monotone einstöckige Häusermeer über 2 Mio. Menschen, vorwiegend aus der unteren Mittelschicht, denn wegen gestiegener Grundstückspreise wandert die ursprünglich dominierende Unterschicht in den noch ärmeren Osten ab.

Aufgaben

1. Beschreiben Sie die Entwicklung der Stadt.
2. Erläutern Sie Abb. 204.1
3. Erklären Sie die Begriffe Segregation und Gentrifikation und nennen Sie Beispiele.
4. Nutzen Sie die Abbildung 202.1 als Ausgangsmaterial für eine Mind-map, die generell die Probleme der Verstädterung in Entwicklungsländern dargestellt.
5. Schlagen Sie anhand Ihrer Mind-map Strategien zur Minderung oder Lösung dieser Probleme vor und diskutieren Sie die Realisierungschancen.
6. Erstellen Sie Portfolios zu weiteren Megastädten der Dritten Welt. Benutzen Sie dazu Beispiele aus verschiedenen Kontinenten und Kulturkreisen.

Fallbeispiel: Freiburg im Breisgau

„Mitglieder einer Siedlergilde pachten 1120 für einen Schilling pro Jahr Grundstücke von 50/100 Fuß; die Feudalherren übernehmen den Schutz des Marktes. Die Stadt hat einen Durchmesser von etwa 700 m, eine Größe, die von etwa 5000 Einwohnern verteidigt werden kann. 1368 kaufen sich die Freiburger von der Herrschaft der Zähringer frei, wählen Richter und Pfarrer selbst, gründen Zünfte, schließen Bündnisse und stellen sich unter den Schutz Habsburgs. Als fleißige Händler und Handwerker kommen die Bürger zu Reichtum und Wohlstand. Die Stadt wird zentralistisch um drei Vorstädte erweitert und erreicht die Grenze ihrer Fähigkeit zur Selbstverteidigung. Danach kauft die Bürgerschaft den tief verschuldeten früheren Herren andere Gemeinden und Fluren im Umkreis der Stadt ab, die Wiehre, Betzenhausen, Uffhausen, Wendlingen, Adelhausen und Herdern. Ihre Einwohner kooperieren mit Freiburg, ziehen sich in Kriegszeiten hinter dessen Mauern zurück. Das soziopolitische Bild der Bürgerstadt bleibt die Einheit von Wohnen, Markt, religiösem Zentrum und Verteidigungsanlagen für etwa 5000 Einwohner.

1667 annektiert Ludwig XIV. die Stadt. Der Sonnenkönig, Symbol der absolutistischen Obrigkeit, lässt von seinem Stadtplaner und Festungsbaumeister Vauban die Stadt mit einem zentralen Festungsstern umgeben. Die Vorstädte werden abgerissen und als Baumaterial für die Wälle verwendet. Hier zeigt sich in unverhüllter Form die Kongruenz von städtebaulichen und autoritären politischen Strukturen. Bevor die Franzosen abziehen, schleifen sie die Befestigungsanlagen und als Kaiserin Maria Theresia Freiburg zurückerhält, übernimmt sie eine offene Stadt im politischen Wandel, die Grenzen der Stadt werden gesprengt.

Durch naturwissenschaftliche und technische Erfindungen verlagern sich die früheren Herrschaftsstrukturen auf die wirtschaftliche Ebene mit dem sozialen Gegensatz von Kapitalismus und Arbeiterschaft. Langsam, aber stetig, expandiert die Stadt aus dem zentralistischen Festungsstern und erreicht im N und S ihre früheren Nachbargemeinden Wiehre, Adelhausen, Herdern, Zähringen und den Stühlinger. Weit vorausgreifend werden Haslach und Günterstal eingemeindet, von den Nazis die Mooswaldsiedlung errichtet und St. Georgen annektiert, um auf der Gemarkung Kasernen zu bauen.

Die Weimarer Zeit war zu kurz, um (...) ein demokratisches städtebauliches Konzept zu entwickeln und sich von den zentralistischen Denkmodellen abzuwenden (...) Demokratische Formen zeigten sich zwar in der Vielfalt der Architektur und des Stadtbilds, dass aber politische Strukturen auch in der Stadtentwicklung sichtbar sein müssen, daran dachten weder die Repräsentanten der Demokratie noch die alten Stadtplaner. Die Folgen des Zweiten Weltkrieges mit den Zerstörungen der Bausubstanz und einem starken Anstieg der Bevölkerung durch Flüchtlinge machten sofortige Lösungen notwendig, die wenig Zeit zum Nachdenken über demokratische Formen der Stadtplanung ließen. Als 1945 per Dekret der französischen Militärregierung die Demokratie und 1949 die repräsentative Demokratie per Grundgesetz eingeführt wurde, veränderten sich die alten Verhaltensmuster in der neuen politischen Gesellschaftsform noch lange nicht. Zentralistische Stadtplanung ging ungebrochen weiter.

Von Anfang an wurde alle politische Kraft auf den Wiederaufbau des Stadtzentrums gerichtet, während die ehemaligen alten Kerne der Stadtteile auf der Ebene der Verwaltung bearbeitet wurden. Mit dem Beginn des Wirtschaftswunders wurde der historische Stadtkern als zentrales Oberzentrum ausgebaut und mit allen nur denkbaren Einrichtungen von Verwaltung, Kultur, Bildung, Kunst, Konsum, Autoverkehr/ÖPNV und Fußgängerzone versehen. Die Kernstadt wurde Dienstleistungszentrum, ihre Bewohner zogen in die Randgemeinden im Grünen. Die Stadtteile füllten sich auf, erhielten aber kaum die angemessene eigene Ausstattung des Zentrums. Im Gegenteil: Der Straßenverkehr lief weiterhin wie im Mittelalter mitten durch die Wohngebiete, Einrichtungen des allgemeinen und öffentlichen Bedarfs fehlten lange in den neuen Stadtteilen, man versorgte sich im Stadtzentrum. Einfaches Wohnen an den Hanglagen des Stadtwaldes wurde durch Landschaftsschutzzonen verhindert, die Durchmischung von Baugebieten wurde abgelehnt. Die ungelösten Probleme der zentral gedachten Stadt wurden nach Westen in zum Teil klimatisch benachteiligtere Zonen abgeschoben (Müll, Wasser, Abwasser, sozialer Wohnungsbau, Industrie- und Gewerbegebiete, Messe usw.). Die Stadt dehnte sich verkehrsintensiv bald uferlos mit neuen Wohn-, Industrie-, Gewerbe- und Sonderflächen nach Westen aus und wuchs mit den sich selbst vergrößernden, früher weit vor der Altstadt liegenden historischen Randgemeinden zusammen. Die alten Siedlungszäsuren wurden überbaut (Alter Messplatz, Vauban, Rieselfeld, Flugplatz, Marienmatten, Eschholz), die Grenzen der historisch gewachsenen Gemeinden verwischt und eine zusammenhängende zentralistische Agglomeration geschaffen.

Hinzu kam die „Suburbanisation" des Umlandes durch das Oberzentrum selbst, die so genannte „Gebietsreform von 1979" als Angriff auf die Autonomie der Umlandgemeinden. Während Merzhausen, Umkirch und Gundelfingen sich mit Erfolg dagegen wehrten, erlagen Ebnet, Kappel, die Tuniberggemeinden Waltershofen, Opfingen, Tiengen und Munzingen sowie Hochdorf den Versprechungen des Oberzentrums. Ihre strukturellen Interessen wurden jedoch nicht gelöst, die Probleme des Durchgangsverkehrs, die Anbindung an das ÖPNV-Netz, eine angemessene Ausstattung mit Infrastruktur nur teilweise geleistet. Im neuen Flächennutzungsplan bis 2010 sollen sie wiederum die Hauptlast des Flächenbedarfs tragen und ihre naturschutz-/wasserrechtlichen Gebiete sowie regionalen Grünzüge/-zäsuren überbaut werden."

(nach: Badische Zeitung 31. Mai 2001, Immo Kirsch: Freiburger Stadtplanung und Demokratie)

Globale Problemfelder und Strategien

1300

1680

1900

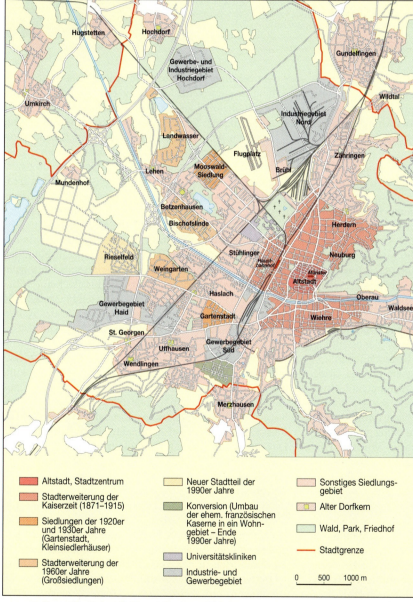

Legende:
- Altstadt, Stadtzentrum
- Stadterweiterung der Kaiserzeit (1871–1915)
- Siedlungen der 1920er und 1930er Jahre (Gartenstadt, Kleinsiedlerhäuser)
- Stadterweiterung der 1960er Jahre (Großsiedlungen)
- Neuer Stadtteil der 1990er Jahre
- Konversion (Umbau der ehem. französischen Kaserne in ein Wohngebiet – Ende 1990er Jahre)
- Universitätskliniken
- Industrie- und Gewerbegebiet
- Sonstiges Siedlungsgebiet
- Alter Dorfkern
- Wald, Park, Friedhof
- Stadtgrenze

207.1 Freiburg: Stadtplan (Teil) und Stadtentwicklung

Globale Problemfelder und Strategien

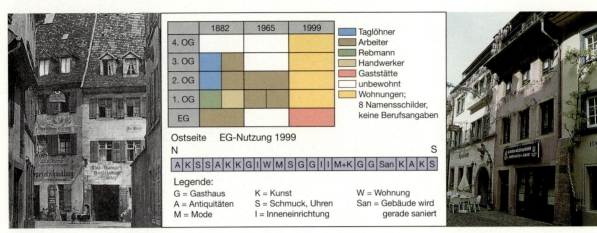

208.1 Konviktstraße: Gebäude und Gebäudenutzung vor und nach der Sanierung

Die Entwicklungsphasen einer Stadt spiegeln die politischen und sozioökonomischen Veränderungen mit ihren jeweils eigenen städtebaulichen Zielvorstellungen meist sehr getreu wider. Die Stadtentwicklung Freiburgs nach dem Zweiten Weltkrieg wurde z. B. von folgenden städtebauliche Leitbildern geprägt:

1950er Jahre: Erhaltung des historischen Stadtgrundrisses, keine verkehrsgerechte Stadt, Zurückhaltung gegenüber der Moderne

1960er Jahre: Ausbau des Oberzentrums, Innenstadt als Geschäfts-, Kultur- und Freizeitzentrum, Verkehrsring um die Altstadt, Westentwicklung durch Großsiedlungen

1970er Jahre: Rückbesinnung auf die Innenstadt: Fußgängerzone, Innenstadtwohnen, Stadterneuerung (Abb. 208.1), Parkhäuser, Westentwicklung ohne weitere Trabantenstädte, Bemühungen um Reduktion des Landschaftsverbrauchs

1980er Jahre: Stadterneuerung im Innenstadtrandbereich, Wohnumfeldverbesserungen, Gewerbeansiedlung, Berücksichtigung stadtökologischer Gegebenheiten

1990er Jahre bis heute: Freiburg ist die einzige Großstadt Baden-Württembergs, deren Einwohnerzahl – trotz Abwanderungen in den „Speckgürtel" der Umlandgemeinden – stetig anwächst. Neben Nachverdichtungen im vorhandenen Stadtkörper wird ein völlig neuer Stadtteil auf stadteigenem Gelände aufgebaut. Vor dem Hintergrund des Leitbilds einer nachhaltigen Entwicklung (Rio 1992) werden bei dem etwa 2010 fertig gestellten, auf 10 000–12 000 Einwohner ausgelegten Stadtteil Rieselfeld folgende städtebauliche Konzepte zugrunde gelegt:

- urbaner Charakter durch relativ hohe Verdichtung (z. B. mehrstöckige Blockbebauung, Reihenhäuser, wenige Mehrfamilienhäuser) auf klein parzellierten Grundstücken
- Vermeidung architektonischer Monotonie durch vielfältige Bauformen mit auch an zukünftige Bedürfnisse anpassbarer Innenarchitektur
- Vermeidung des Charakters einer Schlafstadt durch eine ausgewogene Mischung der Grundfunktionen (wohnen, arbeiten, sich versorgen, mobil sein)
- ausgewogene Sozialstruktur durch Mischung von sozialem Wohnungsbau, Anlagen-Modellen und von Eigentümern selbst genutzten Wohneinheiten
- ökologische Bauweise: alle Gebäude in Niedrigenergiebauweise, Fernwärmeversorgung, Schaffung ökologischer Ausgleichsfläche durch Neuausweisung von Naturschutzgebiet am Rande des Stadtteils
- Basisinfrastruktur von Beginn an vorhanden: Kindergarten, Grundschule, Gymnasium, Stadtbahnschluss (Vorrang des ÖPNV), Kirche, Einzelhandel, öffentliche und private Dienstleistungseinrichtungen, Gastronomiebetriebe, Grün- und Freiflächen.

Kurz nach Planungsbeginn des Rieselfelds ermöglichte ein historischer Glücks-/Zufall – das Ende des Kalten Krieges und die Auflösung der französischen Garnison – der Stadt außerdem den kostengünstigen Erwerb von Kasernen und Militärsiedlungen. Im Zuge der Konversion dieser Flächen und Gebäude wurden weitere bauliche Verdichtungen (u.a. mit einer Solarsiedlung aus „Energie-Plus-Häusern") ebenso möglich wie die Entlastung des Freiburger Ostens durch die Verlagerung der Messe nach Westen auf Areale des Flugplatzes.

Das aus der Forderung nach einer nachhaltigen Stadtentwicklung ableitbare Planziel „Stadt der kurzen Wege" wird u.a. durch ein umfassendes Märkte- und Zentrenkonzept umgesetzt. Dieses sieht vor, dass zentrenrelevante Waren wie Lebensmittel, Haushalts- und Drogeriewaren, Kleidung in neu errichteten Märkten in Gewerbegebieten nicht mehr verkauft werden dürfen. Damit soll der Einzelhandel im Zentrum, aber auch an 30 Standorten in den verschiedenen Stadtteilen aufgewertet werden. Zugleich soll dadurch das Netz sozialer Bindungen innerhalb überschaubarer Quartiere verstärkt und lokale Identität gefördert werden.

Globale Problemfelder und Strategien

Am 5. März 2001 wurden vom „Freiburger Forum" einstimmig die Leitziele der Freiburger Agenda-Arbeitskreise beschlossen. Nach den Vorstellungen des AK-Stadtentwicklung der Freiburger Agenda wurden folgende Leitziele für die Zukunft der Stadt aufgestellt.
Stadtentwicklung soll sich durch eine demokratische, soziale, ökologische Stadt-, Landschafts- und Verkehrsplanung auszeichnen. Wichtig ist ein integrierter Ansatz für eine zukunftsfähige Gesamtkonzeption:
- Stadt, Umland und Landschaft bilden einen gemeinsamen Lebensraum,
- es wird ein ausgewogenes Verhältnis von Stadtzentrum/Stadtteilen hergestellt,
- die Integrität der Stadtteile wird berücksichtigt,
- Verkehrsplanung wird in die Ziele der Stadtplanung eng eingebunden,
- die Einzigartigkeit von Freiburg soll bewahrt und ein gutes Lebensgefühl für seine Einwohner/innen erreicht werden.

Stadtplanung wird auf der Basis von Kooperation und Beteiligung von Stadtverwaltung und Bürgerschaft stattfinden. (…) Die Attraktivität der Stadtteile soll durch den Ausbau ihrer historischen Bereiche, die Förderung von Identität und Stadtbild, der lokalen Einrichtungen und ihrer Verkehrserschließung hergestellt werden. Dies wird durch die Ausweitung von Fußgänger- und verkehrsberuhigten Zonen unterstützt. Zu den lokalen Einrichtungen in den Stadtteilen zählen Strukturen des nachbarschaftlichen Miteinanders und der Kommunikation durch Einrichtung eines Bürgertreffs zur aktiven Mitgestaltung durch ihre Bürger- und Migrant/innen. (…) Altbauten sollen sozial verträglich saniert werden und die alten Bestände nach den Regeln der Denkmalpflege erhalten werden. Neubauten sollen flexible Grundrisse haben, spätere Veränderungen ermöglichen und eine Vielfalt von Gestaltung garantieren. Großbauvorhaben nur mit Verträglichkeitsprüfungen. Die Stadtteile werden mit ihrer Mitte an das über-/regionale Verkehrs- (ÖPNV) und Straßennetz angebunden. (…) Nachbarschaften sollen eine ausgewogene soziale Mischung unterschiedlicher Gruppen von Bewohnern gewährleisten. (…) Um sparsam mit Flächen umzugehen, ist Bauen sowie Nutzung im Bestand und eine Verdichtung mit Maßstäblichkeit und Verhältnismäßigkeit bestehender Bauflächen dem Verbrauch neuer Flächen vorzuziehen. (…) Zukünftige Stadtplanung soll Qualität und Quantität garantieren und moderne Ökonomie mit Ökologie verbinden. (…) Mit Ressourcen wird sparsam umgegangen. Kommunale Haushaltführung wird an die Generationenverpflichtung gebunden.
(nach: Badische Zeitung, 31. Mai 2001, Immo Kirsch)

209.1 Freiburger Agenda

Aufgaben

1. Beschreiben Sie die Stadtentwicklung Freiburgs vor dem Hintergrund der historischen Entwicklung und der Veränderung städtebaulicher Leitbilder (S. 206–208).
2. Nennen und erläutern Sie die neuen Leitbilder der Freiburger Agenda zur Stadtentwicklung (Abb. 209.1).
3. Erkunden Sie das Agenda-Konzept Ihrer Heimatstadt und stellen Sie dieses dar (z. B. Portfolio).

209.2 Rieselfeld

Zukunftswerkstatt

Stadtplanung bedient sich oft der Methode der „Zukunftswerkstatt". Dies ist weder eine Fachplanung, noch eine Simulation noch der Entwurf eines Szenarios. In einer Zukunftswerkstatt werden wünschenswerte Zukünfte entworfen. Ihr besonderes Merkmal ist die Umkehr der Perspektiven, denn die Gegenwart wird aus Sicht einer idealisierten Zukunft betrachtet, um alternative Entwicklungen der Gegenwart zu erarbeiten, die zu einer solchen Zukunft führen können.
1. Kritikphase: Sammeln aller Kritikpunkte am gegenwärtigen Zustand; umwandeln der Negativ- in Positivaussagen („Der Stadtverkehr belästigt Fußgänger durch Abgase" in „Autofreie Innenstädte schützen Fußgänger vor Abgasen")
2. Phantasiephase: im Brainstorming Formulierung möglichst vieler Wünsche für die Zukunft, egal wie utopisch sie sind; Bewertung und Ordnung
3. Verwirklichungsphase: Teilnehmer kehren in die Gegenwart zurück; Realisierungschancen werden kritisch geprüft, evtl. mithilfe von Experten. Danach werden Durchsetzungsstrategien für die erfolgversprechendsten bzw. interessantesten Phantasien entworfen.
Wichtig: alle Teilnehmer bringen in allen Phasen ihre Meinungen knapp, ohne Begründungszwang und unkritisiert ein.

Globale Problemfelder und Strategien

3 Süßwasser – eine elementare Ressource

Wasser – unser Lebenselixier

210.1 Wasser – Lebenselixier

„Wasser ist nichts, solange du es hast."
(Sprichwort der Tuareg)

Die Erde weist als einziger Planet im Sonnensystem Wasser in allen drei Aggregatzuständen auf. Der Wasserkreislauf (Abb. 211.1) prägt und ermöglicht fast alle entscheidenden natürlichen Prozesse auf diesem Planeten. Wasser in der Atmosphäre ist der wichtigste Faktor beim Wärmetransport und beim natürlichen Treibhauseffekt, ohne Wasser gäbe es keine Verwitterung und damit keine Nährstoffnachlieferung in den Böden. Als Reaktionspartner, Transport-, Kühl- und Lösungsmittel ist es an allen biochemischen Prozessen beteiligt und ermöglicht daher das Leben auf der Erde. Aber auch für zahlreiche technische Produktionsprozesse und für das Transportwesen ist Wasser unverzichtbar.

Zum Überleben benötigt der menschliche Körper mindestens einen Liter Wasser pro Tag. Der tatsächliche Verbrauch pro Person und Tag liegt statistisch gesehen in den allermeisten Ländern deutlich darüber und unterscheidet sich erheblich von Land zu Land: USA 640 l, Senegal 30 l, Deutschland 150 l, Somalia 5 l. In vielen Staaten ist es selbstverständlich, dass sauberes und keimfreies Trinkwasser jederzeit und in unbegrenzter Menge zur Verfügung steht. In Afrika müssen dagegen nach Schätzungen etwa 40 Mrd. Stunden pro Jahr zum Wasserholen aus entfernt liegenden Brunnen aufgewendet werden. Meist leisten Mädchen und Frauen diese Arbeit; ein Zeitaufwand, der auf Kosten von Bildung und Ausbildung geht.

Global gesehen ist die Landwirtschaft der größte Wasserverbraucher, aber auch der größte Wasserverschwender. Das wertvolle Nass verdunstet zu einem enormen Teil aus Stauseen und offenen Kanälen oder es versickert ungenutzt aus undichten Leitungsnetzen, lange bevor es die Wurzeln der Kulturpflanzen erreicht. Dank der Bewässerungsmaßnahmen hat sich die Weltgetreideproduktion seit 1950 etwa verdreifacht. Nur über weitere Bewässerungsflächen lässt sich die Nahrungsmittelproduktion für eine wachsende Weltbevölkerung steigern. Etwa 80 % der zukünftigen Nahrungsmittelproduktion wird aus der Bewässerungslandwirtschaft kommen müssen, die derzeit bereits auf nur 17 % der Ackerfläche 40 % der Weltnahrung erbringt, dafür aber 70 % der insgesamt entnommenen Süßwassermenge verbraucht. Allein der Bedarf der Landwirtschaft wird bei einer auf 8 Mrd. Menschen angewachsenen Weltbevölkerung um weitere 786 Kubikkilometer steigen.

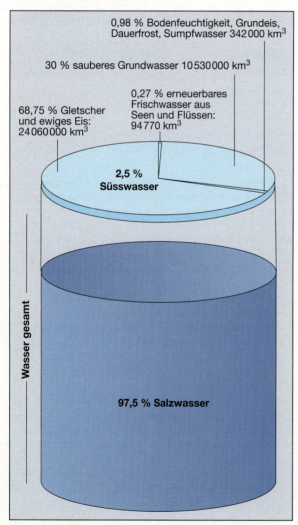

210.2 Das Wasser der Erde

Globale Problemfelder und Strategien

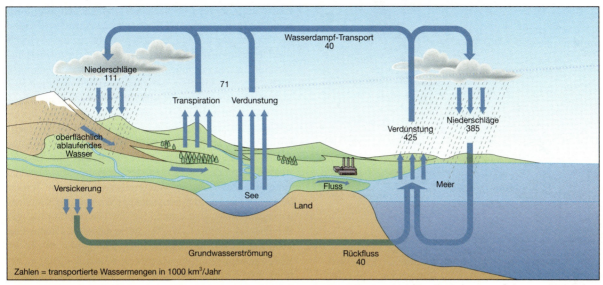

211.1 Der Wasserkreislauf

Gleichzeitig aber steigt auch der Wasserverbrauch in den Großstädten der Entwicklungsländer und in der Industrie. Heute schon stammen Chinas Getreide zu 70 %, Pakistans Nahrungsmittel zu 80 % und die Indiens und Indonesiens immerhin zu 50 % von bewässerten Flächen. Im Getreidebau ist die Wasserbilanz besonders ungünstig. Um eine Tonne Weizen zu produzieren, werden 1000 Tonnen Wasser benötigt. Dient dieser Weizen als Futtermittel, so müssen bis zu 20 000 l Wasser für ein Rindersteak aufgewendet werden.

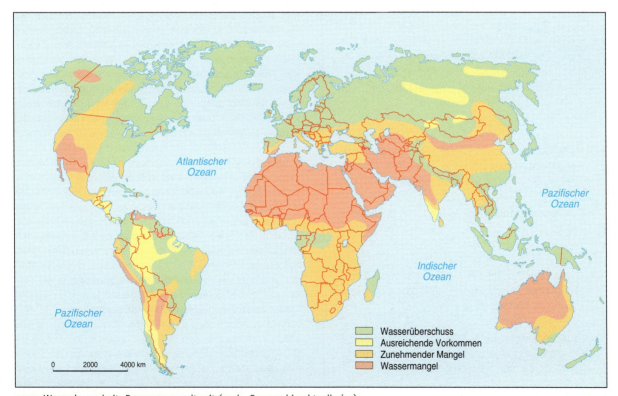

211.2 Wasserknappheit: Ressourcen weltweit (nach: Geographie aktuell 1/97)

Globale Problemfelder und Strategien

212.1 Karikatur

- Wasserarm ist nach Angaben des „Worldwatch Instituts" ein Staat, in dem weniger als 2,74 Liter Wasser pro Person pro Tag zur Verfügung stehen.

- 1,1 Milliarden Menschen weltweit haben weniger als 20 Liter Wasser pro Tag zur Verfügung.

- Zwei Milliarden Menschen haben keinen Zugang zu sauberem Trinkwasser.

- Arme Familien in vielen Großstädten der Entwicklungsländer wenden ein Fünftel ihres Einkommens für den Kauf von sauberem Wasser auf.

- 436 Millionen Menschen leben in Ländern, in denen das Wasser bereits knapp ist.

- Mindestens die Hälfte aller Krankheiten in den Entwicklungsländern ist auf verschmutztes Wasser zurückzuführen, so z.B. Durchfall, Cholera, Typhus, Bilharziose und Wurmbefall.

- Drei bis vier Millionen Kinder sterben jährlich an Infektionen, die durch unsauberes Trinkwasser hervorgerufen werden.

- Knapp ein Fünftel der Weltbevölkerung lebt in Haushalten, die an Wasser- und Abwasserleitungen angeschlossen sind.

- Mindestens 214 große Flüsse sind internationale Gewässer; 60% der Menschheit lebt in grenzüberschreitenden Flussgebieten.

212.1 Tatsachen zum Thema Wasser

Alle Nutzer dieses Lebenselixiers verursachen aber auch seine Verschmutzung und machen es zu Abwasser. Pestizide, Düngemittel und Gülle aus der Landwirtschaft, Schwermetalle, Säuren und Laugen aus der Industrie sowie die verschiedensten Abfälle aus menschlichen Siedlungen machen es unbrauchbar, vor allem dort, wo nicht auf leistungsfähige Kläranlagen zurückgegriffen werden kann.

Die weltweite Wasserkrise wird zusätzlich dadurch verschärft, dass bereits heute in verschiedenen Ländern mehr Grundwasser entnommen wird, als durch Niederschläge ersetzt werden kann. Die USA haben aus den Grundwasser führenden Schichten des so genannten Ogallala Aquifers, einem fossilen Wasserreservoir aus dem Tertiär, bereits so viel entnommen, dass der Wasserspiegel stellenweise um 30 m abgesunken ist. Im Haskell County des Bundesstaates Kansas wurde die bewässerte Fläche von 1100 auf 71300 ha ausgedehnt (1949–1997). Allein die Körnermaisproduktion wurde von 6 ha auf 47500 ha erhöht. Die Erntemenge stieg dabei von 3 t auf 725527 t (1954–1997). Inzwischen sind enorme Energiemengen nötig, um das Wasser an die Oberfläche zu pumpen. Die dadurch erhöhten Produktionskosten führten inzwischen zu Flächenstilllegungen und zur Aufgabe von Farmen.

Auch das gewaltige fossile Süßwasserreservoir im Untergrund der Sahara wird inzwischen angezapft. Libyen pumpt dieses Wasser aus großer Tiefe und verteilt es über das Jahrhundertbauwerk des „Great Man-made River" zu den Städten der Küstenregion. Der Wasserverbrauch des Wüstenstaates ist deshalb zurzeit auf 420% der jährlich erneuerbaren Grundwassermenge gestiegen (Abb. 213.2). Wasser wird zum Politikum, wenn über seine Verteilung und Nutzung gestritten wird. Die Gefahr für solche Auseinandersetzungen steigt ständig, denn immer mehr Menschen leben in Regionen mit grenzüberschreitenden Gewässersystemen. In der Ausübung nationaler Souveränität geraten Regierungen oft schnell in Versuchung, Wasservorräte ausschließlich für ihre eigenen Interessen auszubeuten. Langfristige Sicherheits- und Destabilisierungsrisiken werden wegen kurzfristiger Wohlstandsgewinne vernachlässigt. Besonders konfliktträchtig ist die Situation im Nahen Osten zwischen Israel und seinen Nachbarn bzw. zwischen der Türkei und deren südlichen Anrainern. Mit dem Atatürk-Staudamm und dem damit verbundenen GAP-Projekt erhebt die Türkei Anspruch auf ein Drittel des Euphrat-Wassers und provoziert dadurch Syrien und den Irak. Auf die Proteste der Nachbarn reagierte die Türkei mit der Stationierung von Boden-Luft-Raketen. In Afrika fordert Äthiopien einen größeren Anteil am Nilwasser, das der Sudan und Ägypten schon unter sich verteilen wollten.

Die Mehrzahl der Wasserkonflikte spielt sich in den ariden und semiariden Bereichen ab, die 40% der landwirtschaftlichen Nutzfläche, aber nur 2% der globalen Fließgewässer umfassen.

Globale Problemfelder und Strategien

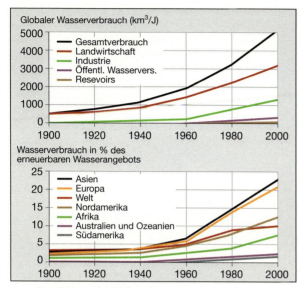

213.1 Entwicklung des Weltwasserverbrauchs

213.3 Wasserverbrauch und Ernährungsweise

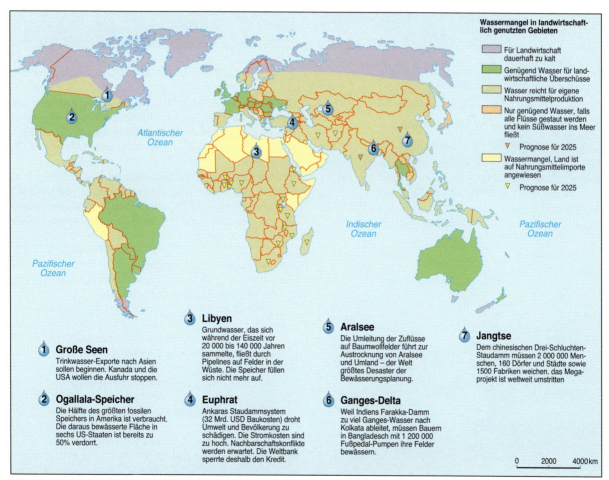

213.2 Hot Spots der Wasserwirtschaft: Engpässe und Fehlplanungen in aller Welt

Globale Problemfelder und Strategien

214.1 Aralsee 1976 und 1997

Fallbeispiel: Aralsee – vom Aralsee zur Aralkum (kum = Wüste, Sand)

Der Aralsee, einst der viertgrößte See der Welt, liegt im ariden Klimabereich Mittelasiens im Tiefland von Turan. Kein Monat weist mehr als 20 mm Niederschlag auf, die Julitemperaturen steigen auf 26 °C. Aralsk und Muniak sind die einzigen größeren Siedlungen dieser Region.

„Willkommen in Muniak, der Stadt der Fischer." Die verrostete Inschrift an einer Fischfabrik inmitten einer wüstenartigen Landschaft irritiert, denn die einstige Hafenstadt Muniak liegt heute 80 km vom Ufer des Aralsee entfernt.
Noch 1960 wurden 45 000 t Fisch im See gefangen und dienten der Versorgung der umliegenden Bevölkerung sowie dem Export. 24 verschiedene Speisefischarten wurden gezählt, darunter der Stör. 1980 wurden noch

214.2 Bewässerungsgebiete

- 180 Tage Wachstumszeit
- Temperaturen immer > 15 °C, optimal 24–28 °C
- viel Wasser während der Wachstumszeit (25 000 l Wasser/Kilo Rohbaumwolle)
- absolute Trockenheit während der Reife
- hohe Bodenqualität
- maschinelle Ernte erfordert den Einsatz von hochgiftigen Insektiziden

214.3 Bedingungen für den Baumwollanbau

Globale Problemfelder und Strategien

16 000 t Fisch gefangen, 1992 wurde der Fischfang eingestellt. 30 000 Arbeitsplätze gingen verloren. Heute lebt kaum noch ein Fisch im Rest-See, zu groß ist die Salzkonzentration – sie entsprach bei letzten Messungen der des toten Meeres – und zu stark ist die Vergiftung mit eingeschwemmten Pestiziden aus den Anbauflächen entlang der beiden Zuflüsse. Mit der Reduktion des Phytoplanktons verloren die Fische ihre Nahrungsgrundlage, die Laichgebiete in der ehemaligen Uferregion sind trockengefallen. Der Aralsee hat seine wirtschaftliche Bedeutung eingebüßt.

Das Schrumpfen der Seefläche hat so weit reichende ökologische Folgen, dass die Aralsee-Region als „stummes Tschernobyl" bezeichnet wird. 1992 wurde sie von der UN zum ökologischen Notstandsgebiet erklärt.

Noch Ende des 19. Jahrhunderts flossen 67 km^3 Wasser aus den umliegenden Gebirgen über die großen Zuflüsse Syr-Darja und Amu-Darja in den Aralsee und glichen die natürliche Verdunstungsrate des Sees aus.

Entlang dieser Zuflüsse gab es schon seit Jahrhunderten intensive Bewässerungslandwirtschaft. Mit dem Bestreben der ehemaligen Sowjetunion das Land von Reis- und vor allem von Baumwollimporten unabhängig zu machen, wurde die Bewässerungsfläche um das Achtfache vergrößert. Dies erschien problemlos, da beide Fremdlingsflüsse aus den scheinbar unerschöpflichen Wasservorkommen der angrenzenden niederschlags- und gletscherreichen Hochgebirge gespeist werden. Durch veraltete Bewässerungsmethoden und undichte Kanäle gingen jedoch große Wassermengen verloren, allein in Usbekistan, Kasachstan und Turkmenistan 30 Mrd. m^3/Jahr.

Hinzu kommt, dass 17 der 35 km^3 Wasser des Amu-Darja in den Karakumkanal geleitet werden. Der Kanal, der einst das Kaspische Meer erreichen sollte, endet nach 1600 km in der Wüste. Er versorgt 500 000 ha Baumwollfelder, Großstädte und Industrie mit Wasser – mit geringer Effizienz. Da das Bett des Kanals überwiegend nicht betoniert ist, kommen zu den großen Verlusten durch Verdunstung noch enorme Versickerungsverluste hinzu.

Aufgrund der großen Wasserentnahmen erreichen selbst in niederschlagsreichen Jahren nur noch etwa 10 % der ursprünglichen Wassermenge des Amu-Darja den Aralsee. Der Syr-Darja versickert inzwischen sogar 160 km vor Erreichen des Sees in der Wüste. Damit kann die jährliche Verdunstung des Sees von 1040 mm im Jahr von den Zuflüssen nicht mehr ausgeglichen werden. Der Wasserspiegel des Sees sinkt seit 1960, dem letzten Höchststand, jährlich um etwa 900 mm.

Der durch die fortwährende Überflutungsbewässerung angestiegene Grundwasserspiegel und die Verringerung der Seefläche hat weit reichende ökologische und ökonomische Folgen:

- Durch Versalzung sind bereits 40–50 % der landwirtschaftlichen Flächen verloren gegangen; von dort, aber auch aus den ebenfalls mit Salz angereicherten trockengefallenen Seeflächen, werden ständig große Mengen von Salzen ausgeweht und auf einer Fläche von über 200 000 km^2 verteilt (500 t/km^2/a). Selbst der Anbau salztoleranter Reiskulturen musste im Delta des Amu-Darja eingestellt werden.
- Da die thermisch ausgleichende Wirkung des Sees zurückgeht, verstärkt sich die Kontinentalität der gesamten Region; die täglichen und jährlichen Temperaturschwankungen werden größer, die Niederschläge sinken.

Parallel zu den ökologischen und ökonomischen Katastrophen spielt sich eine immer dramatischer gewordene menschliche Tragödie ab:

- Die Trinkwasserversorgung wird immer schwieriger, auch weil Industrieanlagen und Großstädte ungeklärte Abwässer in die Flüsse einleiten.
- Die hohe Belastung der Luft und des Grundwassers mit Pestiziden und Entlaubungsmitteln führen zu Erkrankungen bei fast 70 % der Bevölkerung. Die Säuglingssterblichkeit beträgt 15 %, viele Neugeborene kommen mit Missbildungen zur Welt, die Missbildungsrate stieg zwischen 1989 und 1997 um 159 %. 90 % der Frauen im gebärfähigen Alter leiden an schwerer Anämie.
- Auswehungen von den salz- und pestizidbelasteten Flächen sowie die verstärkt auftretenden Sand- und Staubstürme verursachen Augenleiden und Erkrankungen der Atmungsorgane.
- Selbst Seuchen wie Pest und Cholera sind wieder auf dem Vormarsch, von Ratten aus den Feuchtgebieten übertragen.

Jahr	Maximale Tiefe (m)	Oberfläche (km^2)	Volumen (km^3)	Salzgehalt (g/l)
1960	68,0	67 900	1090	10,0
1965	63,5	63 900	1030	10,5
1970	60,5	60 400	970	11,1
1975	57,0	57 200	840	13,7
1980	51,0	52 500	670	16,5
1985	45,0	44 400	470	23,5
1990	38,0	38 000	300	26,5
1995	35,5	35 000	250	29,0
2000	k. A.	33 000	200	32,0

Im Jahr 2015 wird der See bei einem Volumen von 66 km^3 seinen Gleichgewichtszustand erreichen. Verdunstung sowie die verbliebenen oberirdischen (5 km^3/a) und unterirdischen (2 km^3/a) Zuflüsse werden sich die Waage halten.

215.1 Hydrologische Daten des Aralsees

Globale Problemfelder und Strategien

Ein Lösungsansatz für diese Probleme wäre eine sparsame Bewässerungstechnik mit geringeren Wasserverlusten im Kanalsystem und eine Reduktion des Baumwollanbaus. Letzteres wird wohl nicht zu verwirklichen sein, da die Baumwolle der wichtigste Devisenbringer der jungen, unabhängigen Republiken Kasachstan und Usbekistan ist. Trotz sinkender Weltmarktpreise müssen weiterhin Millionen Tonnen Bauwolle produziert werden, nicht zuletzt deshalb, weil die heimische Industrie die extrem hohe Ausschussquote von 25 % hat.

Zurzeit wird versucht mit Wasser aus den 40 Seen, die durch das Sammeln von Drainagewasser entstanden sind, den Spiegel des Sees zu stabilisieren. Dieses stark salz- und pestizidbelastete Wasser reicht jedoch bei weitem nicht aus, die Verdunstungsverluste auszugleichen. Das Sterben des Aralsees ist nicht zu stoppen, doch ganz verschwinden wird der See nicht (Abb. 215.1).

Aufgaben

1. Informieren Sie sich über die Zusammenhänge zwischen Bewässerung und Versalzung und entwerfen Sie ein Schaubild dazu.
2. Stellen Sie ein Best-case-Szenario zur Zukunft des Aralsees zusammen (Abb. 216.1, S. 217).

http://www.dfd.dlr.de/app/land/aralsee/
http://www.dfg.de/aktuell/das_neueste/aral_call/
http://www.uni-bielefeld.de/biologie/Oekologie/aralsee.html
http://www.wasser-macht-schule.de/pub/f20-aralsee/information/information.htm

Maßnahmen zum Wassersparen

110 km³ Wasser pro Jahr stehen im Einzugsgebiet des Aralsees zur Verteilung an. Der überwiegende Teil wird zur Bewässerung landwirtschaftlicher Flächen verwendet. Wie Wissenschaftler feststellten, ließe sich der Verbrauch des dafür benötigten Wassers einfach nur durch Wassersparen relativ problemlos um 30–50 % reduzieren. Dazu müssten:

- unrentable, extensiv genutzte landwirtschaftliche Gebiete aufgegeben,
- mehr als eine Million Hektar Reis und Baumwollanbaufläche stillgelegt oder durch anspruchslosere Pflanzen wie Weizen und Sorghum ersetzt (Karakalpakien/Usbekistan hat eine Reduktion der Baumwollfelder auf 40 % der Ausgangsfläche angekündigt),
- die Qualität und Trassenführung der Bewässerungskanäle optimiert,
- sparsame Verfahren der Bewässerung, z. B. Tröpfchenbewässerung, eingeführt,
- keine neuen, zusätzlichen Bewässerungsflächen mehr erschlossen,
- Besteuerung der Wasserentnahme als Zwang zum Wassersparen eingeführt werden.

Aktuelle Projekte verschiedener Organisationen

- Bepflanzen des ausgetrockneten Seebodens mit salzresistentem Schilf um den verheerenden Salz- und Sandauswehungen zu begegnen. Das Gras dient als Futtermittel für Vieh und Rohstoff für Zellulose
- Einrichten von Schutzgebieten im Delta des Amu-Darja, um Uferbiotope zu erhalten
- Aufforstungsprogramm mit angepassten Baumarten, 66 800 ha in Usbekistan, 300 000 ha in Turkmenistan
- Anpflanzen von Tamarisken und Saxaulbäumen in abgezäunten Gebieten als zusätzlichen Sandschutz
- Bau von kleineren Entsalzungsanlagen am See
- Ersetzen von alten und undichten Wasserleitungen in einigen Städten
- Aufbau von Messstationen zur Datengewinnung für die wissenschaftliche Auswertung

Utopische Rettungsversuche:

- Auftauen des Eises im Pamirgebirge und Ableitung des Wassers in den Aralsee
- Rückführung des Drainagewassers in Flüsse
- Umleitung sibirischer Flüsse nach Süden
- Bau eines Kanals vom Kaspischen Meer zum Aralsee
- Umleitung eines Teils der Wolga über den Fluss Ural
- Auspumpen des Issyk-Kul-Sees in Kirgistan zur Wiederauffüllung des Aralsees
- Umleitung des Indus aus Pakistan

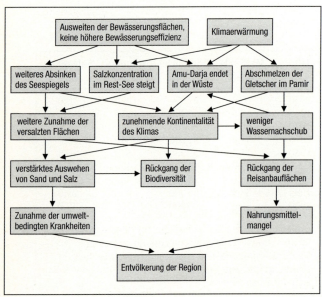

216.1 Worst-case-Szenario

216.2 Zukunft der Aralseeregion

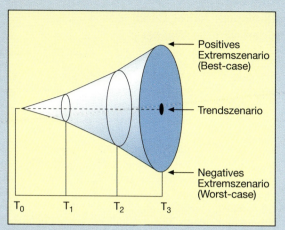

217.1 Szenariotrichter

Szenariotechnik

Wie könnte die Zukunft aussehen, wenn wir mit den Ressourcen weiterhin so umgehen wie bisher? Welche Folgen hat unser Handeln in 10, 20, 30 Jahren?
Die Szenariotechnik ist eine Methode, mit deren Hilfe positive und negative Veränderungen zu einem nachvollziehbaren Zukunftsbild oder Modell zusammengefasst werden. Sie grenzt sich gegen realitätsferne Utopien und rein quantitative Prognosen ab und ermöglicht einen Entwurf optimistischer und pessimistischer Zukunftsbilder. Mit dieser Methode werden quantitative Daten (z. B. Bevölkerungswachstum, Trinkwasserverbrauch) und Informationen mit qualitativen Einschätzungen (Degradation von Ökosystemen, Sensibilisierung der Bevölkerung gegenüber einer Problematik) verknüpft und als Ergebnis detaillierte Beschreibungen einer oder mehrerer Zukunftssituationen gezeigt.
Gegenstand der Methode ist ein gesellschaftliches Problem, das dringend lösungsbedürftig und grundsätzlich auch lösungsfähig (im Sinne einer Verbesserung) ist, z. B. „Ernährung einer wachsenden Weltbevölkerung", „Bevölkerungsexplosion".
Das Bild des Szenariotrichters (Abb. 217.1) zeigt, dass mit fortschreitender Zeit die Zukunftsbilder immer stärker divergieren. Dabei werden drei Grundtypen von Szenarien unterschieden:
Best-case: günstigste mögliche Entwicklung
Worst-case: schlechteste mögliche Entwicklung
Trendszenario: Fortschreibung der heutigen Situation

Um solche Szenarien fundiert aufstellen zu können, bedarf es intensiver analytischer Vorarbeit. Am Ende der Unterrichtseinheit sollte eine Entwicklung von Maßnahmen und Strategien zur Problemlösung stehen.

Problemanalyse

- Festlegung des Themas, z. B. Ernährung einer wachsenden Weltbevölkerung
- Problembeschreibung
- Erarbeiten von Fachwissen

Einflussanalyse

- Ermitteln der Einflussfaktoren
- Clustern nach Einflussbereichen
- Aufzeigen der Wechselwirkung zwischen Einflussbereichen und Untersuchungsgegenstand
- Materialauswertung mit z. B. Mindmapping, Moderation, Gruppenarbeit ...
- Vernetzungsmatrix (Papiercomputer) zum Aufzeigen der Beeinflussung der Einflussbereiche untereinander (Bevölkerungswachstum, Nahrungsmittelproduktion, Lebensstandard)

Deskriptorenanalyse

- Benennung, Beschreibung und Einschätzung der verschiedenen Einflüsse als quantitative und qualitative Deskriptoren (Kenngrößen, die den jetzigen und zukünftigen Zustand charakterisieren, z. B. Bevölkerungswachstum in %, jährliche Getreideproduktion in dt, Energieaufnahme in kJ/Tag ...)

Entwicklung der Szenarien

- Schriftliche Ausarbeitung der Zukunftsbilder in Gruppenarbeit als Beziehungsgefüge oder Texte (siehe auch Abb. 197.1)
- Präsentation der Ergebnisse in geeigneter Form, z. B. Folie, Plakat

Vorteil bei Beschränkung auf ein Positiv- (Best-case) und ein Negativ-Szenario (Worst-case): Alle denkbaren Entwicklungen im „Zwischenraum" können diskutiert werden.

Entwicklung von Strategien und Maßnahmen

- Erstellen eines Handlungskataloges
- Zusammenstellen einer Prioritätenliste
- wer soll/kann an der Umsetzung des Handlungskataloges teilnehmen
- Vergleich mit den vorliegenden realpolitischen Beschlüssen, Verträgen und Gesetzen

217.2 Die Phasen der Szenariotechnik

Globale Problemfelder und Strategien

Fallbeispiel: Naher Osten – Bruderkrieg um Wasser

„Wir führen einen Wasserkrieg mit den Arabern. Die Zukunft des jüdischen Staates ist abhängig vom Ausgang dieser Schlacht"

(Ben Gurion, israelischer Ministerpräsident, 1956)

Israelische und palästinensische Städte liegen zwar in der gleichen Klimazone, doch bieten sie dem Besucher trotz räumlicher Nähe völlig verschiedene Bilder: hier viele grüne Straßenalleen, öffentliche und private Grünflächen, Schwimmbäder; dort kahle Freiflächen, verdorrte Bäume und defekte Wasserleitungen. In den palästinensischen Gemeinden kann sauberes Trinkwasser oft nur bei den Wasserhändlern auf der Straße für teures Geld gekauft werden. Der Konflikt um Wasser in dieser Region ist so alt wie der entschiedene Widerstand der Araber gegen den im Jahr 1948 gegründeten Staat Israel.

1967 verbündete sich Ägypten unter Präsident Nasser mit Syrien und Jordanien gegen Israel und zog massive Truppenkontingente auf dem Sinai zusammen. Dies provozierte Israel zu einem Präventivschlag, bei dem im so genannten Sechstagekrieg nach dem 5. Juni 1967 die gesamte Sinaihalbinsel, der Gazastreifen und die Westbank (Westjordanland), Ostjerusalem und die syrischen Golanhöhen besetzt wurden. 1,1 Millionen Araber in

218.1 Palästinenserin beim Wasser holen

218.2 Historische Entwicklung Israels

„In den vergangenen 25 Jahren hat die Regierung die Wasserkrise ignoriert. Auf einmal wollen sie, dass ich als einfacher Bürger den Preis dafür zahle. Das können sie vergessen. Ich gieße weiterhin mit gutem Gewissen meinen Rasen", empört sich Danny Rahmin. Er wohnt in einem Kibbuz, in der Nähe des Gaza-Streifens. Das Grün helfe ihm, die Schwierigkeiten um ihn herum zu vergessen. Wie die meisten Israelis kümmert er sich nicht um die neuen Vorschriften, die die Regierung Mitte August 2001 erlassen hat. Rasen dürfen zwischen sieben und neunzehn Uhr nicht bewässert, neue Gärten nicht angelegt werden. Zudem ist es verboten, Autos mit fließendem Wasser zu waschen. Doch für viele ist der zuständige Infrastrukturminister Liebermann mit diesem Schritt schon zu weit gegangen. „Liebermann hat einen offenen Nerv getroffen. Sicher fehlt es überall an Trinkwasser, aber die Israelis können es einfach nicht leiden, wenn sich jemand an ihrem Rasen zu schaffen macht", fasst die Zeitung „Jerusalem Post" den jüngsten Aufschrei zusammen. Mit ein wenig Grün vor der Haustür versuchen viele jüdische Einwanderer aus Europa, die karge Umgebung wenigstens ein bisschen so aussehen zu lassen wie ihre alte Heimat.

(FAZ vom 3. September 2001)

218.3 Dem Nahen Osten geht das Wasser aus

Globale Problemfelder und Strategien

219.1 East-Chor-Canal in Jordan Valley

diesen Regionen gerieten unter israelische Militärverwaltung und Besatzung. Bis heute sind die Israelis dort militärisch präsent, auch wenn die Städte im Westjordanland und der Gazasteifen 1995 einen teilweisen Autonomiestatus erhielten. Die besetzten Gebiete sind allerdings nicht nur wegen der Verkürzung der Grenzen zu den arabischen Nachbarn wichtig, sie bergen auch große Grundwasserreserven, die Israel für die Versorgung der wachsenden Bevölkerung und der Bewässerungslandwirtschaft dringend benötigt.

Seit der Besetzung der Gebiete wurden mehr als 140 jüdische Siedlungen allein im Westjordanland errichtet. Die rund 150 000 religiös-fundamentalistischen Siedler beziehen sich bei ihrem Gebietsanspruch auf das Alte Testament. Auch heute fließen 80 % des Westbank-Wassers in jüdische Siedlungen und ins israelische Kernland. Hier liegt der Pro-Kopf-Verbrauch sieben- bis zehnmal höher als in den annektierten Gebieten. So leisten sich die Israelis einen Wasserverbrauch von 350 Litern pro Person und Tag, während sich die Palästinenser in der gleichen Region mit nur 60 l zufrieden geben müssen.

Im Westjordanland sind 218 Orte nicht an das öffentliche Wasserleitungsnetz angeschlossen. Die Bewohner müssen Wasser aus Tankwagen kaufen und diese kommen wegen der zahlreichen Straßensperren und Abriegelungen oft nicht in alle Dörfer. Damit bleibt nur die zeitraubende und mühevolle Versorgung aus öffentlichen Brunnen.

Sollte es eines Tages zur Gründung eines unabhängigen palästinensischen Staates kommen, müsste Israel unter

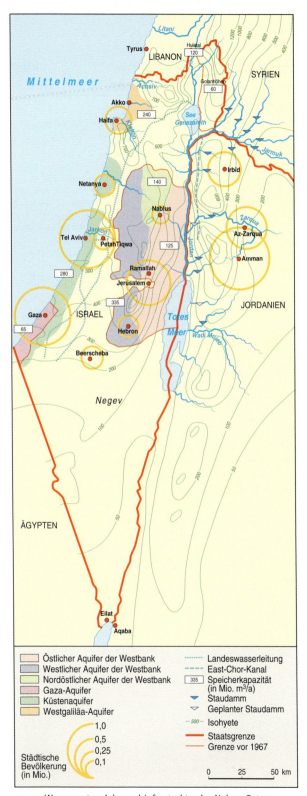

219.2 Wasserpotenziale und Infrastruktur im Nahen Osten

Globale Problemfelder und Strategien

Jahr	Landwirtschaft		Haushalt		Industrie		Wasserverlust (in %)	durchschnittl. Pro-Kopf-Verbrauch pro Jahr (in m³)
	1985	2000	1985	2000	1985	2000	1997	
Israel	1410	1180	420	640	110	35	22	375
Jordanien	520	610	150	220	25	50	42	220
Paläst. Gebiete	190	220	45[2]	60[3] (498[3])	k. A.	k. A.	48	100

[1] Wasserdargebot ist die theoretische pro Kopf und Jahr zur Verfügung stehende Durchschnittsmenge an Wasser.
[2] In den palästinensischen Gebieten wurde der Haushalts- und Industrieverbrauch zusammengefasst.
[3] Dieser Wert liegt weit unter dem tatsächlichen Bedarf, weil er bis heute von Israel bestimmt wird.
[4] Dieser Wert wird als tatsächlicher Bedarf geschätzt (Isaac u. a. 1994).
Quellen: Statistical Abstract of Israel, Nr. 45, Jerusalem 1997; GTZ: Middle east regional study on water supply and demand development (Concluding Report). Eschborn 1998

220.1 Wasserverbrauch in Israel, Jordanien und den palästinensischen Gebieten

anderem das Westjordanland räumen. Innerhalb der Staatsgrenzen Israels von 1948 ist Wasser Mangelware. In diesem ariden bis semiariden Raum wird das Wasserpotenzial auf ca. 2200 Mio. m³/a (Oberflächenwasser und erneuerbares Grundwasser) geschätzt (Abb. 220.2). Davon stammen aber über 30 % aus den Aquiferen der heute besetzten Gebiete und weitere 30 % aus umstrittenen Wassersystemen, vor allem dem Jordan und dem See Genezareth. Von letzterem führt der „National Water Carrier" (Abb. 219.1) zum Nord-Negev. Dieser Kanal ließ die Wasserführung des Jordans südlich des Sees von 650 Mio. m³/a auf 40 Mio. m³/a sinken. Die syrische und die jordanische Seite begannen daraufhin mit dem Bau von Staudämmen am Jarmuk und weiteren Nebenflüssen. Nach mehreren niederschlagsarmen Wintern war der Seespiegel im Sommer 2001 auf einen alarmierenden Tiefstand gesunken. Das Wasser wird zunehmend salziger. Der Jordan gleicht im Süden nur noch einem Abwasserbach und der Pegel des Toten Meeres sinkt bedrohlich. Die Grundwasserspeicher im Küstenbereich des Mittelmeeres schrumpfen um mehr als 20 cm/a, Meerwasser dringt ein. Inzwischen fehlen Israel 500 Mio. m³ Wasser im Jahr.

Das vorhandene Wasser wird durch einsickerndes Abwasser und ausgewaschene Pestizide, unter anderem aus dem Baumwollanbau und aus der Industrie, stark verschmutzt. In Tel Aviv und Umgebung war das Trinkwasser im Sommer 2001 so stark verschmutzt, dass sogar das Duschen verboten wurde. Die Wasservorräte in den Läden waren binnen Stunden ausverkauft, obwohl der Preis drastisch angehoben worden war. Als Sparmaßnahme ließ die Regierung den Druck in den Wasserleitungen senken, doch dies brachte nicht den erwünschten Effekt. Weder die Kommunen noch die privaten Gartenbesitzer folgen neuen Vorschriften zum Wassersparen (Abb. 218.4).

Aufgrund der tradierten Vorstellung, dass Israel in der Nahrungsmittelproduktion autark sein müsse, besitzen die Bauern so großen politischen Einfluss, dass der Wasserpreis für sie künstlich niedrig gehalten wird. Zu einem Viertel der privaten Verbraucherpreise dürfen sie mehr als 60 % des Wassers nutzen. Also werden weiterhin am Rande der Wüste Cocktailtomaten, Zitrusfrüchte und Bananen angepflanzt, die einen sehr hohen Wasserbedarf haben.

Sollte die Wasserverschwendung weiter fortgesetzt werden, müsse man am See Genezareth nicht mehr lange auf ein biblisches Wunder warten, witzeln manche Anwohner. Wenn nichts geschehe, könne ihn bald jeder zu Fuß überqueren.

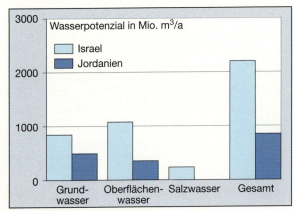

220.2 Wasserpotenzial

Aufgaben

1. Erläutern sie mithilfe von Text und Abbildungen (S. 218–221) die Zeitungsüberschrift: Mangel im Meer des Überflusses.
2. Stellen Sie eine Übersicht über die Regionen mit Wassermangel zusammen.

Globale Problemfelder und Strategien

Jahr	Bevölkerung (in Mio.)				Wasserverbrauch für Haushaltszwecke (in m³/Personen/Jahr)				Wasserverbrauch für Bewässerungszwecke (in Mio. m³/a)			
	1994	2000	2010	2040	1994	2000	2010	2040	1994	2000	2010	2040
Israel	5,3	6,5	7,7	12,8	100	105	115	145	860	732	498	450
Jordanien	4,1	4,9	6,8	14,0	55	74	72	86	570	637	798	464
Paläst. Gebiete	2,2	3,2	4,1	7,7	38	50	57	83	150	150	150	150
gesamt	11,6	14,6	18,6	34,5					1580	1519	1446	1064

Quellen: GTZ: Middle east regional study on water supply and demand development (Concluding Report). Eschborn 1998

221.1 Wasserbedarf und Bevölkerungsentwicklung in Israel, Jordanien und den palästinensischen Gebieten

Die 1500 Einwohner des palästinensischen Westbank-Dorfes Dschored Schanaa sind nur über den heißen Sommer gekommen, indem sie sich teils abgestandenes Wasser aus Tanks kauften, für drei Schekel pro Kubikmeter, umgerechnet 1,50 DM (0,77 €). Das sind rund 60 Pfennige (30 Cents) mehr, als ein Israeli für frisches Leitungswasser bezahlt.

Wegen der Wasserknappheit, berichtet der Muchtar, (Gemeindevorsteher) Ibrahim Khalil Fawagara, habe er seine Hühnerfarm dichtmachen müssen. Und ein gewöhnlicher Kleinbauer bewirtschafte allenfalls noch ein Viertel seines Landes. Das Wasser ist teurer als der Erlös für seine Tomaten, Auberginen und Zucchini auf den Märkten.
Ganz der palästinensischen Tradition verpflichtet, fühlt er sich als Muchtar verantwortlich für die Notlage. Und hat doch keine Entscheidungsgewalt, obwohl er zugleich Vorsitzender des Kreisrates ist, zu dem auch das wasserreiche Nachbardorf Tkua gehört. Neun Brunnen zapfen dort den unterirdischen Wasserstock im Westjordanland an. Aus ihnen wird per Computersystem, das die Israelis als Besatzungsmacht installiert haben, Trinkwasser durch eine 30 cm dicke Pipeline zu den Siedlern nach Efrata gepumpt. Ein nur 5 cm dickes Rohr muss für die Versorgung von etwa gleich vielen Palästinensern in vier Dörfern ausreichen. Seine vergeblichen Anträge, eine bessere Leitung zu verlegen, haben wieder einmal die Machtlosigkeit unterstrichen. „Was soll ich tun?", fragt der Dorfmuchtar. „Ich kann doch nicht heimlich die Röhren gegen größere austauschen." Zumal, muss man wissen, er es sich als Besitzer eines Steinbruchs nicht mit israelischen Baustoffhändlern verscherzen kann.
(nach: Badische Zeitung vom 25. November 1999)

221.2 Süßes Wasser, bitterer Streit

- Verringerung des Wasserverlustes im Wassernetz
- Reduzierung der Verdunstung, z. B. durch die Vermeidung offener Wasserkanäle und die flächendeckende Nutzung moderner Bewässerungstechnologien
- Wasserförderprogramme, durch die das Speichern von Regenwasser steuerlich honoriert wird, oder die gesetzliche Einführung von Hauszisternen
- Optimierung der Regenwassernutzung in den Wintermonaten, um die Übernutzung des Grundwassers in den Trockenmonaten zu minimieren (z. B. durch Talsperren und Einspeisung in den Aquifer)
- Anbau von regional angepassten Kulturpflanzen, um den Wasserverbrauch zu senken
- Wiederaufbereitung von Abwasser, Voraussetzung: Vorhandensein eines Abwassernetzes
- Einführung von zwei Wasserleitungssystemen zur Trennung des Haushaltswassers von dem für Industrie und Landwirtschaft
- Regelung der sektoralen und regionalen Wassernutzung mithilfe eines Managementkonzeptes
- Wasserlieferung aus dem Ausland über eine Pipeline; Lieferstaaten: Türkei, Libanon, Ägypten Empfängerstaaten: Israel, Jordanien, Palästina
- Wasserlieferungen über das Meer in Spezialschiffen mit angehängten Kunststofftanks; Verträge mit der Türkei sind bereits unterzeichnet

(Jamill Sabbagh: Der Kampf um das weiße Gold nach: geographie heute 169/99, S. 32)

221.3 Möglichkeiten zur Steigerung des Wasserdargebots in Israel

Mehr produzieren mit weniger Wasser

Aus Alt mach Frisch, Windhoek trinkt Abwasser

In der Hauptstadt Namibias waren 1960 wegen der verstärkten Wassernutzung und des ariden Klimas die meisten unterirdischen Grundwasservorräte erschöpft und die Stauseen trockengefallen. Daher wurden Haushaltsabwässer zu Trinkwasser aufbereitet. Eine erste, 1968 gebaute Aufbereitungsanlage produzierte anfangs 1740 Mio. Liter Trinkwasser pro Jahr, heute deckt sie etwa ein Viertel des städtischen Trinkwasserbedarfs. Eine neue Anlage soll diesen Anteil, trotz ständig wachsender städtischer Bevölkerung, verdoppeln. Das aufbereitete Wasser wird überwiegend zur Bewässerung von Gärten und Parks genutzt, da die Bewohner der Stadt das Wasser nicht trinken wollen. In Dürreperioden lässt die Stadtverwaltung jedoch das geklärte Abwasser dem Leitungswasser beimischen, und zwar bis zu 30 %. Modernste Anlagen arbeiten mit Nanofiltration und UV-Bestrahlung von Grauwasser (Spül-, Putz- und Waschwasser), um es zu Regenwasserqualität aufzubereiten.

Überleben in der Wüste

Gentechnik soll die Wüste ergrünen lassen. Die Negev-Wüste in Israel ist eines von vielen Wüstengebieten, die stetig weiter wachsen. Die Abteilung Wüstenpflanzen-Technologie des Jacob-Blaustein-Instituts versucht, die Überlebensfähigkeit der Wüstenflora für den wirtschaftenden Menschen nutzbar zu machen. In der Nähe des Blaustein-Institutes steht ein 300 Jahre alter Pistazienbaum, die einzige Baumspezies, die von Natur aus hier in der Wüste vorkommt. Der Genbestand dieses Baumes wird zurzeit untersucht, um die Gene zu finden, die für die Abwehr der Stressfaktoren Hitze, UV-Strahlung und Trockenheit verantwortlich sind, um diese eventuell auf Nutzpflanzen zu übertragen. Seit kurzem ist zumindest eines dieser Gene sowie das dazugehörige Enzym (Dehydrin) bekannt. Dieses Gen soll nun auf Nahrungspflanzen übertragen werden.

zukunftweisende Projekte

Mee(h)r-Wasser

97 % des Wassers der Erde sind salzig und somit für Mensch, Tier und Pflanze nicht zu gebrauchen. In küstennahen Trockengebieten werden deshalb weltweit 12 500 Entsalzungsanlagen eingesetzt. Die Entsalzungstechnik ist jahrhundertealt. Meerwasser wird erhitzt, der aufsteigende Dampf abgekühlt und das Kondensat aufgefangen, während sich Salze und andere Verunreinigungen absetzen. In modernen Anlagen arbeitet man mit Wärmerückgewinnung und produziert somit billiger. Supermoderne Anlagen arbeiten mit dem System der Umkehrosmose mit Polyamid-Membranen.
Aus Bayern kommt eine solare Meerwasserentsalzungsanlage, die im Sultanat Oman installiert ist. Die automatische Entsalzungsanlage dient als Vorzeigeprojekt nachhaltiger Technologie und wird von zahlreichen Interessierten aus der ganzen Welt besucht. Die innovative Anlage ermöglicht 20 000 kWh Energieeinsparung jährlich im Vergleich zu konventionellen Entsalzungsmethoden mit fossiler Energie. Das entspricht immerhin einer CO_2-Einsparung von 5000–6000 kg pro Jahr.

Sparen zahlt sich aus

In der Metall verarbeitenden Industrie werden besonders bei den Galvanisierungsvorgängen riesige Mengen Wasser verbraucht. Dem Lahrer Armaturenhersteller Grohe ist es gelungen, durch Wasser sparende Produktionstechniken und einen hohen Anteil von recyceltem Wasser enorme Einsparungen zu erzielen. 1978 benötigte man 18 Liter Wasser pro dm^2 veredelter Oberfläche, 2001 noch 0,8 Liter Wasser. Das entspricht einer Reduktion von 1 170 000 m^3 auf 52 000 m^3. Der Gesamtwasserverbrauch des Werkes konnte im gleichen Zeitraum um 85 % gesenkt werden.
Die erheblichen Mengen an Kühlwasser für verschiedene Produktionsprozesse, z. B. in der Gießerei, werden zum Teil (25 %) durch geschlossene Kühlsysteme geführt und vollständig zurückgewonnen. Dabei wird allerdings elektrische Energie für den Kühlmaschinen-Betrieb notwendig.

Globale Problemfelder und Strategien

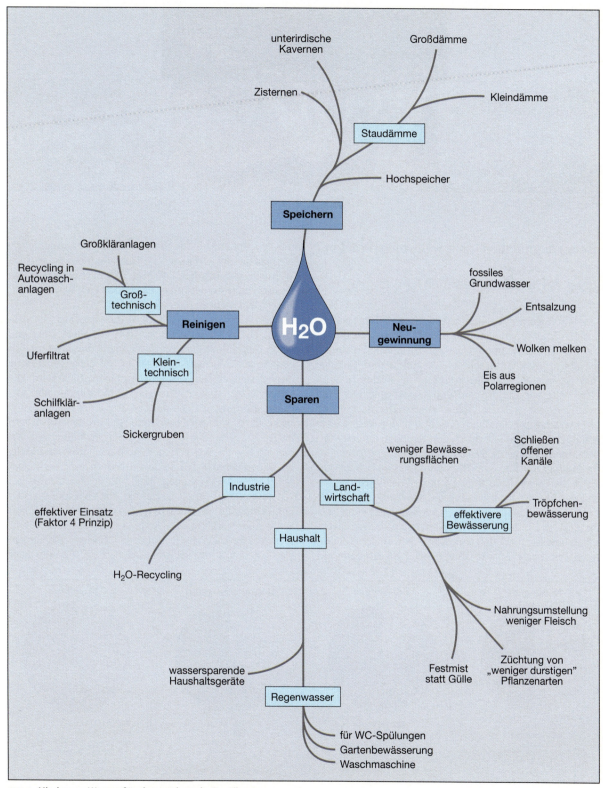

223.1 Mind-map: Wasser für eine wachsende Bevölkerung

224.1 Natürlicher Boden — Einschlag eines Regentropfens — verdichteter Boden

4 Bodendegradation – ein weltweites Problem

Formen der Bodendegradation

Das Wort „Kultur" aus dem lateinischen „colere" bedeutet: den Boden bestellen und pflegen. Dies weist darauf hin, dass Eingriffe in die Ökosysteme und deren Böden mit der Menschheitsgeschichte verknüpft sind. Solange dies nachhaltig geschah, konnten die Böden, die im Gegensatz zur Lithosphäre und zur Atmosphäre eine extrem dünne Schicht bilden, einer Verschlechterung (= **Degradation**) standhalten. Schon in der Antike setzte jedoch insbesondere durch den Raubbau an den Wäldern der Mittelmeerregion ein schleichender Prozess der **Bodendegradation** ein. Betroffen hiervon waren vor allem die entwaldeten Bergregionen. Positiv wirkte sich dagegen die Bodenabtragung auf die Senken aus, die sich zu fruchtbaren Schwemmlandebenen entwickelten. Im Zuge der Industrialisierung, die auch die Landwirtschaft erfasste und die von einem gewaltigen Städtewachstum begleitet war, kamen neue Belastungen auf die Pedosphäre hinzu. Hierzu zählen insbesondere die chemische und physikalische Degradation.

Weltweit sind ungefähr 240 Mio. ha von **chemischer Bodendegradation** betroffen. Es werden vier Typen chemischer Degradation unterschieden:

1. Nährstoffverlust und/oder Verlust organischer Substanz: Dieser Degradationstyp tritt vor allem dann auf, wenn der Nährstoffvorrat des Bodens durch mehrmaligen Anbau derselben Pflanzenart auf derselben Fläche ohne Ausgleichsdüngung einseitig beansprucht wird. Die Pflanzen zeigen dann Wachstums- und Vitaminmängel.

2. Versauerung: Je tiefer der pH-Wert einer Bodenlösung sinkt, desto weniger Nährstoffe sind an den Adsorbern im Boden gebunden und desto weniger Nährstoffe verbleiben bei abwärts gerichtetem Wasserstrom langfristig im Wurzelbereich: Die Pflanzen verhungern. Bei tiefem pH-Wert (< 4,5) werden auch durch Zerstörung der Tonminerale Al-Ionen freigesetzt, die (wie die meisten Schwermetalle) für die Wurzeln toxisch sind: Die Pflanzen werden vergiftet.

3. Bodenversalzung: Je höher bei Bodenversalzungen die Konzentration gelöster Teilchen im Bodenwasser

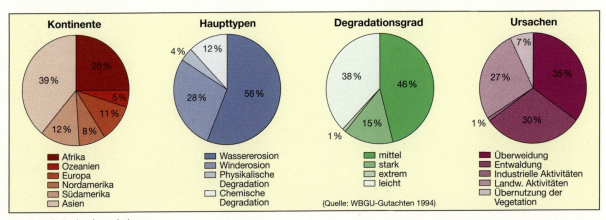

224.2 Welt-Bodendegradation

wird, desto größer wird die Gefahr osmotisch bedingter Schäden. Übersteigt die Konzentration der gelösten Teilchen in der Bodenlösung diejenige innerhalb der Pflanzenzellen, kehrt sich der an sich von außen nach innen gerichtete Wasserstrom um. Wasser fließt dann vom Inneren der Pflanze nach außen. Oder anders ausgedrückt: Wie bei einem Rettich, der gesalzen wird, entzieht das Außenmedium der Wurzel Wasser. Die Pflanzen vertrocknen, obwohl sie in einem feuchten Boden wurzeln.
4. *Vergiftung/Kontamination:* Insbesondere der Eintrag anorganischer und organischer Schadstoffe wie beim Bitterfeld-Syndrom (S. 196/197) führt zu einer hochgradigen Bodendegradation.

Eine Fläche von weltweit ca. 83 Mio. ha unterliegt der **physikalischen Bodendegradation**, die vor allem zwei Ursachen hat:
1. Die *Bodenverdichtung* ist Folge des Einsatzes schwerer landwirtschaftlicher Maschinen. Die Verdichtung zerstört die lockeren Krümelstrukturen, in denen organische und anorganische Bodenteilchen durch Ausscheidungen von Bodenlebewesen oder durch Pilzfäden und Feinwurzeln aneinander gekoppelt sind. Die Trümmer der wertvollen Krümel können daher leicht durch die Wucht auftreffender Regentropfen vollends zerschlagen und durch Wasser und Wind anschließend erodiert werden. Die Poren im Restboden werden zudem kaum noch durchlüftet, weil der Boden durch Verschlämmung immer mehr seine natürliche Drainage verliert und immer häufiger Wasser staut. Das Bodenleben kommt in Atemnot, biogene Ab- und Umbauprozesse werden zunehmend eingeschränkt. Letztendlich verliert damit auch der noch verbliebene Bodenrest seine Fruchtbarkeit.
2. Die *Bodenversiegelung* durch Verkehrs- und Siedlungsflächen betrifft nicht selten sehr ertragreiche Böden. Folge sind reduzierte Grundwasserbildungsraten bei erhöhtem Oberflächenabfluss, der die Gefahr von Überschwemmungen verstärkt.
Die chemisch bedingte Bodendegradation durch Nährstoffverlust, Kontamination und Versauerung sowie die physikalisch bedingte Degradation treten vor allem in den Industrieländern auf. In den Entwicklungsländern sind dagegen die Vernichtung von Wäldern, die Überweidung und die Bodenversalzung nach wie vor die entscheidenden Degradationsauslöser. Aktuelle Zahlen gehen davon aus, dass heute mindestens ein Siebtel der eisfreien Landoberfläche Degradationserscheinungen aufweist. Dabei kann lediglich bei leicht degradierten Böden die Produktivität wiederhergestellt werden. Der WBGU weist darauf hin, dass 1 % der Böden bereits unwiederbringlich verloren sind. Trockengebiete der Erde, die ca. 40 % der Landfläche der Erde ausmachen, sind insbesondere von Bodendegradation betroffen. Rund zwei Drittel der Flächen in diesen Gebieten weisen Bodendegradationen auf.

225.1 Verdichteter Boden

225.2 Versalzung

225.3 Versiegelung

Fallbeispiel: Sahel

Die Sahelzone ist der Landstreifen, der sich um 15° N über eine Länge von über 5000 km vom Atlantik bis zum Roten Meer erstreckt und eine durchschnittliche Breite von 400 km aufweist. Sie liegt im Bereich der Trocken- und Dornstrauchsavannen mit maximal sechs humiden Monaten um 10° N und zwölf ariden Monaten bei 20° N, wobei die Niederschlagsvariabilität sehr stark ausgeprägt ist. Der Boden weist überwiegend so genannte „Arenosols" auf, sandige Altdünen mit sehr geringer organischer Substanz und niedriger Kationenaustauschkapazität, was eine insgesamt geringe Bodenfruchtbarkeit bedingt. Die Naturausstattung zeigt, dass es sich hier um einen sehr empfindlichen Raum handelt, der eine behutsame Nutzung durch den Menschen erfordert.

Die Übersetzung des arabischen Wortes „Sahel" mit „Ufer" deutet an, dass dieser Landstreifen für die Karawanen, die die Sahara durchquerten, das markante Ende der Wüste anzeige. Berichte und Zeichnungen des Afrikaforschers Heinrich Barth, der bis 1855 die Sahelzone erforschte, belegen, dass diese eine relativ dichte Vegetation besaß. Das heutige Wadi Bahr el Ghasal war zu jener Zeit ein schiffbarer Zufluss des Tschadsees. Immer wieder ereigneten sich jedoch klimatisch bedingte Dürren. Die Vegetation erholte sich aber nach diesen Dürren, insbesondere auch deswegen, weil die traditionellen Wirtschaftsweisen des Menschen an die Savannenökosysteme angepasst waren. So wurden durch die Feldwechselwirtschaft nur 20 % des Bodens bei Einhaltung mehrjähriger Brache bewirtschaftet. Den Nomaden mit ihren überschaubaren Herden stand ein riesiges Wanderareal zur Verfügung.

Erste Degradationserscheinungen gab es schon während der Kolonialzeit infolge nicht angepasster Nutzung des Raumes. Ein zunächst schleichender Prozess der Bodendegradation führte insbesondere infolge der beiden schweren Dürren 1968–74 und 1980–85 zum partiellen Zusammenbruch des sahelischen Natur- und Wirtschaftsgefüges. Dabei handelt es sich um anthropogen bedingte Verwüstungen, wobei die für die menschliche Nutzung entscheidenden Bereiche der Natur – die Biosphäre, die Böden und der Wasserhaushalt – zunehmend Kennzeichen einer Wüste aufweisen. Der gesamte Prozess der Landschaftsdegradation wird als Desertifikation bezeichnet. Neuere Zahlen des Umweltministeriums des Staates Niger belegen, dass jährlich ca. 250 000 ha Land der Desertifikation zum Opfer fallen. Das entspricht der ungefähren Größe Luxemburgs oder der dreifachen Größe Berlins. Die Desertifikation erfasst dabei nicht die gesamte Sahelzone, sondern es entstehen „irreparable Flickenteppiche aus wüstenartigen Inseln" inmitten weniger geschädigter Flächen.

Aufgaben

1. Charakterisieren Sie die naturräumlichen Bedingungen in der Sahelzone.
2. Erstellen Sie auf der Basis der Texte und Abbildungen ein Wirkungsgefüge zum Sahelsyndrom entsprechend der methodischen Anleitung S. 197.

226.1 Desertifikation

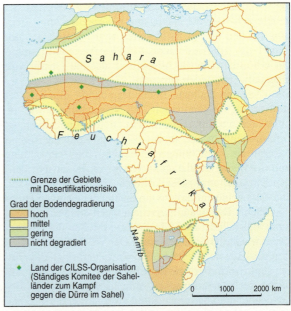

226.2 Bodendegradierung als Desertifikationsindikator

Hintergründe der Desertifikation

Die Desertifikation hat viele Ursachen, die anhand der wichtigsten Landnutzungsformen im Sahel verdeutlicht werden können. Dazu gehört der **Nomadismus** im Gegensatz zur sesshaften Viehhaltung, der **Cash-crop-Anbau** und der **Subsistenzfeldbau**.

Seit Mitte der 70er Jahre hat die Zahl sesshafter Viehhalter im Sahel stark zugenommen. Dabei handelt es sich vor allem um Investoren aus der städtischen Oberschicht, die in Stadtnähe z. B. in Form von Maststationen stationäre Viehhaltung betreiben. Durch die Marktmacht der Sesshaften und deren vermehrte Weidekontrolle werden die Nomaden sukzessive in Randzonen mit geringerer Weidekapazität gedrängt. In Mali sind bereits bis zu 60 % der Herden im Besitz von „absentee pastoralists", also Viehhaltern, die sich nicht selber um die Weiden kümmern, sondern dafür Lohnhirten anstellen. Diese missachten häufig traditionelle Weideregeln, da sie zu viel Vieh zu lange auf der gleichen Fläche halten. Die Bodendegradation beginnt und wird zudem dadurch begünstigt, dass hochwertige Futtergräser zunehmend den Viehherden der Nomaden nicht mehr zur Verfügung stehen, da sie von Landarbeitern gesammelt und an sesshafte Viehhalter verkauft werden. Die Nomaden müssen daher immer mehr Zusatzfutter kaufen, wodurch sie sich oft verschulden. Auch die vermehrte Ausbreitung des Ackerbaus, insbesondere des Bewässerungsanbaus, engt den Bewegungsfreiraum der Nomaden immer mehr ein. Die in Trockenzeiten wichtigen Weidegründe stehen den Nomaden dadurch nicht mehr zur Verfügung. Vor allem junge Männer geben den Nomadismus auf und wandern in die Städte ab. Zurück bleiben die Alten, Frauen und Kinder, die nur noch Halbnomadismus betreiben. Auf den ersten Blick mag dies infolge der geringeren Herdengröße ökologisch sinnvoll erscheinen, ist es aber nicht, da die Halbnomaden keine längeren Distanzen mehr zurücklegen und durch verkürzte Weidewanderungen die Böden übernutzen.

Neben diesen internen Einflüssen, die zu einer Fehlnutzung des anfälligen Ökosystems führen, gibt es eine Reihe externer Faktoren. Vor der Umsetzung der Agenda 21 im Jahr 1992 waren die entwicklungspolitischen Maßnahmen im Sahel sehr technikorientiert. Tiefbrunnenbau mit freiem Zugang und Impfkampagnen für Rinder bewirkten eine Vergrößerung der Viehherden und führten zu massivem Überbesatz der Weiden im Umkreis der Tiefbrunnen. Im Zuge der großen Dürren im Sahel wurden so große Weideareale im Nordsahel durch den aus ökologischer Sicht überhöhten Viehbestand weitgehend kahl gefressen, sodass erste Desertifikationsinseln entstanden.
Bei abnehmender Vegetationsbedeckung ist der Boden der sehr intensiven Sonneneinstrahlung schutzlos ausgesetzt und es werden Bodentemperaturen von 60° Celsius und mehr erreicht. Dies führt zu verstärkter Bodenaustrocknung und damit erhöhter Anfälligkeit für Winderosion. Bei den seltenen, aber heftigen Starkregen werden außerdem die Regentropfen durch die fehlende Vegetation nicht mehr gebremst und zerstören die Bodenaggregate. Die Bodenporen werden mit eingeschwemmtem Feinmaterial aufgefüllt. Verstärkt durch Krustenbildung bei anschließender Austrocknung wird damit die Bodenoberfläche zunehmend versiegelt. Wird der Boden durch Viehtritt noch stärker verdichtet, hat die Versiegelung gravierende Folgen. Der Oberflächenabfluss nimmt zu und es kommt zur Erosion. Des Weiteren wird durch die geringere Infiltration (Versickerung des Niederschlags) die Grundwasserneubildung vermindert.

Ein weiterer externer Faktor bildet der bereits von den Kolonialmächten durchgesetzte Cash-crop-Anbau für den Exportmarkt, meist in Form des Anbaus von Baumwolle und Erdnüssen in Monokulturen. Hintergrund war die Einführung der Kopfsteuer zur Finanzierung der Kolonialverwaltung, die nur dadurch eingetrieben werden konnte, dass die Bewohner der Sahelzone vermarktungsfähige Produkte anbauten. Auch nach der Unabhängigkeit haben die Staaten des Sahel den Cash-crop-Anbau weiter betrieben, um durch den Export der Produkte die Deviseneinnahmen zu erhöhen. Entscheidenden Antrieb dafür gab der von Frankreich garantierte subventionierte Abnahmepreis für Erdnüsse.

Heute ist der Anteil der Cash-crops mit rund 10 % der landwirtschaftlich nutzbaren Fläche in den meisten Sahelstaaten zwar gering, doch durch die Belegung der besten Böden stehen diese für die nationale Eigenversorgung nicht mehr zur Verfügung. Durch die damit verbundene Verdrängung des traditionellen Subsistenzfeldbaus und des Nomadismus auf marginale Standorte wird indirekt die Desertifikation vorangetrieben. Der Cash-crop-Anbau führt aber auch häufig zu direkter Bodendegradation. Einerseits verarmen die Böden infolge einseitigen Nährstoffentzugs in den Monokulturen, andererseits kommt durch den hohen Pestizideinsatz eine weitere Belastung auf die Böden zu. Baumwolle muss i. d. R. in bewässerten Monokulturen angebaut werden, wobei die künstliche Bewässerung in ariden und semiariden Gebieten ohne ausreichende Drainage oft mit Versalzung der Oberböden verbunden ist. Hinzu kommt eine Veränderung des hydrologischen Kreislaufs. Die Wasserstände von Oberflächengewässern sinken. Bekanntestes Beispiel ist die zunehmende Austrocknung des Tschadsees, dem enorme Wassermengen für die Bewässerung der Baumwolle entzogen werden.

Im Subsistenzfeldbau gibt es im Wesentlichen zwei Trends, die zur Bodendegradation führen. Die vom Cash-crop-Anbau verdrängten Subsistenzfeldbauern wirtschaften auf

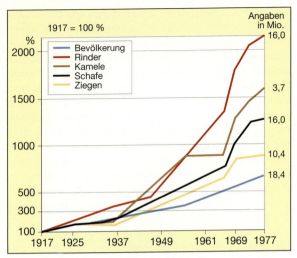

228.1 Bevölkerung und Viehbestand im Sudan

marginalen Böden, deren geringere Ertragskraft zu intensiverer Nutzung und damit teilweiser Übernutzung führt. Begleitet ist die Intensivierung von einer Mechanisierung, die ab 1960 mit der Ablösung des Hackbaus durch den Pflugbau einsetzte. Dadurch können die Subsistenzfeldbauern ihre Anbauflächen vergrößern. Diese bedürfen intensiver Bodenpflegemaßnahmen, die die Bauern aus Gründen der Rentabilität aber nicht zu leisten imstande sind. Sie können nicht einmal notwendige Brachzeiten einhalten, da die Ernte insgesamt gering ist. Folge ist, dass die Böden sich nicht regenerieren und langfristig für eine landwirtschaftliche Nutzung kaum mehr geeignet sind.

Der gesamte Prozess der Bodendegradation wird durch einen weiteren Faktor begünstigt. Da es einen Mangel an fossilen Brennstoffen gibt, kommt es vor dem Hintergrund eines hohen Bevölkerungswachstums zu einer starken Zunahme des Brenn- und Nutzholzeinschlags.

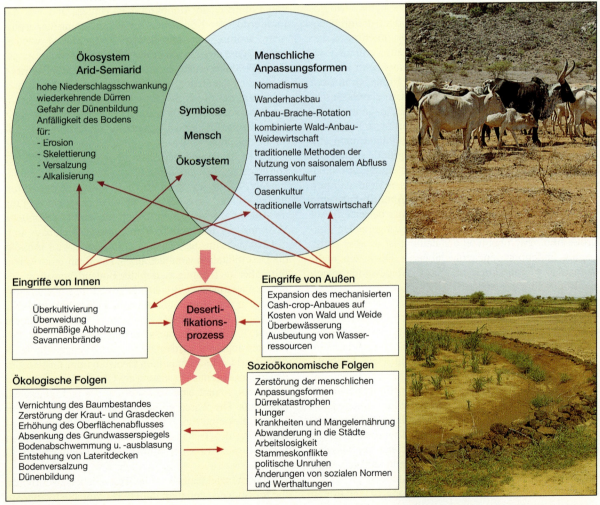

228.2 Desertifikationsschema

Lösungsansätze

Bei der Suche nach Lösungsansätzen für die Bodendegradation im Sahel ist das Ziel einer nachhaltigen Bodenbewirtschaftung in Einklang zu bringen mit einer ausreichenden Nahrungsmittelversorgung der wachsenden Bevölkerung. Dies setzt eine standortgerechte und umweltschonende landwirtschaftliche Produktion voraus, die keine umfangreiche weitere Erschließung landwirtschaftlicher Nutzflächen vorsieht. Erfolg haben Maßnahmen zum Bodenschutz nur dann, wenn die lokale Bevölkerung schon bei der Planung aller bodenbezogenen Maßnahmen einbezogen wird und durch Aus- und Fortbildungsmaßnahmen unterstützt wird. Dabei geht es nicht um eine Entwicklungsstrategie, die an vordergründig modernen, westlichen Maßstäben ausgerichtet ist, sondern die auf einer Wertschätzung der sahelischen Kultur fußt.

Auf institutioneller Ebene sind zwei Faktoren von Bedeutung. So sollten die zentralistisch regierten Staaten des Sahel eine organisatorische Dezentralisierung anstreben. Durch die Schaffung und Stärkung von Entscheidungsebenen auf regionaler und lokaler Basis können die besonderen Bedürfnisse der unteren Ebene besser befriedigt werden. Dies setzt allerdings voraus, dass die regionalen und lokalen Entscheidungsträger eine eigene Budgethoheit erhalten. Insgesamt wird durch die Schaffung einer dezentralen Struktur der Informationsaustausch zwischen der Zentralregierung und den dezentralen Einrichtungen verbessert.

Der zweite Faktor beruht auf der Einsicht, dass die Entwicklungs- und Umweltprobleme des Sahel nicht an Staatsgrenzen Halt machen, sondern nationenübergreifender Natur sind. Dies bedeutet, dass bilaterale Projekte zur Bekämpfung des Sahelsyndroms ihre Grenzen haben. Notwendig sind über die Staatsgrenzen hinweg abgestimmte bodenbezogene Projekte und Strategien, wie sie seit einigen Jahren vom Ständigen Komitee der Sahelländer zum Kampf gegen die Dürre im Sahel (CILSS-Organisation) in Angriff genommen werden. Aufgefordert zur Unterstützung sind aber auch die Unterorganisationen der UNO wie FAO und UNDP sowie die Weltbank und der IWF. Sie verfügen über die notwendige multilaterale Organisationsstruktur, die für die Planung, Durchführung und Auswertung von Maßnahmen über die Staatsgrenzen hinweg von großer Bedeutung ist.

Geeignete Maßnahmen zur Bekämpfung der Bodendegradation im Sahel müssen sich unter Beachtung dieser institutionellen Voraussetzungen an den drei Wirtschaftsformen Nomadismus, Subsistenzfeldbau und Cash-crop-Anbau orientieren.
Die nomadische Viehhaltung muss trotz des Rückgangs der traditionellen Form weiter gefördert werden, da sie unumstritten als das bestangepasste großräumige Nutzungssystem in Trockengebieten gilt. Davon sind auch die politischen Entscheidungsträger zu überzeugen, die eine Sesshaftmachung der Nomaden aus Gründen der besseren Kontrolle und effektiveren Besteuerung favorisieren. Allerdings ist es illusorisch zu glauben, den Nomadismus in seiner bisherigen Form der freien und weiträumigen Wanderweidewirtschaft fördern zu können. Dafür haben sich die beschriebenen strukturellen und ökologischen Veränderungen zu sehr verfestigt. Eine Förderung der verbliebenen Formen des Nomadismus müsste die folgenden Maßnahmen umfassen:

- Zusage langfristig gesicherter Landnutzungs- und Durchzugsrechte auf der Basis einer kontrollierten Weidewirtschaft,
- Anpassung des Viehbesatzes an die geringe Biomassenproduktion der Weideflächen,
- Optimierung der Futterbasis durch Zusatzsaaten,
- Fernweidewirtschaft mit satellitengestützter Auswahl geeigneter Weiden und ggf. Einsatz moderner Transportmittel oder eine nach dem Rotationsprinzip kontrollierte Beweidung dörflicher Gemarkungen,
- Schließung vieler Brunnen im Nordsahel,
- Veterinärmaßnahmen zur Verbesserung der Tierhaltung.

Darüber hinaus ist es notwendig, das traditionelle Wissen der Nomaden zu erhalten und fortzuentwickeln sowie bestehende Selbsthilfeinstitutionen der Landnutzer zu fördern. Der bestehende Subsistenzfeldbau, der vor dem Dilemma steht, durch die Bewirtschaftung marginaler Böden eine wachsende Bevölkerung zu ernähren und gleichzeitig den Bodenschutz zu gewährleisten, bedarf einer besonders intensiven Förderung. Dies kann folgende Elemente einer angepassten Bodennutzung umfassen:

- Agroforstwirtschaft (Abb. 230.1),
- Kleinstaudämme (Abb. 230.2),
- organische Düngung durch Integration von Ackerbau und Viehzucht; ein Viehbestand von fünf Großvieheinheiten kann die Produktion von bis zu 4 t organischen Düngers pro Jahr ermöglichen, ausreichend für die Düngung von 2 ha Ackerland,
- Anlage von Kompostgruben,
- Förderung des Kaufs von Eselkarren zum Dung- und Komposttransport,
- Fruchtwechselwirtschaft,
- Nutzung trockenheitsangepasster Pflanzensorten,
- Pflanzung Stickstoff bindender Leguminosen,
- Förderung traditioneller Anbautechniken wie z.B. der Zay-Pflanzlochtechnik zur Stauung des Niederschlagswassers im Pflanzloch und Erhöhung der Wasserverfügbarkeit für die Pflanzen,
- Maßnahmen zum Erosionsschutz bzw. zur Erhöhung der Infiltration wie Konturpflügen (hangparalleles

Pflügen), Terrassierungen und Steinreihen, die nach episodischen Niederschlägen das oberflächenhaft abfließende Wasser aufstauen, wobei es zur Ablagerung von Feinmaterial kommt,
- Windschutzhecken oder Palisaden auf Wanderdünen.

Neun Sahelstaaten räumen bereits der Föderung der Solartechnik Priorität ein. Können die Subsistenzbauern durch finanzielle Förderung für den vermehrten Einsatz dieser Technik gewonnen werden, wird der Brennholzeinschlag zurückgehen. Zusammen mit Projekten zur Neuanpflanzung von Bäumen und Sträuchern dient dies einem nachhaltigen Bodenschutz.

Alle genannten Maßnahmen der Förderung des Subsistenzfeldbaus bedürfen jedoch eines weiteren Entwicklungsimpulses, nämlich der Schaffung zusätzlicher Einkommensmöglichkeiten für die ländliche Bevölkerung. Dazu gehören Kleingewerbe und Handwerk, die auf den vorhandenen Fähigkeiten basieren. Ein wegweisendes Projekt ist die Weiterverarbeitung landwirtschaftlicher Produkte, z. B. der Milch in Molkereien. Dies erfordert wiederum Vermarktungshilfen.

Um den Cash-crop-Anbau nachhaltig zu betreiben, ist eine Umstrukturierung in Richtung eines umweltschonenden Landbaus dringend erforderlich. Die bodenschädigenden Monokulturen müssen entweder einem Mischanbau weichen oder durch geeignete Fruchtfolgen ersetzt werden. Da insbesondere der Baumwollanbau intensiver Bewässerung bedarf, sind Wasser sparende Bewässerungstechniken notwendig, um einen größtmöglichen Bodenschutz zu gewährleisten.

Diese Reformvorschläge können jedoch nicht losgelöst gesehen werden von der gesamtwirtschaftlichen Situation der Sahelstaaten, die unter einer hohen Auslandsverschuldung leiden. Dies bedeutet, dass diese Länder auf möglichst hohe Deviseneinnahmen aus dem Cash-crop-Anbau angewiesen sind. Ökologische Belange gelten demnach als nachrangig, wenn sie eine Einnahmenminderung befürchten lassen. Dies zeigt, dass Konzepte zum Bodenschutz eingebettet sein müssen in ein entwicklungspolitisches Gesamtkonzept, das gleichzeitig so drängende Probleme wie die Auslandsverschuldung und die Bildung breiter Bevölkerungsschichten zu lösen versucht.

Internetadressen für die weitere Recherche:
www.insah.org (CILSS-Organisation)
www.fao.org (Food and Agricultural Organization)
www.undp.org (United Nations Development Programme)
www.imf.org (Internationaler Währungsfonds)
www.desertnet.de (Deutsches Netzwerk zur Desertifikationsbekämpfung)

Viele Sahel-Völker, die sowohl Viehhaltung als auch Ackerbau betreiben, praktizieren seit jeher im Umkreis ihrer Dörfer eine inzwischen verstärkt propagierte, ökologisch angepasste Wirtschaftsweise, die Agroforstwirtschaft. Typisch hierbei sind standortgerechte Mischkulturen mit einer Integration von Ackerbau, Viehhaltung und Holzproduktion. Ziel ist die Erhaltung und Steigerung der Erträge auf Basis einer nachhaltigen, ressourcenschonenden Landnutzung, die auch höhere Bevölkerungsdichten im ländlichen Raum ermöglicht. Agroforstwirtschaft ist zudem eine effektive Methode, ökologische Schäden der Kulturlandschaft zu reparieren und der Desertifikation vorzubeugen.

Die nach den großen Dürren vielfach zur raschen Brennholzproduktion erfolgte Aufforstung mit florenfremden, schnellwüchsigen Baumarten wie z. B. Eukalyptus hat sich nicht bewährt. Wegen des hohen Wasserverbrauchs und schwer verrottbaren Laubs ist kein Nahrungsmittelanbau unterhalb der Bäume möglich. Ökologisch und ökonomisch sinnvoller ist die Anpflanzung trockenresistenter einheimischer Bäume (z. B. Akazienarten), die bereits in vorkolonialer Zeit auch malische Dörfer umgeben hatten und deren Fällen mit drastischen Strafen geahndet worden war. Von besonderer Bedeutung ist Acacia albida. Sie wächst auch auf

230.1 Ernährungssicherung und Desertifikationsbekämpfung durch

---

Das Dogonland ist ein östlich des wichtigen Marktortes und Verkehrsknotenpunkts Mopti gelegenes Sandsteinplateau. Hauptnahrungsmittel der Dogon ist Hirse, deren Erntemenge jedoch selbst in guten Jahren mit Niederschlägen von 500–600 mm Niederschlag nur für maximal 6–10 Monate ausreicht. Die reinen Subsistenz-Hirsebauern erwirtschaften die notwendigen Zusatzeinkünfte durch Erntemigration und Kleintierhaltung, während Bauern mit kleineren Hirseanbauflächen Gartenbauprodukte wie z. B. Zwiebeln, Tomaten, Auberginen vermarkten. Wegen seiner begrenzten landwirtschaftlich nutzbaren Fläche und der für Mali hohen Bevölkerungsdichte (25 Ew./km^2) ist das Dogonland seit langem am Rande seiner Tragfähigkeit und leidet unter wiederkehrenden Hungerperioden.

Im Dogonland sind seit den 1970er Jahren in Zusammenarbeit mit der deutschen GTZ (Gesellschaft für Technische Zusammenarbeit) mehr als 100 Kleinstaudämme zur Speicherung von ungenutzt abfließendem Oberflächenwasser errichtet worden. Das Vorbild lieferte die Natur selbst. Quer zu den Wasserläufen angeordnete Felsschwellen ließen kleine Rückhaltebecken entstehen, in denen sich das Wasser noch Monate nach der Regenzeit hält. Um diese Becken herum hatte sich traditionell eine intensive Bewässerungswirtschaft entwickelt. So lag der Gedanke nahe, durch zusätzliche Aufstauung eine Vergrößerung des

230.2 Entwicklungshilfe im Dogonland

Globale Problemfelder und Strategien

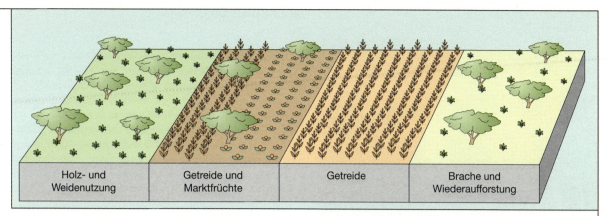

leichten, sandigen Böden, weil sie mit ihrem ausgedehnten Wurzelsystem tief liegendes Grundwasser erschließen kann und wie alle Bäume als „Nährstoffpumpe" wertvolle Mineralstoffe an die Bodenoberfläche fördert. Sie besitzt außerdem die für Leguminosen typischen, zur Bindung von Luftstickstoff geeigneten Knöllchenbakterien. Acacia albida besitzt darüber hinaus einen „umgekehrten" Vegetationszyklus: Zu Beginn der Regenzeit, wenn die Pflanzperiode für Hirse und Erdnuss beginnt, verliert sie ihre Blätter, sodass das Sonnenlicht die unter dem Baum angepflanzten Kulturen erreichen kann. Die abfallenden stickstoffreichen Blätter düngen den Boden so gut, dass Dauerfeldbau unter Akazienbäumen ohne zusätzliche mineralische Düngergaben möglich ist. Während der Trockenzeit treibt A. albida Blätter, beschattet den Boden und liefert in der futterarmen Zeit ab März eiweiß- und stärkereiche Früchte als „Kraftnahrung" für das Vieh. Zusätzlich liefert der Baum durch das Schneiteln der Äste Blattfutter, durch Anritzen der Rinde den Rohstoff für Gummi arabicum und etwa ab dem 10. Jahr auch Holz als Brennstoff.

Agroforstwirtschaft

Speicherinhalts und der Kulturflächen zu ermöglichen. Der mit lokal verfügbaren Materialien und Arbeitskräften erfolgte Bau der Sperrwerke brachte jedoch die teilweise Überflutung des bisherigen Kulturlands mit sich. Durch den Anbauwechsel von Hirse zu Nassreis, der während der Überflutung mitwachsen kann, wurde dieses Problem gelöst. Optimal ist ein vierphasiges Nutzungsmodell:

- **Mai–Juni:** Vorbefeuchtung und Düngung; die schwebstoffbelasteten Hochwasserabflüsse zu Beginn der Regenzeit passieren das Speicherbecken, durchfeuchten und düngen die abwärts gelegenen Felder.
- **Juli–Oktober:** Zusatzbewässerung; der Grundablass des Speichers wird geschlossen und das Becken aufgefüllt; Nassreisanbau. Bei Bedarf werden die unterhalb des Wehrs liegenden Felder bewässert.
- **November–Februar:** Reine Bewässerung der sich anschließenden Trockenzeitkultur.
- **März–Mai:** Ruhezeit und Regeneration der Nutzflächen bis zur Regenzeit.

Nach 1985 wurden mit GTZ-Hilfe die Gartenbauproduktion diversifiziert sowie neue Absatzmärkte gesucht und erschlossen. Durch geeignete Verarbeitungs- und Konservierungsmethoden werden u. a. seitdem „Trockenzwiebelchips" erzeugt, die als landesweit gefragtes, hochwertiges Veredlungsprodukt den bislang unter Geldmangel leidenden Bauern nun ein höheres Einkommen ermöglichen.

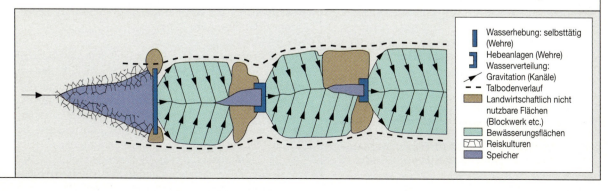

Globale Problemfelder und Strategien

Fallbeispiel: Dustbowl

Der Begriff „**Dustbowl**" bezeichnet vor allem die westlichen bzw. nordwestlichen Teile der Staaten Kansas, Oklahoma und Texas und die östlichen Landesteile der Staaten Colorado und New Mexiko, die in den 1930er und 1950er Jahren nach schweren Staubstürmen mit nachfolgenden Platzregen massive Erosionsschäden erlitten. Er wurde zum Inbegriff für Bodenzerstörungen in den Great Plains, die durch nicht nachhaltige Landnutzung hervorgerufen wurden. Heute verwendet der WBGU den Begriff „Dustbowl-Syndrom" zur Kennzeichnung sämtlicher Räume der Erde mit einem vergleichbaren Gefährdungspotenzial.

Die Great Plains erstrecken sich von den Rocky Mountains bis etwa 98° W. Es handelt sich um weit gespannte, leicht gewellte baumlose Ebenen, die in ihrem östlichen Bereich bei 450 m NN liegen und nach Westen hin auf ca. 1800 m NN ansteigen. Weite Teile bildeten vor der landwirtschaftlichen Erschließung natürliches Grasland auf feinkörnigem, z.T. lösshaltigem Boden. Es war der Lebensraum von Millionen von Bisons, die zwischen 1870 und 1874 weitgehend ausgerottet wurden, um freies Weideland zu schaffen. Dies gilt als der erste massive Eingriff in das Ökosystem der Great Plains.

Klimatisch zählen die Great Plains zu den winterkalten Feuchtsteppenklimaten: im östlichen Teil mit bis zu 800 mm Jahresniederschlag und den winterkalten Trockensteppenklimaten, im westlichen Teil mit nur noch ca. 300 mm Jahresniederschlag. Charakteristisch ist also eine Verringerung der Niederschlagshöhe von Osten nach Westen. Hinzu kommt als bedeutendes Merkmal eine hohe Niederschlagsvariabilität (Abb. 233.2), die sogar Dürreperioden mit einschließt. Häufig sind sommerliche Platzregen, wobei bis zu 20 % des Jahresniederschlags in nur einer Stunde fallen kann. Da der Boden diese Wassermassen nicht vollständig aufzunehmen vermag, kommt es bei schon geringer und kleinräumiger Beschädigung der Grasnarbe schnell zu tiefen Erosionsrinnen (Gullies, Abb. 234.1).

Bis 1870 wurden die Great Plains mit dem abwertenden Begriff „Great American Desert" bedacht. Erst danach setzte mit dem Schlagwort „Garden in the Grasslands" eine Umbewertung ein. Maßgebliche Faktoren für die landwirtschaftliche Erschließung dieses Raumes waren:
- die beständig wachsende Zahl der Einwanderer, die eine Westverlegung der „frontier" erforderte;
- der „Homestead Act" von 1862, der die rechtliche Basis für die Vergabe von Land in Staatsbesitz an Siedler schuf. Diese bekamen 160 acres (64,7 ha), wenn

232.1 Staubsturm über Kansas (1934)

Im Mai 1934 lief folgende Schreckensnachricht um die Erde:
„Staubwolken verfinsterten die Mittagssonne. Am 11. Mai trieb ein Sturm mit über 100 km/h über die endlose Präriezone der USA. Er wirbelte aus den schutzlosen Feldern Süddakotas, Nebraskas und Kansas' gelbgraue Staubwolken auf. Sie wurden von dem rasenden ‚Schwarzen Blizzard' über die breite Ebene des Mississippi hinweg bis 3000 km in den Atlantischen Ozean hinausgetragen.

Als todbringender Staubsturm wehte die fein zerriebene, fruchtbare Erde aus der ‚Staubschüssel des Westens' über weite Gebiete der USA. 3000 Mio. t fruchtbaren Bodens wurden aus den Präriestaaten fortgetragen. Dadurch verloren Tausende von Farmern den Boden ihrer Felder, ihren Besitz, ihre Lebensgrundlage. Anderenorts wurden die Felder von Sanddünen bedeckt, unter denen alle Pflanzen erstickten. Junge Saaten wurden vernichtet, weil der staubbeladene Wind wie ein Sandstrahlgebläse wirkte. Gebäude, Zäune und Straßen wurden verweht. Der Verkehr kam zeitweilig an manchen Orten zum Erliegen, einige Schulen mussten vorübergehend schließen.
Mehrere hundert Menschen erstickten in den Staubwolken; über 100 000 Rinder gingen zugrunde.

Nachfolgende Regenschauer vermehrten noch das Unheil. Sie trafen das schutzlose Land, drangen aber nicht in den Boden ein, sondern rissen tiefe Runsen in die Äcker und trugen den Boden als dunkle Schlammfluten fort."
(Nach: „Berichte des Landwirtschaftsministeriums von Kansas", Band 67, Nr. 285, Topeka 1948)

232.2 Meldung über einen Staubsturm in den USA

Globale Problemfelder und Strategien

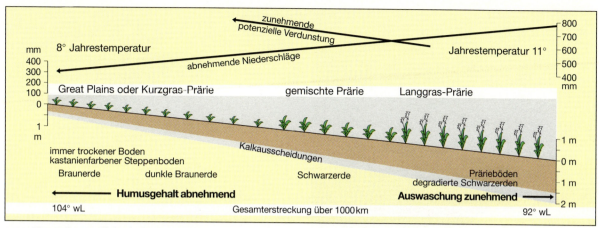

233.1 Vegetationsprofil durch die Great Plains

sie sich verpflichteten, mindestens fünf Jahre auf dem ihnen zugeteilten Besitz zu wohnen und 25 % davon landwirtschaftlich zu nutzen;
- die Erschließung des Raumes durch die Eisenbahngesellschaften, die eine gewisse Siedlungsdichte voraussetzte. Hierfür erhielten die Eisenbahngesellschaften große Landschenkungen. Sie vergaben dieses Land an Siedler, die sie mit Werbekampagnen anlockten, die einseitig die Vorteile der landwirtschaftlichen Erschließung dieses Raumes priesen;
- ein Reihe feuchter Jahre, die auf dem umgebrochenen Grasland gute Erträge brachten, was schnell in Werbebroschüren aufgenommen wurde, um weitere Siedler zu gewinnen. In den Broschüren wurde auch eine scheinwissenschaftliche Theorie verbreitet, wonach der Boden durch das Umbrechen der Grasnarbe mehr Feuchtigkeit aufnehme und diese zu einer stärkeren Verdunstung und Wolkenbildung mit erhöhtem Niederschlagsaufkommen führe;
- der Zusammenbruch eines Großteils der Ranchen, die etliche 100 000 ha Grasland kontrolliert hatten, ehe der extrem kalte Winter 1885/86 zu einem bis zu 80%igen Verlust ihrer Herden führte. Dieses Grasland stand nun neuen Siedlern offen.

Selbst eine erste Dürrephase in den 1890er Jahren konnte die weitere landwirtschaftliche Erschließung der Great Plains nicht bremsen. Staubstürme traten noch nicht auf, da der Anteil der umgebrochenen Graslländer noch relativ gering war. Zahlreiche Farmen wurden jedoch aufgegeben. Die verbliebenen Farmer versuchten durch so genanntes „dry farming" die Nachteile der Trockenzeit zu kompensieren. Dabei folgt einem Anbaujahr ein Brachjahr. Der Boden wird tiefgründig gepflügt und Unkraut wird beseitigt, damit die Infiltration verbessert wird. Nach dem Regen wird durch Eggen das Kapillarsystem unterbrochen, um die Verdunstung zu verringern. Das vermehrte Wasserangebot im Boden schafft so in Trockenperioden bessere Voraussetzungen für den Getreideanbau im folgenden Jahr. Was nicht vorhergesehen werden konnte, waren die Staubstürme, die auf den Brachflächen leichtes Spiel hatten.

Eine neue große Siedlungswelle (jährlich ca. 30 000 neue Farmen bis in die frühen 1920er Jahre) setzte ab 1909 mit der Verabschiedung des „Enlarged Homestead Act" durch den Kongress ein. Dieser billigte den Siedlern die doppelte Zahl an „acres" (320) zu. Zu dieser Zeit war auch die Mechanisierung der Landwirtschaft, insbeson-

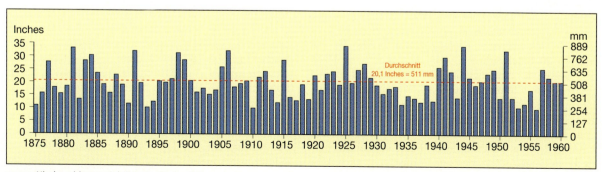

233.2 Niederschlagsvariabilität in Dodge-City

Globale Problemfelder und Strategien

234.1 Badlands

234.2 Pendeln der Trockengrenze

dere durch von Traktoren gezogene Mehrscharpflüge, in vollem Gang. Zusammen mit dem steigenden Getreidebedarf während des Ersten Weltkriegs nahm somit das so genannte „sodbusting" riesige Ausmaße an. Der Weizenanbau dominierte fortan die ehemaligen Graslädern. In nur vier Jahren (1915–1919) wurde z. B. die Weizenanbaufläche in den Great Plains um 4,4 Mio. ha ausgeweitet. Viele Farmer und Investoren erwarben bzw. pachteten dabei nur die Flächen, ohne ihren Wohnsitz im Osten zu verlagern. Als so genannte „suitcase farmer" trafen sie schon allein wegen der großen Distanz zwischen Wohnort und Nutzland keine Erosionsschutzmaßnahmen. Damit war eine der schwersten ökologischen Krisen der USA im Keim angelegt.

Eine weitere Dürreperiode erfasste die Great Plains von 1933–1937. Fünf extrem niederschlagsarme Jahre mit ca. 250–300 mm Jahresniederschlag (Abb. 233.2) führten zu einer tiefgründigen Austrocknung des Bodens. Mit dem Einsetzen der Frühjahrsstürme, die in den baumlosen Plains große Windgeschwindigkeiten erreichen, setzte eine gewaltige Winderosion ein. Sie führte zu weitflächigen Erosionsschäden im Umfang von ca. 14 Mio. ha. Allein 16–20 Staubstürme („Black Blizzards") im März 1936 legten das öffentliche Leben weitgehend lahm und führten zum Zusammenbruch zahlreicher Weizen anbauender Betriebe. Daraufhin erging seitens des „Great Plains Committee" ein Programmpapier mit dem Titel „The Future of the Great Plains" an den Präsidenten der USA, in dem die Staubstürme als Folge kapitalistischen Denkens dargestellt wurden und Forderungen nach Aufgabe des industrialisierten Weizenanbaus sowie nach Maßnahmen zum Erhalt des Bodens (Konservierungsmaßnahmen) gestellt wurden. Für letztere sah auch die Präsidialverwaltung eine Notwendigkeit und so wurde auf Veranlassung Präsident Roosevelts 1933 der **„US Soil Conservation Service"** (SCS) gegründet, die weltweit erste Bewegung zur Erhaltung der Bodenressourcen. Der SCS unterstützt auch heute noch Farmer in der Anwendung von Bodenschutzmaßnahmen (S. 236/237).

Wiederkehrende feuchte Jahre und hohe Gewinne angesichts der gestiegenen Nachfrage auf dem Weltmarkt infolge des Zweiten Weltkrieges führten nicht nur zur erneuten Nutzung der in den 1930er Jahren aufgegebenen Flächen, sondern auch zum Umpflügen bislang nicht umgebrochenen Graslandes. Warnungen von Wissenschaftlern, z. B. von Paul Sears in seinem Buch „Deserts on the March" (1935), wurden in den Wind geschlagen. Erste Bodenschutzmaßnahmen wie die Anlage von Windschutzstreifen wurden zwar vorgenommen, doch wer eine Dürre prophezeite, wurde belächelt. 1952–1956 setzte tatsächlich eine Dürreperiode ein. Zwar war sie nicht von solch heftigen Staubstürmen begleitet wie in den 1930er Jahren, doch wurden weitaus größere Flächen geschädigt. Selbst diese Dürre bremste aber nicht die erneute Ausdehnung des Weizenanbaus. Als die Sowjetunion ab 1972 ihre Nachfrage nach Weizen auf dem Weltmarkt steigerte, wurden ca. weitere 2 Mio. ha für den Weizenanbau umgepflügt. In der wieder einkehrenden Dürrephase 1974–1978 traten daraufhin prompt Staubstürme auf. Der dadurch angerichtete Schaden war jedoch insbesondere infolge der schnellen Ausbreitung der künstlichen Bewässerung ab 1970 geringer. Billige

Energie nach Erschließung der Erdgasfelder in den mittleren Plains-Staaten und neue kostengünstige Techniken wie die Karussellbewässerung gaben hierfür die entscheidenden Impulse. Die Nutzung fossilen Wassers aus dem **Ogallala Aquifer** (Abb. 235.2) ist dabei von herausragender Bedeutung.

Der Ogallala Aquifer ist eine wassergesättigte geologische Formation, die sich vor ca. 10 Mio. Jahren gebildet hat. Die Mächtigkeit der Grundwasser führenden Schicht reicht bis zu 300 m in Nordnebraska. Ca. 46 % des Aquifers haben jedoch nur eine Mächtigkeit von weniger als 30 m. Insgesamt ist das Wasserspeichervermögen mit 4 Bill. m³ vergleichbar mit dem Lake Huron.

Die Nutzung des Aquifers führte v.a. in Oklahoma und Kansas zu einer schnellen Ausweitung der Bewässerungsflächen. Damit war nun auch die Möglichkeit gegeben, den ursprünglich auf den niederschlagsreicheren Ostteil der Plains-Staaten konzentrierten Maisanbau auf die semiariden westlichen Bereiche auszudehnen. Mit der Erhöhung der Maisproduktion ging eine Intensivierung der Rindviehhaltung einher. Vor allem im Großraum um Garden und Dodge City in SW-Kansas bildete sich ein Schwerpunkt der Rindviehhaltung mit Großmastanlagen (feedlots), in denen Mais und Hirse verfüttert werden. Diese Entwicklung führte zu einer übermäßigen Ausbeutung des Ogallala Aquifers, die in Teilgebieten ein Absinken des Wasserspiegels bewirkte. Teilweise lag eine Absenkung bis zu 26 m vor, was die Kosten für die Wasserhebung in die Höhe treibt mit gravierenden Folgen für die Rentabilität der Farmen. Durch Wasser sparende Bewässerungstechnologien, Verringerung der Bewässerungsflächen und die Gründung so genannter „Groundwater Management Districts" (GMD) konnte inzwischen die jährliche Absenkung mit 4,9 cm gegenüber den Jahren 1950–1980 um die Hälfte gesenkt werden. Da sich der Aquifer nur in geringem Umfang durch einsickernde Niederschläge erneuert, bleibt jedoch die Gefahr bestehen, dass er leer gepumpt werden kann.

Internetadressen für die weitere Recherche:
www.usd.edu/anth/epa/dust.html
www.npwd.org/ogallala.htm
www.slaton.esc17.net/Ogallala/

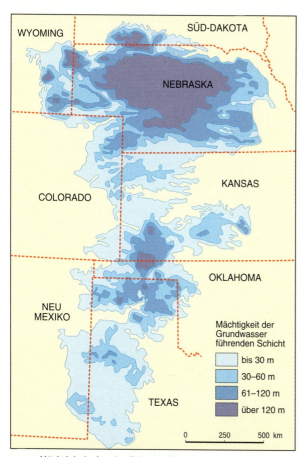

235.1 Mächtigkeit des Ogallala Aquifers

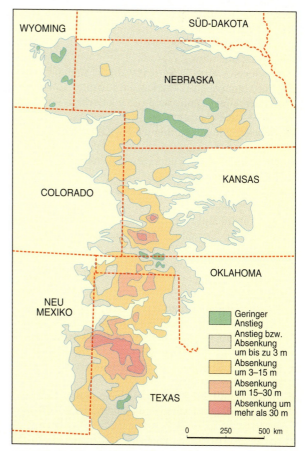

235.2 Veränderungen des Grundwasserspiegels

Globale Problemfelder und Strategien

236.1 Kreisbewässerung

Lösungsansätze

Die Bodenerosion in den Great Plains ist auch im 21. Jh. nicht gebannt (Abb. 237.1). Fast im gesamten Gebiet der westlichen Great Plains wird die tolerierbare Erosionsrate bei weitem überschritten.
Potenzielle Abhilfe könnten die folgenden Maßnahmen bewirken:

- Abkehr von Monokulturen zugunsten vielgliedriger Fruchtfolgen,
- Einrichtung kleinerer Ackerschläge,
- Terrassierungen,
- Verzicht auf Tiefpflügen,
- biologische Düngung und biologischer Pflanzenschutz,
- **„strip cropping"**: hangparalleler, streifenförmiger Anbau von Feldfrüchten, die zu verschiedenen Zeiten wachsen und reifen,
- **Konturpflügen** („contour ploughing"): Pflügen parallel zu den Höhenlinien, um die flächenhafte Abspülung zu verlangsamen und die Infiltration zu verbessern,
- **Mulchung**: Stroh und Stoppeln werden leicht in den Boden eingearbeitet,
- **„Stubble mulching"**: Stoppeln bleiben nach der Ernte als Windbremse stehen und halten den Schnee länger fest,
- „cover crops": Vermeidung von Brachzeiten; stattdessen Anbau bodenverbessernder Pflanzen,
- Windbrecher: Baum- und/oder Buschreihen quer zur Hauptwindrichtung brechen die Kraft der Winde und schränken die Abtragung des Bodens durch den Wind (Deflation) ein,
- Überführung von Acker- in Grasland,
- (Regeneration zu Steppen).

Alle genannten Maßnahmen gelten nicht nur für die Great Plains, sondern weltweit für alle winterkalten Steppen, die ausnahmslos Degradationserscheinungen im Sinne des Dustbowl-Syndroms aufweisen.

Der WBGU hat zum Dustbowl-Syndrom ein syndromspezifisches Beziehungsgeflecht entwickelt (Abb. 237.2). Degradationserscheinungen auf Steppenböden wie den Great Plains bilden dabei den Kern des Syndroms. Sie werden durch eine industrialisierte Landwirtschaft verursacht, die sich an größtmöglichen kurzfristigen Gewinnen orientiert.

Aufgaben

1. Ermitteln Sie mithilfe des Atlas weitere winterkalte Steppengebiete, die ein mit der Dustbowl in den Great Plains vergleichbares Gefährdungspotenzial aufweisen.
2. Erstellen Sie eine Reportage zur agrarischen Erschließung der Great Plains.

Globale Problemfelder und Strategien

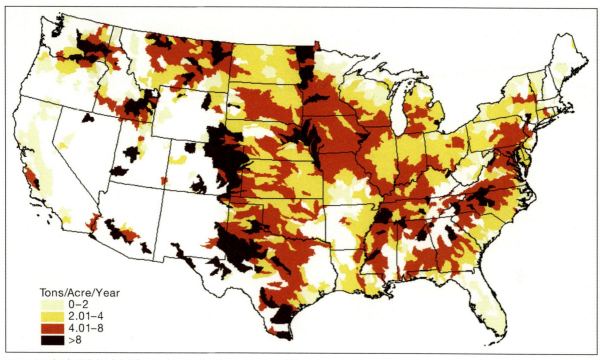

237.1 Durchschnittliche jährliche Bodenerosion durch Wind und Wasser 1992

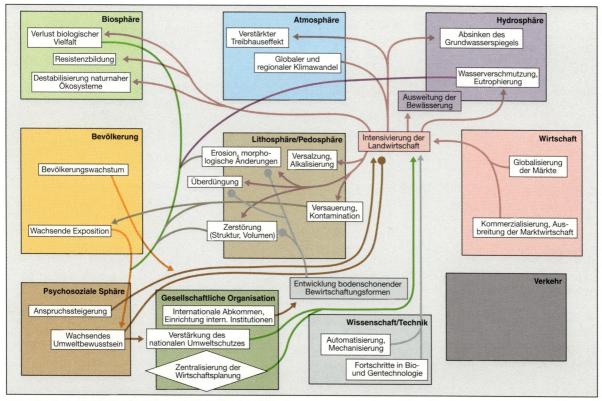

237.2 Syndromspezifisches Beziehungsgeflecht: Dustbowl-Syndrom

Register

A

Agglomeration 198
Agrarökosysteme 28
Agrarreform 30
Akquisition 156
Aquifer 212, 219
ausländische Investitionen 151
Auslandsinvestitionen 178

B

Basisinnovationen 54
„beschleunigte Welt" 185
Biodiversität 28
Bioklima 44
Biosphäre 2 2, 3
Bodendegradation 224
Bodenerosion 31
BSE 34
Bundesberggesetz 16

C

Cash-crop-Anbau 227
CHRISTALLER 75
City Bildung 204
Cotonou-Abkommen 189
Counterurbanisierung 198

D

Degradation 224
Deregulierung 142
Direktinvestitionen 116, 178
Diversifizierung 126
Dreiecksdiagramm 55
Dritte Welt 180
dry farming 233
Dustbowl 232
DWD 44

E

Effizienz 56
Ein-Linien-Produktion 92
EMAS 72
Enterprise Zones 178
Entsorgungsökologie 85
Entwicklungsland 180
EU-Erweiterung 162
EU-Hilfen 150
EU-Öko-Verordnung 35
Europäische-Okö-Audit-Verordnung 72
Euroregionen 161
externe Flexibilisierung 97, 101
externe Arena 185
Exzerpieren 62

F

Faktor 4 71
Fertigungsinsel 90
Fertigungstiefe 97
FFH-Richtlinie 19
FIPS 100
Flächennutzungskonflikte 20
fordistisch-tayloristisches-Modell 101
Freihandelszonen 178
Fremdlingseinfluss 215
Fühlungsvorteile 77
funktionale Dominanz 200

G

Ganzheitliche Bilanzierung 72
GAP-Projekt 212
GATT 179
Gebrauchsökologie 84
Gemeinsamer Markt 178
Gentechnik 222
Gentrifikation 204
global city 177, 200
Globalisierung 176 ff.
global player 176
Großstadtökologie 43
Grundbedürfnisstrategie 186, 188
Gruppenpuzzle 86

H

HÄGERSTRAND 74
harte Standortfaktoren 76
Hauptstadt-Prag-Gesetz 166
HDI 183
Hightech-Industrie 148
Hochwasser 22 ff.
Hoheitsrechte 14
Humanökologie 84
Hyperurbanisierung 204

I

Importsubstitution 174
Industriebrache 143
Industrielle Revolution 53
Integrierter Pflanzenbau 34
integriertes Rheinprogramm 26
Internationale Bauausstellung Emscherpark 135
interne Flexibilisierung 90, 97, 101
ISO 14001 72
IWF 188

J

Jointventure 95, 168, 178
just-in-sequence 91
just-in-time-Produktion 91

K

Kaiserstuhl 12
Kernregion 185
Kohlekrise 132
Kompensationsmaßnahmen 50
Kondratieff-Zyklen 54
Kontamination 196
Kostenvorteile 120
Kulturlandschaft 10
Kunstwelten 109

L

Landschaftsplanung 20
„langsame Welt" 185
lean administration 98
lean management 98
lean production 98
Lebenszyklus von Produkten 64
Liberalisierungsbrache 160
Logistik-Prinzip 91
low-cost housing 201

M

Marktplatz-Methode 86
Massentourismus 106

Meerwasserentsalzungsanlage 222
Megafusion 100
Megastadt 200
MEKA 31
Mercedes-Benz-Produktionssystem (MPS) 90
Messegesetz 48
Metasuchmaschinen 63
Metropole 200
MIPS 85, 100
Modell der flexiblen Vernetzung 101
Modell der Fluggänse 174
Monostruktur 129, 141
Montanindustrie 129

N

Nachhaltiger Tourismus 109
Nachholende Entwicklung 186, 188
Nährstoffkreislauf 30
Nasse Hütten 132
natürliche Ökosysteme 28
Natura 19
Neolithische Revolution 10
New Economy 160
Nomadismus 227
Nutzwertanalyse 89

O

Oberrheinausbau 23
Ogallala Aquifer 235
Öko-Controlling 72
ökologische Flutungen 27
ökologische Kreislaufwirtschaft 71
ökologische Landwirtschaft 36
ökologischer Ausgleich 21
Ökosystem 29
Old Economy 160
Outsourcing 97

P

Papiercomputer 7
periphere Regionen 185
Persistenz 140
Planfeststellungsbeschluss 21
Planfeststellungsverfahren 21
Planungshierarchie 20
Plattformstrategie 98

Polder 26
Positive Rückkopplung 108
Portfolioinvestitionen 178
Primatstadt 200
Prinzip der Nachhaltigkeit 10
Produktlebenszyklus 76
Produktlinienanalyse 60
Produktionsökologie 83
Produkt-Ökobilanz 58
Push- und Pull-Modell 199

Q

Qualifizierungsinsel 90

R

Raumordnungsbeschluss 21
Raumordnungsverfahren 21
Raumplanung 20
Recycling 67
Renaturierung 26
Retention 25, 26
Rheinkorrektion 22
Rheinregulierung 22
Rotationsteams 90

S

Schlüsselindustrien 96, 141
Segregation 204
semiperiphere Regionen 185
„shock cities" 200
Simulationstechnik 104
Site- and Service-Schemes 201
SMITH 74
soziale Erosion 141
Squatter Upgrading 201
Stadtklima 42
Stahlkrise 132
Standortfaktoren 74
Standortfaktorenwechsel 132
Standortranking 112
Steuern 115
Stickstoffkreislauf 32
strategische Allianzen 95, 178
Strukturfonds 121
Strukturpolitik 121
Strukturwandel 126, 134
Subsistenzfeldanbau 227
Suburbanisierung 198
Suchmaschinen 63

Suffiziens 56
Symptom 195
Syndrom 192, 195

T

Techno-Ökosysteme 28
Thatcherismus 142
THÜNEN 74
Tourismuswirtschaft 107
Transformation 163, 165
transnationale Unternehmen 178
Trinkwassergrenzwert 32

U

Umweltmanagementsystem 72
Umweltverträglichkeitsprüfung (UVP) 21
Urbanisierung 198
US Soil Conservation Service (SCS) 234

V

Versiegelung 40
Verstädterungsrate 198
Verstädterungsqoute 198
virtuelle Fabrik 104

W

Wasserknappheit 211
Wasserkonflikte 212, 218 ff.
Wasserkreislauf 211
WEBER 74
Web-Kataloge 63
weiche Standortfaktoren 76
Weltstadt 200
Weltsystem 185
Wirkungsgefüge 7
Wirtschaftsunion 178
World Wide Web (www) 62
WTO 179

Z

Zentrale Orte 75
zentralörtliche Dienstleistungen 160
Zollunion 178

Bildquellenverzeichnis

Bildquellenverzeichnis
Associated Press, Frankfurt: 218.1
Astrofoto, Leichlingen: S. 5, 119.1, 198.1
Bauer, Breisach: 13.1, 18.1, 27.2, 154.1, 155.1, 158.1
Bayrisches Landesamt für Bodenkultur und Pflanzenbau: 225.1
Bilderberg Archiv der Fotografen, Hamburg: 176.1
Bildarchiv Preußischer Kulturbesitz, Berlin: 52.1a
Birkhäuser Verlag, Basel: 56.2, S. 191
BUND Regionalverband Südlicher Oberrhein (www.bund-freiburg.de): 207.1
Bütow, Greifswald: 51.2
Claas Agrocom, Harsewinkel: 34.2
DaimlerChrysler, Rastatt: 51.1, 90.1, 90.2, 91.3
DaimlerChrysler, Stuttgart: Titelbild, 52.1d
Deters, Hannover: 40.1
Deutscher Wetterdienst, Freiburg: 45.1
dpa, Frankfurt: 11.1, 52.1b, 94.1 (zwei Fotos), 99.1, 205.1, 222.1
Eglinski, Offenburg: 137.1
Englert, Freiburg: 117.2, 128.1, 136.1a, 136.1b, 136.2, 137.2, 140.1, 207.1 (zwei Fotos), 208.1, 209.2
Espermüller/CCC, www.c5.net: 56.1
Focus, Hamburg: 193.4, 219.1
Forschungsinstitut für biologischen Landbau, Basel: 38.1
Gesamttextil, Eschborn: 79.1, 79.2
Gerster, Zumikon: 226.1
Götz, Lahr: 222.4
Grabowski, Münster: 234.1
Greiten/Wessels/Stadt Osnabrück, Osnabrück: 43.1
Grohe, Kirchentellinsfurth, Tübingen
Grohe, Lahr: 222.2
Haas, www.zapatas.de: 203.2
Härle, Wangen: 210.1
Helfer, Saarbrücken: 117.1
Henkel, Erdingen: 228.2
Hessisches Landesvermessungsamt, Wiesbaden: 103.1
Hinz, Altschwil: 22.1
Industriegewerkschaft Metall, Frankfurt: 201.1
Informations-Zentrum Weißblech e.V., Düsseldorf: 67.1
Junghans, Schramberg: 124.3
Klohn, Vechta: 225.2, 236.1
Krings, Freiburg: 228.2
KVR, Essen: 129.1
Landesbildstelle Baden, Karlsruhe: 193.5
Luftbildarchiv Brugger, Stuttgart: 23.1
Mack, Villingen-Schwenningen: 32.4, 125.3
Meier, Reichenberg: 149.1
Mohr/CCC, www.c5.net: 70.1, 212.1
Mühlberger, Emerkingen: 9.2
ÖPZ GmbH, Bonn: 35.1
Projektgesellschaft Neue Messe, Stuttgart: 9.1, 50.1
Rixe, Braunschweig: 8.1, 8.4
Rob Kendrick: 210.1 (kleines Foto)

Rupprecht, Frankfurt: 103.2, 103.3
Schmalbach-Lubeca, Ratingen: 64.2
Schmidt, Teningen: 59.1, 64.1, 82.2, 106.2, 109.1, 109.3, 110.1, 111.2, 111.3
Schmidtke, Melsdorf: 204.2
Schneider, Köln: 137.3
Siemens, München: 52.1e
Silvestris Bildarchiv, Kastl: 172.1
Sprunkel, Köln: 225.3
Staatsarchiv Freiburg/Sammlung Pragher: 208.1
Taubert, Springe: 193.6
Trigema, Burladingen: 78.1
WorldSat International Inc., Kanada: 214.1
Wostock, Köln: 193.3
VW, Wolfsburg: 168.1

Die Karten und Grafiken wurden angefertigt von:
Computerkartografie, Computergrafik Heidolph, Kottgeisering
Freier Redaktionsdienst Güttler, Berlin